西北大学 2022 年研究生培养质量提升工程精品教材建设项目

（项目名称：中国经济思想史专题研究；项目编号：JC2022002）

西北大学"双一流"建设项目资助

（Sponsored by First-class Universities and Academic Programs of Northwest University）

教育部哲学社会科学研究重大课题攻关项目资助

（项目名称：中国特色社会主义政治经济学理论与实践研究；项目编号：20JZD005）

中国古代经济思想史专题研究

Monographic Study on the History of
Ancient Chinese Economic Thought

赵麦茹 著

社会科学文献出版社
SOCIAL SCIENCES ACADEMIC PRESS (CHINA)

目 录

CONTENTS

导　论

　　"中国古代经济思想史专题研究"是经济学专业研究生的选修课程，是理论经济学教学体系的重要组成。"中国古代经济思想史专题研究"对包括经济伦理、生产、分配、交换、消费、宏观经济管理方式、财政管理、土地管理、人口管理、货币管理等领域的传统经济思想进行历时性的专题研究，总结这些思想的演变过程、趋势、特点及影响，分析经济思想与经济实践的互动规律，有助于理性认识各领域经济思想之全貌、洞悉经济思想与经济实践之互动本质。

第一节　"中国古代经济思想史专题研究"的
研究对象与主要内容

一　"中国古代经济思想史专题研究"的研究对象

　　"中国古代经济思想史专题研究"以专题的形式介绍中国自古以来影响深远的代表性传统经济思想及其发展演化规律，涉及的思想包括：经济伦理思想、生产思想、分配思想、交换思想、消费思想、宏观经济管理方式思想、财政管理思想、土地管理思想、人口管理思想、货币管理思想等。

　　"中国古代经济思想史专题研究"这一学科名称限定了本课程的时空特征及重要落点。"中国"指向了空间要素，本课程研究的是"中国"的经济思想史，而非其他国家或区域的经济思想史。"古代""史"指向了时间要素，本课程秉持的是长时段研究，主要聚焦先秦至清朝鸦片战争以前的时间段。"专题研究"重在强调聚焦特征，本课程并非涉及中国自古至今的所有经济思想，而是从浩如烟海的中国经济思想宝库中选取其中一部分代表性思想进行专题分析，选取标准取决于马克思主义视域下的框架设计。

基于马克思主义社会意识理论，中国传统经济伦理思想是本课程的重要研究对象之一。马克思、恩格斯的社会意识理论观点鲜明，即社会意识由社会存在决定，同时，社会意识反作用于社会存在。社会意识无法超越社会存在，"意识在任何时候只能是被意识到了的存在，而人们的存在就是他们的现实生活过程。如果在全部意识形态中，人们和他们的关系就像在照相机中一样是倒立成像的，那么这种现象也是从人们生活的历史过程中产生的，正如物体在视网膜上的倒影是直接从人们生活的生理过程中产生的一样"①，社会意识只能被社会存在决定："这些生产关系的总和构成社会的经济结构，即有法律的和政治的上层建筑竖立其上并有一定的社会意识形式与之相适应的现实基础。物质生活的生产方式制约着整个社会生活、政治生活和精神生活的过程。不是人们的意识决定人们的存在，相反，是人们的社会存在决定人们的意识。"② 一旦社会意识产生，又会对社会存在产生强劲的反作用："批判的武器当然不能代替武器的批判，物质力量只能用物质力量来摧毁；但是理论一经掌握群众，也会变成物质力量。理论只要说服人，就能掌握群众；而理论只要彻底，就能说服人。"③ 马克思主义社会意识理论为 19 世纪的国际工人运动提供了有力的理论工具，深刻地影响了国际无产阶级运动。以"义利之辨"相关的经济伦理隶属社会意识，是中国经济思想的有机构成，是理解其他经济思想的重要基石，需认真总结、梳理及理解。

基于马克思主义再生产理论，中国传统生产思想、分配思想、交换思想、消费思想是本课程研究对象的重要组成部分。生产关系是马克思主义政治经济学的研究对象，生产关系有狭义与广义之分。前者指的是在直接生产过程中形成的生产关系，主要指生产资料所有制关系；后者指的是再生产过程中所形成的生产关系，包括生产、分配、交换和消费四个相辅相

---

① 《马克思恩格斯文集》（第 1 卷），人民出版社，2009，第 525 页。
② 《马克思恩格斯选集》（第 2 卷），人民出版社，1995，第 32 页。
③ 《马克思恩格斯选集》（第 1 卷），人民出版社，1995，第 9 页。

成的环节。马克思对四个环节的深刻分析集中体现在《〈政治经济学批判〉导言》中。马克思认为，在四个环节中，生产最为核心与关键，生产决定着分配、交换与消费，而分配、交换与消费也对生产有着重要的反作用。同时，生产与其他三个环节又具备同一性。生产思想、分配思想、交换思想、消费思想是中国经济思想的重要组成部分，也是影响中国历代社会再生产实践的重要思想，非常有必要对之进行系统学习及研究。

基于马克思主义政府职能理论，中国传统宏观经济管理方式思想、财政管理思想、土地管理思想、人口管理思想、货币管理思想是本课程的又一重要研究内容。马克思、恩格斯已意识到国家职能有多个面向，除了"阶级统治的工具"之政治职能之外，国家与经济相关的职能集中在两个维度：社会管理与发展生产力。其中，社会管理职能是国家不可或缺的重要职能，可为经济发展创造一个有序的外围环境。《家庭、私有制和国家的起源》中，恩格斯这样定义国家："国家是承认：这个社会陷入了不可解决的自我矛盾，分裂为不可调和的对立面而又无力摆脱这些对立面。而为了使这些对立面，这些经济利益互相冲突的阶级，不致在无谓的斗争中把自己和社会消灭，就需要有一种表面上凌驾于社会之上的力量，这种力量应当缓和冲突，把冲突保持在'秩序'的范围以内；这种从社会中产生但又自居于社会之上并且日益同社会相异化的力量，就是国家。"① 显然，国家应把阶级冲突控制在整个社会体系能够容忍、经济活动能够有序展开的范围之内。一个失序的、动荡的、非正常的社会环境会产生非常大的不确定性，国家的社会管理职能此时显得尤为重要，国家必须"以执行某种社会职能为基础，而且政治统治只有在它执行了它的这种社会职能时才能持续下去"②。唯有履行这种职能，才能缓和经济利益冲突，才能为宏观经济运动创造良好的秩序。宏观经济管理、财政管理、土地管理、人口管理是中国历代政府的重要职能，与之相关的宏观经济管理方式思想、财政管理思想、土地管理思想、人口管理思想是中国经济思想的重要内容，同样有必要对之进行系统学习及研究。

---

① 《马克思恩格斯选集》（第 4 卷），人民出版社，1995，第 170 页。
② 《马克思恩格斯选集》（第 3 卷），人民出版社，1995，第 523 页。

二　"中国古代经济思想史专题研究"的研究内容

"中国古代经济思想史专题研究"涉及十大思想专题，每一个思想专题由三大块内容构成：马克思主义视野下的理论分析；历代代表性经济思想；简要评价。

第一，马克思主义视野下的理论分析。结合社会意识理论、马克思主义再生产理论、政府职能理论，阐述马克思主义对经济伦理、生产、分配、交换、消费、宏观经济管理方式、财政管理、土地管理、人口管理、货币管理的理解，了解马克思主义范式下这十大专题的定位及本质。

第二，历代代表性经济思想。这一部分是本课程的核心内容。以历时性视角解析中国传统经济伦理思想、生产思想、分配思想、交换思想、消费思想、宏观经济管理方式思想、财政管理思想、土地管理思想、人口管理思想、货币管理思想等，对每一历史时期这些思想产生的背景、代表人物及思想主张进行介绍，重点解析各时期有关每一专题的代表性思想。

第三，简要评价。知其然，更要知其所以然。在以上讨论的基础上，总结各个专题思想的演化趋势、特征及影响，以马克思主义视角对各时期思想进行简要评价，深化理解。

第二节　"中国古代经济思想史专题研究"的指导思想、研究方法与研究任务

一　"中国古代经济思想史专题研究"的指导思想

中国古代经济思想史是一级学科理论经济学下的一个小分支。如果把经济学比作一棵大树，那么，主干部分分出的两大分支为理论经济学与应用经济学。在理论经济学这支分支上，又进一步细分出政治经济学，经济思想史，经济史，西方经济学，世界经济，人口、资源与环境经济学等众多分支。其中，经济思想史这支分支又进一步细分为三个更小的分支：中国经济思想史、西方经济思想史、马克思主义经济思想史。"中国古代经

济思想史专题研究"隶属中国经济思想史这个小小的分支，是经济学这棵大树的有机组成。

经济学隶属社会科学。与自然科学不同，社会科学研究人类社会现象及其内在规律，易受价值观、世界观影响，是典型的规范分析过程。中国经济学各分支的发展皆伴随中国革命与实践的进程，是马克思主义与中国实践相结合的产物，是马克思主义在当代中国经济理论领域中国化的过程。就这一点而言，马克思主义是中国经济学各个分支的指导思想，自然也是"中国古代经济思想史专题研究"的指导思想。

以马克思主义为指导思想，体现在以下几方面。

第一，坚持以人民为中心的立场。既然是规范分析，那么理论为谁服务，代表谁的利益，这是判断理论之政治立场的根本性问题。马克思主义自产生之日起，就代表广大无产阶级和劳动群众的根本利益。

第二，秉持科学的世界观与方法论。辩证唯物主义与历史唯物主义是马克思主义的世界观与方法论，唯物辩证法是理解各种经济现象及规律的有效工具。

第三，采用系统严谨的理论分析范式。马克思主义哲学、马克思主义政治经济学、科学社会主义共同组成马克思主义理论体系。形而上的哲学透视、生产力生产关系互动范式的人类社会运行规律探索、契合人类社会运动规律的未来人类社会构建与畅想，共同构成系统严谨的马克思主义分析范式。

二　"中国古代经济思想史专题研究"的研究方法

（一）唯物辩证法

本书既注重各个专题思想本身客观的历史演化过程，又注重对其特征、趋势、影响与作用进行一分为二的辩证分析。注重思想史和社会史相结合，将思想放入具体的历史语境中进行研究。思想是社会中的思想，社会是思想产生、映射的客观环境主体，就这一点来说，思想史与社会史本身就是相辅相成的存在，两者在互动中不断动态演化，其紧张与互动关系不容忽视。把中国传统经济思想放在其产生的特定历史语境中去分析，进行同情之理解，在此基础上阐释其产生的原因、内容、对社会发展实践的影响，这种分析方法有助我们对中国优秀传统经济思想既能"知其然"，还能"知其所以然"，从更深的层次上洞悉其精髓，了解中国人在几千年发展过程中积淀的知识智慧与理性思辨。

（二）案例分析法

反映中国传统经济思想政治经济学智慧的典籍汗牛充栋，代表性案例有商鞅变法、大萧条后的美国农业救济实践对中国常平仓制度的借鉴、日本企业管理实践对中国"以人为本"管理思想的借鉴、法国重农学派对中国重本思想的借鉴等。本教材结合十大专题，选择汉武帝、桑弘羊、刘晏、王安石等人的轻重实践，范仲淹"以工代赈"救荒等具体案例阐释各种传统经济思想，案例成为理论分析及内容梳理过程中的具象落点，有助事半功倍地理解各专题思想在实践层面的影响。

（三）多学科交叉分析法

"中国古代经济思想史专题研究"内容涉及经济学、哲学、历史学、法学等众多学科门类，进一步深探，则又涉及这些学科门类下的众多专业分支，如经济学的政治经济学、经济思想史、经济史、西方经济学，哲学的马克思主义哲学、中国哲学、外国哲学，历史学的历史文献学、中国古代史、专门史，法学的马克思主义基本原理、马克思主义中国化研究等，因此，"中国古代经济思想史专题研究"需建立在熟悉多学科的研究范式基础之上，这既是挑战，也是创新性研究的机遇。多学科交叉分析法有助于研究的多维聚焦，促使研究在多个层面寻找最大公约数，助力从多元化视角加强对中国传统经济思想的系统性专题分析。

三　"中国古代经济思想史专题研究"的研究任务

（一）以时间为轴，历时性地全面梳理十大专题思想的内容及演化过程，总结其特点及发展规律

"中国古代经济思想史专题研究"是一门介于历史学与经济学之间的交叉课程，以历史为经济思想发展的背景与语境，以经济学范式解读经济思想的演变历史、规律及特点。"究天人之际，通古今之变"，本课程强调

"变"与"通"，将专题思想置入中国传统农耕文明的萌发、产生、发展、成熟的历史大背景中进行考察，重在通过梳理中国各个专题思想从孕育产生到不断发展完善的演化变动过程，掌握演化变动的内在规律。

（二）以空间为域，把中国传统经济思想置入世界文明的发展过程中进行考察，通过中西比较分析，总结中国传统经济思想对中国发展实践及世界其他国家发展实践的影响与贡献

越是民族的，就越是世界的。中国是四大文明古国中唯一没有文化断层的国家，是近代以前世界文明多中心格局中非常璀璨的一个有机组成部分，是历经磨难但有着坚韧生命力的文明主体。中国优秀的经济思想是中华民族优秀文化遗产宝库中最璀璨的明珠，积淀和凝聚了中华民族上下五千年发展经济、强国富民的经验与智慧，形成了中华民族的理论特色与思维特色，体现了迥异于西方的典型东方智慧。中国传统经济思想曾深深地根植于中国历代经济发展实践之中，为中国曾经的辉煌做出了卓越的贡献。并且，对包括日本、朝鲜在内的东亚国家以及包括法国、德国、美国在内的欧美国家亦产生了深刻的影响，在西方工业文明产生之前产生了不容小觑的影响力。相比中国经济思想曾经的世界贡献，现在世界经济理论领域对中国经济思想的重视程度严重不足。"中国古代经济思想史专题研究"选取中国经济宝库中的十类代表性思想，抛砖引玉，总结中国经济思想的世界贡献。

（三）挖掘提炼中国传统经济思想的精华，探索中国传统优秀经济思想在当代创造性转化、创新性发展的基础

中国经济思想是建立当代具有中国特色的经济学理论体系的历史渊源与重要组成部分，更是当前进行现代化建设的智慧之源和历史之鉴。作为研究对象的历代思想家政治家的优秀经济思想，曾深刻影响了其所在时代的经济发展与实践。这些思想的精华何在？缘何产生如此大的影响？这些思想精华如何继续作用于当代的经济发展与实践？对之进行挖掘与探索非常有助于今天的中国特色社会主义建设实践。为此，有必要把中国传统经济思想放在当前社会转型的历史语境中，理性提炼契合当代文化的优秀基因，分析其对当代中国特色社会主义政治经济学及当代经济实践的影响，寻求传统经济思想与当代文化的同质性因子，探索其转化基础。

第三节　学习"中国古代经济思想史专题研究"的
意义与方法

一　学习"中国古代经济思想史专题研究"的意义

学习"中国古代经济思想史专题研究"，对于学习与掌握中国经济思想基础知识、提高经济学理论素养与科研水准、理性认知中国经济思想发展规律、更好理解当代中国特色社会主义经济理论与实践，皆有重要意义。

（一）学习"中国古代经济思想史专题研究"，有助于了解中国传统经济思想的基础知识与发展规律

中国经济思想史是经济学专业的一门专业基础理论课程，"中国古代经济思想史专题研究"选取十个覆盖各个领域的代表性专题思想作为研究对象，通过对中国传统经济伦理思想、生产思想、分配思想、交换思想、消费思想、宏观经济管理方式思想、财政管理思想、土地管理思想、人口管理思想、货币管理思想等思想及其实践情况的介绍，揭示其发展规律，使经济学专业学生在学习中掌握通过观察经济现象认识与把握经济规律的专业能力与理论素养。

（二）学习"中国古代经济思想史专题研究"，有助于深刻理解当代中国经济发展的指导思想及实践

凡是过往，皆为序章。历史之流，现实之源。任何事物皆绝非无源之水、无本之木，当代中国经济思想及实践也不例外。中国传统经济思想与实践通过内化为中国文化基因的方式代际相传，并深刻影响当代经济思想及实践。当前，我国正处于一个非常关键的历史时期。就历时性而言，我国正处于从传统小农社会向工业化强国转变、从农业文明向工业文明转变、从相对封闭落后的经济体向不断开放先进的经济体转变的关键时期；

就共时性而言，我国摆脱旧的世界政治经济格局中的半封建半殖民的弱势定位，成为新的政治经济格局中独立的、重要的一极，中国也进入积极融入世界新格局、共建人类命运共同体的重要阶段。

中国正在进行的中国特色社会主义建设所取得的成绩令人瞩目，中国脱胎换骨式的进步有目共睹。"不断开拓当代中国马克思主义政治经济学新境界""加快构建中国特色哲学社会科学""坚定文化自信"等成为时代要求，从理论层面总结这一成绩的中国特色社会主义政治经济学正致力于用中国声音总结中国智慧、讲好中国故事，创建匹配中国特色社会主义实践成绩的中国特色社会主义理论，而中国传统经济思想与实践是这一理论的渊源之一，对之加以系统学习可在很大程度上助力当前的理论构建，更容易理解当前中国各领域的指导思想、发展战略及社会实践。

（三）学习"中国古代经济思想史专题研究"，有助于总结历史经验，为中国特色社会主义建设提供有益借鉴

"以史为鉴，可以知兴替"，对中国传统经济思想的理性智慧进行专题性研究，可为呼应当代时代命题解决当代重大问题提供智力支持。2016 年 5 月 17 日，在哲学社会科学工作座谈会上的讲话中，习近平强调，"要加强对中华优秀传统文化的挖掘和阐发，使中华民族最基本的文化基因与当代文化相适应、与现代社会相协调，把跨越时空、超越国界、富有永恒魅力、具有当代价值的文化精神弘扬起来"[①]。总结曾经服务于各历史时期社会实践之经济思想的精华，挖掘蕴含在这些精华思想中的智慧，凝练这些精华思想与社会实践互动的成功经验，在此基础上，对之进行理性扬弃与科学借鉴，就可为处于转型期的当代中国的全面发展提供深刻启迪。

二　学习"中国古代经济思想史专题研究"的方法

"工欲善其事，必先利其器。"适当的学习方法可使学习效果事半功倍。学好"中国古代经济思想史专题研究"，应坚持正确的学习方法。

（一）坚持马克思主义立场及方法

马克思主义是"中国古代经济思想史专题研究"的指导思想，马克思

① 《习近平谈治国理政》（第二卷），外文出版社，2017，第 340 页。

主义以人民为中心的立场、历史唯物主义辩证唯物主义方法论也是本课程的立场及方法。唯有坚持以人民为中心的立场，方能对各时期经济思想产生正确评价及定性分析。唯有坚持唯物辩证法、科学抽象法、历史与逻辑相统一的方法，才能根据生产力与生产关系、经济基础与上层建筑、社会存在与社会意识的辩证关系对各时期经济思想进行科学理解，才能在由此及彼、由表及里的分析过程中透过现象看到本质，发现各时期经济思想的内在联系，才能把研究对象置入历史进程中，在由简单到复杂、由低级到高级的思维活动中发现各时期经济思想的发展规律。

（二）注重时空线索，掌握框架体系

"往古来今谓之宙，四方上下谓之宇。"时间与空间是任何经济思想及其实践产生所必须具备的要素，与时间相关的历时性重在纵向考察，重点考察经济思想的演进发展过程，与空间相关的共时性重在横向考察，重点考察经济思想产生发展的场域及在全局中的定位。时间与空间对各经济思想进行了精确定位，一个个定位的串联构成了时空线索，将历时性的时间线索与共时性的空间线索链接，就形成了本课程的时空框架。

"中国古代经济思想史专题研究"涉及的具体内容都可在时空框架中找到对应位置。"中国古代经济思想史专题研究"主体内容框架体系由三部分构成：第一，与社会意识理论相关的中国传统经济伦理思想；第二，与再生产四环节相关的中国传统生产思想、分配思想、交换思想、消费思想；第三，与政府职能相关的中国传统宏观经济管理方式思想、财政管理思想、土地管理思想、人口管理思想、货币管理思想。三部分内容的确定主要基于马克思主义社会意识理论、马克思主义再生产理论、马克思主义政府职能理论，对三部分内容的掌握要秉持夯实基础、循序渐进原则。要在掌握理解具有浓郁中国特色的基本概念、范畴的基础上，把握整个框架体系，进而掌握基本规律及本质属性。

（三）注重比较分析，把握核心特征

"自我"与"他者"，从来都是辩证统一式的存在，在"他者"这一参照物的衬托下，自我的特征更为鲜明，比较分析法的魅力就在于此。中国经济思想与西方经济思想相比，既有同质性又有异质性。所有的经济思

想都是环境的产物，都是人类社会经济活动一般规律的总结，都凝结着人类的智慧。但是，中国经济思想是"中国"环境的产物，中国迥异于西方的政治环境、自然禀赋、经济环境、社会文化等必然使中国经济思想具备不同于其他区域经济思想的独特属性，比较分析有助于在"他者"的参照之下更清晰地洞察中国经济思想的这种特质，把握其核心特征。

（四）注重理论联系实际

一般而言，思想的理论性与实践性兼备。经济思想及理论均来自对现实经济现象、经济活动的总结与抽象，一旦其成为现实经济活动的指导思想，就会对现实经济产生强大的反作用力。这种反作用力有可能是正向的，也有可能是负向的。正向反作用力产生的条件有二：其一，这种思想或理论能够正确总结与揭示现实经济的活动规律；其二，作为现实经济实践的指导思想，这种思想或理论在恰当的约束条件共同作用下得到了正确的应用。反之亦然。对经济思想的正确认识，应将理论与实际相结合，将理论运用到实践中，进行证实或证伪，对理论进行检验。同时，既把握理论主张，又注重其对现实实践的影响，既重视理论对所处时代之经济实践的影响，又重视对当代经济实践的影响，有意识地去伪存真、科学借鉴、古为今用，更好地服务于当代经济实践。

第四节 "中国古代经济思想史专题研究"教材的特色

（一）马克思主义范式鲜明

以往有关中国经济思想史的教材多以时间为轴，介绍各个时期的代表性思想，历时性特点鲜明，具有明显的历史学范式。本教材按照马克思主义研究范式，围绕经济伦理思想、生产思想、分配思想、交换思想、消费思想、宏观经济管理方式思想、财政管理思想、土地管理思想、人口管理思想、货币管理思想等专题建立研究框架，每一章聚焦一个专题介绍中国从古至今的相关经济思想，既具备历时性特点，又按照马克思主义范式对各经济思想进行理论分析，使学生系统地以马克思主义视角深入理解中国经济思想的发展演变规律及特征。

（二）内容丰富、体例完善

以往有关中国经济思想史的教材多聚焦经济思想本身，内容稍显单薄，且体例多是内容加复习思考题的组合。本教材的内容以专题形式覆盖中国传统经济伦理、生产、分配、交换、消费、宏观经济管理方式、财政管理、土地管理、人口管理、货币管理等众多领域的中国经济思想，教材体例完善，每一章包含围绕专题的理论分析、具体思想、简要评价等，并在章末列出本章重要术语及思考题。如此，学生每学完一章，就会对此专题形成全方位的认知。

（三）深挖思政元素，凸显高水平教育的思政功能

中国传统经济思想蕴含着丰富的思政元素，本教材对"不义而富且贵，于我如浮云""以义制利""民为邦本""协和万邦""和而不同""不患寡而患不均""为天地立心，为生民立命，为去圣继绝学，为万世开太平"等元素进行深入挖掘，结合历代士子的家国情怀、为国为民的思想主张与实践，联系当前我国所面临的世界百年未有之大变局，在传授中华民族经济思想基本知识的同时寓教于学，对学生进行爱国主义与传统优秀文化遗产的思想教育，为学生注入学以致用、爱国敬业的种子，激发学生建设中国特色社会主义现代化强国的信心与决心。

（四）注重贯通古今、学以致用，凸显知识传授与服务当代中国特色社会主义现代化建设之间的内在联系

党的十九大报告强调，坚持社会主义核心价值体系必须在坚持马克思主义基础上"推动中华优秀传统文化创造性转化、创新性发展"。党的二十大报告强调，"坚持和发展马克思主义，必须同中华优秀传统文化相结合……坚定历史自信、文化自信，坚持古为今用、推陈出新，把马克思主义思想精髓同中华优秀传统文化精华贯通起来"[①]。本教材注重对"尽地力之教""以时生产""不患寡而患不均""贵上极则反贱""俭侈有度""以

---

① 习近平：《高举中国特色社会主义伟大旗帜 为全民建设社会主义现代化国家而团结奋斗》，人民出版社，2022，第18页。

重射轻，以贱泄平""善者因之""量入为出"等中华传统经济思想精华的总结，并探索其与当代文化相适应、与现代社会相协调的意义，注重其在当代的创造性转化与创新性发展，致力于为发展社会主义先进文化，更好构筑中国精神、中国价值、中国力量提供智力支撑。

思考题

1. "中国古代经济思想史专题研究"的研究对象是什么？

2. 简述学习"中国古代经济思想史专题研究"的意义与方法。

第一章
中国传统经济伦理思想专题研究

第一节　马克思主义视野下的经济伦理

经济伦理隶属意识形态范畴，理解了马克思主义意识形态理论，也就理解了其经济伦理思想。

一　经济伦理由社会存在所决定

在马克思主义理论体系中，经济基础决定上层建筑，社会存在决定社会意识。意识形态绝对不是无缘无故产生的，而是被社会存在决定的，即有什么样的社会存在，就有什么样的意识形态。经济伦理隶属社会意识，同样由社会存在决定。

意识形态是生产关系的体现，生产关系由生产力决定，每一个既定的历史阶段，生产力水平是客观的，且生产力有着自身的不为外在因素所控制的发展规律，因此，生产力所决定的包括意识形态在内的生产关系也有其历史客观性，意识形态永远无法超越社会存在，前者由后者决定。马克思、恩格斯多次强调："这些生产关系的总和构成社会的经济结构，即有法律的和政治的上层建筑竖立其上并有一定的社会意识形式与之相适应的现实基础。物质生活的生产方式制约着整个社会生活、政治生活和精神生活的过程。不是人们的意识决定人们的存在，相反，是人们的社会存在决定人们的意识"①"意识在任何时候只能是被意识到了的存在，而人们的存在就是他们的现实生活过程。如果在全部意识形态中，人们和他们的关系就像在照相机中一样是倒立成像的，那么这种现象也是从人们生活的历史过程中产生的，正如物体在视网膜上的倒影是直接从人们生活的生理过程中产生的一样"。②在马克思主义意识形态理论之中，意识形态是对物质活动的投射，正如视网膜对客观世界的投射一般，意识形态永远无法投射无法被意识到的社会存在，这是一种必然。

社会存在对社会意识的决定地位，也决定了判断任何一个人或一个时代的意识形态，必须把这种意识形态置于其所存在的物质生产中，"我们判断一个人不能以他对自己的看法为根据，同样，我们判断这样一个变革时代也不能以它的意识为根据；相反，这个意识必须从物质生活的矛盾中，从社会生产力和生产关系之间的现存冲突中去解释"③，如此，方能对这一意识形态有较为客观的认知，对经济伦理的认识也是如此。

二　经济伦理反作用于社会存在

上层建筑反作用于经济基础，相应地，社会意识亦反作用于社会存在，经济伦理同样也对社会存在有反作用，影响经济实践。

在《〈黑格尔法哲学批判〉导言》中，马克思已经意识到意识形态的反作用力量："批判的武器当然不能代替武器的批判，物质力量只能用物质力量来摧毁；但是理论一经掌握群众，也会变成物质力量。理论只要说服人，就能掌握群众；而理论只要彻底，就能说服人。"④

马克思对意识形态重要性的认知与马克思本人所观察到的社会存在不无关系。《黑格尔法哲学批判》写作前后的 19 世纪三四十年代，欧洲工人运动风起云涌，三大工人运动依次爆发：1831 年和 1834 年法国里昂工人起义、1836~1848 年英国工人掀起的宪章运动、1844 年西里西亚纺织工人起义。无产阶级作为一种新兴的独立的政治力量登上了历史舞台，但是，

① 《马克思恩格斯选集》（第 2 卷），人民出版社，1995，第 32 页。
② 《马克思恩格斯文集》（第 1 卷），人民出版社，2009，第 525 页。
③ 《马克思恩格斯文集》（第 2 卷），人民出版社，2009，第 592 页。
④ 《马克思恩格斯文集》（第 1 卷），人民出版社，2009，第 11 页。

工人阶级在与资产阶级斗争的过程中明显处于弱势，三大工人运动最终失败。马克思认为缺乏革命理论指导是限制工人阶级力量发展的重要因素之一，他认为理论只要被群众接受，就能影响群众、说服群众，并变成强大的物质力量，深刻地影响群众的生产生活行为方式、斗争与革命方式，深刻地反作用于社会存在。

三 经济伦理有鲜明的阶级性、时代性及实践性

阶级性是马克思主义所强调的意识形态的鲜明特征，马克思指出："统治阶级的思想在每一时代都是占统治地位的思想。这就是说，一个阶级是社会上占统治地位的物质力量，同时也是社会上占统治地位的精神力量。"① 这就必然导致没有精神生产资料的人的思想被统治阶级支配。为什么会产生这种现象呢？马克思认为，统治阶级内部也存在精神劳动与物质劳动的分工，统治阶级里那些积极的、有概括能力的、从事精神劳动的人以思想家身份出现，代表本阶级创造有利于自己阶级的意识形态。统治阶级的内部分工不影响其意识形态的阶级性，这种分工可能会导致某种程度上的对立与敌视，但是，一旦统治阶级本身受到威胁，这种敌视会自行消失，统治阶级会凝聚力量、专注于消弭本阶级所受到的威胁。同理，主流的代表性经济伦理一般都体现当权阶层的价值取向。

时代性体现了意识形态自身发展的客观性。意识形态由社会存在所决定，而每一时期的社会存在总是处于变动之中，意识形态也会随之做出相应跟进与调整，社会存在的时代性决定了社会意识的时代性。经济伦理也是与时俱进地体现其所处阶段的社会存在，不存在超越时代的经济伦理。

实践性是意识形态的另一鲜明特性，意识形态一经产生，就会反作用于社会存在，产生强劲的现实影响。马克思、恩格斯号召无产阶级以革命的意识形态进行斗争，反抗统治阶级虚假的意识形态，"我们要起来反抗这种思想的统治"②。

---

① 《马克思恩格斯文集》（第1卷），人民出版社，2009，第550页。
② 《马克思恩格斯文集》（第1卷），人民出版社，2009，第509页。

在《共产党宣言》中，马克思、恩格斯以历史唯物主义视角审视了历史上曾经的新旧意识形态之争：基督教战胜各种宗教、启蒙思想击败基督教思想，伴随这种信仰领域的竞争，后来的革命者替代先前的统治阶级转而占据统治地位。要取得意识形态竞争的胜利，"每一个企图取代旧统治阶级的新阶级，为了达到自己的目的而不得不把自己的利益说成是社会全体成员的共同利益……进行革命的阶级，仅就它对抗另一个阶级而言，从一开始就不是作为一个阶级，而是作为全社会的代表出现的；它以社会全体群众的姿态反对唯一的统治阶级"①。马克思、恩格斯意识到历史上每一次进行革命的阶级对意识形态的重视，通过把自己的利益包装成全社会成员的共同利益，以革命者出现的新阶级有了对抗他们眼中腐朽阶级的思想武器。因此，无产阶级需要以更革命的意识形态来对抗资产阶级的虚假意识形态。列宁特意强调了这一点："没有革命的理论，就不会有革命的运动。"② 无产阶级的革命斗争，不仅体现在物质层面，还体现在精神层面，意识形态领域的竞争就是后者的体现，从某种程度上来说，后者更为重要，基于马克思主义理论逻辑，革命的理论一经群众掌握，就会变为物质力量。联系马克思主义在俄国、中国的社会主义革命中的作用，这种意识形态的革命性力量的确不容小觑。经济伦理一经产生，也会对现实经济实践产生重大的影响。

第二节　中国传统代表性经济伦理思想

一　先秦时期代表性经济伦理思想

（一）孔子

孔子义利观的核心要义是以义制利、见利思义，但其内容比较丰富，对于不同的主体，他的要求与侧重点皆有所差异。

---

① 《马克思恩格斯文集》（第 1 卷），人民出版社，2009，第 552 页。
② 《列宁选集》（第 1 卷），人民出版社，1995，第 311 页。

1. "不义而富且贵，于我如浮云"

孔子从阶级属性的层面赋予义利更多的内涵，认为"君子喻于义，小人喻于利"①，即君子应该"以义制利"，用"义"对"利"进行约束和引导。

对于居上位的统治者，他更为强调"义"的约束作用："上好礼，则民莫敢不敬；上好义，则民莫敢不服；上好信，则民莫敢不用情。"②"为政以德，譬如北辰，居其所而众星共之"③，孔子强调，为政者如以德治国，崇尚礼义，则会事半功倍，百姓无不信服。

对于自己和与自己类似、追求道义的儒生群体，孔子要求更高。他很鲜明地宣告了自己对财富的态度："不义而富且贵，于我如浮云"④"富与贵，是人之所欲也。不以其道得之，不处也"⑤，并提出了"见利思义"⑥的要求，将之视为"成人"的标准之一。在孔子眼中，安贫乐道的颜回是君子的楷模："贤哉回也，一箪食，一瓢饮。在陋巷，人不堪其忧，回也不改其乐，贤哉回也！"⑦

值得强调的是，孔子并不反感对物质利益的追求，对于符合道义的财富与物质利益，孔子的态度同样鲜明："富而可求也，虽执鞭之士，吾亦为之。如不可求，从吾所好。"⑧显然，孔子始终强调应坚守伦理底线，追求符合道义的财富，以"义"来规范约束"利"。

2. "因民之所利而利之"

对于普通百姓，孔子意识到"小人穷斯滥矣"⑨，不同于即使身处逆境也能坚守操守的君子，普通小民一旦身处窘境，陷入穷途末路，就会行为失当，胡作非为。因此，为政者应当考虑民生，使小民获取利益，要"因民之

---

① 钱逊解读《论语》，国家图书馆出版社，2017，第130页。
② 钱逊解读《论语·子路》，国家图书馆出版社，2017。
③ 钱逊解读《论语·为政》，国家图书馆出版社，2017。
④ 钱逊解读《论语》，国家图书馆出版社，2017，第191页。
⑤ 钱逊解读《论语》，国家图书馆出版社，2017，第120页。
⑥ 钱逊解读《论语》，国家图书馆出版社，2017，第328页。
⑦ 钱逊解读《论语·雍也》，国家图书馆出版社，2017。
⑧ 钱逊解读《论语》，国家图书馆出版社，2017，第189页。
⑨ 钱逊解读《论语·卫灵公》，国家图书馆出版社，2017。

所利而利之"①，这也是孔子强调"足食，足兵，民信之矣"② 的原因。

（二）墨子："义，利也"

小手工业者出身的墨子更注重底层百姓利益，他判定事物价值的标准就是看其能否有利于普通百姓，能否给百姓带来实实在在的好处："所为贵良宝者，可以利民也，而义可以利人，故曰：义，天下之良宝也。"③ "义"之所以被判定为天底下最好的宝物，就是因为其能够利民，这明显是以"利"的思维衡量"义"。这种思维也充分体现在其对于义利关系的反思上："义，利也"④"忠，以为利而强君也""孝，利亲也"⑤。墨子的这种界定非同寻常，他以形而下的物质利益解释形而上的精神内容，这种做法已在无形中宣告了其对"利"之地位的重视与肯定。

（三）孟子

孟子的义利观也很丰富，对于不同的主体，他有不同的要求。对于"劳心"的"大人"，他侧重以义制利，对于"劳力"的小人，他侧重恒产恒心论。

1. 非其道，则一箪食不可受于人

孟子尤为重视君主士大夫等劳心者的行为，从其"王曰何以利吾国，大夫曰何以利吾家，士庶人曰何以利吾身，上下交征利，而国危矣"⑥ 的论述来看，显然，孟子认为，如果一个国家的君子失去了"义"的约束，只知道一味逐利，这样的国家是难以长存的。从其"君不行仁政而富之，皆弃于孔子者也"的论述来看，孟子肯定孔子对冉求的批判，认为不符合道义的逐利行为可以"鸣鼓而攻之"。这些实际上都反映了孟子主张用道德礼制约束求利之心的基本立场。

对于义利的选择，孟子本人的立场也非常明确，"非其道，则一箪食

① 钱逊解读《论语·尧曰》，国家图书馆出版社，2017。
② 钱逊解读《论语·颜渊》，国家图书馆出版社，2017。
③ （战国）墨翟：《墨子》，（清）毕沅校注，吴旭民校点，上海古籍出版社，2014，第221页。
④ （战国）墨翟：《墨子》，（清）毕沅校注，吴旭民校点，上海古籍出版社，2014，第167页。
⑤ （战国）墨翟：《墨子》，（清）毕沅校注，吴旭民校点，上海古籍出版社，2014，第167页。
⑥ 金良年译注《孟子译注》，上海古籍出版社，2012，第1页。

不可受于人；如其道，则舜受尧之天下，不以为泰"①。这种立场同孔子非常相似，选择符合道义的利益，而对背离道义的利益坚决说不，其"以义制利"的伦理倾向非常明显。

2. 恒产恒心论

在认可"义"之第一性的基础上，孟子又提出恒产恒心论。恒产恒心论的实质是对物质财富生产的重视与强调，这是先秦学者多元经济伦理思想中的一种代表性思想。如果说"以义制利"体现的是先秦学者对君子或劳心者阶层的伦理要求，那么，恒产恒心论更多体现的则是先秦学者站在国家治理层面、以普通百姓为对象的伦理反思，其核心要义是：对于普通百姓来说，物质利益更重要，满足百姓的物质利益需求，百姓才会对国家有强烈的归属感，国家治理才会更有效率。

孟子指出："民之为道也，有恒产者有恒心，无恒产者无恒心；苟无恒心，放辟邪侈，无不为已。"② 孟子认为，要使百姓保有善心、不做危及他人及整个社会的坏事，必须使百姓拥有长期保有的稳定财产。可见，孟子的恒产恒心论是建构在物质财富创造的基础上的，而物质财富的实现离不开社会生产。在孟子的理想蓝图里，五亩宅、百亩田是标准的恒产，他认为这种恒产可以使一个八口之家解决最基本的温饱问题，实现"五十者可以衣帛矣……数口之家可以无饥矣"③。在孟子看来，如果不能保证百姓拥有基本的物质财富，想要实现大治是不可能的："此惟救死而恐不赡，奚暇治礼义哉？"④ 显然，孟子认为，对于普通百姓而言，物质利益的生产与创造非常重要，是助推百姓践行"礼义"的前提与基础。但遵循孟子的逻辑，即使物质财富非常重要，百姓在追逐自己的财富时仍需符合"义"的要求，不寻求不义之财。

（四）荀子："制礼义以分之"

荀子看到了人对物质的追求欲望，而且，与孔子与孟子不同，他将义利的讨论与君子小人分割开来，认为趋利避害是所有人的共同特点，"义

---

① 金良年译注《孟子译注》，上海古籍出版社，2012，第89页。
② 金良年译注《孟子译注》，上海古籍出版社，2012，第73页。
③ 金良年译注《孟子译注》，上海古籍出版社，2012，第11页。
④ 金良年译注《孟子译注》，上海古籍出版社，2012，第11页。

与利者，人之所两有也"①　"好荣恶辱，好利恶害，是君子、小人之所同也"②。但同时，他也理性地看到，如果放纵所有人不受干预地逐利，有限的物质资料必然不能满足所有人的要求，且必然导致争斗动乱。怎么来控制这种事情的发生呢？荀子给出的答案是"制礼义以分之"。荀子将"义"视为制定等级、解决纷争的重心，"故义以分则和，和则一，一则多力，多力则强，强则胜物，故宫室可得而居也"③。这里，"义"成为调节利益纷争、将人类社会凝聚成一个群体的有力工具，且发挥了重要的引导作用。

（五）《管子》："仓廪实而知礼节，衣食足则知荣辱"

《管子》非一时一人之作，这决定了其义利论的多元性，但其总体倾向更为重视物质利益导向。

一方面，《管子》重视以道德为核心的上层建筑对经济基础的能动作用。《管子》将礼、义、廉、耻视为国之四维，并强调："一维绝则倾，二维绝则危，三维绝则覆，四维绝则灭。"在《管子》看来，四维是维系一个社会正常运转、民风淳朴、奸邪远遁的保障："礼不逾节，义不自进，廉不蔽恶，耻不从枉。故不逾节则上位安，不自进则民无巧诈，不蔽恶则行自全，不从枉则邪事不生。"④　强调礼义廉耻等道德因素的作用与因顺百姓逐利之心并不矛盾，《管子》认为教化百姓时要充分发挥道德因素的引导作用，如此方能国泰民安。礼义廉耻等道德因素的"导民"作用是《管子》生产伦理的另一维度，是其有机组成部分。

另一方面，《管子》更强调物质财富的重要基石作用，"仓廪实则知礼节，衣食足则知荣辱"⑤。《管子》认为，生而为人，求利是一种本能，"夫凡人之情，见利莫能勿就，见害莫能勿避……故利之所在，虽千仞之

---

① （战国）荀况：《荀子》，（唐）杨倞注，耿芸标校，上海古籍出版社，2014，第335页。
② （战国）荀况：《荀子》，（唐）杨倞注，耿芸标校，上海古籍出版社，2014，第33页。
③ （战国）荀况：《荀子》，（唐）杨倞注，耿芸标校，上海古籍出版社，2014，第98页。
④ （春秋）管仲：《管子》，（唐）房玄龄注，（明）刘绩补注，刘晓艺校点，上海古籍出版社，2015，第2页。
⑤ （春秋）管仲：《管子》，（唐）房玄龄注，（明）刘绩补注，刘晓艺校点，上海古籍出版社，2015，第1页。

山，无所不上，深渊之下，无所不入焉"①。既然对利的追逐是人之天性，从治国和管理效率的角度，《管子》认为最好的做法是满足百姓的求利欲望，使之富裕，这样可最大限度减少国家治理的成本，"夫民必得其所欲，然后听上，听上然后政可善为也"② "民富则易治也，民贫则难治也"③。可见，《管子》完全基于统治阶层视角来看待满足百姓逐利欲望与国家治理效率的关系，其逻辑同样与恒产恒心论一致，两者都强调只有当百姓拥有一定的物质财富，才会是战乱或不稳定政权的风险厌恶者，才会由衷希望当下的政权顺利延续，以保证自己财富的确定性持有。

（六）韩非："以利之为心"

先秦诸子中，韩非是对人性剖析最为犀利的一位学者。他坚持人性恶论，认为人皆挟自为心以自利，故在义利论方面，他把利放在第一位，认为不存在不考虑"利"的"义"。在《备内》《外储说左上》《六反》等篇章中，他对人主与人臣、君主与后妃太子、医生与患者、工匠与消费者、父母与孩子、地主与庸客等多组主体之间的关系进行了如下仔细剖析：

> 人主之患在于信人。信人，则制于人……故王良爱马，越王勾践爱人，为战与驰。医善吮人之伤，含人之血，非骨肉之亲也，利所加也。故舆人成舆则欲人之富贵，匠人成棺则欲人之夭死也，非舆人仁而匠人贼也，人不贵则舆不售，人不死则棺不买，情非憎人也，利在人之死也。故后妃、夫人、太子之党成而欲君之死也，君不死则势不重，情非憎君也，利在君之死也，故人主不可以不加心于利己死者。④

> 人为婴儿也，父母养之简，子长而怨。子盛壮成人，其供养薄，父母怒而诮之。子、父，至亲也，而或谯或怨者，皆挟相为而不周于

---

① （春秋）管仲：《管子》，（唐）房玄龄注，（明）刘绩补注，刘晓艺校点，上海古籍出版社，2015，第358页。

② （春秋）管仲：《管子》，（唐）房玄龄注，（明）刘绩补注，刘晓艺校点，上海古籍出版社，2015，第59页。

③ （春秋）管仲：《管子》，（唐）房玄龄注，（明）刘绩补注，刘晓艺校点，上海古籍出版社，2015，第323页。

④ 张觉等：《韩非子译注·备内》，上海古籍出版社，2012，第124~126页。

为己也。夫买庸而播耕者，主人费家而美食，调布而求易钱者，非爱庸客也，曰：如是，耕者且深，耨者熟耘也。庸客致力而疾耘耕者，尽巧而正畦陌畦畔者，非爱主人也，曰：如是，羹且美钱布且易云也。此其养功力，有父子之泽矣，而心调于用者，皆挟自为心也。故人行事施予，以利之为心，则越人易和；以害之为心，则父子离且怨。①

父母之于子也，产男则相贺，产女则杀之。此俱出父母之怀衽，然男子受贺，女子杀之者，虑其后便、计之长利也。故父母之于子也，犹用计算之心以相待也，而况无父子之泽乎？②

基于以上分析，韩非的观点已然非常明晰了：人是自利的，人皆以自为心、计算之心谋事行事，不存在不考虑利的行为，仁爱、忠诚、信任等隶属"义"范畴的伦理对现实生活中的自利行为缺乏解释力。因而，韩非认为"以利之为心"，反倒是现实生活的最优解，可以取得最佳效果。

二　秦汉魏晋南北朝时期的经济伦理思想

（一）董仲舒：有欲不得过节

先秦之后，"以义制利"的观点在不同的历史语境下不断被提及，且在呼应各时期的时代命题时得以发展演化，其内涵越来越丰富。西汉的董仲舒从管理的角度认为应该对百姓的欲望进行适当的约束，"故圣人之制民，使之有欲，不得过节"③。那么，该如何约束呢？董仲舒抛出的工具仍然是"义"："夫万民之从利也，如水之走下，不以教化提防之，不能止也"④，即以教化的方式提防百姓的过分逐利行为，引导百姓合理逐利。在强调教化之外，董仲舒直接提出"正其谊不谋其利，明其道不计其功"⑤的观点。

---

①　张觉等：《韩非子译注·外储说左上》，上海古籍出版社，2012，第316页。
②　张觉等：《韩非子译注·六反》，上海古籍出版社，2012，第493页。
③　（汉）董仲舒：《春秋繁露》，张祖伟点校，山东人民出版社，2018，第54页。
④　（汉）班固：《汉书》，中华书局，2000，第1905页。
⑤　（汉）班固：《汉书·董仲舒传》，中华书局，2000。

（二）司马迁

1. "礼生于有而废于无"

司马迁将"利"置于第一位，认为物质层面、形而下的"利"决定着精神层面、形而上的"义"。司马迁认为"天下熙熙，皆为利来；天下攘攘，皆为利往"。"利"是引导天下民众行为的核心要素，所有人的言行皆与此高度相关，隶属精神层面的"礼"也不例外："礼生于有而废于无……人富而仁义附焉"①，只有物质财富积累到一定程度，才会产生礼义廉耻等精神层面的规范，司马迁对物质积淀的重要性有着朴素的理性认知。

司马迁秉持这种观点一点儿也不奇怪，他认为对"利"的追逐是人之本能，逐"利"是天下熙熙攘攘的动力，逐利的主体覆盖社会各个阶层，"夫千乘之王，万家之侯，百室之君，尚犹患贫，而况匹夫编户之民乎！"因此，君主应因顺百姓逐利的本能，使百姓拥有一定的财富，从国家治理的角度，这对于君主也是有利的，毕竟，"'仓廪实而知礼节，衣食足而知荣辱。'礼生于有而废于无"②，在物质利益积淀丰厚的基础上，民众的素质也会水涨船高，"好行其德"的君子与"以适其力"的小人和谐共处，社会大治才会成为可能。

2. "本富为上，末富次之，奸富最下"

司马迁强调物质财富的重要性，指出："若至家贫亲老，妻子软弱，岁时无以祭祀进醵，饮食被服不足以自通，如此不惭耻，则无所比矣！"他认为生而为人的重要职责之一就是为家人创造能够自足的基本条件，如若连这一点都做不到，还毫无羞耻之心，那这种人就实在没什么可比拟的了。

同时，司马迁鼓励百姓追求符合道义的财富，他认为，"本富为上，末富次之，奸富最下"③，最好是靠农业致富，其次是靠工商业致富，最糟糕的是以作奸犯科等违法手段致富，即应以义约束利的获取。

3. "利诚乱之始也"

在肯定物质基础重要性、鼓励合理逐利的同时，司马迁反对把利置于

---

① （汉）司马迁：《史记》，岳麓书社，1988，第932页。
② （汉）司马迁：《史记》，岳麓书社，1988，第932页。
③ （汉）司马迁：《史记·货殖列传》，岳麓书社，1988。

首位的一味逐利行为："余读《孟子书》，至梁惠王问'何以利吾国'，未尝不废书而叹也。曰：嗟乎，利诚乱之始也！夫子罕言利者，常防其原也。故曰'放于利而行，多怨'。自天子至于庶人，好利之弊何以异哉！"[①]不管是天子还是普通百姓，人人皆可合理合法追求财富，但不能好利，不能以利为头等追求，否则必然导致祸乱。

（三）何休：饥寒致寇盗

东汉的何休提出"夫饥寒并至，虽尧舜躬化，不能使野无寇盗"[②]，即使是类似尧舜那样的圣人，面对饥寒交迫的民众与严峻的治理考验，也不能保证社会治安的良性运转。何休的潜台词是明显的，即饥寒是导致寇盗的现实因素，物质匮乏是导致百姓抛弃义的关键因素，他强调的同样是物质对精神的制约作用。

三　隋唐元明清时期的经济伦理思想

（一）白居易："以百姓欲为欲"

唐朝的白居易非常重视君主的教化引导作用，"盖兴废理乱，在君上所教而已。故君之所为，为教兴之本"，他强调君主以切实行为进行榜样示范的重要性。那么，"君"该如何作为呢？白居易进而指出，人的求利行为是一种本能，"夫人之蚩蚩趋利者甚矣：苟利之所在，虽水火蹈焉，虽白刃冒焉"[③]，因此，君主应该"以天下心为心""以百姓欲为欲"[④]。在白居易看来，圣君并非不好利、不谈利，而是其站位与立场决定了其所关心的利是天下大利，而非常人所关注的之小利，"圣人非不好利也，利在于利万人；非不好富也，富在于富天下"[⑤]。

（二）程颐、朱熹：以义制利、义以生利

程颐以圣人的抉择与行为标准肯定了"以义制利"的正当性："人皆

---

① （汉）司马迁：《史记·孟子荀卿列传》，岳麓书社，1988。
② （汉）何休：《春秋公羊经传解诂》，国家图书馆出版社，2020，第29页。
③ （唐）白居易：《白居易集》（第4册），中华书局，1979，第1311页。
④ （唐）白居易：《白居易集》（第4册），中华书局，1979，第1279页。
⑤ （唐）白居易：《白居易集》（第4册），中华书局，1979，第1316页。

知趋利而避害，圣人则更不论利害，惟看义当与不当为。"① 圣人之所以是圣人，就在于其超越了人的逐利本性，以义为其行事的第一指导原则。

朱熹则是从"义以生利"的角度认可"以义制利"："利，是从那义里面生出来底，凡事处制得合宜，利便随之……盖是义便兼得利。"② 朱熹明显将"义"设为第一性，"利"的出处与源头是"利"，在他看来，两者的顺序不可混淆。只有符合"义"的行为，才能有"利"的必然收获。

（三）李觏："焉有仁义而不利者乎？"

宋朝的李觏敏锐地捕捉到了义利之间的辩证关系，"夫礼之初，顺人之性欲而为之节文者也"③，他认为"礼"也是顺应人之本性的产物，而逐利恶害就是人最原始的本能。因而，他不赞同孟子对于利的阶级属性认知，他敏锐地洞察到君子在追求仁义过程中"利"的自然生成："孟子谓'何必曰利'，激也，焉有仁义而不利者乎？其书数称汤、武将以七十里、百里而王天下，利岂小哉？"④ 以七十里、百里起家的商汤、周武王因仁义之名远播而追随者甚众，最终称王天下，在李觏看来，这是常人终其一生都无法获得的大利，因此，义、利实际是统一的。

（四）苏洵："利义相为用"

苏洵的义利思想充满了思辨的色彩，他注意到了义利的辩证统一性，因而提出了"利者义之和论"，坚持"义利"和"利义"说，认为"义"和"利"是有机统一体，互相约束，彼此依存。他强调，"故君子欲行之，必即于利。即于利，则其为力也易"，即使是君子圣人，想要做成大事，也必须通晓寓利于义则事半功倍的朴素道理，"利在则义存，利亡则义丧"也是基于这一点而言的。如若彻底贯彻了寓利于义的准则，那么，即使"灭人国，杀人父，刑人子"，也不致遭到反对，反而得到肯定。周武王伐纣就是一个非常典型的案例，伐纣的过程，既是彰显正义的过程，也是帮助百姓获取大利的过程，义利是辩证统一的。因而，苏洵强调，"义利、

---

① （宋）朱熹：《河南程氏遗书》，商务印书馆，1935，第195页。
② 黎靖德编，王星贤点校《朱子语类》，中华书局，2020，第2074页。
③ （宋）李觏：《李觏集》，中华书局，1981，第5页。
④ （宋）李觏：《李觏集》，中华书局，1981，第326页。

利义相为用，而天下运诸掌矣"①。

（五）叶适："无功利，则道义者乃无用之虚语耳"

宋朝功利主义的重要代表人物叶适特别反对空谈仁义，"仁人正谊不谋利，明道不计功。此语初看极好，细看全疏阔……后世儒者行仲舒之论，既无功利，则道义者乃无用之虚语耳"②，他大力肯定了与功利相关的现实利益、物质财富的基础作用。叶适以大禹、周公为例，强调"古之人未有不善理财而为圣君贤臣者也"③，认为古往今来的圣君贤臣恰恰是重视理财且善于理财的能人，只不过他们是为天下万民理财，追求的是公利。

（六）丘濬：经制之义

丘濬提出了更为系统的"经制之义"理论，他认为国民财富的生产必须遵循相应的规范，如此，方能有大的收获："利之为利，居义之下、害之上。进一等则为义，经制得其宜，则有无穷之福；退一等则为害，经制失其宜，则有无穷之祸。"④ 丘濬将"利"置于"义"之下，并认为如果一味逐利、放弃"义"的原则，所导致的祸患是无穷的，这和其"生财有道"⑤ 的观点是一致的。

（七）刘基、颜元、戴震："正其谊以谋其利，明其道以计其功"

明朝的刘基也认为统治者要实现"聚民"的目的，就一定要"聚其所欲，而勿施其所恶"⑥。即根据百姓的好恶进行合理引导，只有满足百姓所需，避免采取百姓厌恶的政策，才能在最大限度上赢得百姓的支持，聚拢人心。

清朝的颜元一方面指出儒生读书的经世致用职能，"儒之出也，惟经济。……离此一路……即另著一种《四书》《五经》，一字不差，终书生

① （宋）苏洵：《宋本嘉祐集·利者义之和论》，国家图书馆出版社，2019。
② （宋）叶适：《习学记言序目》，中华书局，1977，第 324 页。
③ （宋）叶适：《习学记言序目·财计》，中华书局，1977。
④ （明）丘濬：《大学衍义补·制国用·经制之义下》（卷二四），上海书店出版社，2012，第 223 页。
⑤ （明）丘濬：《大学衍义补·制国用·经制之义上》（卷二三），上海书店出版社，2012，第 210 页。
⑥ （明）刘基：《郁离子》，魏建献、萧善乡点校，上海古籍出版社，1981，第 55 页。

也，非儒也"①；另一方面正面批判董仲舒的义利论，提出与之针锋相对的"正其谊以谋其利，明其道以计其功"观点，高调肯定了物质财富的重要性。

戴震也强调，"理者，存乎欲者也"②，并主张"体民之情，遂民之欲"③，肯定满足百姓逐利的伦理正当性。

（八）王夫之：义利之分

王夫之一方面坚持"义"可以生利的观点，"义者，正以利所行者也"④，另一方面，又将"义"置于绝对的本位，认为"义利之分"是区分君子与小人、中国与夷狄、人与禽的标准。从王夫之对"义"的这种定位高度不难看出，在与义与利相关的生产伦理方面，他坚持"以义制利"的立场是不容置疑的。

（九）唐甄：百姓既足，风教可施

清朝的唐甄也认为所谓的"礼""孝"是建构在没有冻饿、衣食无忧的基础之上的，没有物质基础，谈不上道德伦理层面的规范与要求，以尧舜为代表的圣君之所以能够赢得百姓爱戴、开创一个治世，正是因为他们能够为百姓谋利，"尧、舜之治无他，耕耨是也，桑蚕是也，鸡豚狗彘是也。百姓既足，不思犯乱，而后风教可施，赏罚可行"⑤。唐甄与白居易、李觏、叶适等人的逻辑思路是一致的，他们皆认为，大凡圣君贤臣，其实皆是在建立功业的过程中实现了义利的统一，"义"的彰显是通过"利"的实现来完成的，不过，这里的"利"指的是公利，是与百姓息息相关的天下大利。

综上所述，中国传统生产伦理的演化有着较为清晰的脉络。先秦的生产伦理多元而丰富，先秦学者对于不同的群体赋予不同的伦理要求，体现了处于轴心时代的先秦智者的多维思考。但随着中国传统社会政府职能的演化发展，有越来越多的学者注意到义利的辩证统一性，这种统一性并不会因为人群的阶级属性不同而有差别，且从治国角度而言，义利统一更充

---

① （清）颜元：《颜元集·习斋记余卷三》，中华书局，1987，第440页。
② （清）戴震：《孟子字义疏证》，中华书局，1961，第8页。
③ （清）戴震：《孟子字义疏证》，中华书局，1961，第8页。
④ （明）王夫之：《四书训义》卷八，岳麓书社，2011，第382页。
⑤ （清）唐甄：《潜书校释》，黄敦兵校释，岳麓书社，2011，第14~15页。

分地体现在有所作为的为政者群体之中。

第三节 中国传统经济伦理思想简析

一 中国传统经济伦理思想充分体现统治阶级意志

尽管形成多元义利论，但主流的经济伦理思想皆体现着统治阶级意志。何为"义""道"，何为"不义""不道"，对这一基本范畴的定义已涉及很浓郁的主观感性色彩：谁能成为定义的主体？谁能规定"义"与"道"的范畴与边界？谁又是基于什么原则来规定？决定主流经济伦理思想这些内容的主体是那些掌握话语权、解释权的上层统治者，他们所定义的内容反映着其所在的阶层的利益。

虽然"以义制利"论、利先义后论、利义结合论的主张各异，但体现的都是统治阶级的意志。第一种以有利于统治阶级利益的思想定义"义"的内容，规范引导被统治阶级的逐利行为；第二种站在统治阶级治理国家、维持政权的立场上，规定统治阶级的治理逻辑，即要想得民心，必使民有一定的物质财富，这样才方便管理；第三种仍然将"义""利"结合的必要性指向赢得民心，助力统治者巩固统治基础的终极政治目标。

恒产恒心论、食足知礼论所对应的利先义后论是较有迷惑性的生产伦理，从其内容来看，统治阶级很关心民生，注重百姓的物质财富积累，甚至从制度层面促进百姓拥有"百亩田""五亩宅"等恒产，但如若深究之，不难发现，统治阶级之所以关心百姓的"恒产""食足"，根本动机是想使其拥有"恒心"，并能够"知礼"，自觉遵循礼制，而"礼"的内涵是由统治阶级定义的，这又回归至"以义制利"的逻辑。此外，百姓的"恒心"也特别有助于统治阶级事半功倍地实现大治等目标。因此，在阶级性方面，恒产恒心论、食足知礼论本质同于"以义制利""见利思义"，只不过，前者所穿的伦理的外衣更光彩熠熠，更具有迷惑性罢了。

二　中国传统经济伦理思想的内容局限于小农经济属性

以义制利、利先义后与利义结合是中国传统经济伦理领域的代表性思想。第一种强调精神的第一性，第二种强调物质的第一性，第三种强调两者的辩证统一，均属中国传统经济伦理的内容。尽管三种并存的中国传统经济伦理思想充分说明了其丰富性与多元性，但就内容而言，"利"多与田宅、土地等体现小农经济属性的因素紧密相关，且被小农经济体系中占统治地位的地主阶级的意志所限制，小农经济的属性鲜明。

✧ **本章关键术语**

以义制利；恒产恒心论；义以生利

✧ **思考题**

1. 简述孔子、孟子的义利论，并分析其特点。
2. 简述《管子》的义利论。
3. 简述司马迁的义利论。
4. 简述李觏的义利论。

第二章
中国传统生产思想专题研究

第一节　马克思主义视野下的生产

一　一般性生产关系中的生产

在马克思的理论体系中，生产的内涵非常丰富，包括四个维度的生产：物质资料生产、人口生产、社会关系生产、精神生产。其中，物质资料生产是最基本的生产形式，是人类社会赖以生存的基础。马克思指出："这种活动、这种连续不断的感性劳动和创造、这种生产，是整个现存的感性世界的基础。"① 伴随持续不断的物质资料生产活动，人类社会才有可能持续演化发展。

在马克思看来，生产、分配、交换和消费是社会再生产过程中四个相辅相成的环节。其中，生产是四环节中最为核心的一环。

1. 生产决定分配、交换与消费

生产决定着分配。首先，就分配对象而言，产品只有生产出来，才能进行分配，即分配必须有可分配的对象，因此，生产处于核心支配地位。其次，就分配的形式而言，参与生产的形式决定着分配的形式。生产要素属于不同的主体，这些主体对生产资料的占有和支配地位取决于其所处社会的生产关系，即生产要素主体所处社会的生产资料所有制决定了生产要

---

① 《马克思恩格斯选集》第 1 卷，人民出版社，1995，第 77 页。

素的分配。

生产决定交换。首先，交换的对象是商品，商品是生产的产物，从这个意义上来说，没有生产，就没有所谓的交换。其次，交换的表现形式是物物交换，物的所有者希望通过交换得到自己需要但自己无法或需要投入更多劳动时间才能勉强生产出来的东西，这也意味着分工的产生，唯有当生产力发展到劳动的分工产生，交换才成为可能。最后，生产的深度、广度、方式、社会性质等决定了交换的深度、广度、方式与社会性质。

生产决定着消费。生产的能力、水平、方式、规模等决定着消费的能力、水平、方式与规模。从历时性角度而言，在每一个历史时期，人们只能消费那个时代所生产出来的产品，即使存在着消费分层，这种分层也局限于那个时代所能生产的产品集合之中。从共时性角度而言，在具体的历史时期内，人们在生产过程中所处的地位不同，也会导致其消费水平、消费能力与消费方式的不同。拥有生产资料、进行生产行为的组织者，在生产过程中处于支配地位，消费水平较高，能力较强，而没有生产资料、被雇佣参与劳动的直接劳动者，在生产过程中处于被支配地位，消费水平较低，能力较弱。

2. 生产与分配、交换、消费具有同一性

生产与分配具有同一性。生产是不同生产要素共同作用的过程，而生产要素分配在生产之前就已经完成。不解决生产工具的分配、社会成员的分配等问题，后续的生产就无法完成。分配成为生产的前提，而生产工具的分配、社会成员的分配又由生产关系决定，换言之，解决由生产关系决定的分配关系是生产得以进行的前提。

生产与交换具备同一性。生产过程本身就是劳动者利用劳动资料对劳动对象进行加工的过程。生产者、生产对象、生产资料能够在生产之前配置到位，本身就是交换的产物。在具体生产之前，通过交换，生产要素被配置到位。在具体生产过程中，存在以下交换：生产要素的交换；人的各种活动和各种能力的交换；各种生产资料的交换；不同生产单位、不同生产部门之间进行的交换。生产完成之后，通过交换，生产出的产品实现价值。

生产与消费具有同一性。一方面，生产本身就是消费。生产过程就是对生产要素的消费过程，生产要素既包含生产资料，也包含劳动力。在生产过程中，不可避免涉及对包含厂房、机器设备、原材料、燃料等要素的消费，同时，劳动力这一重要的生产要素也被消费，劳动者脑力与体力的支出即为劳动力的消费表现，劳动者消费自己的劳动能力参与到生产过程之中。另一方面，消费也是生产。劳动者通过消费生产出"再生产"的能力。为了维持自己的劳动力，劳动者必须进行维持其正常生活的必要的消费，以便通过这样的消费，生产出继续进行脑力与体力支出的能力。

二　资本主义生产关系中的生产

马克思主义政治经济学的重点研究对象即为资本主义生产关系，马克思特别强调了这一点："我要在本书（《资本论》）研究的，是资本主义生产方式以及和它相适应的生产关系和交换关系。"① 这与马克思在当时历史背景下的研究目的不无关系，"本书的最终目的就是揭示现代社会的经济运动规律"②，马克思通过揭示资本主义的经济运动规律，为当时的国际工人运动提供智力支持，并深刻地影响了国际工人运动的发展与走向。

在马克思看来，在资本主义生产体系中，其所有的生产关系建构在生产资料私人占有制的基础上，资产阶级占有生产资料，拥有最核心的生产要素——资本；而工人阶级只拥有自己的劳动力，劳动力成为商品。前者凭借所拥有的资本雇佣后者并无偿占有其创造的剩余价值，这是资产阶级生产的动力之所在，在此过程中，形成了剥削与被剥削的关系。因此，资本主义所有的生产关系都紧密围绕着剩余价值而展开，这是资本主义生产关系区别于其他社会生产关系之所在。

资本主义社会中，生产与分配、交换、消费的一般性关系自然存在，但是，其特殊性体现在：资本主义社会的生产、分配、交换与消费皆紧密围绕剩余价值而展开。生产是剩余价值的生产，分配是剩余价值的分配，交换与消费是剩余价值得以实现的条件与保障。所有的生产关系都服务于资产阶级如何更好地剥削工人阶级这一主题。

---

① 〔德〕马克思：《资本论》（第1卷），人民出版社，2018，第8页。
② 〔德〕马克思：《资本论》（第1卷），人民出版社，2018，第10页。

资本主义生产的本质即剩余价值的生产,马克思一语点破其本质:"作为劳动过程和价值形成过程的统一,生产过程是商品生产过程;作为劳动过程和价值增殖过程的统一,生产过程是资本主义生产过程,是商品生产的资本主义形式。"① 单纯的劳动过程与价值形成过程,不能刺激资本家进行生产,唯有价值增殖过程,即"超过一定点而延长了的价值形成过程",才能揭示资本主义生产的秘密。如果生产过程只持续至这一点,劳动者的活劳动所创造的新价值只包含了劳动力价值,资本家无利可图,因此必然要求在这一点之后继续生产,使生产过程延长下去,这一点之后所创造的价值即为剩余价值,被资本家所攫取。

总之,在生产资料私有制的资本主义社会中,一切生产活动都围绕着剩余价值而展开,"剩余价值的生产是生产的直接目的和决定动机"②,且这是资本主义生产方式的两大特征之一,剩余价值规律成为资本主义社会生产的要旨。

第二节　中国传统代表性生产思想

站在宏观治国角度谈论生产目标的学者众多,各个时代都有代表性人物及代表性思想。不过,学者们讨论的最终指向有两个:一个指向为尽量采取各种措施"制民之产",使百姓丰衣足食;另一个指向为通过节俭储蓄等方式增强国家应对灾害冲击的能力,使国家有"九年之蓄",财力根基坚实。

一　先秦时期的代表性生产思想

(一)芮良夫、召穆公:自然生产观

西周的芮良夫持自然生产观,他反对周厉王任用专利的荣夷公,反对荣夷公的专利行为,谈及原因时强调,"夫利,百物之所生也,天地之所

---

① 〔德〕马克思:《资本论》(第1卷),人民出版社,2018,第8页。
② 〔德〕马克思:《资本论》(第1卷),人民出版社,2018,第10页。

载也"①，认为物质财富为自然天地幻化而成，是自然的产物，个人独占不合适。很明显，他较为注重生产所需的外在生产要素，认为生产资料、天时地利等是创造财富的重要条件。在这一论断中，人的能动作用被忽视了，自然力得到最大限度的重视，似乎只要有了自然力就可轻易创造财富。

同时期的召穆公也有类似的论述，他反对周厉王以暴力手段禁止百姓批评指责朝政之举，认为防民之口甚于防川，强调"民之有口也，犹土之有山川也，财用于是乎出；犹其有原隰衍沃也，衣食于是乎生"②。尽管召穆公并非专门论及财富生产，但从这段话中不难看出，召穆公的逻辑与芮良夫相同，认为有了高山大川、平原湿地等优越的自然条件，衣食财富就可源源不断地产生。

（二）《周易》：三材思想

《周易》是我国先秦时期重要的典籍，讲天地万物变易之道，体现了我国古人对宇宙演化的理解与智慧，其中的"天地人三材"思想注重天道、地道与人道的辩证统一，成为中国传统农业生产的指导思想，对后世影响颇大。

《周易》涉及天道、地道、人道的内容如下："《易》之为书也，广大悉备。有天道焉，有人道焉，有地道焉。兼三材而两之，故六。六者非他也，三材之道也。"③ "立天之道曰阴与阳，立地之道曰柔与刚，立人之道曰仁与义。兼三才而两之，故《易》六画而成卦。"④ 两处表述殊途同归，皆强调天、地、人三材是呼应性的存在，缺一不可，两爻为一材，每材各有其道，三材组成六爻，其中，初、二为地道，三、四为人道，五、上为天道。六爻反映三材之道的变动，并作为万事万物运转之表征。

蕴含在《周易》的三材思想是中国文化的基因组成之一，是中国传统哲学对于人与自然进行长期理性思考后的智慧结晶，体现了中国古人独特的思维方式。与西方天人两分的思维方式不同，中国传统文化注重整体思

①　（战国）左丘明：《国语》，上海古籍出版社，1978，第12页。
②　（战国）左丘明：《国语》，上海古籍出版社，1978。
③　（西周）姬昌：《周易》，冯国超译注，商务印书馆，2009，第536页。
④　（西周）姬昌：《周易》，冯国超译注，商务印书馆，2009，第545~546页。

维，强调天人合一。西方文化把大自然视为认知、征服与利用的对象，人是绝对的认知主体，自然是认知的客体，客体服务于主体。而中国传统文化将人视为大自然的赤子，人是自然界的一部分，自然理性孕育人的认知理性，人始终保有对自然的敬畏，且在对自然的观察、体悟，与自然的交流、沟通中完善人的认知理性，从而能更好地与自然和谐共处。"天人合一"是对这种良性互动的完美诠释，天、地、人三材思想是"天人合一"思想的延展性说明与体现。

《周易》的三材思想对后世农业生产实践影响颇大，在农业生产领域，天、地、人三材思想表现在以时生产、因地制宜、治田勤谨等方面。即在生产时，应讲究顺应。顺应天道则应尊重自然的运行规律，按照时令时节组织生产；顺应地道则应因地制宜，充分发挥地力，努力提高单位土地的产出总量；顺应人道则应鼓励劳动者尽力耕田、治田勤谨。三者如能同时做到，即天时、地利、人和兼备，那么，生产效率自然会大大提升。

（三）先秦儒家的生产思想

1. 孔子

（1）生产目标：足民、足食

作为儒家思想的创始人，孔子谈及生产较少，"子罕言利与命与仁"。孔子对生产的重视及生产目标的期望仍可通过《论语》的相关记载得以管窥。《先进》篇，孔子对弟子冉求"比及三年，可使足民"的理想进行肯定，可见他将百姓物质资料生产及占有程度视为衡量君子治理能力高低的一大指标。《颜渊》篇，子贡请教为政之道，孔子答曰："足食，足兵，民信之矣。"[①] 虽不涉及详细的量化指标，但孔子已将"足食"作为良政和赢得百姓认可的一个重要标准。

（2）生产之术："使民以时"

孔子较为注重天道，强调生产应遵循自然规律。孔子感慨自然在无声无息中依照自己的节奏与规律孕育万物的力量，"天何言哉。四时行焉，

---

① 钱逊解读《论语》，国家图书馆出版社，2017，第285页。

百物生焉。天何言哉！"① 因此，他特别注重"使民以时"②，反对在农忙季节干扰百姓，这也符合农业生产之道。

2. 孟子

（1）生产目标："菽粟如水火"

强调"恒产恒心论"的孟子认为明君有"制民之产"的义务，且最起码应使百姓拥有的财产"必使仰足以事父母，俯足以畜妻子，乐岁终身饱，凶年免于死亡"③，即能保证劳动者自身及其家人解决最基本的生存问题，丰年衣食无忧，灾年不致丧命流亡。

实现基本生产目标后，孟子认为可在此基础上，朝着一个更远大的目标再努力，"圣人治天下，使有菽粟如水火"④，因此，生产足够多的粮食、多到如同水火一样普遍而常见的粮食，圣人之治也就实现了。孟子用一个比喻给"足食"做了一个脚注，虽然同样没有量化，但却大致指向一个物质极为丰富、供给异常充足的理想境界。在《尽心上》中，孟子又进一步以路人晚间求助农户为例说明百姓"至足"对于社会和睦的重要性，"菽粟如水火，而民焉有不仁者乎？"百姓们慷慨解囊、帮助求助者的行为建立在其雄厚的物质财富基础之上，而和睦敦厚、友善质朴的民风同样非常有利于君主的宏观治理。

（2）生产之术：三材思想

孟子也非常注重三材思想。在《梁惠王上》篇中，面对梁惠王的治国困惑，孟子在阐述其仁政主张时强调："不违农时，谷不可胜食也。数罟不入洿池，鱼鳖不可胜食也。斧斤以时入山林，材木不可胜用也。谷与鱼鳖不可胜食，材木不可胜用，是使民养生丧死无憾也。养生丧死无憾，王道之始也。五亩之宅，树之以桑，五十者可以衣帛矣。鸡豚狗彘之畜，无失其时，七十者可以食肉矣；百亩之田，勿夺其时，数口之家可以无饥矣"⑤，这段话频繁强调时令对于生产的重要性，并重点强调对时令的因

① 钱逊解读《论语》，国家图书馆出版社，2017，第 404 页。
② 钱逊解读《论语》，国家图书馆出版社，2017，第 57 页。
③ 金良年译注《孟子译注》，上海古籍出版社，2012，第 11 页。
④ 金良年译注《孟子译注》，上海古籍出版社，2012，第 204 页。
⑤ 金良年译注《孟子译注》，上海古籍出版社，2012，第 4 页。

循，认为唯有"不违农时""以时"生产，才能有不可胜用的生产成果。

同时，从其"树之以桑"的论述看，孟子也注意到与人道相关的人的劳动的要素，"五亩之宅""百亩之田"则突出了与地道相关的生产资料的重要性，三者合起来较为契合三材思想，但重心明显偏向天道。

3. 荀子

（1）农业财富本源论

荀子重视农业生产，提出农业财富本源论，"田野县鄙者，财之本也"①，他将农业视为生产性部门，重视物质资料的生产。

（2）生产目标："财无极"

荀子希望财富多多益善，他认为通过"务本节用"等人为努力，财富可以达到"财无极"②"浑浑如泉源，汸汸如河海，暴暴如丘山"③的程度。

（3）生产之术：三材思想

荀子同样重视融合三道，但他更明显地偏向"人道"，注重人的主观努力。

天时方面，荀子认识到天地之间斗转星移，万物皆顺应自然之道运行，"列星随旋，日月递炤，四时代御，阴阳大化，风雨博施，万物各得其和以生，各得其养以成"④，因而主张以时生产，"草木荣华滋硕之时，则斧斤不入山林，不夭其生，不绝其长也。鼋鼍鱼鳖鳅鳝孕别之时，罔罟毒药不入泽，不夭其生，不绝其长也"⑤。

地利方面，荀子也观察到"田肥以易则出实百倍……田瘠以秽则出实不半"⑥。

人和方面，荀子注意到"今是土之生五谷也，人善治之则亩数盆……可以相食养者不可胜数也"⑦，他认为只要生产者掌握生产要领与适宜方法，则生产成果可多至数不胜数。

因此，荀子对三道融合的良好生产成效非常乐观："余若丘山，不时

① （战国）荀况：《荀子·富国》，（唐）杨倞注，耿芸标校，上海古籍出版社，2014。
② （战国）荀况：《荀子》，（唐）杨倞注，耿芸标校，上海古籍出版社，2014，第308页。
③ （战国）荀况：《荀子》，（唐）杨倞注，耿芸标校，上海古籍出版社，2014，第114页。
④ （战国）荀况：《荀子》，（唐）杨倞注，耿芸标校，上海古籍出版社，2014，第199页。
⑤ （战国）荀况：《荀子·王制》，（唐）杨倞注，耿芸标校，上海古籍出版社，2014。
⑥ （战国）荀况：《荀子·富国》，（唐）杨倞注，耿芸标校．上海古籍出版社，2014。
⑦ （战国）荀况：《荀子》，（唐）杨倞注，耿芸标校，上海古籍出版社，2014，第113页。

焚烧，无所臧之。"①

总体而言，荀子更重视三材中的"人道"，毕竟"地道"中的"田肥"也离不开人的努力，"人道"中的"善治"因素更离不开人的主观能动性，其肯定人为因素的倾向非常明确。荀子的这一思想倾向也折射了战国新兴地主阶层的乐观情绪。

（四）先秦道家的生产思想

1. 老子

（1）生产目标："实其腹"

老子没有刻意论及生产及生产目标，但从其对理想社会的描述中却能捕捉到相关生产思想："小国寡民……甘其食，美其服，安其居，乐其俗"，"圣人之治，虚其心，实其腹，弱其志，强其骨"，即一个理想的社会，最起码应该保证百姓安居乐业、衣食无忧。

（2）生产之术："人多伎巧，奇物滋起"

在老子的视角下，万事万物的运行是一个自然而然的过程，皆符合自然之道，"万物并作，吾以观复。夫物芸芸，各复归其根。归根曰静，是谓复命。复命曰常，知常曰明"②。老子视"道"为"天地母"，为其整个哲学体系的本体和基石，但此"道"所法的却是自然："人法地，地法天，天法道，道法自然。"③

生产亦是如此，老子反对任何违背自然之道的生产，"民多利器，国家滋昏；人多伎巧，奇物滋起"④，他对太过积极的"人道"持鲜明的反对态度，认为人类越是自恃聪明、发明过多的生产生活工具，越是不利于整个人类社会的运行。

2. 庄子

（1）生产目标："鼓腹而游"；"甘其食，美其服"

庄子意识到生产的客观存在，"彼民有常性，织而衣，耕而食，是谓同德"（《马蹄》），"神农之世……民知其母，不知其父，与麋鹿共处，

---

① （战国）荀况：《荀子》，（唐）杨倞注，耿芸标校，上海古籍出版社，2014，第114页。

② （魏）王弼注，楼宇烈校释《老子道德经注》，中华书局，2010，第39页。

③ （魏）王弼注，楼宇烈校释《老子道德经注·二十五章》，中华书局，2010。

④ （魏）王弼注，楼宇烈校释《老子道德经注》，中华书局，2010，第154页。

耕而食，织而衣，无有相害之心，此至德之隆也"①（《盗跖》），他观察
到人类耕作才能得食、纺织而后方可得衣，并将人类的这种生产活动视为
"常性"，是维持人类生存必备的条件。

生产目标方面，庄子没有刻意谈及，但同样可从《马蹄》《胠箧》等
篇的相关描述中看到相关思想："夫赫胥氏之时，民居不知所为，行不知
所之，含哺而熙，鼓腹而游，民能以此矣。"②"子独不知至德之世
乎？……当是时也，民结绳而用之，甘其食，美其服，乐其俗，安其居，
邻国相望，鸡狗之音相闻，民至老死而不相往来。若此之时，则至治
已。"③ 在庄子所认可的理想社会中，"鼓腹而游""甘其食，美其服"是
理想社会的重要组成部分，而要实现这些，维持必要的劳动成为必然。

同时，庄子反对超过自身消费水平的生产，在《秋水》篇中，他强调
应"事焉不借人，不多食乎力，不贱贪污"④。此外，庄子也强烈反对为生
产而生产、追求远超需求之生产目标的行为："农夫无草莱之事则不比，
商贾无市井之事则不比。庶人有旦暮之业则劝，百工有器械之巧则壮……
驰其形性，潜之万物，终身不反，悲夫！"⑤（《徐无鬼》）庄子为那些短
期不生产便惶惶不安的农夫、商人、工匠等感到可悲，在他看来，这些人
一生都处于使其身体与精神过分奔波劳顿的状态之中，沉溺于外物的包围
并且一辈子也不会醒悟，本末倒置，可怜可悲！

（2）生产之术："有机械者必有机事"；深耕而熟耰

第一，反对使用违背自然之道的技巧，坚持以道生产。

庄子对自然之道认识非常深刻，他观察到"天地固有常矣，日月固有
明矣，星辰固有列矣，禽兽固有群矣，树木固有立矣"⑥，"阴阳四时运行，
各得其序"⑦，因此，他反对体现过分"人道"的"技巧"，认为这种代表
人类智慧的所谓"技巧"即使能够提高生产效率，但违背"天道"与

①　张景注译《庄子新解》，人民出版社，2019，第 467 页。
②　张景注译《庄子新解》，人民出版社，2019，第 150 页。
③　张景注译《庄子新解》，人民出版社，2019，第 157 页。
④　张景注译《庄子新解》，人民出版社，2019，第 255 页。
⑤　张景注译《庄子新解》，人民出版社，2019，第 379 页。
⑥　张景注译《庄子新解》，人民出版社，2019，第 213 页。
⑦　张景注译《庄子新解》，人民出版社，2019，第 336 页。

"地道"，不足为取。

庄子和老子一样同样反对新技术，《天地》篇，庄子借楚国隐者之口表明他对违反自然之道之"人道"的否定立场，比起"凿隧而入井，抱瓮而出灌"，"桔槔"可使灌溉效率成倍增加，"一日浸百畦，用力甚寡而见功多"①，但他却"羞而不为"，是因为"有机械者必有机事，有机事者必有机心。机心存于胸中，则纯白不备……道之所不载也"②，这种生产行为不符合"道"。同样的立场也体现在《胠箧》篇表述中："夫弓、弩、毕、弋、机变之知多，则鸟乱于上矣；钩饵、罔罟、罾笱之知多，则鱼乱于水矣；削格、罗落、罝罘之知多，则兽乱于泽矣……故天下每每大乱，罪在于好知。"③

第二，坚持符合自然之道的生产之术，深耕而熟耰。

庄子又对符合道义的"人道"持肯定态度。《则阳》篇中，庄子以种禾为例，谈及不同的劳力投入所导致的巨大区别："昔予为禾，耕而卤莽之，则其实亦卤莽而报予；芸而灭裂之，其实亦灭裂而报予，予来年变齐，深其耕而熟耰之，其禾蘩以滋，予终年厌飧"④，深耕熟耘自然属于"人道"，但此"人道"顺应"天道"与"地道"，符合自然之道，是庄子所认可的。

（五）墨子及其学派的生产思想

墨子的言行由其弟子和再传弟子加以记述，编为《墨子》。一般认为《墨子》中的《兼爱》《非攻》《节用》《节葬》《尚贤》《尚同》《天志》《明鬼》《非乐》《非命》等篇是真正反映墨子本人思想的著作，其余为战国中后期墨家后学之作。

1. 生产重要性："赖其力者生，不赖其力者不生"

墨子的手工业者出身使其非常重视生产，"只要曾亲身参加劳动并具有敏锐观察力的思想家，即不难体会出劳动的重要性"⑤。墨子所创立的墨

---

① 张景注译《庄子新解》，人民出版社，2019，第191页。
② 张景注译《庄子新解》，人民出版社，2019，第192页。
③ 张景注译《庄子新解》，人民出版社，2019，第158页。
④ 张景注译《庄子新解》，人民出版社，2019，第410页。
⑤ 胡寄窗：《中国经济思想史》（上），上海财经大学出版社，1998，第135页。

家也以注重实践劳作为特征，其实践程度甚至到了"日夜不休，以自苦为极"① 的程度。

墨子认为生产劳动是人类得以维持其基本生存的必要条件，是人与其他动物的最大区别："今人固与禽兽麋鹿、蜚鸟、贞虫异者也，今之禽兽麋鹿、蜚鸟、贞虫，因其羽毛以为衣裘，因其蹄蚤以为绔屦，因其水草以为饮食。故唯使雄不耕稼树艺，雌亦不纺绩织纴，衣食之财固已具矣。今人与此异者也，赖其力者生，不赖其力者不生。"② 自然界中，其他生物可以凭借与生俱来的条件生存下去，而人类的衣食住行却莫不来自自身的劳动，劳动则生，不劳动则亡，劳动创造了人类得以顺利传承其生命链条的物质资料，是人类立足于自然界的坚实保障。

2. 生产目标："三年之食"

墨子没有过多直接论述其生产目标，但从其储蓄思想可间接获知。墨子认为粮食生产关乎国家与百姓的存亡，考虑到水旱频发等现实约束，国家与普通家庭都应在大力生产的同时进行储蓄："'国无三年之食者，国非其国也；家无三年之食者，子非其子也。'此之谓国备。"③ 这实际上已经给出了墨家的生产目标，即生产最起码要在保证够用的基础上有一定的盈余，最好能够储蓄足够三年之用的粮食。可见，虽然墨子没有给出具体的可度量的生产目标，但其关于生产目标的主张已隐匿在其三年之蓄的观点之中了。

3. 生产之术：强于耕织

墨子是先秦诸子中最为注重人道的学者。他认为要想取得理想的产出，离不开劳动者大力度的体力、精力、时间、资金等方面的投入。《墨子》多次强调这种因素，将之称为"强"："今也妇人之所以夙兴夜寐，强乎纺绩织纴，多治麻丝葛绪捆布縿，而不敢怠倦者，何也？……强必暖，不强必寒。故不敢怠倦"④；"下强从事，则财用足矣"⑤；"贱人不强从事，

① 张景注译《庄子新解》，人民出版社，2019，第518页。
② （战国）墨翟：《墨子·非乐》，（清）毕沅校注，吴旭民校点，上海古籍出版社，2014。
③ （战国）墨翟：《墨子》，（清）毕沅校注，吴旭民校点，上海古籍出版社，2014，第18页。
④ （战国）墨翟：《墨子》，（清）毕沅校注，吴旭民校点，上海古籍出版社，2014，第155页。
⑤ （战国）墨翟：《墨子·天志中》，（清）毕沅校注，吴旭民校点，上海古籍出版社，2014。

则财用不足"①。努力程度关乎人的生存质量，强力生产则产品丰盈，产品丰盈则御寒无忧，生存质量因而提升。反之亦然。

（六）管仲及《管子》的生产思想

管仲，又称管敬仲，名夷吾。《管子》成书于战国中期，非一时一人之作，是当时学者托名管仲所作，但基本反映了管仲的经济思想。今本《管子》是西汉末刘向整理版本，共 86 篇，其中有 10 篇失传，今存 76 篇。现存 76 篇有三分之二以上涉及经济问题，有将近二分之一主要研究经济，是先秦具有重要经济学价值的典籍。

1. 生产目标：食足国富

《管子》非常重视生产，将生产与民富国强紧密联系在一起："务五谷，则食足；养桑麻育六畜，则民富。"②"桑麻植于野，五谷宜其地，国之富也；六畜育于家，瓜瓠荤菜百果备具，国之富也。"③"行其田野，视其耕芸，计其农事，而饥饱之国可以知也。行其山泽，观其桑麻，计其六畜之产，而贫富之国可知也。"④ 这三段话指向一致，生产关乎整个宏观国民经济的发展，关乎国家的富强。结合"国富者兵强，兵强者战胜，战胜者地广"⑤的论述，《管子》的生产目标也延伸得更广，即通过生产足够的财富，从而在国富的基础上实现兵强、称霸、地广等更远大的目标。

2. 生产之术：三材思想

《管子》是先秦从三材角度论述最为具体的学派，"天道""地道""人道"三材思想在《管子》中体现得相当充分。

天时方面，《管子》认为圣君贤主应该因循时令，采取措施力保农民

---

① （战国）墨翟：《墨子·非乐上》，（清）毕沅校注，吴旭民校点，上海古籍出版社，2014。
② （春秋）管仲：《管子·牧民》，（唐）房玄龄注，（明）刘绩补注，刘晓艺校点，上海古籍出版社，2015。
③ （春秋）管仲：《管子·立政》，（唐）房玄龄注，（明）刘绩补注，刘晓艺校点，上海古籍出版社，2015。
④ （春秋）管仲：《管子·八观》，（唐）房玄龄注，（明）刘绩补注，刘晓艺校点，上海古籍出版社，2015。
⑤ （春秋）管仲：《管子》，（唐）房玄龄注，（明）刘绩补注，刘晓艺校点，上海古籍出版社，2015，第 323 页。

以时耕作，"彼王者不夺民时，故五谷兴丰"①；"故力出于民，而用出于上。春十日不害耕事，夏十日不害芸事，秋十日不害敛实，冬二十日不害除田。此之谓时作"②。

地利方面，《管子》也特别重视因地制宜。《水地》《度地》《地员》《乘马》等篇皆围绕土地合理利用展开。《管子》认为土地的土壤不同、水利条件不同、开发难易程度不同，皆会影响土地的利用效率。土地的财富生产能力不同，其价值自然也不同："地之不可食者，山之无木者，百而当一。涸泽，百而当一。地之无草木者，百而当一。樊棘杂处，民不得入焉，百而当一。薮，镰缠得入焉，九而当一。蔓山，其木可以为材，可以为轴，斤斧得入焉，九而当一。泛山，其木可以为棺，可以为车，斤斧得入焉，十而当一。流水，网罟得入焉，五当一。林，其木可以为棺，可以为车，斤斧得入焉，五而当一。泽，网罟得入焉，五而当一。"③沼泽、渊薮、林地等不同的土地，根据其可被利用的难易程度和可能的收获程度，其价值也相应地分为若干等级。《管子》的这种认知是先秦时期较为难得的土地效率量化思想的体现。在此基础上，他强调"因地制宜"生产："夫山泽广大，则草木易多也。壤地肥饶，则桑麻易殖也。"④

人和方面，《管子》更强调劳动者对于农业生产的贡献。毕竟，劳动创造物质财富："天下之所生，生于用力，用力之所生，生于劳身"⑤；"谷非地不生，地非民不动，民非作力毋以致财"⑥。土地固然重要，但需劳动力开垦耕耘方会有所收获，否则，"地之不辟者，非吾

① （春秋）管仲：《管子》，（唐）房玄龄注，（明）刘绩补注，刘晓艺校点，上海古籍出版社，2015，第 417 页。
② （春秋）管仲：《管子》，（唐）房玄龄注，（明）刘绩补注，刘晓艺校点，上海古籍出版社，2015，第 431 页。
③ （春秋）管仲：《管子》，（唐）房玄龄注，（明）刘绩补注，刘晓艺校点，上海古籍出版社，2015，第 24 页。
④ （春秋）管仲：《管子》，（唐）房玄龄注，（明）刘绩补注，刘晓艺校点，上海古籍出版社，2015，第 81 页。
⑤ （春秋）管仲：《管子》，（唐）房玄龄注，（明）刘绩补注，刘晓艺校点，上海古籍出版社，2015，第 82 页。
⑥ （春秋）管仲：《管子》，（唐）房玄龄注，（明）刘绩补注，刘晓艺校点，上海古籍出版社，2015，第 82 页。

地也"①；"地大而不耕，非其地也"。不适宜种植的荒地不是劳动资料，对于农业生产而言，没有任何价值；土地肥沃但无人耕作，离开了人的活劳动，不论土地如何肥沃，对于生产来说都无益。

（七）李悝的"尽地力之教"思想

李悝，战国时期魏国人，曾主持魏国变法，是先秦法家思想代表人。

1. 生产目标：国富民足

在战国群雄争霸的背景下，根据李悝变法者的身份，其追求国富兵强的宏观治国目标不难揣测。《汉书·食货志》记载了李悝"尽地力之教"并使魏国"国以富强"的生产实践。

除了国家层面的宏观生产目标，李悝在阐释平籴思想时也谈及微观农户的治生目标及实践。地主与农户的治生目标在以家庭为单位、男耕女织的传统小农经济较为清晰，无非是农业与家庭副业能够相辅相成，满足家庭成员所需，在此基础上，有所剩余，则最好不过了。但在中国漫长的小农经济时期，对于一个普通农户来说，要实现这一点，实非易事。李悝以五口之家为例分析其投入产出："今一夫挟五口，治田百亩，岁收亩一石半，为粟百五十石，除十一之税十五石，余百三十五石。食，人月一石半，五人终岁为粟九十石，余有四十五石。石三十，为钱千三百五十。除社闾尝新春秋之祠，用钱三百，余千五十。衣，人率用钱三百，五人终岁千五百，不足四百五十。不幸疾病死丧之费，及上赋敛，又未与此。"② 如果按照以上各项收入支出，此农户显然入不敷出。叶世昌认为李悝没有考虑种子预留问题，且自给自足的农民竟然每人每年要花 300 钱做衣服，这些都很不合理，因此，他认为"李悝的这笔账算得并不准确"③，但如果暂且搁置其合理性，只关注李悝"此农夫所以常困"之表述，显然，李悝看到了当时的普通农户经常处于困顿状态这一社会现象，因此才给出了他的解释及解决之道。从这一表述中也可推测出，战国时期普通农户的确很难确保实现收支平衡、家给人足的治生目标。

① （春秋）管仲：《管子》，（唐）房玄龄注，（明）刘绩补注，刘晓艺校点，上海古籍出版社，2015，第 12 页。
② （汉）班固：《汉书》，中华书局，2000，第 948 页。
③ 叶世昌：《古代中国经济思想史》，复旦大学出版社，2003，第 59 页。

2. 生产之术：尽地力之教

李悝体现三材思想的生产之术也体现在其"尽地力之教"的实践中。中国传统小农经济体系中，土地和劳动力是最主要的两种生产要素，要想提高单位面积产量，最有效的做法是使两者紧密结合，并采取各种措施提高这两种要素的使用效率，李悝的"尽地力之教"就是围绕以上内容展开的。李悝一方面把荒地分给无地农民耕种，促使两种生产要素结合，另一方面还要求劳动者"治田勤谨"："必杂五种，以备灾害……力耕数耘，收获如寇盗之至"[①]，即劳动者在种植时应充分使用地力，同时种植多种作物，以防单一种植遇到灾害时产生的严重后果，收获时加紧抢收，如同防止强盗来抢劫那样急迫，以防风雨对庄稼的损害。大忙抢收、多元种植、治田勤谨，实则是综合天时地利人和多种因素的应对举措。

二 秦汉魏晋南北朝时期的代表性生产思想

秦统一六国，结束了春秋战国漫长的分裂时期，中国步入中央集权制时期。但秦汉之后，三国两晋南北朝中国又陷入分裂。总体而言，这一段时期属于地主制经济的建立初期，各种生产制度与技术处于探索发展期，其中，统一时间较长的两汉时期农业生产技术发展较快，有关农业的讨论也相对充分。

（一）贾谊

贾谊，西汉初期著名政论家、思想家。

1. 生产目标："粟多而财有余"

贾谊既重视生产，也重视积累。他把积贮提至关乎国家兴亡的高度："夫积贮者，天下之大命也，苟粟多而财有余，何为不成？以攻则取，以守则固，以战则胜。怀敌附远，何招不至？"[②] 贾谊认为粮食积贮是一种硬实力，对于国家而言，积贮在怀敌附远、进攻防守、驾驭群臣百姓等方面皆颇为有效，当然，这同样考验着国家的生产能力，体现他重视生产的立场。

---

① （宋）李昉：《太平御览》卷第八百二十一，中华书局，1960，第3655a页。
② （汉）贾谊：《贾谊集》，上海人民出版社，1976，第201页。

2. 生产之术：驱民归农

贾谊重视生产，把农业生产视作财富的本源，认为手工业者、商人属于"末技游食之民"，农业为本业，因而，国家应"驱民而归之农，皆著于本，使天下各食其力"[①]。身为人臣，也应"以富乐民为功"[②]，把管理者的职责与百姓财富创造联系起来。贾谊对农业生产的关注体现于其对农业生产人数少而游食之民过多的担心之中："一人耕之，十人聚而食之，欲天下无饥，不可得也。"[③]

（二）晁错：重农积蓄贵粟论

晁错将农业生产视作维系人类社会存继、社会伦理延续的重要物质基础："人情，一日不再食则饥，终岁不制衣则寒。夫腹饥不得食，肤寒不得衣，虽慈母不能保其子，君安能以有其民哉？"而他观察到的现实情况却是："今海内为一，土地人民之众不避汤、禹。加以亡天灾数年之水旱，而蓄积未及者何也？地有遗利，民有余力，生谷之土未尽垦，山泽之利未尽出也，游食之民未尽归农也。"晁错对此痛心疾首，他认为汉初的土地、劳动力等生产要素具备，生产的大环境也尚佳，但生产储备却不足，百姓不能果腹，最重要的原因是对农业不重视，没有充分使用开发这些生产要素。

为了彻底解决问题，他提出了重农积蓄贵粟论："明主知其然也，故务民于农桑，薄赋敛，广畜积，以实仓廪，备水旱，故民可得而有也……方今之务，莫若使民务农而已矣。欲民务农，在于贵粟。贵粟之道，在于使民以粟为赏罚。今募天下入粟县官，得以拜爵，得以除罪。"[④] 以上阐述全部围绕农业生产展开，晁错也将农业视作本业，主张要鼓励百姓尽力务农，加强储蓄，而要做到这一点，就必须提高农业的地位，高至可以成为一种赏罚手段、影响百姓行为的程度。

（三）《淮南子》

《淮南子》，又名《淮南鸿烈》《刘安子》，西汉淮南王刘安及其门客

---

① （汉）班固：《汉书·食货志上》，中华书局，2000。
② （汉）贾谊：《贾谊集·新书·大政》，上海人民出版社，1976。
③ （汉）班固：《汉书·贾谊传》，中华书局，2000。
④ （汉）班固：《汉书·食货志上》，中华书局，2000。

所编，共 62 卷，其中内篇 21 卷、中篇 8 卷、外篇 33 卷，现只有内篇存世。《淮南子》以道家思想为基础，并融合了其他各家思想。

1. 生产目标："九年之储"

《淮南子》重视国家积蓄，强调"夫天地之大计，三年耕而余一年之食，率九年而有三年之畜，十八年而有六年之积，二十七年而九年之储，虽涝旱灾害之殃，民莫困穷流亡也。故国无九年之畜谓之不足，无六年之积谓之悯急，无三年之畜谓之穷乏"①。从国家宏观国民经济发展的角度，《淮南子》认为国家应该进行充分的储备，在生产的同时预留一部分生产成果用以储蓄，用简单量化思路对储蓄进行了粗略的计划，并强调长期的坚持与跟进。他认为没有"九年之畜"即为"不足"，由此不难看出其对持久性积蓄的重视程度。

2. 生产之术：三材思想

《淮南子》重视天地人各种因素："上因天时，下尽地材，中用人力，是以群生遂长，五谷蕃殖。教民养育六畜，以时种树，务修田畴，滋植桑麻，肥硗高下，各因其宜。邱陵阪险不生五谷者，以树竹木，春伐枯槁，夏取果蓏，秋畜疏食，冬伐薪蒸，以为民资。"② 比起前人，《淮南子》在重视天时、人力的同时，更重视因地制宜，强调应根据土壤肥沃程度与地势等具体差异选择种植不同的作物，并充分使用土地产出成果。

（四）司马迁

司马迁，字子长，生于龙门（今陕西省韩城市），著《史记》，西汉著名史学家、文学家、思想家。

1. 生产目标："天下用饶"

司马迁没有专门具体谈及生产目标，但从其对同时期桑弘羊理财成效的态度中不难看出其真实想法。在《史记·平准书》中，司马迁肯定桑弘羊的确实现了"民不益赋而天下用饶"③，这种肯定凸显了司马迁本人的国家生产目标。此外，《平准书》中司马迁通过描述西汉初年文景之治的盛

① （汉）刘安：《淮南子》，（汉）许慎注，上海古籍出版社，2016，第 225 页。
② （汉）刘安：《淮南子》，（汉）许慎注，上海古籍出版社，2016，第 226 页。
③ （汉）司马迁：《史记》，岳麓书社，1988，第 236 页。

况，进一步将国家生产目标具象化，"民则人给家足……太仓之粟，陈陈相因，充溢露积于外，至腐败不可食"，粮食充足到远大于人口消费力、乃至于因堆积时间过久而腐败变质，这成为司马迁眼中足食足用的物质外化体现。

2. 生产之术：纤啬筋力、诚壹

《货殖列传》集中体现了司马迁对生产之术的看法，他看到最常见的"治生之正道"为"纤啬筋力"，即精打细算、勤劳节俭，但同时他又强调，要获取更多财富，则"必用奇胜"，特别是在工商业领域。司马迁重视致富过程中的"诚壹"，即专心经营一种产业，长期坚持不辍，在自己擅长的领域深耕钻研，如此，亦会大有所成，提高生产效益，产生较大的社会影响。《货殖列传》中，司马迁罗列了众多行业翘楚，如因"冶铸"致富的程郑、卓氏，生产朱砂的巴寡妇清，以"薄技"磨刀为生的郅氏等，他认为这些人的成就与其长期的韧性坚守不无关系，"此皆诚壹之所致"。

（五）桑弘羊

桑弘羊，出身商人家庭，西汉武帝时期政治家、思想家，历任大农丞、搜粟都尉、御史大夫等职。

1. 生产目标：富国足民

商人出身又身为理财大臣的桑弘羊在注重国家宏观生产目标的同时，更注重以非传统农业方式来实现这一目标。桑弘羊冲破传统农本论，提出了一个令人耳目一新的观点："富国何必用本农，足民何必井田也？"[①]这一观点既凸显了其所追求的"富国""足民"目标，又直接否定了传统的农业财富本源论，肯定手工业商业是积累财富的重要部门。

2. 生产之术："富在术数"

桑弘羊尽管也注意到天时、地利、人和等要素："故圣人因天时，智者因地财，上士取诸人，中士劳其形"[②]，但他显然更重视地利因素："宅

---

① （汉）桓宽：《盐铁论·力耕》，上海人民出版社，1974。
② （汉）桓宽：《盐铁论·力耕》，上海人民出版社，1974。

近市者家富，富在术数，不在劳身；利在势居，不在力耕也。"① 优越的地理位置、追逐创造财富的方法谋略要远远重于辛苦的耕作与人力投入，这一观点明显地偏向了商业致富立场。

（六）《礼记》

《礼记》成书于汉代，为西汉今文礼学开创者戴圣所编。戴圣为汉宣帝时博士，曾参与石渠阁议，对五经异同进行评定。

生活在传统小农时代的学者对于宏观层面的生产赋予更多的内涵，就日常使用价值层面而言，要求生产能够满足百姓之需求，足食足用。就避险备荒的功能层面而言，要求生产成果丰富到能够有一定剩余以方便积蓄，如此可在非常时期抵抗灾害，保证国民生产的可持续性发展。

《礼记》的积蓄思想与《淮南子》类似，非常重视积蓄并将之提高到关乎国家存亡的程度："国无九年之蓄曰不足，无六年之蓄曰急，无三年之蓄曰国非其国也。三年耕，必有一年之食；九年耕，必有三年之食。以三十年之通，虽有凶旱水溢，民无菜色，然后天子食，日举以乐。"② 这实为较低生产力水平约束下统治阶层或精英群体的下意识自觉认知，要实现"九年之蓄"，确保即使面对灾害环境也可"民无菜色"，非常考验生产能力，是一个相当有难度的生产目标。

（七）王符

王符，字节信，性耿介，终身不仕，东汉著名思想家。

生产之术方面，王符的三材思想也比较明显。天时方面，他认为君主应仿效圣君"务省役而为民爱日""敬授民时"③。地利人和方面，他也重视土地与劳动要素。"苟有土地，百姓可富也；苟有市列，商贾可来也；苟有士民，国家可强也。"④ 但仅仅有土地要素，没有与之匹配的人力投入也无法高效创造财富，应确保人地相称："'土多人少，莫出其材，是谓虚土，可袭伐也。土少人众，民非其民，可匮竭也。'是故土地人民必相称

---

① （汉）桓宽：《盐铁论·通有》，上海人民出版社，1974。
② 胡平生、张萌译注《礼记》，中华书局，2017，第256页。
③ （汉）王符：《潜夫论·爱日》，马世年译注，中华书局，2018。
④ （汉）王符：《潜夫论·劝将》，马世年译注，中华书局，2018。

也。"① 人地相称强调土地与人力的最优配置，可有效避免生产要素的浪费。不过，从王符的"爱日"论可以看出他更为偏重劳动要素："国之所以为国者，以有民也……谷之所以丰殖者，以有人功也；功之所以能建者，以日力也……富足生于宽暇，贫穷起于无日。圣人深知，力者乃民之本也。"② 王符认识到劳动力是五谷丰殖的关键，因此倡导为政者使民以时，不要在农忙时节与民争时，这同样是对生产领域天道与人道关系的理性认知。

（八）崔寔

崔寔，字子真，东汉著名思想家，文学家。《四民月令》是崔寔的代表作，也是我国重要的农学著作，重点介绍一年四季的农事活动。

崔寔的《四民月令》触及微观地主家庭的治生主题，赵靖认为这部著作"是为农户写的书……是为地主家庭写的治家指南"③。从全书主旨来看，崔寔主张以耕读结合的方式，采取"用本守之，以末致财"④ 来实现自给自足、家庭富裕的目的。他认为官僚集团贪腐成风的一大因素是官俸不合理，谈及这一问题时，在微观层面，他以"百里长吏"的具体收支为切入点，称："一月之俸，得粟二十斛，钱三千。长吏虽欲崇约，犹当有从者一人。假令无奴，当复取客……岂能供冬夏衣服，四时祭祀，宾客斗酒之费乎？况复迎父母致妻子哉！"⑤ 百里长吏身为地主官僚阶层的一员，但其每月的俸禄却不足以支撑养家之用，仅仅勉强维持自身及从者、马匹的开支，四季衣服开支、祭祀费用、父母妻儿的生活费用等皆无暇顾及，崔寔认为这是导致"卖官鬻狱，盗贼主守之奸"问题的主要因素。这个案例反映出当时的微观家庭仍很难实现最低治生目标，连基本的维持整个家庭正常运转的费用都无法获取。因此，在《四民月令》中，崔寔主张根据时令季节，在合适的时节推动合适的经济活动，以便充足家庭收入，从容应对家庭支出所需。

---

① （汉）王符：《潜夫论·实边》，马世年译注，中华书局，2018。
② （汉）王符：《潜夫论》，马世年译注，中华书局，2018，第233、236页。
③ 赵靖：《中国经济思想通史》（第二卷），北京大学出版社，2002，第100页。
④ 严可均：《全后汉文》（第四十七卷），许振生校，商务印书馆，1999。
⑤ （唐）魏徵：《群书治要》，中华书局，2014，第548页。

（九）贾思勰

贾思勰，北魏著名农学家。《齐民要术》为其代表作，是中国著名的农书，体现了中国古代农学的辉煌成就。

1. 治生目标："用力少而得谷多"

《齐民要术》主要围绕平民百姓家庭的经济活动加以阐释，胡寄窗将之视为"封建地主经济的经营指南"①，赵靖更是将其定位为"地主治生之学的奠基之作"②。其治生目标也非常明确，希望通过"以农治生"方式保证微观地主家庭能够"用力少而得谷多"③，进而保证其实现丰衣足食、财用不匮的经营目标。

2. 治生之术：三材思想

贾思勰论及治生要义时，多次谈到三材思想："食者，民之本……是故人君上因天时，下尽地利，中用人力；是以群生遂长，五谷蕃殖"；"顺天时，量地利，则用力少而成功多"④。贾思勰以微观地主治生的视角将遵循天地人三材之道与生产效益结合起来，强调天地人契合度对家庭财富积累的重要性。三材之中，贾思勰对于人力还有独到的见解，他认为必要时可用雇佣方式解决人力不足问题。《齐民要术》中，贾思勰多次以微观地主家庭为例探讨家庭经营问题，如在谈及红蓝花种植时，他认为劳动人口不足的家庭可采用雇佣短期劳动力的经营方式提高收益，"一顷花，日须百人摘；以一家手力，十不充一。但架车地头，每旦当有小儿僮女，十百余群，自来分摘；正须平量，中半分取。是以单夫只妇，亦得多种"⑤。农忙时节，家庭自身劳动力不足以应付繁重的劳动任务时，完全可用丰厚报酬吸引社会上的可用劳动力，这样，即使是小户农家亦可大规模种植，提高劳动收益。

（十）苏绰

苏绰，字令绰，武功人，西魏政治家、思想家，协助宇文泰夺取西魏

---

① 胡寄窗：《中国经济思想史》（中），上海财经大学出版社，1998，第299页。
② 赵靖：《中国经济思想通史》（第二卷），北京大学出版社，2002，第290页。
③ （北魏）贾思勰：《齐民要术》，石声汉等译注，中华书局，2015，第81页。
④ （北魏）贾思勰：《齐民要术》，石声汉等译注，中华书局，2015，第101~102、82页。
⑤ （北魏）贾思勰：《齐民要术》，石声汉等译注，中华书局，2015，第591页。

政权，曾任度支尚书、司农卿。

苏绰把是否遵守天时提高到关乎百姓生死存亡的高度："夫百亩之田，必春耕之，夏种之，秋收之，然后冬食之。此三时者，农之要也。若失其一时，则谷不可得而食……若此三时不务省事，而令民废农者，是则绝民之命，驱以就死然。"①

天时之外，地利人和也是苏绰非常重视的务农要素。与李悝类似，苏绰主张男女老幼在耕作时要以时不我待的精神全力劳作，紧迫程度"若援溺、救火、寇盗之将至"，农闲时节或阴雨天气，劳动者也应充分利用这些时间或种桑、或种植果树蔬菜、或整修园圃、或养殖家禽等，他认为这些皆是庄稼收成的有益补充，可"备生生之资""供养老之具"②。为了更好尽地利，苏绰力主地方官员应务必加强监管，"地利所以尽者，由于劝课有方"③，具体来说，地方官员应"戒敕部民，无问少长，但能操持农器者，皆令就田，垦发以时，勿失其所"④，如此，方能使农夫蚕妇有所收获，并养家置业。对于不努力耕作的游手好闲之徒，地方官员还应加大惩罚力度，以儆效尤，从而促使尽力务农的做法蔚然成风。苏绰不仅重视劳动者的劳动投入，也重视管理者的管理投入，内容更为丰富。

三　隋唐两宋时期的代表性生产思想

隋唐两宋时期是封建地主制经济的充分发展时期，隋朝创建的三省六部制、科举制，唐朝的贞观之治、开元盛世，宋朝工商业的快速发展等都充分说明了这一点。这一段时期各行各业的生产在技术、规模、种类等领域都得到了长足的发展，与之相关的生产思想也很丰富。

（一）陆贽

陆贽，苏州人，唐朝政治家、思想家，历任华州郑县尉、中书侍郎门下同平章事等职。

---

① （唐）令狐德棻等：《周书》，中华书局，2000，第 261~262 页。
② （唐）令狐德棻等：《周书》，中华书局，2000，第 262 页。
③ （唐）令狐德棻等：《周书》，中华书局，2000，第 261 页。
④ （唐）令狐德棻等：《周书》，中华书局，2000，第 261 页。

1. 生产目标：国富民足

陆贽重视生产，他在谈及赋税制度改革时强调，国家如想要征收赋税，前提条件为"必先导以厚生之业"①，即必须保证有足够的产出，如此才能谈到按比例征收。"厚生"之外，还必须节用，如此才能"常足"。陆贽以汉文帝为例，一方面谈及当时盛世的物产丰盈乃至"百物阜殷"，另一方面感慨汉文帝"躬俭节用"，如此，方实现了"国富于上，人安于下"②。"厚生""百物阜殷""常足"皆指向了陆贽认可的生产目标。

生产目标方面，陆贽认为国家应以民本为要，确保百姓通过生产拥有足够果腹的食物："人者邦之本也，财者人之心也。"③ 保有民心是立国之基，因为"立国而不先养人，国固不立矣；养人而不先足食，人固不养矣"④。除此之外，以《礼记·王制》的"九年之蓄"等记载为理论依据，陆贽也注重国家的储蓄备荒："故《王制》记虞夏殷周四代之法……无三年之蓄，曰国非其国也。"更难得的是，陆贽已经从逻辑层面充分认识到足食、备荒对于国家而言的重要性，"故立国而不先养人，国固不立矣；养人而不先足食，人固不养矣；足食而不先备灾，食固不足矣"⑤，立国需养人，养人需足食，足食需备灾，这是一个环环相扣的逻辑推演过程，在这个过程中，陆贽将备荒视为立国的一个重要参量，认为前者是影响后者的关键变量。

2. 生产之术：人地相称

陆贽也注重土地与劳动力要素。在讨论田制时，陆贽认为地利与人和的配合至关重要："人无废业，田无旷耕，人力田畴，二者适足，是以贫弱不至竭涸。"⑥ 既强调了人地相称，又强调了两种要素的充分开发。不过，陆贽更为注重劳动投入在财富创造中的作用："财之所生，必因人力。工而能勤则丰富，拙而兼惰则窭空。"⑦ 人的勤奋懒惰关乎劳力的投入，劳

① （唐）陆贽：《陆贽集》，中华书局，2006，第 735 页。
② （唐）陆贽：《陆贽集》，中华书局，2006，第 748 页。
③ （唐）陆贽：《陆贽集·论两河及淮西利害状》，中华书局，2006，第 324 页。
④ （唐）陆贽：《陆贽集·均节赋税恤百姓》，中华书局，2006，第 764 页。
⑤ （唐）陆贽：《陆贽集》，中华书局，2006，第 764 页。
⑥ （唐）陆贽：《陆贽集》，中华书局，2006，第 768 页。
⑦ （唐）陆贽：《陆贽集·均节赋税恤百姓》，中华书局，2006。

力投入又关乎财富的多寡，人的要素被凸显出来。

（二）王安石

王安石，字介甫，临川（今江西省抚州市）人，宋朝著名政治家、思想家、文学家，主持北宋中期的变法运动。

1. 生产目标：天下足

作为北宋统治集团的重要一员，从国计民生的角度出发，王安石自然非常重视财富的生产与积蓄。主持变法期间，他推出的青苗法、农田水利法、方田均税法皆围绕农业生产展开，市易法、均输法皆围绕工商业生产展开。虽然其变法的初衷是解决国家财政问题，但其采取的提供农民低息贷款、大规模地组织兴修农田水利、组织丈量土地并给土地分类、蠲免部分土地税收的做法大大优化了生产环境，在一定程度上减轻了农民负担、激发了农民的生产积极性，是非常有利于农业生产的举措，也体现了其重视农业生产的立场。

王安石对财富的创造与积累充满乐观："自古治世未尝以不足为天下之公患也，患在治财无其道耳。"[1] 换言之，一旦找到了治财之道，"不足"根本不足为患，不是值得当政者忧心的大问题。

2. 生产之术：三材思想

那么，又该如何治财？治财之道何在呢？王安石同样注意到生产与天地人之间的关系。一方面，他强调应"因天下之力以生天下之财"，此"力"即人的劳动："人致己力，以生天下之财"[2]，即人是创造财富的不二主体。另一方面，他也意识到仅靠人力无法完成财富创造，还需客观的自然环境，"欲富天下，则资之天地"[3]，对几种要素的同时关注也折射了其在财富生产领域的三材思想。

（三）苏轼

苏轼，字子瞻，号东坡居士，眉州眉山（今四川省眉山市）人，北宋文学家，书法家、画家，与父苏洵、弟苏辙三人并称"三苏"。

---

[1]　（宋）王安石：《王临川集·上仁宗皇帝言事书》，商务印书馆，1935。
[2]　（宋）王安石：《王临川集》，商务印书馆，1935，第86页。
[3]　（宋）王安石：《王临川集》，商务印书馆，1935，第33页。

苏轼比较关心盐户的生产与生计，针对现实社会现象，苏轼为受政府制度影响而无法"诚壹"生产的群体鸣不平。在《乞罢登莱榷盐状》中，他谈及榷盐会带来三害，其中之一即为"灶户失业，渐以逃亡"①，政府的盐专卖政策直接剥夺了生产盐之民户的生计，对于盐户来说，这相当于釜底抽薪，维持生存的途径尚且不存，更何谈坚守呢？在《上皇帝书》中，他又谈及政府的禁令对冶铁户的影响，徐州"地既产精铁，而民皆善锻"，因地利之便，"自古为铁官商贾所聚，其民富乐，凡三十六冶，冶户皆大家，藏镪巨万"②，众多冶户长期冶铁为生，但国家却发布禁令，不许将铁流通至河北，这无疑会影响冶铁户的生产，使其有失业之忧。苏轼因而要求国家废除此禁令。在苏轼看来，冶铁户一旦失业，陷于困境，可能会转而为盗，莫若鼓励百姓专注于其所擅长的产品生产，反倒非常符合国家的利益。

四　元明清时期的代表性生产思想

元明清时期是中国古代地主制经济进一步发展的时期，生产进一步活跃，更多创新性的生产工具、生产方式被开发出来，大型农书、工具书的修撰整理工作进一步得到推进，在此背景下，生产思想也积淀丰厚，相对多元。

（一）丘濬

丘濬，字仲琛，广东琼州（今海南省）人，官至文渊阁大学士，著《大学衍义补》，明代著名政治家、思想家。

1. 生产目标：国富民足、九年之蓄

丘濬从人性的角度肯定财富对人的吸引力与诱惑："财者，人之所同欲也"③，不管是哪一个阶层的人，不管其品性如何，"人心好利"是一种必然，而财富、利益来源于生产劳作，丘濬对财富的肯定相当于肯定了生产的社会功能。

---

① （宋）苏轼：《苏东坡文集》，孔凡礼点校，中华书局，1986，第767页。
② （宋）苏轼：《苏东坡文集》，孔凡礼点校，中华书局，1986，第759页。
③ （明）丘濬：《大学衍义补·总论理财之道上》（卷二十），上海书店出版社，2012，第193页。

受《易经》《大学》启发，丘濬指出，如方法得宜，财富生产与管理可以实现"财之源生生不穷……财之流陈陈相因"①，即民无不足而君恒有余的目标，从这种信心中也不难看出他对国家生产目标的希冀。

丘濬也注重储蓄，在前人基础上，他给出了更明晰的实现"九年之蓄"的具体路径，他主张以量化的方式规定生产产品的消费与储蓄比例，并坚信如能持之以恒，国家层面的储蓄备荒之生产目标不难实现："每岁所入析为四分，用度其三而储积其一，每年余一，三年余三，积三十年则余十年矣。以三十年融通之法，常留九年储蓄之赀。"② 可见，与前人的储蓄思想相比，丘濬更为注重实现储蓄目标的现实努力。

2. 生产之术：三材思想

丘濬散见于各处的论述兼顾到了天时、地利、人和各种要素："天生五材，民并用之"③；"财生于天、产于地、成于人"④；"世间之物虽生于天地，然皆必资以人力而后能成其用"⑤。从最后一条的论述来看，丘濬显然更重视人力。

（二）徐光启

徐光启，字子先，上海人，历任礼部尚书、文渊阁大学士等职，著《农政全书》，明朝政治家、思想家、农学家。

1. 生产目标："粟多而价贱"

与多数人把财富等同于流通货币的看法不同，徐光启认为财富是生产的产品，而非货币财富："古圣王所谓财者，食人之粟，衣人之帛。"⑥ 因

---

① （明）丘濬：《大学衍义补·总论理财之道上》（卷二十），上海书店出版社，2012，第195页。

② （明）丘濬：《大学衍义补·总论理财之道上》（卷二十），上海书店出版社，2012，第191页。

③ （明）丘濬：《大学衍义补·总论理财之道下》（卷二一），上海书店出版社，2012，第199页。

④ （明）丘濬：《大学衍义补·总论理财之道下》（卷二一），上海书店出版社，2012，第199页。

⑤ （明）丘濬：《大学衍义补·铜楮之币下》（卷二七），上海书店出版社，2012，第238页。

⑥ （明）徐光启：《农政全书校注·旱田用水疏》（卷十六），石声汉校注，上海古籍出版社，1979。

而他秉持农业财富本源论："农者生财者也。"① 不过，徐光启认为的农业内涵较为宽泛，他把纺织之类的手工业也视为广义农业的一类。甚至认为"商出于农，贸易于农隙"②，商业是农闲时节的服务于农业的贸易活动，是农业的补充。

生产目标方面，徐光启把"粟多而价贱"视为农业生产目标。他认为："今日之大利，在田垦而粟贱，和籴易而畜积多耳，不在多取也。"③ 即在重视垦田生产使粮价降低的同时，注重粮食及财富的积蓄。

2. 生产之术："均民""垦田""开河渠、造闸坝"

徐光启重视地利人和要素。为了充分尽地利，他提出"均民""垦田"思想，力促百姓从地少人多的狭乡向地广人稀的宽乡迁移，垦田殖产，如可"均浙、直之民于江、淮、齐、鲁，均八闽之民于两广"④。之所以提出这一主张，是因为他注意到，狭乡的人地比过高，这会倒逼人民去农经商，进而影响农业发展，"南人太众，耕垦无田，仕进无路，则去而为末富、奸富者多矣"。对此，他认为可采用鼓励垦荒的方式使狭乡的人民与宽乡的土地结合，政府可以使用招募方式使无田之民开垦无主荒田或购买处于半荒状态但仍有开垦价值的土地，如此，天下荒地可在最大限度上被充分利用，地力被充分使用的同时也大大缓解了人地比过高的社会问题。因而，从社会层面而言，效果也甚好，"民力日纾，民俗日厚，生息日广，财用日宽"⑤。

除了垦田，徐光启还注意到影响地力使用效率的另一个重要因素：水利。他认为劳动力要素足够但产出不多的原因是"水利不修"，对于农业而言，水利的作用至关重要，"能用水，不独救旱，亦可弥旱"⑥，为了鼓励富民兴修水利，政府应采取一些有力措施，如"开河渠、造闸坝等，有肯一力造办者，有集合群力造办者，俱报官勘明兴工。功成报勘，如费银

① （明）徐光启：《徐光启集·馆课·拟上安边御房书》，王重民辑校，中华书局，1984。
② （明）徐光启：《农政全书校注·引洪武十四年重本抑末诏令》，石声汉校注，上海古籍出版社，1979。
③ （明）陈子龙等编《明经世文编》，中华书局，1962，第5411页。
④ （明）陈子龙等编《明经世文编》，中华书局，1962，第5411页。
⑤ （明）徐光启：《徐光启集》（上册），王重民辑校，中华书局，1984，第228页。
⑥ （明）陈子龙等编《明经世文编》，中华书局，1962，第5417页。

一千两，准作水田一千亩。一体授职入籍，但无入米，家无俸禄"[1]，即政府可采用授予富民、大地主一些虚衔的方式鼓励其投资水利，如此，各得其所，农业也得到很好的发展。

此外，徐光启注意到经营牧场对于家庭收入增加的贡献，他认为，如果居住地靠近水草丰茂之处，只要解决了生产资料和生活资料问题，如购买小马、大骒马、小牛若干，建筑草屋数十间，解决日用饮食问题之后，经营得法，则"必致繁息"[2]。显然，在传统种植农业之外，徐光启注意到可帮助家庭致富的其他路径，他认为如能因地制宜、充分利用地理禀赋、最大限度地提高生产要素的使用效率，亦可很好地保障家庭收入。

（三）顾炎武

顾炎武，字宁人，江苏昆山人，明末清初著名思想家。

1. 生产目标：国富

顾炎武重视国家财富的治理，他认为国家贫困是天下大患，"今天下之患，莫大乎贫"[3]，必须采取有效举措进行干涉。他对于自己的富国之策非常自信，认为如果政府真的采用其谋略，即可五年实现小康，七年达到大富。

2. 生产之术

第一，人地相称，劝农疾耕。

顾炎武非常强调地力与人力的结合，他主张以"疾耕力作"的方式充分开发地力。

一方面，顾炎武主张将土地与疾耕者密切结合，甚至可将怠于农事者之土地交给治田勤谨者，避免良田荒废。"夫承平之世，田各有主，今之中土，弥漫蒿莱，诚田主也疾力耕，不者借而予新甿，不可使吾国有旷土。"[4]

另一方面，顾炎武主张加大对农业的投资，并利用考核制度，激发劝农之官的工作积极性，进而促使疾耕力作的风气渐趋浓郁。"愚请捐数十

---

① （明）徐光启：《农政全书校注》，石声汉校注，上海古籍出版社，1979，第216页。
② （明）徐光启：《农政全书校注》，石声汉校注，上海古籍出版社，1979，第1140页。
③ （清）顾炎武：《顾亭林诗文集》，中华书局，1983，第15页。
④ （清）顾炎武：《顾亭林诗文集》，中华书局，1983，第126页。

万金钱，予劝农之官，毋问其出入，而三年之后，以边粟之盈虚贵贱为殿最。此一人者，欲边粟之盈，必疾耕，必通商，必还定。安集边粟而盈，则物力丰，兵丁足，城围坚，天子收不言利之利，而天下之大富积此矣。"①　与前人相比，顾炎武有了制度的视角，把官员奖励制度作为发展农业的一个有力工具，关注到了"尽地力"的另一种可能途径。

第二，耕牧富国，开发山泽之利。

顾炎武认为，"天下之大富有二：上曰耕，次曰牧。国亦然"②，他将耕牧视为重要的富国路径。此外，传统农业之外，顾炎武还注意到山泽之利对国家财富积累的贡献。"且使为令者得以省耕敛，教树畜，而田功之获，果蔬之收，六畜之孳，材木之茂，五年之中必当倍益。从是而山泽之利亦可开也。"③　在现实观察中，顾炎武意识到发展工矿业是强于传统农业的一种致富途径，"大抵北方开山之利，过于垦牧，蓄牧之获，饶于耕耨"④，为此，可采取一切方法促进工矿业的发展。针对当时劳动力不足的问题，他甚至提出了雇募的解决方式，"人奴之多，吴中为甚。其专恣横暴，亦惟吴中为甚。有王者起，当悉免为良而徙之，以实远方空虚之地。士大夫之家所用仆役，并令出赀雇募，如江北之例"⑤。雇募最能体现商品经济的特质，劳动力成为一种商品，用市场雇佣的方式实现生产要素的有效配置，顾炎武在尚处于传统农业为主的明清之际能够提出这一方案，体现了其不凡的见识。

（四）唐甄

唐甄，字铸万，四川达州人。曾任山西长子知县，清朝思想家，代表作为《潜书》。

1. 生产目标："菽粟如水火、金钱如土壤"

强烈的反封建色彩是唐甄经济思想的特色，这一特点也鲜明地体现在其生产思想中。唐甄重视财富的生产与创造，但更倾向于普通百姓的财富

---

① （明）顾炎武：《顾亭林诗文集·田功论》，中华书局，1983，第126页。
② （明）顾炎武：《顾亭林诗文集·田功论》，中华书局，1983，第125页。
③ （明）顾炎武：《顾亭林诗文集·郡县论》，中华书局，1983，第15页。
④ （明）顾炎武：《顾亭林诗文集·与潘次耕》，中华书局，1983，第141页。
⑤ （明）顾炎武：《日知录集释》，黄汝成集释，栾保群校点，中华书局，2020，第719页。

累积与生产。他认为财富对于国家与百姓都很重要："财者，国之宝也，民之命也。"① 被世人视为理想之治的盛世在他看来无非是物质财富充足的必然结果："尧舜之治无他，耕耨是也，桑蚕是也，鸡豚狗彘是也，百姓既足，不思犯乱，而后风教可施，赏罚可行。"② 物质生产关乎国家治理的好坏，是上层建筑的根基。

唐甄认为财富的生产并非难事，根据历史经验："天下既定，苟无害民之政，未有一二十年而不丰殖者。"③ 他坚信，如果天下太平，生产环境良好，国家又没有害民之政，那么，一二十年后必然可看到"丰殖"之盛况。然而，唐甄观察到当时的社会财富生产积蓄现状却相当不理想："清兴，五十余年矣。四海之内，日益困穷，农空、工空、市空、仕空。谷贱而艰于食，布帛贱而艰于衣，舟转市集而货折赀，居官者去官而无以为家，是四空也。金钱，所以通有无也。中产之家，尝旬日不睹一金，不见缗钱。无以通之，故农民冻馁，百货皆死，丰年如凶。良贾无算，行于都市，列肆焜耀，冠服华燕，入其家室，朝则熄无烟，寒则蜎体不申。"④ 当时国民经济发展的萎靡不振状况由此可见一斑，唐甄对此极为不满。

那么，又该朝着什么方向发展？什么是理想之境呢？结合"可使菽粟如水火、金钱如土壤，而天下大治"⑤ 的论述来看，唐甄认为天下大治的标准就是物质生产极大丰富，这与先秦孟子的思想非常类似，即理想社会中社会生产所创造的物质财富应多至如同水火土壤一样普遍，这是一个很具想象力的生产目标。

2. 生产之术：开源节流

一方面，唐甄强调生产，他重视谷物生产，也重视桑蚕之利，认为养蚕可置"海内无穷之利"，因其"无税无荒，以三旬之劳，无农四时之久，而半其利"⑥，投入少、干扰因素少，却可在短时间内获得谷物种植的一半之利。此外，唐甄认为其他"至微之业"亦完全可以当作实现养家致富目

---

① （清）唐甄：《潜书校释·富民》，黄敦兵校释，岳麓书社，2011。
② （清）唐甄：《潜书校释·宗孟》，黄敦兵校释，岳麓书社，2011。
③ （清）唐甄：《潜书校释·存言》，黄敦兵校释，岳麓书社，2011。
④ （清）唐甄：《潜书校释·存言》，黄敦兵校释，岳麓书社，2011。
⑤ （清）唐甄：《潜书校释》，黄敦兵校释，岳麓书社，2011，第154页。
⑥ （清）唐甄：《潜书校释·教蚕》，黄敦兵校释，岳麓书社，2011。

标的重要途径："陇右牧羊，河北育豕，淮南饲鹜，湖滨缫丝，吴乡之民，编蒉织席，皆至微之业也。然而日息岁转，不可胜算，此皆操一金之资，可致百金之利者也。"① 小商品生产经营者以不起眼但却与民生紧密相关的营生起家，且获利颇丰。

另一方面，唐甄认为，如想实现天下大治，整个社会从人君到百姓必须有节俭储蓄意识并身体力行："因生以制取，因取以制用，生十取一，取三余一，于是民不知取，国不知用……天下大治。"② 唐甄的这种节俭储蓄思想非常类似明代的丘濬，也强调节俭储蓄应从数量上进行必要的把控。不过，唐甄更强调君主的示范作用，他认为君主节俭，可对百官庶民产生较强的影响力，毕竟，上行下效，社会风气的形成与当权者的行为不无关系。

第三节　中国传统生产思想简析

一　就内容而言，中国传统生产思想是中国传统社会大环境的产物

1. 生产目标侧重基本需求的满足

1840 年之前的中国传统社会，生产力水平一直较低。尽管出现几段类似文景之治、开元盛世的繁荣时期，但伴随盛世，人口也相应增加，人均生产总值随之被拉低，整个社会因此长期陷入低水平均衡陷阱之中。另外，土地生产资源有限、多子多福的传统观念使得中国的人地比一直较高，再加上自然灾害、战争等其他因素，凡此种种，皆影响着中国传统社会的生产能力与水平，进而影响了人们对生产的期许。因此，不管是为政者，还是普通百姓，其生产目标皆是时代的产物，体现了鲜明的时代性。

宏观层面，历代当政者考虑的是"足食""九年之储"。微观层面，个体的商人、地主考虑的是成为"千金之家"，能够"用力少而得谷多"。但

---

① （清）唐甄：《潜书校释》，黄敦兵校释，岳麓书社，2011，第 144 页。
② （清）唐甄：《潜书校释》，黄敦兵校释，岳麓书社，2011，第 146 页。

就共性而言，两类生产目标更多侧重的是衣服、食物等层面，按照马斯洛的需求五层次理论，这个层面的生产目标对应的只是最低层次的生理需求的满足，还无法谈及其他四个更高层面的需求。即使这个需求真的得到满足，按照现代经济学理论，其恩格尔系数也很高，反映的仍是较低水平的贫穷生活状态，离理想的富裕生活还很远。此目标是小农经济时代较低的生产力水平的产物，在温饱问题没有彻底解决的背景下，整个社会的目标导向大概率会指向丰衣足食。

传统生产目标重使用价值、重具体劳动的特点亦体现了其时代性。马克思的劳动二重性理论强调具体劳动创造商品的使用价值、抽象劳动创造商品的价值，此理论是马克思主义政治经济学科学体系的基石，马克思本人视其为"理解政治经济学的枢纽"①。马克思的劳动二重性理论也是时代的产物：一方面，他理性借鉴了古典政治经济学的劳动价值论；另一方面，马克思所处时代为资本主义的自由竞争时期，商品经济异常发达，万物的交换不断突破空间限制，社会化程度越来越高，这给马克思发现价值，发现隐匿在商品交换背后的无差别的人类劳动提供了现实契机。对于中国传统小农社会中的知识分子而言，这种现实土壤根本不存在。以自给自足、一家一户为单位进行的生产注定了产品以家庭消费为主，而不是为解决市场需求服务。在这样的时代背景下，学者们看到的只能是具体劳动，只能是产品的使用价值，从"足食""用力少而得谷多"的生产目标中不难看出这一点。学者们希望通过具体劳动生产足够多的能够满足更多人口果腹需要的粮食，希望在这个过程中投入较少的具体劳动而收获较多的使用价值。显然，这种思想同样有着时代的烙印。

2. 生产之术体现整体主义思维模式

中国传统生产之术体现了不同于西方的整体主义思维模式。实现生产目标，需要合适的生产之术。中国传统小农社会，大多数学者认为农业为本业，是财富本源。农业生产之术方面，学者们较为注重天、地、人这三种要素的结合，强调应兼顾三者，注重天时、地利、人和，遵循天道、地道与人道。学者们将人置于天地之间，强调人类的生产活动应遵循天地万

---

① 《马克思恩格斯全集》（第42卷），人民出版社，2016，第55页。

物运行的自然规律，做到"不违农时""因地制宜""治田勤谨"，如此，方能有大的收获。这种三材思想充分体现了中国古人的整体主义思维模式，与西方天人两分的思维方式不同，中国传统文化注重整体思维，强调天人合一。西方文化把大自然视为认知、征服与利用的对象，人是绝对的认知主体，自然是认知的客体，客体服务于主体。而中国传统文化将人视为大自然的赤子，人是自然界的一部分，自然理性孕育人的认知理性，人始终保有对自然的敬畏，且在对自然的观察、体悟中，在与自然的交流沟通中完善人的认知理性，从而能更好地与自然和谐共处。"天人合一"是对这种良性互动的完美诠释，天地人三材思想是中国古人"天人合一"理念与整体主义思维模式的充分体现。

中国古人的整体主义思维模式亦是环境的产物。中国传统小农经济是农业文明的产物，与海洋文明、草原文明不同，农业文明受自然条件约束较大，农作物本身有其生长规律，受河流、温度、海拔、季风、日照等自然条件影响巨大，且后者本身也有其内在的运行规律。而中国古人生活在较低的生产力条件下，自然界运行规律对于他们而言是难以改变的客观存在，既然如此，敬畏并遵循这些规律成为必然的选择。

二　就影响而言，中国传统生产思想积极反作用于生产实践，创造了辉煌的农业生产成就

尽管中国小农社会时期的生产力水平较为低下，但中国古人却利用一切可以利用的生产要素和管理方法，不断解放和发展生产力，采取种种提高生产效率的措施，取得了辉煌的成就。如以西方为参照物进行共时性比较分析，这种辉煌成就尤为耀眼，尤其是在农业生产领域。

（一）天时方面的实践：以时生产

传统小农经济时期，农业受气候影响尤大，中国古人深谙顺应天时之重要性，受"不违农时"等社会意识的影响，中国先哲严谨地根据四季轮回组织生产活动，做到了以时生产。二十四节气、七十二物候就是中国古人以时生产的力证。他们基于朴素的天时观念，根据长期的感性观察，把农业的生产规律、天文学知识、动植物习性规律等结合起来，总结出二十

四节气与七十二物候，并严格按照其进行生产实践。

二十四节气形成于战国时期，以北斗七星的运转与中华大地上自然节律的变化为依据而形成。二十四节气分别是：立春、雨水、惊蛰、春分、清明、谷雨、立夏、小满、芒种、夏至、小暑、大暑、立秋、处暑、白露、秋分、寒露、霜降、立冬、小雪、大雪、冬至、小寒、大寒。中国古人基于自己的朴素观察，发现二十四节气规律性变更的特点。每月两个节气，上半年几乎都集中在每月的六日或二十一日，下半年集中在每月的八日或二十三日，不大变更，如有变化，最多相差一两天。自然天象也随着节气的变化而变化，一个节气也对应着农业生产应该进入的生产阶段。

七十二物候体现的是黄河流域古人的生产智慧，被完整记载于《逸周书·时训解》，亦是说明季节变化、指导农事活动的农业生产实践经验的积淀。七十二物候可分为动物候（如鸿雁来、蚯蚓出等）、植物候（如桃始华、萍始生等）、非生物候（水始冰、东风解冻）三大类，是中国黄河流域的人们根据动植物生长、气候等自然界的景象变化而总结出来的。五天为一候，三候为一节气，六个节气为一个季节，四个季节为一年，这样，一年总共有七十二候。

（二）地利与人和方面的实践：精耕细作、集约式生产

中国传统小农时代的农业生产者与管理者皆非常重视人力与地力的有效配置，追求两者的高效结合。在将"尽地力"与"尽人力"结合的途径上，包括上层管理者、下层劳动者在内的中国古人将自己的聪明才智发挥到了极致，相关的农业生产实践经验积淀深厚。代表性生产实践如下。

1. 轮作倒茬、间作套种、多熟种植、生态种植等生产实践

同一块土地上，如果连续种植一种作物，很容易产生某种营养元素的匮乏和某种病虫害，为此，中国古人采用轮作倒茬生产，通过合理换茬来调节和增强地力、减轻病虫害与杂草的危害。

间作套种方面，经过实践摸索，中国古人将喜阴与喜阳、高秆与低秆、深根与浅根等作物进行合理搭配，以达到充分利用地力并增产的目的。较有代表性的有水稻套种、麦棉套种等。

多熟种植起源于战国秦汉时期中原地区的复种制，如在冬麦收获后种

禾与豆，是一种区域性生产实践。宋代，复种制已普及全国。华北地区在唐宋时期已出现两年三熟制，如在秋收后种麦，麦后种豆，次年豆收后种谷子等，收获后再种麦，依次循环不止。明清时期长江流域出现二稻一麦的一年三熟制。

生态种植生产实践再次充分体现了古人的智慧。这种生产方式充分利用了自然资源，使上一个生产环节的废料变成下一个生产环节的原料。如明清时期在长江流域出现的桑基鱼塘生产方式，其具体做法是：在地势较低处挖塘，在塘里养鱼，挖出的土堆成堤，堤上种植桑树，如此，以桑叶养蚕，以蚕的排泄物养鱼，鱼的排泄物为桑树提供养料，闭环式生产得以形成。类似的实践还有稻基鱼塘、果基鱼塘、蔗基鱼塘、农桑鱼畜互养模式等。

2. 代田法、区田法、亲田法、砂田法、圩田、梯田、架田等生产实践

代田法由西汉赵过所创造，曾推行于西汉关中地区和西北边郡屯田区。《汉书·食货志》有其记载，"一亩三圳，岁代处，故曰代田"。即把一亩土地分成三条宽一尺、深一尺的圳，圳上是宽一尺的垄。圳垄相间，种子播种在圳里，这种做法既抗风又抗旱。今年的圳明年便是垄，今年的垄明年便是圳，从而实现了间作休耕，土地得到充分利用。因要耕出深宽各一尺的圳，单靠人力无法完成，赵过因此发明"二牛三人"的耦犁法，两犁并耕，前面两人牵两牛，后面一人掌犁，拥土宽过一尺。这一发明将人力与牛力结合起来，大幅提高了劳动生产率。相较于不分圳垄的缦田法，代田法可每亩多收十斗，增产效果非常明显。代田法反映了西汉黄河流域农业生产的成熟经验，不过，因后来出现"耕—耙—耱—压—锄"的抗旱保墒耕作技术体系，这种垄沟种植形式慢慢退出黄河流域。

区田法的特点是深翻作区、集中施肥、等距点播、及时灌溉，《氾胜之书》有相关记载。具体做法是：将一亩耕地划成棋盘状，挖掘方六寸、深六寸、间隔九寸的区，每区播种粟20粒，加粪一升。区田法一般盛行于缺乏耕牛、大农具，经济基础比较薄弱的地区，其核心要义是在小面积土地上，通过精耕细作的方式提高单位面积产量。

亲田法由明代耿荫楼所创，具体做法是：在全部耕地中，每一年轮流选出部分耕地并对之精耕细作，一方面保证收成，另一方面有利于地

力恢复，保证可持续性生产，相当于是休耕轮作与精耕细作生产方式的结合。

砂田法由甘肃干旱贫瘠地区的人民创造，具体做法是：土地耕种后施肥，然后分层铺上砂石，这样可打造一个保温、保水、压盐的土壤环境。但是这种生产方式也有一个缺点，即铺石改造田亩需要大量劳动力，改造的成本较高，影响了其投入产出比。

圩田又称"围田"，最早形成于南朝，唐时较普遍，主要应用于江南一带，是中国长江流域人民群众生产智慧的体现。圩田改造的具体做法是：在处于低洼地带的浅水沼泽地、河湖滩上围堤筑坝，使田居在中间，水处于堤外。围起来的田间开设沟渠，便于灌溉。同砂田法类似，这种化湖为田的生产方式投入成本较大，一般由政府或有一定经济实力的地主主持修建。桑基鱼塘即为圩田的一种重要代表性生产方式。宋朝时期圩田得到较大发展。《戒庵漫笔》记载，太湖常熟的谭氏兄弟通过圩田，收入颇丰，农业种植收入是普通农田的3倍，副业收入是其农业的3倍。《后乐集》卷13也记载了南宋人卫泾的感慨："三十年间，昔之曰江、曰湖、曰草荡者，今皆田也。"

梯田最早在秦汉时期已出现，主要应用于丘陵较多的东南地区。梯田使得大面积种植水稻在丘陵地带成为可能，还可有效防止水土流失，是治理坡耕地的有效方式。加之其通风条件良好，非常有利于植物生长，因此增产的效果明显。梯田集蓄水、防止水土流失、增产等多维作用于一体，体现了丘陵地区中国古代百姓的生产智慧。

架田又称葑田，是中国古代农民与沼泽争地的生产实践体现，宋元时期应用于江南、两广等地。架田的打造方法是：在沼泽中用木桩作架，把水草与泥土掺和后摊铺在架上，之后种植稻谷，这样种植的作物可漂浮于水面，随着水面高低波动变化，不至于被淹没。王祯的《农书》对之记载较为详细："架田。架，犹筏也，亦名葑田……江东有葑田，又淮东、二广皆有之……考之农书云，若深水薮泽，则有葑田，以木缚为田丘，浮系水面，以葑泥附木架上而种艺之，其木架田丘，随水高下浮泛，自不淹浸。"[①]

---

① （元）王祯：《王祯农书》（卷十一），孙显斌、攸兴超点校，湖南科学技术出版社，2014。

3. 选育良种、改良土壤、防治病虫害等生产实践

西周时期的人们已注意到良种对于生产的重要意义,《诗经》已有"嘉种"的记载,战国白圭亦强调"长石斗,取上种"①。在选取种子方面,中国古人积累了丰厚的经验:以水选法去除秕种;注重种子的储藏条件,力求保持干燥;每年选种,经常换种,防止种子退化;以单株选择法培育新品种;等等。根据贾思勰《齐民要术》的记载,当时已有 14 个谷子品种具有"早熟、耐旱、免虫"的特征。

耕作、灌溉与施肥是改良土壤条件的有效途径。中国古人在实践中创造了一套"耕—耙—耱—压—锄"的耕作生产体系,这种精耕细作的生产体系可以有效保持土壤的墒情,缓解干旱对生产的威胁。春秋战国时期的人们已知晓根据田地的高低情况修筑灌溉用的水渠。大型水利工程的修建是保障土壤持续性改善的前提,中国古代在这方面有代表性的水利工程不胜枚举,如都江堰、郑国渠、漳水十二渠、龙首渠等。施肥是提高土壤生产力的有效措施,陈旉《农书》已有"用粪如用药"的记载,肥料的种类众多,包括河泥、塘泥、人类和牲畜粪便、老炕土、秸秆、旧墙土、榨油酿酒的废弃物等。

防治病虫害包括预防与治理。中国古代农民在这一领域总结了很多经验,如预防方面,主要采取培育抗虫的良种、阻隔害虫与农作物接触、做好预测预报工作等。治理方面,有直接捕杀或生物防治。以生物手段防治最能体现古代农民的生产智慧,根据西晋嵇含《南方草木状》的记载,南方地区的百姓已通过黄猄蚁这种食虫昆虫来防治柑橘树害虫,比西方采用生物防治技术早了一千多年。

(三) 农业生产实践的卓越成就

1. 记载农业实践经验的农书积淀丰厚

农书为中国古代农业实践的智慧结晶,这方面的积淀尤为丰厚。"中国是世界上拥有农业典籍最丰富的国家。历代农书共达 500 余部,留传至今的有 300 余部"②,其中的代表性农书如下。

---

① (汉) 司马迁:《史记》,岳麓书社,1988,第 933 页。
② 《中国经济史》编写组编《中国经济史》,高等教育出版社,2019,第 126 页。

《氾胜之书》是西汉晚期的一部重要农学著作，也是中国现存最早的一部农学专著，由古代农学家氾胜之所著。此书记载了黄河流域中游地区百姓在作物栽培、种子选育、耕作等方面的经验，体现了北方劳动人民的生产智慧。

《齐民要术》是北魏贾思勰所著的一部综合性农学著作，也是中国现存最完整的古代农书。

南宋陈旉《农书》是我国第一部总结南方农业生产经验的农书，全面总结了江南水稻栽培经验，是对我国古代南方农民生产智慧的系统性总结专著。

元朝王祯《农书》是着眼全国范围对整个农业进行系统研究、总结中国农业生产经验的一本综合性农书，全书约 13 万余字。《农书》共三部分，分别是《农桑通诀》《百谷谱》《农器图谱》，其中《农器图谱》是中国最早的图文并茂的农具史料。

《农桑辑要》是我国现存最早的官修农书，成书于元朝，系统地介绍了 6 世纪以前黄河中下游地区农牧业生产、食品加工与贮藏、野生植物利用等方面的经验，共 7 卷，6 万余字。卷一"典训"；卷二"耕垦"；卷三"栽桑"；卷四"养蚕"；卷五"瓜菜、果实"；卷六"竹木、药草"；卷七"孳畜、禽鱼"等。

《沈氏农书》成书于明朝崇祯末年，为浙江归安（今浙江湖州市）佚名的沈氏所撰，是对浙江嘉湖地区农民生产智慧的系统性总结著作。

2. 农业生产实践效果良好

中国人用大无畏的精神，通过垦荒拓殖、精耕细作，不断解放生产力、发展生产力，从而使得中国传统农业在生产力水平较低的条件下仍然养育了巨量的人口。以清朝为例，清"摊丁入亩"之后，人口剧增，从 1700 年前后的约 1.5 亿人增加到 1794 年（乾隆五十九年）的约 3.13 亿人，占全世界 9 亿人口的约 1/3，通过中国农民不懈的生产实践，中国的耕地与粮食产量也大幅增加，1685 年（康熙二十四年），全国的耕地只有 6 亿亩，但是到 1799 年，"全国耕地约为 10.5 亿亩，粮食产量则迅速增至 2040 亿斤"[①]，

---

① 　高德步：《中国经济简史》，首都经济贸易大学出版社，2013，第 183 页。

中国农作物的产量也达到了世界第一。就单位产量而言，根据《补农书》的记载，明末清初嘉湖地区水稻最高产量达到 4~5 石（约合今每亩 910~1125 斤）[①]，这个产量，即使放在今天来看，也是非常值得称道的。

就共时性视角而言，在传统农业发展时期，中国古代农业单产远远高于西方。以粮食收获量和播种量之比为例，根据罗马时代的《克路美拉农书》相关记载，西欧为 4~5 倍。根据英国《亨利农书》的记载，这一数字为 3 倍。而根据《齐民要术》的记载，中国公元 6 世纪粟的收获量为播种量的 24~200 倍；麦类则为 44~200 倍[②]，从共时性的比较视角来看，这一成绩是相当令人瞩目的。

❈ **本章关键术语**

　三材；尽地力之教

❈ **思考题**

　1. 比较分析先秦儒家、法家的生产思想。
　2. 简析贾思勰的生产思想。
　3. 简析中国传统生产思想的特点及影响。

---

① 何炼成、王一成、韦苇：《中国历代经济管理与发展思想新论》，陕西人民出版社，2001，第 43 页。
② 何炼成、王一成、韦苇：《中国历代经济管理与发展思想新论》，陕西人民出版社，2001，第 43 页。

第三章
中国传统分配思想专题研究

第一节　马克思主义视野下的分配

一　一般性生产关系中的分配

分配对生产有着反作用。"分配并不仅仅是生产和交换的消极的产物，它反过来也影响生产和交换"①，马克思主义视野中，分配关系的变化也影响生产关系。合理的分配关系对生产者产生激励作用并促使劳动效率的提高，也会为交换提供良好的外在秩序，引导各种生产要素合理流动并实现最优配置，反之亦然。

二　资本主义生产关系中的分配

1. 资本主义分配的核心是对剩余价值的分配

资本主义体系中，一切经济活动均围绕着剩余价值展开，资本主义的生产是剩余价值的生产，资本主义分配的核心是对剩余价值的分配。

资本主义生产体系下，商品的价值（w）由三部分组成：不变资本价值（c）、可变资本价值（v）与剩余价值（m）。其中，不变资本价值由旧价值转化而来，可变资本价值与剩余价值由劳动者的活劳动所创造，为新价值。在劳动者所创造的新价值（$v+m$）中，劳动者以工资的方式拿走了

---

① 《马克思恩格斯选集》（第 3 卷），人民出版社，1995，第 491 页。

其劳动力价值（可变资本价值v），剩余价值（m）成为在资本家阶层中进行分配的对象，转化为利润、地租、利息等形式，被产业资本家、商业资本家、银行资本家、地主、农业资本家等生产资料拥有者共同瓜分。马克思在《资本论》中指出，不同的资本形态形成了资产阶级的不同剥削集团："生产剩余价值即直接从工人身上榨取无酬劳动并把它固定在商品上的资本家，是剩余价值的第一个占有者，但决不是剩余价值的最后所有者。以后他还必须同整个社会生产中执行其他职能的资本家，同土地所有者等等，共同瓜分剩余价值。"① 换言之，剩余价值的分配是在生产资料拥有者群体之间的分配。资本家最为关心的是剩余价值的分配，资本主义分配关系的核心问题即为剩余价值的分配。

2. 资本主义分配的本质是资本家对工人的剥削

在资本主义的生产体系中，在生产正式开始之前，资产阶级占有了社会最宝贵的生产要素——资本，而无产阶级所拥有的生产要素只有自身的劳动力，生产要素在生产之前就已分配明晰，这是生产的前提。资本家用手中的资本雇佣劳动力进行生产，资本在资本主义生产形式中处于优势支配地位，凭借着这种优势地位，资本家可以无偿占有工人创造的剩余价值。

马克思于 1847 年 10 月底在《道德化的批判和批判化的道德》中指出："无论如何，财产也是一种权力。例如，经济学家就把资本称为'支配他人劳动的权力'。可见，在我们面前有两种权力：一种是财产权力，也就是所有者的权力，另一种是政治权力，即国家的权力。"② 两种权力的主体合一时，政治权力与财产权力具有统一性，共同服务于同一个主体。资本主义社会中，资产阶级是政治权力与资产权力的共同主体，具有分配的绝对暴力优势，在分配体系中居于优势地位。而工人财产权的体现仅仅是他拥有自己的劳动力，"资本主义时代的特点是，对工人本身来说，劳动力是归他所有的一种商品的形式"③。失去生产资料的工人只能靠出卖自己的劳动力、被资本雇佣获取工资，在分配体系中处于弱势地位。

---

① 〔德〕马克思：《资本论》（第 1 卷），人民出版社，2018，第 651 页。
② 《马克思恩格斯全集》（第 1 卷），人民出版社，1958，第 330 页。
③ 〔德〕马克思：《资本论》（第 1 卷），人民出版社，2018，第 198 页。

因而，尽管工人的活劳动创造了全部新价值，但工人以雇佣劳动的方式参与生产，只能得到劳动力价值部分，工人创造的剩余价值的分配与其无关，资本家利用其在资本主义生产体系中的支配地位无偿占有了工人创造的剩余价值。这种分配是不公平的，是建立在资本家对工人进行剥削的基础之上。

3. 资本主义分配关系影响资本主义走向

资本天生是逐利的，处于永不停歇的运动状态，整个资产阶级对剩余价值的追求也是无止境的。处于分配优势地位的资本家会不断利用自己的优势地位，通过不断缩短必要劳动时间、提高剩余劳动时间的方式提高剩余价值积累，甚至会通过计件工资、计时工资等方式激化工人之间的竞争，瓦解工人的团结，增加相对剩余劳动力人口、增强劳动力蓄水池储备，如此可将工人的工资压到其劳动力价值以下，增强对工人的剥削。

这样，伴随资本主义再生产，资本主义积累形成两极分化，一者为处于优势地位的资产阶级的财富的积累，一者为处于分配劣势的工人阶级贫穷的积累。当分配不均达到一定程度，两大阶级的矛盾会被大大激化，资产阶级剥削工人阶级越成功，两大阶层的矛盾就会越尖锐。工人阶级的斗争会迫使资产阶级对分配关系进行调整，短期的调整包括推行福利制度、增强工会作用、采用长期劳动合同制度等，这的确会在一定程度上缓解矛盾。但从长期来看，资产阶级与工人阶级之间的利益冲突使其矛盾无法调和，资产阶级会采用全球廉价生产资料、雇佣劳动力、采用人工智能设备等方式增强资本积累，进一步激发两大阶层的矛盾，引发工人阶级更强烈的反抗。这种矛盾与冲突会伴随整个资本主义体系发展的全过程，直至资本主义体系的崩溃。

第二节　中国传统代表性分配思想

中国传统分配思想大体围绕两大主题：国民财富的"国"与"民"分配、国民财富的"民"与"民"分配。前者围绕着国家财富与百姓财富的分配关系展开，形成三种代表性思想："藏富于国""藏富于民""上下俱富"。后者围绕着百姓之间的财富分配关系展开，形成两种代表性思想：侧重均平的"哀多益寡"思想、侧重竞争激励原则的"智者以衍，愚者以困"思想。

一　先秦时期的代表性分配思想

（一）芮良夫：上下共利

芮良夫反对君主专利，在国与民的财富分配方面，他主张上下共利："夫利，百物之所生也，天地之所载也，而或专之，其害多矣……夫王人者，将导利而布之上下者也，使神人百物无不得其极……匹夫专利，犹谓之盗，王而行之，其归鲜矣。"① 芮良夫认为，君主专利必然会导致归附者寥寥，且利来自天地万物，是各种因素合力的产物，基于这一逻辑，君主应选择共利而非专利。

（二）孔子

1. 国与民的分配："藏富于民"

"藏富于民"是先秦儒家在国与民分配方面的基本立场，儒家创始人孔子自然也秉持此种态度。

孔子藏富于民的主张体现在其多种语境的表述之中，如"足食、足兵、民信之矣"②"富而后教"③"因民之所利而利之"④"节用而爱人，使民以时"⑤ 等。孔子主张仁政，他重视百姓的物质利益，认为为政者应高度关注百姓是否"足食"，并采取各种措施使人民富裕，在此基础上，方能谈及"足兵"、"民信"以及"教之"的问题。子夏问政，孔子强调"欲速则不达，见小利则大事不成"⑥，联系子张问政时孔子所强调"因民之所利而利之"以及孔子一以贯之的民生立场，孔子反对的是取民敛财这

① （战国）左丘明：《国语》，上海古籍出版社，1978，第 12~13 页。
② 钱逊解读《论语》，国家图书馆出版社，2017，第 285 页。
③ 钱逊解读《论语·子路》，国家图书馆出版社，2017。
④ 钱逊解读《论语》，国家图书馆出版社，2017，第 438 页。
⑤ 钱逊解读《论语》，国家图书馆出版社，2017，第 57 页。
⑥ 钱逊解读《论语》，国家图书馆出版社，2017，第 310 页。

种"小利"，他更关注的是施行仁政这类大事。孔子藏富于民的立场也在以上多种语境中得以彰显。

孔子教育家的身份使其思想通过其学生的广泛传播而具有深远的社会影响力，影响深远的"百姓足，君孰与不足？百姓不足，君孰与足"[1] 的观点就产生于孔子的学生有若与鲁哀公的对话之中，鲁哀公感慨碰到饥荒之年，国家用度不足，并请教有若应对之策。有若建议征收十分之一的轻税，面对鲁哀公的疑惑，他作了上述阐释。显然，在儒家的思想体系中，国家与百姓是休戚相关的，国家的财政收入来源于民，类似大河与小河的关系，小河无水大河干，百姓生活困苦，国家的税收之源就处于枯竭状态，国家财政也就无从保障。

那么，又该如何实现"藏富于民"呢？孔子主张通过征收轻税的税收方式与倡导节俭节用、反对国家非生产性开支过大的财政支出手段来实现，他强调的"道千乘之国……节用而爱人，使民以时"[2] 就充分体现了这一点。"使民以时"侧重使民以时服徭役，强调民生为要的立场，"节用"侧重国家财政开支节约思想，这些皆有利于减轻百姓负担。孔子弟子有若的"盍彻乎"[3] 的建议亦可侧面反映孔子的薄税主张，征收十分之一的轻税可使大部分生产所得归于百姓，能够极大改善百姓的生活状况。

2. 民与民的分配："不患寡而患不均"

"民"的内涵有广义有狭义，此处的"民"指的是广义的"民"，既包括在传统社会处于被统治阶级的普通百姓，也包括处于统治阶级的不同级别的群体，相对于国家而言，他们皆是共同体中的一员。

在民与民之间的分配方面，孔子注重社会分配体系中的"均平"要素："闻有国有家者不患寡而患不均，不患贫而患不安。盖均无贫，和无寡，安无倾。"[4] 但是，值得强调的是，孔子绝非主张将社会财产进行平均分配，联系其所认可的以礼制为代表的等级制度，他所谓的"均"更侧重

---

[1]　钱逊解读《论语·颜渊》，国家图书馆出版社，2017。
[2]　钱逊解读《论语》，国家图书馆出版社，2017，第 57 页。
[3]　钱逊解读《论语》，国家图书馆出版社，2017，第 287 页。
[4]　钱逊解读《论语》，国家图书馆出版社，2017，第 379 页。

于使每个阶层内部的人的财产大致均平，即每个人所拥有的财富应符合其等级身份。如果真的实现了这一点，那么，每个阶层内部的确可以实现大致的均平。

阶层之间，孔子反对统治阶层过分盘剥被统治阶层，他意识到"贫而无怨难"①，而现实生活中却存在着特权阶层依靠资源优势盘剥百姓进而导致民怨沸腾的现象，"放于利而行，多怨"②。基于这种现实观察，孔子非常反感权贵阶层过分追求不匹配其身份的财富，当他的弟子冉求为季氏聚敛财物时，他非常不认可这种举动，呼吁弟子们"鸣鼓而攻之"③。管仲也因为拥有超越其身份的"三归"而受到孔子的批判。孔子对弥合贫富差距及缓和贫富矛盾没有太多的有效建议，较为侧重道德层面的呼吁，比如，要求贫苦者"安贫乐道"，富有者"富而好礼""富而无骄"等。

对于民与民之间的救济，特别是富有者对贫苦者的救济，孔子持肯定态度，但孔子坚持"周急不继富"的原则，他反对锦上添花式的救济，认为应该救助迫切需要帮助的人，进行雪中送炭式的救济。"原思为之宰，与之粟九百，辞。子曰：'毋，以与尔邻里乡党乎！'"④ 原思为孔子家宰，孔子给予他粟九百，当原思拒绝的时候，孔子建议他将这些分发给其邻里乡党，帮助他身边需要帮助的人。《雍也》篇中子贡与孔子的对话最能体现孔子的这一思想："子贡曰：'如有博施于民而能济众，何如？可谓仁乎？'子曰：'何事于仁？必也圣乎！尧舜其犹病诸。夫仁者，己欲立而立人，己欲达而达人。'"孔子将能给老百姓很多好处又能周济大众的人定义为圣人，认为即使是尧舜也未必能够做到这一点，并由此给出了他对仁的定义，能够博施济众者已然突破狭隘的分配格局，从小我中突破，注重的是大我。反之，孔子认为某人即使拥有周公那样的才能，若他骄傲自大，吝啬小气，不懂得周济需要救助的人，"骄且吝"⑤，那么他余下的那些才能也就不值得一看了。

---

① 钱逊解读《论语》，国家图书馆出版社，2017，第 327 页。
② 钱逊解读《论语》，国家图书馆出版社，2017，第 126 页。
③ 钱逊解读《论语》，国家图书馆出版社，2017，第 268 页。
④ 钱逊解读《论语·雍也》，国家图书馆出版社，2017。
⑤ 钱逊解读《论语·泰伯》，国家图书馆出版社，2017。

（三）《管子》："富上而足下"

《管子》的内容以治国安民为主，注重宏观层面的国家治理，其分配思想聚焦国与民之间的财富分配，倾向于上下兼顾的分配思想。

一方面，从国家治理的角度，《管子》意识到"民富则易治也，民贫则难治也"①，因而主张富民，"是以善为国者，必先富民，然后治之"②；另一方面，《管子》亦认为国家的富强同样重要："国富者兵强，兵强者战胜，战胜者地广"③，国富是国家国防实力增强的物质基础，而国防实力增强又会大大增强战争胜利的概率，进而使国土扩张。综上，《管子》在国与民之间的分配态度是鲜明的，"富上而足下，此圣王之至事也"④，即既主张富国也主张富民。

分配实现路径方面，《管子》认可税收制度的作用，管仲"相地而衰征"的税收制度最有代表性。当桓公问政于管仲时，管仲强调："相地而衰征，则民不移。"⑤即国家应该按照土地的等级征税，土地肥沃、交通便利的多征，土地贫瘠、交通不便的少征，与马克思所说的级差地租逻辑一致，这种征税思路符合累进税宗旨，侧重均平，的确可在一定程度上纠正财富占有不均的现象。

国家救济也不失为一种选择，《管子》将救济视为德政的六种表现之一："德有六兴……养长老，慈幼孤，恤鳏寡，问疾病，吊祸丧，此谓匡其急。衣冻寒，食饥渴，匡贫窭，赈罢露，资乏绝，此谓赈其穷。"⑥《管子》认为在至德之世，国家有义务对需要救助的穷人进行救助，保证其最基本的生活需求，并将之称为"振其穷"，即赈济穷者。

---

① （春秋）管仲：《管子》，（唐）房玄龄注，（明）刘绩补注，刘晓艺校点，上海古籍出版社，2015，第323页。
② （春秋）管仲：《管子》，（唐）房玄龄注，（明）刘绩补注，刘晓艺校点，上海古籍出版社，2015，第323页。
③ （春秋）管仲：《管子》，（唐）房玄龄注，（明）刘绩补注，刘晓艺校点，上海古籍出版社，2015，第323页。
④ （春秋）管仲：《管子》，（唐）房玄龄注，（明）刘绩补注，刘晓艺校点，上海古籍出版社，2015，第339页。
⑤ （战国）左丘明：《国语》，上海古籍出版社，1978，第236页。
⑥ （春秋）管仲：《管子》，（唐）房玄龄注，（明）刘绩补注，刘晓艺校点，上海古籍出版社，2015，第59页。

（四）孟子

1. 国与民的分配：与百姓同之

孟子是民本思想的典型代表人物，"民为贵，社稷次之，君为轻"[①] 是其坚守的政治理念，在分配问题上，他自然也是藏富于民思想的坚定支持者。

孟子强调，有道之君治国，应积极"制民之产"，且应做到使百姓拥有的财富"仰足以事父母，俯足以畜妻子，乐岁终身饱，凶年免于死亡"[②]，如此，百姓安居乐业，国家政通人和，天下大治的仁政目标也就实现了。为确保百姓有"恒心"，孟子主张使民拥有"恒产"，并高度认可井田制中"五亩之宅""百亩之田"的制产标准，认为这足以令一个八口之家衣食无忧。

在《梁惠王下》篇中，孟子与齐宣王论政，当齐宣王谈及自己的小毛病，如"好勇""好货""好色"等，孟子皆建议齐宣王站在国家治理者的角度效仿贤君，着眼大众。如若逞强好勇，不妨效仿周文王，"一怒而安天下之民"；如若好色，不妨效仿周太王，使"内无怨女，外无旷夫"；如若喜爱钱财，不妨效仿公刘，"与百姓同之"，国民皆充足。"与百姓同之"成为孟子建议齐宣王为政的总基调，特别是谈及与国民财富分配相关的"好货"问题时，孟子以公刘好货但却做到了"居者有积仓，行者有裹囊"为例，论证"与百姓同之"的重要性。公刘一方面保证百姓粮仓充盈，另一方面为行军打仗的军队准备了足够粮草，做好了充足的后勤供应，如此，得到百姓爱戴，很好地施行了王政。

如何"与百姓同之"，实现"藏富于民"呢？孟子尤为注重轻税政策。孟子将征收轻税视为保证百姓富裕的必要途径："薄其税敛，民可使富也。"第一，税种方面，他是农业单一税制的拥护者，"市廛而不征，法而不廛，则天下之商，皆悦而愿藏于其市矣。关讥而不征，则天下之旅，皆悦而愿出于其路矣。耕者助而不税，则天下之农，皆悦而愿耕于其野

---

① 金良年译注《孟子译注》，上海古籍出版社，2012，第219页。
② 金良年译注《孟子译注·梁惠王上》，上海古籍出版社，2012。

矣"[1]。孟子反对取民过甚，反对征收市场交易税及关税，较为肯定井田制的助法。百姓以助耕公田的方式缴纳赋税，劳役地租形式既可确保公田产出，又可保障百姓私田产出，在孟子看来，这是最为理想的纳税方式。战争期间，一般有"有布缕之征，粟米之征，力役之征"，孟子主张只征收其中的一种，"君子用其一，缓其二"，如若征收多个税种，孟子认为会顷刻间导致民不聊生，使百姓的家庭分崩离析，"用其二而民有殍，用其三而父子离"，毕生追求仁政的孟子不能容忍这种惨剧发生。第二，税率方面，孟子是什一之税的坚定支持者，他认为轻于或重于什一之税的税率皆不好，"欲轻之于尧舜之道者，大貉小貉也；欲重之于尧舜之道者，大桀小桀也"[2]。税太轻，不足以支撑国家机器的运转，只有政府机构较小、较为简单的蛮族才能做到以轻税维系一切运转如常；税太重，非仁政之举，只有类似桀纣这样的暴君才会如此罔顾民生。因此，他主张国家通过"春省耕而补不足，秋省敛而助不给"[3]的减税方式让利于民，这与其"所欲与之聚之，所恶，勿施尔也"[4]的仁政主张是契合的。

此外，孟子还重视国家救济，将之视为施行王政仁政之举。在《梁惠王下》篇中，他以周文王治理岐山为例，除肯定文王轻税政策之外，还非常认可文王的财政救济政策："老而无妻曰鳏，老而无夫曰寡，老而无子曰独，幼而无父曰孤。此四者，天下之穷民而无告者。文王发政施仁，必先斯四者。"国家救济的资金来自国家的财政收入，对鳏寡孤独的救助实际上是古代的一种财政转移支付手段，可对特定人群进行针对性帮扶，而且在这一过程中，国家的财政收入也转化为百姓的收入，是非常典型的藏富于民举措。

2. 民与民的分配：等级分配基础上的调和思想

孟子关于民与民之间的财产分配思想较有代表性，既体现了先秦儒家注重等级制的思想内核，又体现儒家注重仁政、强调民生的倾向。

一方面，孟子认可阶层差异性收入分配体系。土地是中国小农经济体

---

[1]　金良年译注《孟子译注》，上海古籍出版社，2012，第48页。

[2]　金良年译注《孟子译注》，上海古籍出版社，2012，第190页。

[3]　金良年译注《孟子译注》，上海古籍出版社，2012，第187页。

[4]　金良年译注《孟子译注》，上海古籍出版社，2012，第106页。

系中最为重要的生产资料，中国传统社会中不同时期的土地所有制决定了土地的分配及占有情况。先秦时期盛行分封制，土地王有，"普天之下，莫非王土"，掌握土地所有权的天子按照血缘远近分封土地，等级森严："天子之制，地方千里，公、侯皆方百里，伯七十里，子、男五十里，凡四等。不能五十里，不达于天子，附于诸侯，曰附庸。"① 社会身份不同，拥有的土地数量也不同，由高到低依次递减，差异性、等级性鲜明。朱熹认为这种分配制度的特点是"君以下所食之禄，皆助法之公田，借农夫之力以耕而收其租"②，而孟子非常认可井田法，认可什一之税，对西周的世卿世禄制持积极态度，这已经非常鲜明地体现了孟子对不同阶层之间收入差距的认可，他不反对因身份地位不同而产生的财富差距。

另一方面，孟子又反对不同人群之间太过悬殊的财富差异，"庖有肥肉，厩有肥马，民有饥色，野有饿莩，此率兽而食人也"③，从孟子对这种现象"率兽而食人"的定位中不难看出其批判立场。尽管孟子是站在民本、仁政的立场上谈及阶层收入差异，并非否定阶层之间的等级分配制度，但已折射出其反对居上位的富人阶层与居下位的贫苦大众之间存在严重的贫富差异，倾向于承认等级但也反对严重两极分化的分配立场。

关于其分配思想的落地与实践，孟子也相当自信。他非常认可井田制，井田制实为田制与税制的结合。一方面，井田制是分封制的产物，体现了严明的等级性。尽管胡寄窗先生认为这"只是孟轲的一种乌托邦思想"④，"毫无实践意义的空想，比大同思想及小国寡民理想还要差些"⑤，但这毕竟是一个影响了中国两千多年的土地思想，在中国土地思想演化过程中有重要的一席之地。孟子对以血缘为基础的分配制比较熟悉，在《孟子·万章下》中，他详细阐释了分田制禄制即班禄制，根据这种制度，每个人拥有的财富取决于出身与级别，天子以外，爵位有公、侯、伯、子、男五个等级，君之外，职位有卿、大夫、上士、中士、下士五个职位。每

---

① 金良年译注《孟子译注》，上海古籍出版社，2012，第96页。
② （宋）朱熹：《四书章句集注》，中华书局，1983，第317页。
③ 金良年译注《孟子译注》，上海古籍出版社，2012，第6页。
④ 胡寄窗：《中国经济思想史》（上），上海财经大学出版社，1998，第251页。
⑤ 胡寄窗：《中国经济思想史》（上），上海财经大学出版社，1998，第253页。

个人的俸禄、能够分配到的土地与其身份高度契合，能完美体现儒家所认可的等级制。另一方面，对于底层的民户来说，井田制从土地要素的分配为解决民众贫富不均问题提供了较为具体的方案："夫仁政，必自经界始。经界不正，井地不均，谷禄不平……死徙无出乡，乡田同井，出入相友，守望相助，疾病相扶持，则百姓亲睦。方里而井，井九百亩，其中为公田，八家皆私百亩，同养公田。"① 显然，孟子注意到导致百姓间财富不均的生产资料及所有制因素，既然"普天之下，莫非王土"，土地的所有权无法变更，而土地是最重要的生产资料，那么保证土地使用权与收益权在各民户间的大致均平则显得尤为必要，"八家皆私百亩"从制度上保证了各户拥有使用权、受益权的土地数量的均平，为其财富的占有均平提供了生产资料的保障。就税率而言，"同养公田"相当于各家承担相同的纳税负担。因此，这种制度很好地呼应了孟子的民本关切。历代思想家较为关注的也是这一点，因而各个时代不断有学者提及恢复井田制的观点。从分配角度而言，以劳役地租同养公田、各家占有100亩土地使用权的制度的确保证了百姓拥有了最重要的恒产，且在很大程度上减少了财富占有的不均程度。

（五）荀子

1. 国与民的分配："上下俱富"

在荀子看来，只注重聚敛的国君毫无远见，一味充实国库而任由百姓陷入贫困的艰难生活之境，这样的国家岌岌可危，"故修礼者王，为政者强，取民者安，聚敛者亡。故王者富民，霸者富士，仅存之国富大夫，亡国富筐箧、实府库。筐箧已富，府库已实，而百姓贫，夫是之谓上溢而下漏，入不可以守，出不可以战，则倾覆灭亡可立而待也"②。在《荀子·富国》中荀子也有类似的阐述："百姓虚而府库满，夫是之谓国蹶。"③ 同时，在此篇中，荀子还分析了导致国贫的众多因素，"上好功则国贫，上好利则国贫，士大夫众则国贫，工商众则国贫，无制数度量则国贫"④。"上好

---

① 金良年译注《孟子译注》，上海古籍出版社，2012，第73~74页。
② （战国）荀况：《荀子》，（唐）杨倞注，耿芸标校，上海古籍出版社，2014，第91页。
③ （战国）荀况：《荀子》，（唐）杨倞注，耿芸标校，上海古籍出版社，2014，第120页。
④ （战国）荀况：《荀子》，（唐）杨倞注，耿芸标校，上海古籍出版社，2014，第120页。

利"是导致国贫的第二种因素，荀子的批评再次反映了其反对国家单向度聚敛财富的行为。同有若一样，荀子也认识到百姓与国家在财政层面的相辅相成关系，"下贫则上贫，下富则上富"，百姓为国家财政税收之源，百姓贫困，国家自然财源枯竭，百姓富裕，国库才有可能充盈。因此，荀子主张国君应该通过开源节流等方式，促进国民财富的生产，"如是，则上下俱富，交无所藏之。是知国计之极也"①，"上下俱富"被荀子视为国家治理的根本，其分配主张也在这一肯定性描述中显露无遗。

荀子主张以征收薄税、勿夺其时等方式促进百姓富裕："关市几而不征，质律禁止而不偏，如是则商贾莫不敦悫而无诈矣……县鄙则将轻田野之税，省刀布之敛，罕举力役，无夺农时，如是则农夫莫不朴力而寡能矣"②；"不富无以养民情……故家五亩宅，百亩田，务其业而勿夺其时，所以富之也"③。此外，荀子认为，实施轻税的政策一方面激励百姓致富，另一方面亦实现了国富："轻田野之税，平关市之征，省商贾之数，罕兴力役，无夺农时，如是则国富矣。"④ 荀子的这种思路较为新颖，在一般认知中，轻税会导致国用匮乏，但荀子却认为这种做法可实现上下俱富，在当时的历史环境中，这种思想较为难得。其实细究一下，荀子的这种思想也很容易理解，轻税会产生强激励性，百姓的劳动供给增加，整个国民财富的绝对数增加，即使国家征收轻税，税收的绝对数也会水涨船高地增大。这种逻辑思路在当代西方经济学中较为常见，供给学派即为这种思想的典型代表学派。

2. 民与民的分配："维齐非齐"

在民与民的财富分配方面，荀子坚持了儒家的等级制分配立场，在前人的基础上，他还对阶层间分配不均的现象进行了合理论证，其"维齐非齐"分配理论使得儒家注重的等级制在分配领域得到了理论层面的有力支撑："分均则不偏，势齐则不壹，众齐则不使。有天有地，而上下有差；明王始立，而处国有制。夫两贵之不能相事，两贱之不能相使，是天数

---

① （战国）荀况：《荀子》，（唐）杨倞注，耿芸标校，上海古籍出版社，2014，第120页。
② （战国）荀况：《荀子》，（唐）杨倞注，耿芸标校，上海古籍出版社，2014，第145页。
③ （战国）荀况：《荀子》，（唐）杨倞注，耿芸标校，上海古籍出版社，2014，第332页。
④ （战国）荀况：《荀子》，（唐）杨倞注，耿芸标校，上海古籍出版社，2014，第109页。

也。势位齐而欲恶同，物不能澹则必争。争则必乱，乱则穷矣。先王恶其乱也，故制礼义以分之，使有贫富贵贱之等，足以相兼临者，是养天下之本也。书曰：'维齐非齐。'此之谓也。"① 简而言之，荀子认为不均是一种非常正常的社会现象，如若大家都一般尊贵，则没有人能够指使他人做事，失去了具体的执行人，事情也就无法顺利开展。唯有有人决策、有人执行，整个社会秩序才会可持续性运转。因此，荀子认为要维持整个社会的秩序（齐），必须依靠阶层间的等级性（非齐）。他认为最理想的情况是"故先王案为之制礼义以分之，使有贵贱之等、长幼之差、知贤愚能不能之分，皆使人载其事而各得其宜，然后使悫禄多少、厚薄之称，是夫群居和一之道也……故或禄天下而不自以为多，或监门、御旅、抱关、击柝而不自以为寡"②，当每个人都依据自己所处社会地位及阶层看待自己所拥有的财富时，社会的和谐秩序也就顺利实现了。

此外，荀子认为贫富状况是可以通过人为努力改变的，如在具体的财富的创造过程中，技术与管理能力至关重要，在农业生产中，如"人善治之"，则其所得"不可胜数也"③，可轻易积累客观财富，在其所隶属的阶层中成为佼佼者。

（六）商鞅

1. 国与民的分配：藏富于国

商鞅是先秦法家的重要代表人物，在秦国进行了较为彻底的变法。崛起于乱世中的法家更为关注如何立国称霸，在国富与民富之间，法家毫不犹豫地选择了国富，这与其处于战争频发、大国蚕食小国的战国大背景不无关系，只有提高整个国家的综合国力，才能在乱世中有一席之地。法家思想的总体特征是希望通过变法，以法律制度引导百姓利出一孔，尽力从事农战，国家进而因此强盛。

商鞅认为，民富与国富是对立的，《商君书·弱民》明确提出了这一观点，"民弱国强，民强国弱"。对于商鞅而言，百姓富裕并非幸事，站在

---

① （战国）荀况：《荀子》，（唐）杨倞注，耿芸标校，上海古籍出版社，2014，第89页。
② （战国）荀况：《荀子》，（唐）杨倞注，耿芸标校，上海古籍出版社，2014，第38页。
③ （战国）荀况：《荀子》，（唐）杨倞注，耿芸标校，上海古籍出版社，2014，第113页。

国家治理的角度，他认为只有当百姓又弱又贫时，他们才会对国家的相关激励制度较为敏感，国家也正好可以利用赏罚政策引导百姓积极耕战，使百姓在实现个人奋斗目标时为国家的富强出一份力："故有道之国务在弱民……民，辱则贵爵，弱则尊官，贫则重赏。以刑治，民则乐用；以赏战，民则轻死。故战事兵用曰强。民有私荣，则贱列卑官，富则轻赏。治民羞辱以刑，战则战。民畏死，事乱而战，故兵农怠而国弱。"① 可见，百姓贫弱成为国家实现富国目标的一个重要条件，商鞅从治国的角度对之进行大力肯定："治国之举，贵令贫者富富者贫，贫者富富者贫，国强。"② 联系其"家不积粟"③ 的主张，这里商鞅的"贫者富"绝对不是让百姓拥有殷实的恒产；否则，百姓"富则轻赏"，国家的赏罚措施就无法产生较强的驱动力与引导力了。因此，商鞅的"贫者富"更侧重于使贫者通过响应国家政策而拥有维持其生存的基本物质材料，其要义还是要实现国富，"强者必治，治者必强。富者必治，治者必富。强者必富，富者必强"④。商鞅侧重国富的分配思想是战国这一历史背景与其历史观的综合产物，在诸侯争霸的历史语境下适用的是丛林法则，唯有强者可以在弱肉强食的环境下生存，国家强盛是环境倒逼的必然选择。商鞅反对僵化地一味"法古"，他认为随着环境的变化，治国的手段自然也应该动态调整，"治世不一道，便国不法古"。所以，乱世之中以霹雳手段快速使财富集中于国家政权，并在此基础上供给强有力的类似国防这样的公共产品，对内凝聚合力，对外御敌，这几乎成为最理想的选择。

　　商鞅主张藏富于国，并以农战政策为其实现路径："国之所以兴者，农战也。"⑤ 为此，他主张采取"利出一孔"的农战政策："民之欲利者，非耕不得；避害者，非战不免。境内之民莫不先务耕战，而后得其所乐。"⑥ 即百姓只能从农战中获利。财政政策方面，商鞅的税收思想及财政支出思想均与"农战"高度相关。

① 高亨注译《商君书注译》，清华大学出版社，2011，第 168 页。
② 高亨注译《商君书注译》，清华大学出版社，2011，第 69 页。
③ 高亨注译《商君书注译》，清华大学出版社，2011，第 168 页。
④ 高亨注译《商君书注译》，清华大学出版社，2011，第 106 页。
⑤ 高亨注译《商君书注译》，清华大学出版社，2011，第 45 页。
⑥ 高亨注译《商君书注译》，清华大学出版社，2011，第 191 页。

　　税收方面，商鞅的基本立场是以适当的税收政策鼓励农业，抑制手工业与商业。

　　首先，对于农业，为了激励百姓积极耕织，商鞅主张对农业采取适当的税率，"征不烦，民不劳，则农多日。农多日，征不烦，业不败，则草必垦矣"①，农业税收应以"不烦不劳"为原则，如此，农民才有动力积极耕作。考虑到战国时期农业为主要产业，且秦国主要靠农战富国，"国家财政收入必须基本上来自农业征课，农业税也就决不会太轻……商鞅的租税政策……一般的都应理解为重税政策"②。此外，商鞅还主张通过免除徭役奖励耕作、以官爵劝农耕等方式促进农业发展。"僇力本业，耕织致粟帛多者复其身"③，即勤于耕作且成绩卓著者可获得免除徭役的奖励，在徭役繁重的战国时期，这种措施的激励效果可以想象。基于藏富于国的立场，商鞅坚持"家不积粟"的立场，因此，他鼓励百姓以粮换官爵，"民有余粮，使民以粟出官爵"④。"善为国者，其教民也，皆作壹而得官爵。是故不作壹，不官无爵。"⑤为了获得更多的财政收入，商鞅还规定，有两个成年男子的家庭必须分家，否则，口赋翻倍，"民有二男以上不分异者，倍其赋"⑥，此举可大大增加税源，户口越多，人头税则越多。商鞅所有的税收主张都指向了农战，不过他把奖惩加入制度的设计之中，对百姓进行了合理引导，使百姓朝着有利于国富的方向发力。

　　其次，对于工商业，商鞅毫不犹豫地采取了重税政策，"不农之征必多，市利之租必重"⑦，以酒肉为例，商鞅认为国家对这类商品的征税可采取"贵酒肉之价，重其租，令十倍其朴"的政策，使酒肉价格涨到原价的10倍。此外，再采取"以商之口数使商，令之厮舆徒重者必当名""重关市之赋"等措施，加重工商之民的赋役，形成"农逸而商劳"⑧的局面，

①　高亨注译《商君书注译》，清华大学出版社，2011，第41页。
②　胡寄窗：《中国经济思想史》（上），上海财经大学出版社，1998，第405页。
③　（汉）司马迁：《史记》，岳麓书社，1988，第523页。
④　高亨注译《商君书注译》，清华大学出版社，2011，第113页。
⑤　高亨注译《商君书注译》，清华大学出版社，2011，第45页。
⑥　（汉）司马迁：《史记》，岳麓书社，1988，第523页。
⑦　高亨注译《商君书注译》，清华大学出版社，2011，第177页。
⑧　高亨注译《商君书注译》，清华大学出版社，2011，第42页。

引导百姓放弃从事工商的想法，转而积极耕战，实现以农战兴国之目标。

财政支出方面，商鞅也倾向于农战。在春秋战国的大背景下，国家财政支出主要集中在军事支出、祭祀支出、俸禄支出、王室支出等多个领域①。商鞅主张"利出一孔"，即老百姓只能从农战中获利，为此采取了多种奖励措施，落实这些措施的开支只能来自国家财政。军事支出应是春秋时期包括秦国在内的各国主要财政开支，商鞅也意识到这一点，"兴兵而伐，则国家贫；安居而农，则敌得休息……今以故秦事敌，而使新民作本，兵虽百宿于外，竟内不失须臾之时，此富强两成之效也"②，兴兵作战的军费开支巨大，会导致国家贫困，如一方面招徕新民耕作，另一方面以秦国旧民出征作战，如此，则可既富又强。尽管这是探讨经济发展与战争关系的一段材料，但不难看出其国家财政开支思想的主要倾向。

2. 民与民的分配：基于功绩的激励性差异分配

在秦孝公的支持下，商鞅推行了颠覆性的变法，他废除世卿世禄制，放弃建构在血缘基础上的分封制，转而以地缘为基础实施郡县制，并强调"利出一孔"，引导百姓通过战争与耕作获得自己的财富，实行基于功绩的激励性差异分配制度。

首先，实行激励性的军功爵制："有军功者，各以率受上爵……宗室非有军功论，不得为属籍。"③ 军功爵制就是根据战功进行相应奖励，即使身为宗室，如果没有军功，也无法封爵。商鞅将爵位划分为二十级，从一级公士到二十级彻侯不等，获取什么爵位取决于战功大小："能得爵首一者，赏爵一级，益田一顷，益宅九亩，一除庶子一人，乃得人兵官之吏。"④ 韩非子谈及商君之法时，尽管并未完全认可具体做法，但也从"斩一首者爵一级，欲为官者为五十石之官；斩二首者爵二级，欲为官者为百石之官"的规则中敏锐地概括出其"官爵之迁与斩首之功相称"⑤ 的原则。商鞅根据军功进行奖励，军功不同，被赏赐的爵位、土地及相关的待遇也

① 孙文学：《中国财政史》，东北财经大学出版社，2008，第44~45页。
② 高亨注译《商君书注译》，清华大学出版社，2011，第129页。
③ （汉）司马迁：《史记·商君列传》，岳麓书社，1988。
④ 高亨注译《商君书注译·境内》，清华大学出版社，2011。
⑤ 张觉等：《韩非子译注·定法》，上海古籍出版社，2012。

完全不同，这种赏赐制度的等级差异依然显著，但这种差异不取决于出身，而取决于功绩，可大大激发民众的进取之心，并在这一过程中使民众所拥有的财富呈现较大区别。

其次，实行激励性的耕作制度。商鞅的"利出一孔"中的"一"指的是"农战"，除了战争，百姓获取物质财富的途径唯有耕作。在土地分配方面，商鞅也强调功绩原则。一方面，土地占有与军功匹配。商鞅废井田，开阡陌，废除过去的贵族土地世袭占有制度，强调基于功绩的奖励性土地占有制度，奖励土地多寡取决于军功大小。商鞅这种土地思想是时代的产物，是中国由奴隶制度向封建制度转变之际土地制度应时而变的必然结果。另一方面，土地收益取决于个人努力情况。商鞅不反对土地买卖："任民耕作，不计多少。"① 土地成为市场交易的一种商品，这意味着供求规律、竞争规律等发挥着重要的作用，勤勉、聪明且掌握生产技术的耕作者自然会获益更多。根据当时的政策："耕织致粟帛多者复其身"②，"民有余粮，使民以粟出官爵"③，努力耕作者不仅会获得更多的人身自由，免除徭役，还能获得官爵。

（七）韩非

1. 国与民的分配：反足民论

韩非坚持了法家的弱民强国论，他从国家治理的角度明确反对足民。

首先，就人性特点而言，韩非认为人天性自私，皆"挟自为心"④ 以自利，且欲望永无止境，如把"足民"作为治国目标，则是缘木求鱼、"不察当时之实事"的纸上谈兵。韩非强调："老聃有言曰：'知足不辱，知止不殆。'夫以殆辱之故而不求于足之外者，老聃也。今以为足民而可以治，是以民为皆如老聃也。故桀贵在天子而不足于尊，富有四海之内而不足于宝。君人者虽足民，不能足使为天子，而桀未必以天子为足也，则虽足民，何可以为治也？"⑤ 显然，韩非认为普通老百姓无法像老聃一样，

① （元）马端临：《文献通考》，中华书局，1986，第 48 页。
② （汉）司马迁：《史记》，岳麓书社，1988，第 523 页。
③ 高亨注译《商君书注译》，清华大学出版社，2011，第 113 页。
④ 张觉等：《韩非子译注·外储说左上》，上海古籍出版社，2012。
⑤ 张觉等：《韩非子译注·六反》，上海古籍出版社，2012。

达到"知足""知止"的境界，以圣人之境想象百姓之境界，且以此作为国家治理的依据，可谓南辕北辙了。

其次，就国家治理效率而言，韩非认为，百姓"财货足用"则不易治理。因为"凡人之生也，财用足则骙于用力"，生活条件优渥的百姓不屑于为一丁点儿的激励而响应国家号召，国家调动、管理百姓的成本骤然上升，这是人性使然。能在财用足的情况下仍坚持力作的人，唯有类似神农那样的圣人，而普通百姓显然无法与之相提并论。且财用足的百姓很容易产生怠惰和奢侈的弊病，而奢侈浪费又会导致贫困，"财货足用则轻用，轻用则侈泰……侈泰则家贫"①，从宏观管理的角度而言，这种情况也非治理者所乐见。因而，韩非坚决反对富民。

2. 民与民的分配：侈而惰者贫，力而俭者富

韩非认可激励性原则，认为差异性财富分配再正常不过。之所以会出现贫富差距，在韩非看来，无非是因为个人道德品性及劳动投入程度的差异："今夫与人相若也，无丰年旁入之利而独以完给者，非力则俭也。与人相若也，无饥馑、疾疚、祸罪之殃独以贫穷者，非侈则惰也。侈而惰者贫，而力而俭者富"②，人与人之间的初始禀赋相差无几，所处的环境也大致相同，那么，导致财富占有不同的原因就只能归结为努力程度了，因此，他得出了自己的结论：懒惰而奢侈者贫穷，勤谨而节俭者富裕。

基于以上认知，韩非强烈反对以税收干预贫富差距，认为国家如果采取倾向性的税收政策，反而不利于社会生产的良性运行："今上征敛于富人以布施于贫家，是夺力俭而与侈惰也，而欲索民之疾作而节用，不可得也"③，韩非认为对富人征税补贴穷人，这种劫富济贫式做法实际上是对努力工作且节俭持家者的剥夺，是对懒惰且大手大脚消费者的鼓励，如此一来，必然会产生非常强的反激励性，给社会民众释放出非常不良的信号，努力耕作且节俭持家者必然会减少，从而妨碍农业生产。

---

① 张觉等：《韩非子译注·六反》，上海古籍出版社，2012。
② 张觉等：《韩非子译注》，上海古籍出版社，2012，第544页。
③ 张觉等：《韩非子译注》，上海古籍出版社，2012，第544页。

二 秦汉魏晋南北朝时期的代表性分配思想

（一）董仲舒

董仲舒，广川人，西汉思想家。

先秦之后，藏富于民的分配思想在各个朝代一直有相当广泛的支持者，毕竟，主张仁政的儒家思想在中国传统思想体系中一直居正统地位，是中国重要的主流思想。董仲舒对于儒家思想成为社会意识形态之正统贡献颇大，尽管他给儒家思想加入天人感应的成分，对儒家思想进行了改造加工，但他"罢黜百家，独尊儒术"的建议迎合了希望能够文治武功、有所作为的武帝，儒家思想因此一举替代秦朝的法家思想、汉初的道家思想，成为被统治阶级所认可的主流意识形态，从此一直在中国传统文化中占有重要的一席之地。

1. 国与民的分配：藏富于民

董仲舒反对政府的专利举措，认为政府的"颛川泽之利，管山林之饶"堵塞了百姓营利之路，是与民争利之举。董仲舒力主轻税，"薄赋敛，省徭役，以宽民力"①。他对古代的赋税制度特别认可，"古者税民不过什一，其求易共。使民不过三日，其力易足"，田赋为什一之税，徭役只有三天，这是典型的藏富于民的财政举措。董仲舒对秦朝的赋役制度非常反感，认为这种制度使秦朝民众的负担远超古时："用商鞅之法，改帝王之制……又颛川泽之利，管山林之饶，荒淫越制，逾侈以相高；邑有人君之尊，里有公侯之富，小民安得不困？又加月为更卒，已，复为正一岁，屯戍一岁，力役三十倍于古。田租口赋盐铁之利，二十倍于古。"② 董仲舒对此持批判否定态度，也正是在这种古今对比之中，在肯定与否定的态度对比之中，董仲舒侧重薄税轻役的赋税主张得以凸显。

2. 民与民的分配："利可均布"

董仲舒对"富者田连阡陌，贫者亡立锥之地"的贫富差距现象尤为不满，他认为富者对贫者的盘剥是导致这种差距的主要原因："耕豪民之田，

---

① （汉）班固：《汉书》，中华书局，2000，第957页。
② （汉）班固：《汉书》，中华书局，2000，第957页。

见税什五。"① 正因为那些"身宠而载高位，家温而食厚禄"的居上位食厚禄的富人与普通百姓争利，百姓才穷困潦倒："夫已受大，又取小，天不能足，而况人乎！此民之所以嚣嚣苦不足也。"② 因此，他主张："受禄之家，食禄而已，不与民争业，然后利可均布，而民可家足。此上天之理，而亦太古之道，天子之所宜法以为制，大夫之所当循以为行也。"③ 这里，董仲舒把"民"视为与食厚禄的统治阶层相对的一个群体而言。从其建议天子制定一定制度以确保百姓富足的主张中不难看出，董仲舒明显地更为关注分配体系中与富人相对的穷苦百姓的利益。

之所以关心分配不均问题，是因为董仲舒已经意识到巨大的财富占有差距会导致严重的社会问题："大富则骄，大贫则忧，忧则为盗，骄则为暴"④；"富者奢侈羡溢，贫者穷急愁苦；穷急愁苦而上不救，则民不乐生；民不乐生，尚不避死，安能避罪"⑤。放任贫富差距不断加大，社会秩序的稳定性将岌岌可危。从国家治理的角度而言，国家也有义务采取相应措施，"使富者足以示贵而不至于骄，贫者足以养生而不至于忧"，如此，则"财不匮而上下相安，故易治也"⑥。董仲舒对百姓间财富分配的态度同样取决于其立场，站在管理者的角度，董仲舒看到的是贫富不均导致的社会秩序失衡。这对统治阶级来说并非幸事，增加了其管理成本，因此有进行干预调节的必要。董仲舒的这种逻辑非常类似于《管子》。

（二）司马迁

1. 国与民的分配："最下者与之争"

关于国家与民众的财富分配，司马迁的态度很明晰，他反对与民争利，特别反对政府以盐铁官营、均输平准等方式与民争利。从其"最下者与之争"的表述来看，他显然将与民争利视为最差劲的政府举措。因为，一旦政府以竞争主体的身份进入市场，普通经营者注定无法与之进行公平

---

① （汉）班固：《汉书》，中华书局，2000，第957页。
② （汉）班固：《汉书》，中华书局，2000，第1916页。
③ （汉）班固：《汉书》，中华书局，2000，第1916页。
④ （汉）董仲舒：《春秋繁露》，张祖伟点校，山东人民出版社，2018，第71页。
⑤ （汉）班固：《汉书》，中华书局，2000，第1916页。
⑥ （汉）董仲舒：《春秋繁露》，张祖伟点校，山东人民出版社，2018，第71页。

竞争，且盐铁为生活必需品，加价售卖的专卖政策也增加了普通民众的生活成本，其本质就是与民争利。

2. 民与民的分配：富无经业

司马迁肯定民与民之间的财富差异，认为可以采取各种正当的手段求富，即"富无经业"。司马迁看到了在致富速度上各种途径的差异："夫用贫求富农不如工，工不如商，刺绣文不如倚市门，此言末业，贫者之资也。"[1] 他对传统观念中不被看重的"末业"尤为重视，认为工商之业反而是比被视为本业的农业更有效率的致富手段。

但不论是用本业还是末业致富，司马迁都强调应合理合法、符合道义。司马迁对致富途径进行排序时强调："本富为上，末富次之，奸富最下。"[2] 即能以农业致富是最好的，其次为经营工商业致富，最差劲的致富做法为以非法手段致富。司马迁在认可财富占有差异、财富获取效率差异之合理性的同时，又强调了致富手段的伦理约束之重要性。

（三）桑弘羊

1. 国与民的分配："民大富，则不可以禄使也"

秦朝之后，明确要求"弱民"的声音较为微弱，因其不大符合社会共识。自西汉"罢黜百家，独尊儒术"之后，儒家思想成为中国传统社会的主流意识形态，法家所主张的"弱民"与儒家所主张的"仁政"格格不入，因此，这种观点注定在中国无大的市场。但是，侧重藏富于国的声音一直都在，发出这种声音的一般都是各个朝代身处国家权力中心或统治阶层的代表人物，他们往往在国家面临诸如战争、财政危机等考验时坚定不移地选择了藏富于国的立场。

桑弘羊是西汉中期主张藏富于国分配思想的代表人物。他不主张百姓过于富裕，因为"民大富，则不可以禄使也"[3]；"民饶则僭侈，富则骄奢"。显然，桑弘羊是从国家管理的层面来看待民富问题的，他认为百姓过于富裕不是好事，会大大增加治理的难度与成本，因此，藏富于民不是

---

① （汉）司马迁：《史记·货殖列传》，岳麓书社，1988。
② （汉）司马迁：《史记·货殖列传》，岳麓书社，1988。
③ （汉）桓宽：《盐铁论》，上海人民出版社，1974，第9页。

治国良策。反之，藏富于国的有利之处颇多。盐铁会议上，当贤良文学提出盐铁酒专卖、均输等政策与民争利，应该将之废除时，桑弘羊则坚持认为这些政策是抵御匈奴、维持国防力的必要之举："匈奴背叛不臣，数为寇暴于边鄙……先帝哀边人之久患，苦为虏所系获也，故修障塞，饬烽燧，屯戍以备之。边用度不足，故兴盐铁，设酒榷，置均输，蓄货长财，以佐助边费。今议者欲罢之，内空府库之藏，外乏执备之用，使备塞乘城之士，饥寒于边，将何以赡之?"[1] 桑弘羊认为只有通过盐铁酒等官营专卖措施，国家才能筹集到足够的国防经费，才能修建国防设施，并为守边将士提供必备的国防用品，从而有效地保障国家的国防力。他不认为这是与民争利；相反，他援引《管子》的"国有沃野之饶而民不足于食者，器械不备也。有山海之货而民不足于财者，商工不备也"之观点，认为恰恰是通过盐铁官营专卖等政策，国家提供了百姓急需的基本生产生活资料，有助于百姓致富："是以先帝建铁官以赡农用，开均输以足民财；盐铁、均输，万民所戴仰而取给者。"[2] 在与贤良文学的辩论之中，桑弘羊藏富于国的立场显露无遗。

　　桑弘羊有两条藏富于国的主要财政路径。第一，税收方面，桑弘羊比较重视山泽自然之利，他认可商鞅"外设百倍之利，收山泽之税"的做法，认为这种做法使秦国"国富民强，器械完饰，蓄积有余。是以征敌伐国，攘地斥境，不赋百姓而师以赡"[3]。因此，他认为国家应该对山泽自然之利进行完全掌控，"山海之利，广泽之畜，天下之藏也，皆宜属少府"[4]，对山泽之利，他主张采取专其利、实行山泽之禁的方式直接收归国有。桑弘羊认为这种做法完全合理，因为，这部分财富收归国家之后，国家可最大限度发挥其效用。如国家可通过财政支出的方式供给公共产品，"助贡赋，修沟渠，立诸农，广田牧，盛苑囿"，还可通过财政转移支付等方式"赈困乏而备水旱"[5]，如此一来，这部分财富通过国家的操作产生了再生

① （汉）桓宽：《盐铁论》，上海人民出版社，1974，第1页。
② （汉）桓宽：《盐铁论》，上海人民出版社，1974，第3页。
③ （汉）桓宽：《盐铁论》，上海人民出版社，1974，第15页。
④ （汉）桓宽：《盐铁论》，上海人民出版社，1974，第13页。
⑤ （汉）桓宽：《盐铁论》，上海人民出版社，1974，第5页。

产功能，优化了生产环境，改善了生产条件，非常有利于经济的发展与国家财政收入的再提高。第二，财政支出方面，桑弘羊主张国家应通过均输、平准、盐铁酒官营专卖等措施实现国富，但这些措施的落实必须依靠国家财政支出的大力支持。实行均输，需"置输官以相给运"，实行平准，需"开委府于京师，以笼货物。贱即买，贵则卖"①，盐铁酒官营专卖也需投入资金铸造铁器、设置铁官等，这些都对应着一笔笔国家财政开支。但桑弘羊认为这种财政开支非常有必要，一方面可大幅提高国家收入，另一方面还不会引起民怨。从实践效果来看，桑弘羊这一系列操作的效果良好，司马迁在《史记》中也肯定了其"民不益赋而天下用饶"②理财成就。

2. 民与民的分配：反对救济穷人、"制其有余，调其不足"

尽管受儒家思想影响，传统时代在有关民与民之间财富占有的问题上，侧重均平的分配思想是绝对的主流，但仍有另一种声音存在，即一部分思想家侧重激励原则。他们认为之所以会有穷有富，最主要的原因是个体差异，个体的智商及努力程度差异等导致了财富占有的差异，因此，这部分思想家倾向于为富人辩护，肯定富人的地位，并明确地反对救济穷人。

桑弘羊认为贫富差距缘于多种因素：一者为民智差距，"道悬于天，物布于地，智者以衍，愚者以困"③；二者为努力程度与消费习惯方面的差距，"共其地，居是世也，非有灾害疾疫，独以贫穷，非惰则奢也。无奇业旁入，而犹以富给，非俭则力也"④；三者为豪民兼并，"豪民擅其用而专其利"⑤。正是因为看到了这一点，桑弘羊的分配思想较为丰富。一方面，基于第三种因素，桑弘羊认为有进行干预的必要，他主张抑制豪民，"制其有余，调其不足；禁溢羡，厄利涂；然后百姓可家给人足也"⑥，缩小因兼并而导致的财富差距，这种做法与前文的哀多益寡如出一辙。但另一方面，基于前两种因素，他反对救济穷人。桑弘羊的逻辑也容易理解，

① （汉）桓宽：《盐铁论》，上海人民出版社，1974，第 4 页。
② （汉）司马迁：《史记》，岳麓书社，1988，第 236 页。
③ （汉）桓宽：《盐铁论》，上海人民出版社，1974，第 39 页。
④ （汉）桓宽：《盐铁论》，上海人民出版社，1974，第 77 页。
⑤ （汉）桓宽：《盐铁论》，上海人民出版社，1974，第 12 页。
⑥ （汉）桓宽：《盐铁论》，上海人民出版社，1974，第 9 页。

既然是劳动者自身因素导致贫困，对贫困的救助无疑会产生反激励性，有违公平。

桑弘羊注重影响致富的多个因素，如地理位置、方法、决策等，"故物丰者民衍，宅近市者家富。富在术数，不在劳身；利在势居，不在力耕也"①，体现了商人兼国家财政管理者的独特视角。

桑弘羊将"百姓匮乏，财用不足，多寡不调"②的原因归结于兼并。他认为，正是因为国家没有实行山泽之禁与平准等政策，导致"豪民擅其用而专其利"③，因此，国家应该通过盐铁官营、均输平准、山泽之禁等"寓税于利、寓税于价"的方法打击豪民、抑制兼并，进而增加国家财富。从桑弘羊的社会地位与立场来看，与其说他这是为了打击豪民、解决民众财富占有"多寡不调"的问题，不如说他是为了增加国家的财政收入。但显然，桑弘羊亦提供了一种以税收解决贫富差距问题的思路。

桑弘羊明确反对救济，他认为导致财富分化的因素是人差异性的主观能动性，这种思想集中体现在《盐铁论·授时》中，他强调："共其地，居是世也，非有灾害疾疫，独以贫穷，非惰则奢也；无奇业旁入，而犹以富给，非俭则力也"；"夫居事不力，用财不节，虽有财如水火，穷乏可立而待也"④。即之所以会产生贫困之民，完全是因为这些人要么懒惰，要么奢侈，即使拥有很多财富的人，如若类似以上这类人，也会很快面临贫困窘境。因此，桑弘羊反对救济，认为救助穷人实际上就是"养惰奢之民"："今曰施惠悦尔，行刑不乐；则是闵无行之人，而养惰奢之民也。故妄予不为惠，惠恶者不为仁。"而且，他也不认为这种救助有什么实际意义，"有民不畜，有司虽助之耕织，其能足之乎？"⑤毕竟，任何救助行为都需要被救助者的配合与响应，需要其发挥主观能动性，但这些穷人之所以穷就是因为他们既懒惰又花钱大手大脚，所以，桑弘羊强烈质疑这种救助的效果。

---

① （汉）桓宽：《盐铁论》，上海人民出版社，1974，第7页。
② （汉）桓宽：《盐铁论》，上海人民出版社，1974，第7页。
③ （汉）桓宽：《盐铁论》，上海人民出版社，1974，第12页。
④ （汉）桓宽：《盐铁论》，上海人民出版社，1974，第77页。
⑤ （汉）桓宽：《盐铁论》，上海人民出版社，1974，第7页。

三　隋唐两宋时期的代表性分配思想

（一）刘晏："因民所急而税之"

刘晏基于国家理财者立场，重点谈论的是国与民的分配。在国与民的分配方面，他倾向于使国家富足的财富分配。唐朝刘晏采用"因民所急而税之"的方式，实现了"国用足"的目标。[①] 那么，何为"民所急"呢？此处的"急"为"重要"之意。刘晏意识到税种的选择很重要，他看到了盐铁等生活必需品对于普通百姓的重要性，因而以之为理想税种。在生产环节，亭户按照政府的要求自行生产，但流通环节，政府管控较严格，亭户只能将所产之盐卖给政府，政府将盐税加之于盐价之中，交给商人转贩四方，如此，"官收厚利而人不知贵"，一方面为国家聚敛了大量财富，另一方面又没有引起民怨，将"拔更多的鹅毛又不让鹅嘎嘎叫"的收税艺术落到了实处。

对于百姓财富不足问题，他主张以灵活多元的方式实施赈济。刘晏反对直接救济："王者爱人，不在赐与，当使之耕耘织纴，常岁平敛之，荒年蠲救之"；"赈给少则不足活人，活人多则阙国用，国用阙则重复敛矣"；"赈给近侥幸，吏下为奸，强得之多，弱得之少，虽刀锯在前不可禁"。[②] 可见，刘晏认可救济的必要性，但他又认为直接发放救灾物资存在奸吏贪鄙、救助效果不佳等问题。因此，主张以商业的方式赈灾，先收集信息，确定需要赈济的对象及数量："民未及困，而奏报已行。"之后，再往灾区大量运粮售粮："多出菽粟，恣之粜运。"同时收购当地的物资。如此，一方面可增加当地百姓收入，另一方面还可"转于丰处，或官自用"[③]，要么将之销售于其他未遭灾的地区，要么政府自用以解决政府采购问题，一举数得。

（二）陆贽

1. 国与民的分配："损上以益下"

陆贽反对两税法"唯以资产为宗"的征税原则，在《论两税之弊须有

① （宋）欧阳修、宋祁：《新唐书》，中华书局，2000，第905页。
② （宋）欧阳修、宋祁：《新唐书》，中华书局，2000，第3754页。
③ （宋）欧阳修、宋祁：《新唐书》，中华书局，2000，第3754页。

厘革》中，他提出"不以殖产厚其征"的主张，建议以"丁夫为本"征税。这种观点实际上又回到了租庸调与均田制的路径上去，是两税法改革之前的以人身为主的赋税思想的体现。从其观点不难看出，他认为两税法以资产多少为课税依据，存在厚取于民的指向，这与仁政宗旨相悖。

陆贽提出："当今之要，在于厚人而薄财，损上以益下。下苟利矣，上必安焉，则少损者所以招大益也。人既厚矣，财必赡焉，则暂薄者所以成永厚也。"[1] 显然，陆贽看到当前国家财富与未来国家财富之间的辩证关系，认为，在当前环境下，应优先考虑富民，当百姓富裕了，国家的财富也就有了保障，"暂薄"即可转为"永厚"，这又回到了儒家"百姓足君孰与不足"的思路上。

2. 民与民的分配："微损有余，稍优不足"

对于民与民之间的财富分配不均现象，陆贽的思想较为矛盾。一方面，陆贽认识到地主对佃农的过分剥削是导致贫富差距的一大原因；另一方面，他又将人与人之间贫富分化的原因归结于个体差异，"夫财之所生，必因人力。工而能勤则丰富，拙而兼惰则窭空"[2]，如果说前者体现了他不同于同时代人的清醒认知，那么后者则又凸显了其时代局限性。

针对地主的残酷剥削导致贫富差距这一因素，陆贽提出"裁减租价"的主张："富者兼地数万亩，贫者无容足之居，依托强豪以为私属……有田之家，坐食租税，贫富悬绝，乃至于斯。厚敛促征，皆甚公赋。今京畿之内，每田一亩，官税五升，而私家收租，殆有亩至一石者，是二十倍于官税也。降及中等，租犹半之，是十倍于官税也。夫以土地王者之所有，耕稼农夫之所为，而兼并之徒，居然受利。官取其一，私取其十。"[3] 陆贽反感地主对佃农的大力度剥削，与政府税收相比，地主收取的地租竟然多至十倍乃至于二十倍，他由此有了"稼人安得足食"之叹。也正是基于这种现实观察，陆贽认为，政府要解决贫富差距问题，可根据"微损有余，稍优不足"的原则，采取"凡所占田，约为条限，裁减租价"的方法，以硬性制度要求地主降低租价，如此可使贫者的状况稍微得到改善。

① （唐）陆贽：《陆贽集》，中华书局，2006，第 757 页。
② （唐）陆贽：《陆贽集》，中华书局，2006，第 722 页。
③ （唐）陆贽：《陆贽集》，中华书局，2006，第 768~769 页。

　　针对个体差异导致贫富差距这一因素，陆贽又强烈反对劫富济贫式的税收政策。谈及反对两税法的原因，陆贽从资产的测度难度谈及对地主的反激励性：一者，"有藏于襟怀囊箧，物虽贵而人莫能窥；有积于场圃囤仓，直虽轻而众以为富"，类似珠宝、字画这样价值高的东西容易隐藏，而类似粮食等价值低的东西不易隐藏，经常公之于众，在现实中常被视为财富的象征。如此，非常不利于资产的正确识别划分。二者，"有流通蕃息之货，数虽寡而计日收赢；有庐舍器用之资，价虽高而终岁无利"①，看起来数量较少的流动生产性资产却不断为持有者增殖，看起来价值较高的消费性资产却长期无法使持有者获利。基于这样的资产测度难题，陆贽反对围绕资产定税，认为这种税收政策特别不利于勤勤恳恳殖产的阶层，"敦本业而树居产者，每困于征求"，政策的反激励性凸显，对拥有更多财产的富人特别不利。

（三）李翱："轻敛之得财愈多"

　　李翱的税收思想较为新颖，他主张以"轻敛"的方式实现增加国家财政收入的目的，这与法家以重税藏富于国的路径完全不同。李翱认为："人皆知重敛之可以得财，而不知轻敛之得财愈多也。何也？重敛则人贫，人贫则流者不归而天下之人不来。由是土地虽大，有荒而不耕者，虽耕之而地力有所遗。人日益困，财日益匮，是谓弃天之时，遗地之利，竭人之财……轻敛则人乐其生。人乐其生则居者不流而流者日来。居者不流而流者日来，则土地无荒，桑柘日繁。尽力耕之，地有余利，人日益富。"② 李翱的这种思路类似西方供给学派的思想，轻税可产生强激励性，减轻劳动力的流失及劳动的投入强度。如此，可做大财政蛋糕，在财政蛋糕变大的同时，及时采取较轻的税率，税收收入的绝对量仍会增加。在传统小农经济时代，李翱的这种税收思想不大常见，闪烁着那个时代的思想之光。

（四）韩愈、柳宗元：保富论

　　韩愈、柳宗元注重对富人财富的保护，反对国家人为改变财富分配现状。

---

① （唐）陆贽：《陆贽集》，中华书局，2006，第312页。
② （唐）李翱：《平赋书》，（清）董诰等编《全唐文》（卷638），中华书局，1983，第6438页。

韩愈为盐商鸣不平,他注意到资本在财富分配中的作用,"盐商纳榷,为官粜盐,子父相承,坐受厚利,比之百姓,实则校优。今既夺其业,又禁不得求觅职事……若必行此,则富商大贾必生怨恨。或收市重宝逃入反侧之地,以资寇盗,此又不可不虑者"①,富商大贾多财善贾,凭借手中雄厚资本经营生活必需品盐。韩愈之所以反对国家对盐商的制约,也是担心他们心生怨恨,携带重资逃向反抗政府的势力。在韩愈为富盐商鸣不平的思想中,资本要素的作用被凸显了出来。柳宗元则进一步将富人的社会地位拔高:"富室,贫之母也。"将富人视为穷人生存的依托,这个定位不可谓不高。韩愈、柳宗元对富人的保护性立场充分说明其对人与人之间财富差距现状的认可态度。

(五) 白居易

1. 国与民的分配:"利在于利万人"

白居易注重民生疾苦,他的分配思想也侧重底层百姓的利益。在中央集权制之下,君主的分配理念是影响国民财富分配的重要因素,白居易对君主提出了"以天下欲为欲"的道德要求,并指出,"圣人非不好利也,利在于利万人;非不好富,富在于富天下"②。这与孟子的"与民同之"极其类似,两者都意识到君主的社会地位决定了其职能属性,合格的君主不应该只考虑一己之利,而应顾及全国百姓,不应该只顾充实自己的府库,而应该使全天下百姓都家底殷实。

同时,白居易意识到一定条件下的社会财富是有限的,国家多取则意味着百姓少拿:"地之生财有常力,人之用财有常数。若羡于上,则耗于下。"③ 而在具体的分配过程中,侧重于哪一方都不合适:"利散于下,则人逸而富;利壅于上,则人劳而贫。"④ 最好是上下有度,找一个合适的分配比例。

2. 民与民的分配:"贵贱区别,贫富适宜"

在民与民的分配方面,白居易同样看到"有余于此,则不足于彼也"

① (唐) 韩愈:《韩昌黎集》,马其昶校注,上海古籍出版社,1986,第652页。
② (唐) 白居易:《白居易集》(第4册),中华书局,1979,第1316页。
③ (唐) 白居易:《白居易集》(第4册),中华书局,1979,第1320页。
④ (唐) 白居易:《白居易集》(第4册),中华书局,1979,第1316页。

的事实，因而，他赞同"贵贱区别，贫富适宜"①。即一方面承认贵贱有别，一方面又主张两者的差别不要那么巨大，适宜即可。可见，白居易将利益均衡思想贯穿始终，在国与民、民与民之间皆坚持各主体间的适度适宜利益。

（六）范仲淹

1. 国与民的分配："益下则固其本"

宋朝时期，随着商品经济的发展，为富人辩护思潮兴起。宋代的学者与思想家们从多个视角为富人辩护，反对人为改善贫富分配状况。

范仲淹也在国与民之间选择了后者，他较为注重百姓的地位及其利益，"下者上之本，本固则邦宁。今务于取下，乃伤其本矣，危之道也"。范仲淹将民视为国之本，他反对向民众无度索取，认为这种行为必然伤及国本，对于国家而言是相当危险的。既然民为邦本，国家就应该大力固本，"损上则益下，益下则固其本也，是故谓之益"，范仲淹认为推行有益于百姓的举措是非常明智的，可起到巩固国本的作用。从财政视角来看，国家财政来源于百姓，百姓富裕，国家财政来源自然也不会枯竭。"上之益下，则因其利而利之，何竭之有焉？"（《易义》）②范仲淹的这一质问非常类似先秦时期有若的"百姓足，君孰与不足"，两者都非常清楚民富的财政本源意义。

2. 民与民的分配："衰多益寡"

范仲淹坚持衰多益寡的分配准则，"君子法而为政，敦称物平施之心；圣人象以养民，行衰多益寡之道"③，明确肯定圣人养民应坚持公平包容原则，有意识地截长补短，使各个主体大致均平。

范仲淹主张采取"以工代赈"的方法救荒："日以五升召民为役，因而赈济。"④ 1050 年，杭州发生饥荒，当时范仲淹任职于此地，他一改以往政府常见的救荒措施，而是"纵民竞渡"，即采用鼓励富人奢侈消费的方式救荒。在他看来，富人的"宴游兴造"可以为穷人提供就业机会，这

---

① （唐）白居易：《白居易集》（第 4 册），中华书局，1979，第 1320~1321 页。
② （宋）范仲淹：《范文正集》（卷五），吉林出版集团，2005。
③ （宋）范仲淹：《范文正集·天道益谦赋》，吉林出版集团，2005。
④ （宋）范仲淹：《范文正集·上吕相公并呈中丞谘目》，吉林出版集团，2005。

就是"以有余之财以惠贫者",与衰多益寡的道理实质是一致的。一方面,富人的"宴游"拉动社会消费的效果明显:"日出宴于湖上,自春至夏,居民空巷出游"。另一方面,"兴造"也对建筑业的发展及解决贫困人员的就业谋生问题贡献颇大。他鼓励寺主趁饥荒之年"工价至贱"的机会,大兴土木,范仲淹此举使"贸易饮食工技服力之人,仰食于公私者,日无虑数万人"。范仲淹的救荒成效相当显著:"惟杭州晏然,民不流徙。"沈括在《梦溪笔谈》中也由衷肯定其救荒成就:"荒政之施,莫此为大。"① 政府不用过多投入,也不用费心组织相关活动,但同样达到了救荒之目的。

(七) 李觏:富国安民

李觏既重视富国强兵,又注重安民,著有《富国策》《强兵策》《安民策》各十篇,其分配思想集中体现在以上论著中。在《富国策》中,李觏大段论述了富国的重要性:"治国之实,必本于财用。盖城郭宫室,非财不完;羞服车马,非财不具;百官群吏,非财不养;军旅征伐,非财不给;郊社宗庙,非财不事;兄弟婚媾,非财不亲;诸侯四夷,朝觐聘问,非财不接;矜寡孤独,凶荒札瘥,非财不恤。礼以是举,政以是成,爱以是立,威以是行,舍是而克为治者,未之有也。"以上所论及的财政支出用途,大部分涉及公共产品供给与国家职能履行,是站在国家财用的角度而言的。总体而言,国家财政大多用于修建大型公共工程,支付官吏俸禄,用于国防、祭祀、外交、救济等领域,没有了国家财政,以上领域的工作根本无从开展。在以上论述的基础上,李觏提出了"是故贤圣之君,经济之士,必先富其国焉"② 的观点。同时,李觏也注意到富民的重要性,且"富民思想到李觏手中已不止是像先秦思想家那样仅为一种抽象的要求,而有它的较具体和较多的内容"③,李觏意识到人们对利的追逐是一种正常现象,"欲者人之情",且物质资料是人生存的基础,"人非利不生"④,因此,他对传统的讳言利观念及行为持否定态度,认为应该重视且满足人民对利的追求。这种富民思想集中体现在其主张"平土"、反对国

---

① (宋) 沈括:《梦溪笔谈》,金良年点校,中华书局,2015,第114页。
② (宋) 李觏:《李觏集・富国策》,中华书局,1981。
③ 胡寄窗:《中国经济思想史》(下),上海财经大学出版社,1998,第21页。
④ (宋) 李觏:《李觏集・原文》,中华书局,1981。

家专卖政策等思想中。

李觏是什一之税的坚定支持者，他在坚持的基础上还有所发展，认为必须结合凶年、丰年灵活调整，"丰年从正，亦不多取也，凶荒则损"①。丰收之年征收十分之一的税，不能因丰年而多取，荒年则要减少税率，帮助百姓顺利度过饥荒。同孟子一样，李觏也非常认可井田制，且看到了别人均平视角下没有关注到的激励机制，"言井田之善者，皆以均则无贫，各自足也，此知其一，未知其二；必也，人无遗力，地无遗利，一手一足无不耕，一步一亩无不稼，谷出多而民用富"②。劳役地租所对应的公田占一井的九分之一，其余皆为私田，百姓耕作私田时有充足的动力，可使人力与地力得到充分使用，从而轻易实现民富。在国家财政开支方面，李觏坚持量入为出的节用原则，认为违背量入为出、节用爱人思想的做法是"乱世之政"，为了实现真正的量入为出，他尤为强调程序的严谨性。财政税收方面，要求"一谷之税，一钱之赋，给公上者，各有定制"，财政支出方面，要求"凡一赋之出，则给一事之费，费之多少，一照法式"③，这样的财政支出原则折射了其对国家财政开支的节俭约束，也从另一个维度体现了他既坚持国富，又主张民富的分配思想。值得强调的是，李觏认为税收所得归于国家，而非君主一人："王者无外，以天下为家……财物之在海内，如在囊中，况于贡赋之入，何彼我之云哉？"④ 这个观点所体现的财政开支倾向也是非常明显的，既然财政收入归国家，那么，财政开支就应侧重国家需求与民生大计，就应围绕公共需求而提供公共产品，满足与民生相关的需求而非满足一人之需。

（八）王安石

1. 国与民的分配："国用民足"

王安石注重理财的重要性及其正当性，他认可有利于国家的理财活动，认为这种活动本身就是对"义"的正确阐释："孟子所言利者，为利

---

①　（宋）李觏：《李觏集·国用第十》，中华书局，1981。
②　（宋）李觏：《李觏集·国用第四》，中华书局，1981。
③　（宋）李觏：《李觏集·国用第一》，中华书局，1981。
④　（宋）李觏：《李觏集·国用第二》，中华书局，1981。

吾国……政事所以理财，理财乃所谓义也。"① 他肯定《孟子·告子下》中的葵丘盟约，齐桓公与诸侯在葵丘订立盟约，规定各国不能在边界上设立关卡，不能禁止邻国采购粮食。在王安石看来，这种做法是符合理财大义的，毕竟，"盖聚天下之人，不可以无财，理天下之财，不可以无义"②。从国家治理的角度，王安石认为国家层面的理财是国家职能的重要体现，他不担心"不足"，较为担忧的是缺乏正确的理财之道，"盖因天下之力以生天下之财，取天下之财以供天下之费，自古治世未尝以不足为天下之公患也，患在治财无其道耳"③。在他看来，均输法、市易法等是既能体现理财之义，又能实现上下俱富的理财措施。谈及均输法，他强调其"便转输，省劳费，去重敛，宽农民，庶几国用民足，民财不匮矣"④ 的良好成效；对于市易法，他也肯定其可助力实现"商旅以通，黎民以遂，国用以足矣"⑤。从这种肯定性描述中可以看出，王安石把国用充足、民财不匮作为衡量理财政策效果的重要标准，其上下俱富的立场非常明晰。

王安石也认可轻徭薄赋，不过，与单纯的通过轻税藏富于民的仁政思想相比，王安石更为注重通过均输法、市易法等方式增加国家财富，从而间接地减少了百姓的赋役。他认为实行均输法可达到"省劳费，去重敛，宽农民"⑥ 的效果，并实现国用充足、民财不匮的理财目标。市易法方面，他主张在京师、重要城市、边境等地设市易务，收购滞销商品，待市场因供不应求、商品价格上升之时再将之投放市场。如此，可保障"黎民以遂，国用以足矣"⑦，"市易之法成，则货贿通流而国用饶矣"⑧。不管是均输法还是市易法，都需要国家财政的大力支持，意味着财政支出要向这两个领域有针对性倾斜。除此而外，王安石所实施的农田水利法也需国家财政的支持，王安石强调，"凡有能知土地所宜种植之法，及修复陂湖河

---

① （宋）王安石：《王临川集》，商务印书馆，1935，第 13 页。
② （宋）王安石：《王临川集》，商务印书馆，1935，第 81 页。
③ （宋）王安石：《王临川集》，商务印书馆，1935，第 86 页。
④ （宋）王安石：《王临川集》，商务印书馆，1935，第 81 页。
⑤ （宋）李焘：《续资治通鉴长编》，中华书局，2004，第 5622 页。
⑥ （宋）王安石：《王临川集》，商务印书馆，1935，第 81 页。
⑦ （宋）李焘：《续资治通鉴长编》，中华书局，2004，第 5622 页。
⑧ （宋）王安石：《临川先生文集》，中华书局，1959，第 441 页。

港……县不能办，州为遣官"①，不管是"修复"还是"创修"，政府均大力支持，大的水利工程由国家直接承办，如熙宁六年（1073）设立浚河司，负责全国治河工程，对黄河、汴河、广济河、洛河等较大且影响面较广的河流进行疏通与治理。在财政政策的支持下，农田水利建设成效甚好，"熙宁三年到九年，开封府界及诸路所兴修水利田一万七百九十三处，为田三十六万一千一百七十八顷"②，修建这么多的水利工程，虽然财政投入较大，但从国家治理的角度而言收获也颇丰，"费虽大，利亦博矣"③，此处的利覆盖国与民，属大利。

2. 民与民的分配："均济贫乏"

王安石反对民与民之间存在严重的财富差距，谈及自己的变法目的，王安石强调："以权制兼并，均济贫乏，变通天下之财。"④ 抑制兼并是其变法初衷的核心内容，体现了其调剂贫富的改革指向。

不过，王安石反对直接救济穷人，他主张通过货币政策实现此目的。对于"二分不及一分，一分不及不利而贷之，贷之不若与之"⑤ 的说法，他直接予以驳斥，认为直接发钱救济的做法根本不具有可持续性，因国家财政收入有限的限制，难以为继，持有这种观点的人也根本不懂如何为政。与之相比，收取二分利息的放贷之法"惠而不费"，是解决问题的正道。

（九）司马光："贵贱贫富，天之分也"

司马光提出了"材性智愚不同"论，他肯定贫富不均现象的合理性："夫民之所以有贫富者，由其材性智愚之不同。富者智识差长，忧深思远，宁劳筋苦骨，恶衣菲食，终不肯取债于人，故其家常有赢余而不至狼狈也。贫者……不为远虑，一醉日富，无复赢余，急则取债于人，积不能偿，至于鬻妻卖子，冻馁填沟壑而不自悔也。"⑥ "贵贱贫富，天之分也"；

---

①　（元）脱脱等：《宋史》，中华书局，2000，第 1591 页。
②　胡寄窗：《中国经济思想史》，（下），上海财经大学出版社，1998，第 66 页。
③　（元）脱脱等：《宋史》，中华书局，2000，第 1601 页。
④　（明）陈邦瞻：《宋史纪事本末》，中华书局，2018，第 325 页。
⑤　（宋）王安石：《王临川集》，商务印书馆，1935，第 13 页。
⑥　（宋）司马光：《司马温公文集》，商务印书馆，1937，第 164 页。

"天使汝穷而汝强通之，天使汝愚而汝强智之，若是者必得天刑"。① 在司马光看来，人的智力、品质、能力等皆是与生俱来，而这些决定着人的富裕程度。

此外，司马光强调，富人既有利于贫民，也有利于国家。对于贫民来说，"富者常借贷贫民以自饶，贫民常假贷富民以自活，虽苦乐不均，犹彼此相资以保其生"②；对于国家而言，如若没有富人，"国家有边隅之警，凡粟帛军须之费，将从谁取之？"③ 司马光对富人社会地位的评价也较高。

（十）苏辙："贫富相恃"

苏辙反对人为改变贫富现状，他反对王安石变法，质疑王安石变法的动机，认为其"不忍贫民而深疾富民，志欲破富民以惠贫民"④，存在明显的侵害富民利益倾向。

《诗病五事》中，苏辙以鲁昭公、汉景帝为例，强调一旦在有关大邦、巨室问题上采取措施不当，将会导致非常严重的后果，之后，提出"贫富相恃"论："圣人之御天下……惟州县之间，随其大小皆有富民，此理势之所必至。所谓'物之不齐，物之情也'。然州县赖之以为强，国家恃之以为固。非所当忧，亦非所当去也。能使富民安其富而不横，贫民安其贫而不匮。贫富相恃，以为长久，而天下定矣。"⑤ 苏辙不觉得穷人富人必然会冲突；相反，他觉得两者可以和平共处，国家亦没有必要刻意采取措施改变现状。

（十一）叶适："富人者，州县之本"

功利主义代表人物叶适强烈反对旨在打击富人的抑兼并措施，他进一步提升富人的社会地位，将之提到"州县之本"的高度："小民之无田者，假田于富人；得田而无以为耕，借资于富人；岁时有急，求于富人；其甚者，庸作奴婢，归于富人；游手末作，俳优伎艺，传食于富人；而又上当官输，杂出无数，吏常有非时之责无以应上命，常取具富人。然则富人

---

① （宋）司马光：《司马温公文集》，商务印书馆，1937，第 164 页。
② （宋）司马光：《司马温公文集》，商务印书馆，1937，第 164 页。
③ （宋）司马光：《司马温公文集》，商务印书馆，1937，第 164 页。
④ （宋）苏辙：《苏辙集》，中华书局，1990，第 1230 页。
⑤ （宋）苏辙：《苏辙集》，中华书局，1990，第 1229~1230 页。

者，州县之本，上下之所赖也。富人为天子养小民，又供上用，虽厚取赢以自封殖，计其勤劳亦略相当矣。"① 在叶适看来，对于国家及小民来说，富人是不可或缺的现实存在，他们既能帮助天子养小民，又能不时地帮助国家解决燃眉之急，作用不容忽视。即使富人在财富占有方面具备优势，但联系其上述贡献，这种优势是与其贡献相匹配的。

对于"豪暴过甚"的富人，叶适也不主张采用雷霆手段加以治理，而是建议以"教诫""随事而治之"的方式直至其能"自改"为止。对于生活困窘的贫民，叶适建议废除苛捐杂税，从而使"小民蒙自活之利"。总之，虽然叶适也曾经提到"哀多益寡，称物平施"②，但联系他上述鲜明的为富人辩护思想，叶适显然更侧重激励原则，反对人为改变财富分布。

四　元明清时期的代表性分配思想

（一）丘濬

1. 国与民的分配：足民富国

丘濬既重视富国也重视足民，但他认为富国应建立在足民基础上。

丘濬非常重视"养民"。在他看来，民为国之本，"国之所以为国者，民而已，无民则无以为国矣"③，因此，民心得失对于天子而言具有重要意义，"得乎民心则为天子，失乎民心则为独夫"④，民心向背关乎天子的政治声誉与政权稳定性，得民心者得天下。而又该如何得民心、施良政呢？丘濬认为当以养民为要，"人君之治，莫先于养民"⑤。而养民重在使民有一定的物质基础，"人君诚知民之真可畏，则必思所以养之安之，而不敢虐之苦之，而使之至于困穷矣"⑥，百姓陷于困穷说明君主养民的失败，换言之，君主养民应使百姓经济富裕、生活无忧。谈及养民之政时，丘濬又一次强调了百姓富裕的必要性，"设学校、明伦理以正其德，作什器、通

---

①　（宋）叶适：《习学记言序目·民事下》，中华书局，1977。

②　（西周）姬昌：《周易》，冯国超译注，商务印书馆，2009，第128页。

③　（明）丘濬：《大学衍义补·固邦本·总论固本之道》，上海书店出版社，2012。

④　（明）丘濬：《大学衍义补·严武备·遏盗之机》，上海书店出版社，2012。

⑤　（明）丘濬：《大学衍义补·固邦本·制民之产》，上海书店出版社，2012。

⑥　（明）丘濬：《大学衍义补·固邦本·总论固本之道》，上海书店出版社，2012。

货财以利其用，足衣食、备盖藏以厚其生"①。除了精神层面的"明伦理"，丘濬特意强调了物质层面的"通货财""足衣食"，从两个维度定义了养民之政的内容。在《总论理财之道》中，丘濬进一步明确提出了藏富于民的主张："古者藏富于民，民财既理，则人君之用度无不足者，是故善于富国者必先理民之财，而为国理财者次之。"② 这与"百姓足，君孰与不足"的逻辑也如出一辙。他反对将财政收入视为君主私有财产，主张君主应"为天守财"，"为民聚财"，"凡有所用度非为天、非为民决不敢轻有所费"③，即君主应在其位谋其政，应着眼天下百姓之利，努力增加百姓的财富，且在财政开支方面也应基于百姓立场，不能肆意挥霍。

丘濬的赋税思想充分体现了其足民富国的主张："治国者不能不取于民，亦不可过取于民，不取乎民则难乎其为国，过取乎民则难乎其为民。"④ 没有税收，国家政权体系无法运转，但税收来源于民，赋税过重又伤民过甚。因此，他主张实行轻税，认为什一之税是"万世取民之定制"，是理想的税率。更进一步地，他甚至认为国家太平时还可再降低赋税："苟国家无事……三十税一，尽除田租，君子亦不以为非也。"⑤ 基于轻税立场，他亦赞同"关市不征"，并反对"一物而再税"。在谈及酒税时，他强调，"谷麦既已纳税，用谷以为酒又税之，造麦为曲以酝酒又税之，用米与糟以为醋又税之……此一物而三四出纳也"⑥。这亦体现了其秉承的轻税立场。

丘濬的财政开支思想也体现了其足民富国观点，他坚持开源节流、量入为出的原则，认为这是"使下常有余而上无不足"⑦ 的关键之所在。为了确保国家财政节用原则的落实，他主张采取国家预算制度，"每岁户部先移文内外诸司及边方所在，预先会计嗣岁一年用度之数……如此则国家

---

① （明）丘濬：《大学衍义补·正朝廷·总论朝廷之政》，上海书店出版社，2012。
② （明）丘濬：《大学衍义补·总论理财之道上》，上海书店出版社，2012。
③ （明）丘濬：《大学衍义补·总论理财之道下》，上海书店出版社，2012。
④ （明）丘濬：《大学衍义补》，上海书店出版社，2012，第209页。
⑤ （明）丘濬：《大学衍义补·经制之义上》，上海书店出版社，2012。
⑥ （明）丘濬：《大学衍义补·制国用·征榷之课》，上海书店出版社，2012。
⑦ （明）丘濬：《大学衍义补·恤民之患》，上海书店出版社，2012。

用度有所稽考，得以预为之备"①。除此之外，为了确保国家财政的使用效率，他还主张建立会计稽核制度，"以国家之大、用度之夥，其出入之数必为籍以纪之、设官以稽之，所以防有司之奸欺也"②。国家预算制度与会计稽核制度被丘濬视为实现足民富国的制度保障，制度层面的关注是丘濬分配思想的一个显著特点。

2. 民与民的分配：安富论

关于民与民之间的财富分配，丘濬的思想较为矛盾，这一思想集中体现在《市籴之令》中。一方面，他认为贫富现象是与生俱来、命中注定的："天生众民，有贫有富。"另一方面，他又和韩非的思路一致，认为贫富由个人勤惰俭奢等因素造成："勤者得之，怠者失之，俭者裕之，奢者耗之。"③ 勤即意味着劳动力投入的数量多、质量高，怠则相反，不同的劳动力投入自然导致不同的财富占有。

基于以上认知，丘濬反对刻意改变贫富不均，在他看来，不管是富民还是贫民，都是国民："贫吾民也，富亦吾民也。"④ 国家不应在政策层面厚此薄彼。他主张政府以赋税政策维持现状，使贫者与富者"各安其分"："为天下王者惟省力役、薄赋敛、平物价，使富者安其富，贫者不至于贫，各安其分，止其所得矣。"⑤ 适当降低赋役征收标准，一则不影响富人，只会使国家财政收入稍受影响，二则使穷人的处境也不至于恶化。如此，富人与穷人各得其所，各安其分，国家发展经济所需的稳定社会秩序也得以保障。

此外，他尤其反感国家对富人群体利益的侵害，既然勤惰俭奢是导致个体产生贫富差异的主要因素，那么，就应该认可社会的这种激励机制。因而，丘濬强烈反对抑兼并，并重视富人的社会地位及作用，认为其是小民与国家皆所依赖之主体："诚以富家巨室，小民之所依赖、国家所以藏富于民者也。小人无知，或以为怨府……是则富者非独小民赖之而国家亦

---

① （明）丘濬：《大学衍义补·总论理财之道·礼记冢宰制国用》，上海书店出版社，2012。
② （明）丘濬：《大学衍义补·经制之义上》，上海书店出版社，2012。
③ （明）丘濬：《大学衍义补·总论理财之道》，上海书店出版社，2012。
④ （明）丘濬：《大学衍义补》，上海书店出版社，2012，第232页。
⑤ （明）丘濬：《大学衍义补》，上海书店出版社，2012，第228页。

将有所赖焉，彼狭隘者往往以抑富为能，岂知《周官》之深意哉。"① 丘濬认为富人在帮国家养小民、安抚流民、借贷财物给贫民，消除安全隐患等方面功不可没，认为主张抑制富民的观点太过狭隘，没有大格局与正确的政治站位。在丘濬看来，王者治理天下，最重要的是使穷人富人各安其分，如凭借国家政权实施夺富济贫政策，实在是无理可言。

（二）张居正："官民两足，上下俱益"

张居正以务实的态度辩证地看待国富与民富的关系。一方面，他重视百姓利益，"窃闻致理之要，惟在于安民"②；另一方面，他又认为富国强兵是治国要义，不能将之等同于霸术："后世学术不明，高谈无实，剽窃仁义，谓之王道，才涉富强，便云霸术。不知王霸之辩、义利之间在心不在迹，奚必仁义之为王、富强之为霸也？"③ 从国家治理的层面，张居正重视物质资料生产与积淀的重要性，"孔子为政，先言足食，管子霸佐，亦言礼义生于富足"，主张"官民两足，上下俱益"④。但是，现实生活中的上下俱益却难以实现，社会现状反倒是国穷民困，张居正认为导致这种局面的是那些富豪大户："自嘉靖以来，当国者政以贿成，吏朘民膏以媚权门。而继乘国者，又务一切姑息之政，为逋负渊薮，以成兼并之私，私家日富，公室日贫。国匮民穷，病实在此。"因此，他主张对之进行坚决打击，以便实现足国足民的治理目标："上损则下益，私门闭则公室强。故惩贪吏者，所以足民也，理逋负者，所以足国也"⑤；"务在强公室、杜私门、省议论、核名实以尊主庇民"⑥。可见，足民足国是张居正分配思想的终极指向。

张居正反对取民过甚，他认为政府应注重节俭，控制财政支出："夫天地生财止有此数，设法巧取，不能增多。惟加意撙节，则其用自足。"⑦

① （明）丘濬：《大学衍义补·固邦本蕃民之生·大司徒以保息六养万民》，上海书店出版社，2012。
② （明）张居正：《张文忠公全集·请蠲积逋以安民生疏》，中文出版社，1980。
③ （明）张居正：《张文忠公全集·答福建巡抚耿楚侗谈王霸之辩》，中文出版社，1980。
④ （明）张居正：《张文忠公全集·答应天巡抚宋阳山论均粮足民》，中文出版社，1980。
⑤ （明）张居正：《张文忠公全集·答应天巡抚宋阳山论均粮足民》中文出版社，1980。
⑥ （明）张居正：《张文忠公全集·与李大仆渐庵论治体》，中文出版社，1980。
⑦ （明）张居正：《张文忠公全集·与李大仆渐庵论治体》，中文出版社，1980。

对政府增加赋税应对财政危机的政策，他尤为不满，认为正确的做法应该是通过减轻赋税以促进农业与商业的发展："故余以为欲物力不屈，则莫若省征发以厚农而资商；欲民用不困，则莫若轻关市以厚商而利农。"张居正看到农商之间相辅相成的关系，且注意到农业的轻徭薄赋是这种关系的起点，唯有轻徭薄赋，农业才会发展，农业发展，商业才会因需要流通的商品增多而得到发展。同样的道理，轻关市之征，商业得到发展，农业生产的作物也会因商业发展而遍布市场，实现价值。

（三）林希元：多元赈济救荒思想

赈济救荒需要政府的财政转移支出，与涉及劳动等生产要素的初次分配思想、涉及税收的再分配思想一样，是中国传统分配思想的有机构成部分。林希元的赈济救荒思想相对多元丰富，集中体现在其于嘉靖八年（1529）所上之《荒政丛言疏》谈及的荒政应对之策中。具体对策如下。

第一，精选廉能正官。林希元认为主持救荒之人的选择尤为重要，"得人"与否是救荒成效的重要影响因素，因此："欲令抚按监司，精择府州县正官廉能者，使主赈济；正官如不堪用，可别拣廉能府佐或无灾州县廉能正官用之。"[①] 将帅无能，累死三军，廉能正官可充分发挥引领者作用，高效组织赈济，大大提高救荒效率。林希元认为中央派官存在迎来送往等程序及费用，甚为不便："民方饥饿，财方匮乏，而王人之来，迎送供亿不胜劳费，赈济反妨，实惠未必及民而受其病者多矣。"他主张由地方官直接负责赈济："专敕抚按官员，令其照依朝廷议拟成法，仍随所在民情、土俗，参酌得中，督责各道守巡等官，分督州县，着实举行。"[②] 如此，救灾成本会大大降低。此外，林希元认为政府亦可选用民间社会中的仗义疏财者，这些群体无疑可成为廉能正官的有力辅佐。

第二，紧急救济急需救治之人。首先，对于垂死贫民，应紧急施粥，而非发送生米："若夫垂死之民，生计狼狈，命悬顷刻，若与极贫一般给米，则有举火之艰，将有不得食而立毙者矣。惟与之粥，则不待举火而可得食，涓勺之施遂济须臾之命，此粥所以当急也。"其次，对于疾病贫民，

---

① （明）陈子龙等编《明经世文编》，中华书局，1962，第 1628 页。
② （明）陈子龙等编《明经世文编》，中华书局，1962，第 1639 页。

应紧急提供医药帮助，并及时安葬病死之民："盖大荒之岁，必有疾疫，流移之民，多死道路。不为埋瘗，则形骸暴露，腐臭熏蒸，仁者所不忍也。"多措并举，方能遏制事态的进一步恶化。

第三，采取以工代赈的救荒措施。林希元的这种主张与《管子·侈靡》的观点类似，理由也如出一辙："兴工役以助赈者。盖凶年饥岁，人民缺食，而城池水利之当修在在有之，穷饿垂死之夫固难责以力役之事，次贫、稍贫人户力任兴作者……故凡圮坏之当修、湮塞之当浚者，召民为之，日受其直，则民出力以趋事，而因可以赈饥，官出财以兴事，而因可以赈民，是谓一举而两得。"以工代赈既可使百姓通过工作得到粮食，亦可使国家本应供给的公共产品得以供给，"赈饥""兴事"兼得。

第四，严厉打击侵吞赈灾粮饷的行为。考虑到"人心有欲，见利则动"，林希元引用《大明律》和《问刑条例》中惩处救灾腐败官吏的相关规定："凡监临主司盗仓库钱粮者，问罪刺字；至四十贯者，斩"；"宣大、榆林等处及沿海去处，监临主守盗粮二十石、银一十两以上者，问罪发边卫，永远充军"。他认为对类似侵吞赈灾物资的违法行为，应一如上述律令，严加惩处。

第五，救荒速度力戒迟缓，务必快速。林希元认为，救荒犹如救火，片刻不能耽搁："臣闻救荒如救焚，惟速乃济。民迫饥馁，其命已在旦夕，官司乃迟缓而不速为之计，彼待哺之民岂有及乎？此迟缓所当戒也。"救荒速度关乎无数待哺之民的存亡，唯有快速反应，才能有较好的救荒效果。

总之，在《荒政丛言疏》中，林希元详述赈荒之策，提出了具有针对性的赈荒良策，主张根据百姓贫困的程度或赈米、或赈钱、或转贷，根据百姓面临困境的具体情况，或施粥、或医治、或收养、或安葬，并强调应灵活变通，如"兴工役以助赈"等，赈济救荒思想较为多元丰富。

（四）徐光启："须得豪强之力"

徐光启较为关注民与民之间的财富分配，他注重富户豪强在农业生产中的作用，反对针对富民的限田措施："故实有意为民，民田自均，不必限民名田。且今之举事，正须得豪强之力，而先限之田可乎？何时无豪强？与下民何害？顾用之何如耳。禹治水土，建万国，其后王、君公，皆豪强也。"① 徐光启的观点与苏辙类似，两者都认为豪强是一个不可改变的现实存在，且豪强本身并不可怕，可怕的是没有驾驭豪强之策，如果手段得当，豪强可成为政府最重要的助力，服务于国家的各种建设，他以大禹治水为例，强调"豪强之力"在国家宏观治理方面的贡献。因此，徐光启明确反对限田，反对国家伤害富户豪强，反对人为改变贫富差距。

（五）王夫之："国无富人，民不足以殖"

在民与民的财富分配方面，王夫之认可贫富差距。他认为个体差异是秦以后社会阶层分化的主要原因，"富贵擅之于智力"，个体在智力、才能、努力程度方面的差异是产生贫富差距的主要因素："降及于秦，封建废而富贵擅于一人。其擅之也，以智力屈天下也。智力屈天下而擅天下，智力屈一郡而擅一郡，智力屈一乡而擅一乡。"② 凭借自己智力立足于社会，在一个以智力屈服他人的环境中，智力与才能决定社会地位与财富占有。此外，与情商有关的巧拙、与努力程度相关的勤惰等亦影响贫富分化，"狡者日富而拙者日瘠"③，"富者骄而贫者顽惰"④。因此，王夫之反对人为改变贫富差距，认为改变现实的均贫富做法无任何意义，他以一个比喻论证此观点："割肥人之肉置瘠人之身，瘠者不能受之以肥，而肥者毙矣。"⑤ 他认为此举既不能有效帮助穷人，反倒极大损害了富人，对于国家来说，得不偿失，事倍功半。王夫之亦认可富人的社会地位与贡献，"国无富人，民不足以殖"⑥，且穷人已接受了这种局面，"积习已久，强者怙之，而弱者亦且安之矣"⑦。因此，他认为最好维持现状，保持现实中的贫富分布现状，由社会的激励机制发挥财富配置作用。

土地占有多寡是区分贫富的重要指标，因而，王夫之反对人为改变土地占有状况，反对限田。相较于对井田制大力肯定的学者，王夫之提出了

---

① （明）徐光启：《农政全书校注》，石声汉校注，上海古籍出版社，1979，第 294～295 页。
② （明）王夫之：《读通鉴论》，舒士彦点校，中华书局，2013，第 106 页。
③ （明）王夫之：《读通鉴论》，舒士彦点校，中华书局，2013，第 65 页。
④ （明）王夫之：《思问录　俟解　黄书　噩梦》，王伯祥点校，中华书局，2009，第 168 页。
⑤ （明）王夫之：《宋论》，中华书局，1964，第 218 页。
⑥ （明）王夫之：《读通鉴论》，舒士彦点校，中华书局，2013，第 18 页。
⑦ （明）王夫之：《读通鉴论》，舒士彦点校，中华书局，2013，第 105 页。

较为新颖的观点，他对其存在持否定态度，"归田授田，千古所必无之事"①，认为"通力合作"，"计亩均收"的做法行不通，"人之有强羸之不齐，勤惰之不等，愿诈之不一，天定之矣。虽圣人在上，亦恶能取而壹之乎……今使通力合作，则惰者得以因人而成事。计亩均收，则奸者得以欺冒而多取"②，协作式劳动必然存在浑水摸鱼现象，奸猾懒惰者从中受益，生产效率令人怀疑。因此，王夫之认为土地私有制是非常合理的存在："人各自治其田而自收之，此自有粒食以来，上通千古，下通万年，必不容以私意矫拂之者。"③ 正因为每个人均对自己的土地及收成负责，他们才有足够的动力尽心耕作，从而产生了制度的激励性。对于因个人智力才能差异而产生的土地占有不均，他主张维持现状，反对抑兼并，"强豪其能横夺之乎"④。

在赈济救荒方面，王夫之也反对直接开仓赈济之法，他认可以工代赈的间接之法："朱子言救荒无良策，不如修水利，诚牧民之要言也……周礼荒政，多兴工作以聚失业之人，此最为通变之善术。盖年虽凶荒，病在民而国未尝遽瘠也。"⑤ 王夫之认为，对于国家而言，荒年以募工方式兴修水利，一则给无业之民提供工作机会，二则解决了国家必须考虑的公共产品供给，一举两得。

（六）唐甄

1. 国与民的分配："富在编户"

清代唐甄的"富民"立场非常坚定。一方面，唐甄重视国富，将之视为立国之道，"立国之道无他，惟在于富。自古未有国贫而可以为国者"，对于国家而言，财富的创造与积累非常重要。另一方面，唐甄却郑重地强调，"夫富在编户，不在府库。若编户空虚，虽府库之财积如丘山，实为贫国，不可以为国矣"⑥，即国富重在富民，如民穷而国库充盈，这样的国

---

① （明）王夫之：《船山全书》（第六册），岳麓书社，2011，第 63 页。
② （明）王夫之：《船山全书》（第六册），岳麓书社，2011，第 44~45 页。
③ （明）王夫之：《船山全书》（第六册），岳麓书社，2011，第 45~46 页。
④ （明）王夫之：《思问录　俟解　黄书　噩梦》，王伯祥点校，中华书局，2009，第 168 页。
⑤ （明）王夫之：《思问录　俟解　黄书　噩梦》，王伯祥点校，中华书局，2009，第 168 页。
⑥ （清）唐甄：《潜书校释》，黄敦兵校释，岳麓书社，2011，第 154 页。

家实为贫国，必不会长久。就国家治理而言，唐甄也特别强调"富民"的意义，认为这是君主治国必须首先考虑的要务，"为治者不以富民为功，而欲幸致太平，是适燕而马首南指者也"①，他认为，一国之君如果不能使百姓富裕，还想天下太平并实现大治，最后一定是事与愿违的。

唐甄将征收重赋称为虐政，反对盘剥百姓过甚："虐取者，取之一金丧其百金，取之一室丧其百室。……虐取者谁乎？天下之大害莫如贪，盖十百于重赋焉。"② 基于他对以往社会的观察，他发现，"天下既定，苟无害民之政，未有一二十年而不丰殖者"③，因此，他极为赞同休养生息之政，认为此举"三年可就，五年可足，十年可富"④，是有利于使百姓富裕的良政。轻徭薄赋之外，唐甄还认为国家应节俭开支、注重积蓄："人君能俭，则因生以制取，因取以制用，生十取一，取三余一，于是民不知取，国不知用，可使菽粟如水火，金钱如土壤，而天下大治。"⑤ 国家取民有度、开支有节，在唐甄看来，这才是实现民富的正确途径。

2. 民与民的分配："平则万物各得其所"

基于天地之道的均平论及对现实的观察，唐甄对贫富不均的现象进行了猛烈的抨击："天地之道故平，平则万物各得其所。及其不平也，此厚则彼薄，此乐则彼忧……王公之家，一宴之味，费上农一岁之获，犹食之而不甘……人之生也，无不同也，今若此，不平甚矣。"⑥ 这种抨击也清晰地表明了唐甄侧重均平的立场。

唐甄重视小民的生计，他认为小民如注重劳动力的持续投入，不断坚持，就会致富："陇右牧羊，河北育豕，淮南饲鹜，湖滨缲丝，吴乡之民，编蒉织席，皆至微之业也。然而日息岁转，不可胜算，此皆操一金之资，可致百金之利者。"⑦ 普通小民所从事的以上至微之业，虽然看起来非常普通，但通过持续不断的劳动投入，亦可实现致富目的，进而缩小贫富差距。

① （清）唐甄：《潜书校释》，黄敦兵校释，岳麓书社，2011，第150页。
② （清）唐甄：《潜书校释》，黄敦兵校释，岳麓书社，2011，第144~145页。
③ （清）唐甄：《潜书校释》，黄敦兵校释，岳麓书社，2011，第154页。
④ （清）唐甄：《潜书校释》，黄敦兵校释，岳麓书社，2011，第154页。
⑤ （清）唐甄：《潜书校释》，黄敦兵校释，岳麓书社，2011，第146页。
⑥ （清）唐甄：《潜书校释》，黄敦兵校释，岳麓书社，2011，第132页。
⑦ （清）唐甄：《潜书校释》，黄敦兵校释，岳麓书社，2011，第144页。

（七）龚自珍：“随其时而调剂”

龚自珍的主张与唐甄的主张较为类似，非常注重国家治理民与民之间的贫富分化问题，“有天下者莫高于平之之尚也……贫者日愈倾，富者日愈壅……其始不过贫富不相齐之为之尔。小不相齐渐至大不相齐；大不相齐即至丧天下。呜呼！此贵乎操其本源，与随其时而调剂之”①。他认为政府如放任不管，迟早有一天小的分化会发展至大的分化，并导致战争、瘟疫等各种不良后果，要避免这一点，政府最好能够对之进行适当干预，但不宜过于急速，宜“随其时而调剂”，如此，方可避免治乱的循环、王朝的覆灭。

第三节　中国历代分配思想简析

一　中国传统分配思想的特点

1. 分配思想体现统治阶级意志

就内容而言，中国传统分配思想包括两大类：国与民之间的财富分配、民与民之间的财富分配。古代学者较为侧重前者，对后者的讨论相对较少。就实践路径而言，前者的两大手段为以税收与财政支出为主体的财政政策、以货币发行及借贷为主体的货币政策；后者包括以土地、劳动力、管理等为主的要素路径，税收路径，救济慈善路径等。但不管涉及哪些领域，中国传统分配思想都指向了统治阶级的需求，有着鲜明的阶级性。

关于国与民的财富分配，中国古代学者的论述较多，也形成了几种代表性观点：以法家为代表的富国思想、以孟子为代表的富民思想、以荀子为代表的国与民兼富的思想。尽管观点多元，但这些思想家却都有一个共性，即坚信他们秉持这种分配思想可以有效地解决国家治理中的现实分配问题，并帮助统治者更好地对国家进行治理，使国家这个机器按照统治者的意愿更高效地运转，使统治阶级受益，阶级特色非常鲜明。

---

① （清）龚自珍：《定盦文集》，朝华出版社，2017，第20页。

关于民与民之间的财富分配，学者们也形成了两种代表性思想。第一，侧重调节分配不均、主张"衰多益寡"的分配思想。第二，侧重激励机制、反对人为干预、认为人为干预的本质是"夺力俭而与侈惰"的分配思想。但两者的共性也是明显的，不管是主张抑制兼并还是反对抑制兼并，侧重均平还是侧重效率，均以缓和阶级矛盾、稳定社会秩序、服务统治阶级的需要为要义。

马克思论及资本家时强调，"资本是根本不关心工人的健康和寿命的，除非社会迫使它去关心"[①]，一语道破资本家的阶级属性。这一逻辑同样适用于中国古代思想家的阶级立场，他们的分配思想紧密围绕统治者利益，不关心被统治阶层的利益，除非社会迫使他们关心。当严重分配不均、过度兼并等矛盾不能被控制在一个有秩序的体系中，即将冲击整个统治秩序时，主张适度微调的思想才会偶有闪现。

2. 分配思想映射小农经济特质

生产决定分配。自给自足、男耕女织、晴耕雨织、以家庭为单位、使用传统生产工具、农业生产社会化程度较低等都是中国小农经济的基本特征。中国传统分配思想是中国古代思想家对分配问题进行理性分析的成果，这种理性分析是在小农经济的历史语境中进行的，不可避免地映射了小农经济的特质，有其时代属性。中国传统学者分配思想的时代性主要体现在以下方面。

第一，就分配思想的内容而言，聚焦农业领域的分配思想较多，而围绕手工业与商业的分配思想较少。不管是国与民的财富分配，还是民与民之间的财富分配，学者们尽管形成了各种观点，但在具体论证时，大多围绕着农业产出的分配而组织。

第二，就分配思想的实现路径而言，涉及财政政策的分配思想较多，而涉及货币政策的分配思想相对较少。学者们较侧重以税收、财政支出手段对国民财富在国家与民众之间、民与民之间的分配加以调控，较少谈及利率或货币量化手段。毕竟，小农社会尚处于整体生产力水平较低的历史阶段，在宏观的国家治理方面，税收与财政支出是统治者熟谙的治国手

---

① 〔德〕马克思：《资本论》（第1卷），人民出版社，2018，第311页。

段，对其较为重视或使用甚多顺理成章。而货币政策的微观化、丰富化是有条件的，即随着商品经济的充分发展、市场交易规模的不断扩大、信用金融交易体系的不断完善，货币政策才会有更强劲的现实需求，小农经济显然不能充分满足这些条件。

二　中国传统分配思想的实践及影响

社会意识反作用于社会存在，那些迎合历史时期社会公共需求且被当权者肯定的中国古代分配思想往往会变为分配制度，进而影响现实经济实践。那些未能准确捕捉社会问题本质的分配思想则会对社会实践产生负向反作用，实践效果欠佳；而那些能准确认知并理性分析社会问题的分配思想一般均会对实践产生正向作用，实践效果良好。

一般来说，乱世用重典，在非常时期，较为注重藏富于民且采取激励性措施引民正确逐利的政权，有较大可能性在短期内创造较强国力。而注重上下俱富、藏富于民，并注重调控贫富差异的政权，一般都会迎来一个政通人和、繁荣富庶的盛世。代表性案例如：齐桓公因采取轻税政策、鼓励工商业等措施赢得民心，"通齐国之鱼盐于东莱，使关市几而不征，以为诸侯利，诸侯称广焉"[①]，得到诸侯的肯定，遂成春秋五霸之首。晋国重耳惠农助农等方面的改革使得晋国"政平民阜，财用不匮"[②]。子产以法律形式承认私有土地的合法性，因而得到新兴土地私有者的拥戴，"舆人……诵之，曰：我有子弟，子产海之；我有田畴，子产殖之。子产而死，谁其嗣之"[③]？谁能够给百姓带来实实在在的实惠及利益，百姓就拥护谁，民心归附夯实了政权的统治基础。秦国商鞅变法，"行之十年，秦民大说，道不拾遗，山无盗贼，家给人足。民勇于公战，怯于私斗，乡邑大治"[④]，并为秦国后来的灭六国、统一天下奠定了坚实的物质基础。类似案例在中国历史上俯拾皆是，不胜枚举。

---

① （战国）左丘明：《国语》，上海古籍出版社，1978，第247页。
② （战国）左丘明：《国语》，上海古籍出版社，1978，第371页。
③ （战国）左丘明：《左传》，杨伯峻编著，中华书局，1990，第1182页。
④ （汉）司马迁：《史记》，岳麓书社，1988，第524页。

❀ **本章关键术语**

藏富于国；藏富于民；上下俱富；维齐非齐

❀ **思考题**

1. 比较分析先秦儒家、法家的分配思想。

2. 简析桑弘羊的分配思想。

3. 简析陆贽的分配思想。

4. 简析范仲淹的分配思想。

5. 简析唐甄的分配思想。

第四章
中国传统交换思想专题研究

第一节 马克思主义视野下的交换

一 一般性生产关系中的交换

交换反作用于生产。实现商品价值，必须通过交换。交换的规模扩大、效率提高、形式多元丰富，就会大大促使生产的规模扩大、分工更细、效率更高、类型多元等。反之亦然。

二 资本主义生产关系中的交换

劳动力成为商品是解开资本总公式矛盾的关键。劳动力成为商品的条件：劳动者有人身自由，除了自己的人身自由外一无所有。工人创造的新价值中，工人只得到劳动力价值，其余被资本家无偿占有。

资本主义的交换围绕着剩余价值的生产与实现而进行。一方面，交换为剩余价值的生产准备好了条件。通过交换，各种生产剩余价值的生产资料准备到位，劳动者通过消费，也为生产剩余价值准备好了自身的劳动力；另一方面，交换又助推剩余价值的实现。只有通过交换，包含着剩余价值的商品才能实现其价值，剩余价值才能伴随这一过程得到实现。

马克思把资本的循环分为购买阶段、生产阶段与售卖阶段，资本职能也呈现货币资本、生产资本与商品资本三种形态，其中，生产阶段生产出剩余价值，而购买阶段为生产剩余价值做好准备，售卖阶段实现剩余价值，三个阶段构成一个生产过程。而生产过程的购买阶段与售卖阶段皆离不开交换，一者通过交换为生产准备了劳动力、劳动资料，一者通过交换把劳动的产物社会化，实现其价值。

第二节　中国传统代表性交换思想

分工、价值价格、流通构成了中国传统交换经济思想的几大主题。分工是交换的基础，分工越发达，市场交易规模越大，交换频率越高，有关交换的思想也会越深刻。交换行为之所以产生并完成，一定是进行交换的商品具有被称为价值的内在同质性，且这种同质性可以用量的方式来体现，因而，价值与价格是商品交换的核心元素。交换是在流通中完成的，没有流通，交换无法进行。围绕以上几大主题，中国古代也积淀了值得称道的交换智慧。

一　先秦时期的交换思想

（一）《周礼》的分工思想："以九职任万民"

《周礼·天官冢宰·大宰》已将分工视为一种正常的社会存在，把商贾与三农、百工等并列："以九职任万民：一曰三农，生九谷；二曰园圃，毓草木；三曰虞衡，作山泽之材；四曰薮牧，养蕃鸟兽；五曰百工，饬化八材；六曰商贾，阜通货贿；七曰嫔妇，化治丝枲；八曰臣妾，聚敛疏材；九曰闲民，无常职，转移执事。"①《周礼》已对世间百姓所从事的职业进行了大致的归类，将所有职业分为九大类，体现了对分工的认可。

（二）西周王室的流通思想："远旅来至，关人易资，舍有委，市有五均，早莫如一"

先秦时期，西周统治者非常重视对外贸易，采取各种措施招商引商，

---

① 徐正英、常佩雨译注《周礼》，中华书局，2014，第33页。

如优化货币流通环境，铸造商人所需的重币与轻币，以便"易资，贵贱以均。游旅使无滞"①；且"能来三室者，与之一室之禄"②，鼓励商人们组团前来贸易，力求为商人创造一个良好的营商环境，承诺"远旅来至，关人易资，舍有委，市有五均，早莫如一"③，其支持对外贸易的积极态度显而易见。

（三）齐桓公的流通思想："通齐国之鱼盐于东莱，使关市几而不征"

地处海滨的齐国不具备发展农业的理想条件，只能通过与外商的贸易得到所需的生活物资，因此，齐国的对外贸易政策向来很是明朗："通齐国之鱼盐于东莱，使关市几而不征。"④ 即用颇具吸引力的税收政策引导外商与齐国进行广泛贸易，这也是齐国随后能成为春秋五霸之首的重要因素之一。

（四）范蠡

1. 价格思想："贵上极则反贱，贱下极则反贵"

春秋时期的范蠡已注意到价格波动规律，"贵上极则反贱，贱下极则反贵"⑤，因此，他认为，在进行决策时，务必要"无敢居贵""贵出如粪土，贱取如珠玉"⑥，一旦觉察到某种商品价格已经高得离谱，立刻像抛出粪土一样抛售，一旦发现某种商品远低于正常价格，立刻像抢珠玉一般进行抢购。只有采取这样的价格策略，才有可能在市场上占尽先机。在宏观层面，范蠡认为，如果国家想要保证"平粜齐物，关市不乏"⑦，那么，国家的价格引导策略也非常重要，"上不过八十，下不减三十，则农末俱利"⑧，谷贱伤农，谷贵伤末，唯有把价格波动控制在一定范围之内，方能使农业商业都得到发展，市场欣欣向荣。

---

① 黄怀信：《〈逸周书〉源流考辨》，西北大学出版社，1996，第78页。
② 张闻玉译注《逸周书全译》，贵州人民出版社，2000，第162页。
③ 黄怀信：《〈逸周书〉源流考辨》，西北大学出版社，1996，第201页。
④ （战国）左丘明：《国语》，上海古籍出版社，1978，第247。
⑤ （汉）司马迁：《史记》，岳麓书社，1988，第932页。
⑥ （汉）司马迁：《史记》，岳麓书社，1988，第932页。
⑦ （汉）司马迁：《史记》，岳麓书社，1988，第932页。
⑧ （汉）司马迁：《史记》，岳麓书社，1988，第932页。

2. 流通思想："旱则资舟，水则资车"

春秋战国时期，范蠡在实际观察的基础上总结商品生产与流通规律，并基于这些规律提出了对商品流通的认知。农业经济循环论是他们将朴素的天文观察与农业丰歉规律相结合的产物："岁在金，穰；水，毁；木，饥；火，旱……六岁穰，六岁旱，十二岁一大饥"①，随着木星有规律的移动，农业也呈现规律性丰歉，六年一穰，六年一旱，十二年一大循环。

发现这样的规律后，范蠡主张利用这种规律，"旱则资舟，水则资车"，在大旱之年买舟，在雨水丰沛之年买车，反其道而行，之所以如此，是因为根据农业经济循环论，下一年的年景气象等完全不同，不适宜大旱之年、卖不出的舟在下一年马上会成为紧俏商品，同样的道理也适用于大水之年的车，这个原理与后世常平之法如出一辙，利用贱买贵卖的原理，错峰购买抛售，一方面大赚一笔，另一方面也有助市场价格渐趋稳定。

此外，范蠡还强调"积著之理"在于"务完物，无息币"②，即既要保证流通商品的质量，还要保证商品流通的速度，加快资金周转，如此，才能获得更高的利润。

（五）白圭的流通思想："人弃我取，人取我与"

白圭的"人弃我取，人取我与"做法与计然的"旱则资舟，水则资车"原理类似，但白圭又较为注重迎合消费市场，"欲长钱，取下谷，长石斗，取上种"③，同时，还强调要善于捕捉商机，一旦机会成熟，要当机立断，"趋时若猛兽鸷鸟之发"。也正是基于这一点，白圭认为"智、勇、仁、强"是学习其致富之术所必备的四种品质。

（六）儒家的交换思想

1. 孔子的分工思想："君子谋道不谋食"

作为儒家思想的创始人，孔子是赞成分工的，从其"君子喻于义，小人喻于利"④"君子谋道不谋食，耕也，馁在其中矣；学也，禄在其中

---

① （汉）司马迁：《史记》，岳麓书社，1988，第932页。
② （汉）司马迁：《史记》，岳麓书社，1988，第932页。
③ （汉）司马迁：《史记》，岳麓书社，1988，第932页。
④ 钱逊解读《论语》，国家图书馆出版社，2017，第130页。

矣"① 的论述可见，孔子反对儒者直接参与生产，他认为君子应致力于追求大道，生产劳动的主体应是体力劳动者。《子路》篇孔子对樊迟的态度也充分说明了这一点："樊迟请学稼，子曰：'吾不如老农。'请学为圃，曰：'吾不如老圃。'樊迟出。子曰：'小人哉，樊须也。上好礼，则民莫敢不敬。上好义，则民莫敢不服。上好信，则民莫敢不用情。夫如是，则四方之民，襁负其子而至矣，焉用稼？'"② 在孔子看来，君主与君子对仁义礼智信的追求与践行，自然会使得百姓归附，四海臣服，天下大治，根本不用亲自参与生产劳动。

此外，孔子还认为，居上位者不仅自己不能参与体力劳动，还应约束自己家人自觉远离体力劳动。鲁国大夫臧文仲之妾"织蒲"，孔子因而批评其不仁，因为这是百工之事，是百工谋生之道，臧文仲之妾的生产行为不符合其身份，还存在与百姓争利之嫌。综上，孔子反对君子参与包括农业、手工业在内的所有生产活动的立场一目了然。也正因为这一点，孔子也被当时的隐士讥讽道："四体不勤，五谷不分，孰为夫子？"③（《微子》），可谓一针见血地否定了孔子对于生产劳动的立场。

总之，孔子认同分工，但其分工思想又有道德及阶级属性，即认为君子应致力于追求道义学问，小人应努力耕作。

2. 孟子

（1）分工思想：通功易事

孟子在孔子基础上，提出"劳心劳力说"，将脑力劳动与体力劳动与阶层联系起来："有大人之事，有小人之事……故曰，或劳心，或劳力；劳心者治人，劳力者治于人；治于人者食人，治人者食于人，天下之通义也。"④孟子认为儒生应远离具体的体力劳动，那是"小人之事"，君子应做符合身份的"劳心"之事。

孟子在与主张"并耕"的陈相进行辩论时，对分工的必要性进行了很好的论证。他通过铺陈式的问题群、层层追问陈相是否食用自己种的粟、

---

① 钱逊解读《论语》，国家图书馆出版社，2017，第371页。
② 钱逊解读《论语》，国家图书馆出版社，2017，第302页。
③ 钱逊解读《论语》，国家图书馆出版社，2017，第415页。
④ 金良年译注《孟子译注·滕文公上》，上海古籍出版社，2012。

穿自己织的布做的衣服、戴自己织的帽子、用自己做的炊具做饭、用自己制作的铁器耕作等，引导主张事必躬亲的陈相自己说出"百工之事，固不可耕且为也"①，即使陈相强调许行之所以不亲自制作陶器、铁制工具的原因是此举"害于耕"，但从应答中不难看出其对分工必要性的承认，毕竟，谁也无法自己制造自己所用的所有东西。在此基础上，孟子强调了分工的必要性："一人之身而百工之所为备。如必自为而后用之，是率天下而路也。"② 一个人所用的东西大部分来自与百工的交换，如果事事亲为，自己制作，只会使人疲于奔命且效率低下。

此外，孟子进一步强调分工的社会效益，"子不通功易事，以羡补不足，则农有余粟，女有余布；子如通之，则梓匠轮舆皆得食于子"③，正是因为分工，各行各业的人才能以较低的成本各得其所，不用亲力亲为，只需以自己所擅长生产之物进行交换即可，分工使大家用自己能够高效率生产的东西交换到别人高效率生产的东西，在满足自己需要的同时，其他行业的人也因此受益，这种共赢正是分工交易的本质所在。

（2）价格思想："物之不齐，物之情也"

孟子对商品价格的认知较为深刻，他认为商品的质量是确定价格时必须考虑的一大因素。孟子不认同只关注商品长短、轻重、多寡、大小等自然属性、外在形态的价格思想，认为许行"布帛长短同，则贾相若；麻缕丝絮轻重同，则贾相若；五谷多寡同，则贾相若；屦大小同，则贾相若"的价格思想没有关注商品的品质，而这恰恰是孟子所关注的："夫物之不齐，物之情也，或相倍蓰，或相什百，或相千万。子比而同之，是乱天下也。巨屦小屦同贾，人岂为之哉？"④ 孟子意识到商品存在着导致其不同的内在属性，受条件所限，尽管他没法从社会必要劳动时间的角度抓住这种不同，仅仅从商品的品质或质量角度进行了相当含糊的概括，但显然，孟子已捕捉到这是导致商品价格相差一倍或千万倍的重要因素。也正因为如此，他才会认为巨屦与小屦如果同价售卖，一定会对商品生产产生冲击。

①　金良年译注《孟子译注》，上海古籍出版社，2012，第 105 页。

②　金良年译注《孟子译注》，上海古籍出版社，2012，第 77 页。

③　金良年译注《孟子译注》，上海古籍出版社，2012，第 89 页。

④　金良年译注《孟子译注》，上海古籍出版社，2012，第 78 页。

（3）流通思想：反垄断论

孟子认可正常的商品流通，但特别不齿于为了追求巨额市场利润而垄断市场商品、操纵商品流通的行为，他将从事这类行为的人称为"贱丈夫"："古之为市也，以其所有易其所无者，有司者治之耳。有贱丈夫焉，必求龙断而登之。以左右望而罔市利。"① 并认为政府对商人进行征税，就是这种行为导致的。虽然孟子的这种说法值得商榷，但其否定商人市场垄断行为的流通思想及立场是非常明晰的。

3. 荀子

（1）分工思想："省工贾，众农夫"

荀子肯定分工，但他也将劳动分类与阶层分类联系起来，强调"君子以德，小人以力。力者，德之役也"②。这几乎是孟子劳心劳力说的翻版。不过，荀子又不同于孟子的先天君子小人之分，他认为通过后天的努力，两者可以互相转化。

荀子认为分工是一种现实存在："农分田而耕，贾分货而贩，百工分事而劝，士大夫分职而听。"③ 并强调士农工商各司其职、分工合作的重要性，"商贾敦悫无诈则商旅安、货财通而国求给矣，百工忠信而不楛则器用巧便而财不匮矣，农夫朴力而寡能，则上不失天时，下不失地利，中得人和而百事不废"④。各个部门的专业人才各有专长，"相高下，视硗肥，序五种，君子不如农人；通货财，相美恶，辩贵贱，君子不如贾人；设规矩，陈绳墨，便备用，君子不如工人"⑤，只有将专业的事情交给专业的人干，才能提高整个社会的劳动效率，才能保证有更多的商品进入市场，促进流通与交易。

同时，荀子把工商业视作非生产性部门，"工商众则国贫……故田野县鄙者财之本也"⑥，提出"省工贾，众农夫"⑦ 的观点，他认为工商业者

---

①　金良年译注《孟子译注》，上海古籍出版社，2012，第65页。

②　（战国）荀况：《荀子·富国》，（唐）杨倞注，耿芸标校，上海古籍出版社，2014。

③　（战国）荀况：《荀子》，（唐）杨倞注，耿芸标校，上海古籍出版社，2014，第134页。

④　（战国）荀况：《荀子》，（唐）杨倞注，耿芸标校，上海古籍出版社，2014，第145页。

⑤　（战国）荀况：《荀子》，（唐）杨倞注，耿芸标校，上海古籍出版社，2014，第70页。

⑥　（战国）荀况：《荀子》，（唐）杨倞注，耿芸标校，上海古籍出版社，2014，第120页。

⑦　（战国）荀况：《荀子》，（唐）杨倞注，耿芸标校，上海古籍出版社，2014，第150页。

众多意味着不从事生产的消费者群体过大，因此，应对之进行抑制，使从事工商业的人数变少，使工商业规模变小。

（2）价格思想："以两易一，人莫之为，明其数也"

对于商品交易价格，荀子已认识到等价交换的重要性，《正名》篇中，荀子强调："易者以一易一，人曰，无得亦无丧也。以一易两，人曰，无丧而有得也。以两易一，人曰，无得而有丧也。计者取所多，谋者从所可。以两易一，人莫之为，明其数也。"[1] 交易的本质是各取所需，但应该是等价交易，如果是非等价交易，则肯定会产生一者多得一者少得的状况，这种情况与人性相悖，交易者不会如此操作，大家皆深谙交易之道，知道各自商品的价值。但荀子没有更进一步地展开论述，没有触及决定商品价值的因素，没有更明确地讨论何谓"一"、何谓"二"等问题，但在那个时代，能意识到等价交换已很不易。

（3）流通思想："通流财物粟米，无有滞留"

荀子重视商品流通，并将之与各行各业的发展联系起来："通流财物粟米，无有滞留，使相归移也……故泽人足乎木，山人足乎鱼，农夫不斫削不陶冶而足械用，工贾不耕田而足菽粟。"[2] 正因为有了市场流通，有了以有易无的交易，各个行业的从业者才拥有了维持生存必备的基本生活资料。荀子认为，政府还应该大力推进与国外的贸易，"关市几而不征"[3]，使"四海之内若一家"[4]。荀子之所以对推进国际商品流通持积极正向的立场，是因为他看到现实经济生活中的以下现象："北海则有走马吠犬焉，然而中国得而畜使之；南海则有羽翮齿革、曾青丹干焉，然而中国得而财之；东海则有紫紶鱼盐焉，然而中国得而衣食之；西海则有皮革文旄焉，然而中国得而用之。"[5] 与国外市场的联系加强，一方面大大提升了国内市场商品的丰富性，另一方面形成了一个更广大的流通市场，有利于刺激经济发展、物尽其用。

---

①　（战国）荀况：《荀子》，（唐）杨倞注，耿芸标校，上海古籍出版社，2014，第282页。
②　（战国）荀况：《荀子》，（唐）杨倞注，耿芸标校，上海古籍出版社，2014，第95页。
③　（战国）荀况：《荀子》，（唐）杨倞注，耿芸标校，上海古籍出版社，2014，第145页。
④　（战国）荀况：《荀子》，（唐）杨倞注，耿芸标校，上海古籍出版社，2014，第95页。
⑤　（战国）荀况：《荀子》，（唐）杨倞注，耿芸标校，上海古籍出版社，2014，第95页。

（七）法家的交换思想

1. 李悝的分工、流通思想："上不禁技巧，则国贫民侈"

李悝认可社会分工及各行业的贡献，但他反对奢侈品的生产："雕文刻镂，害农之事也。锦绣纂组，伤女工者也……故上不禁技巧，则国贫民侈。"① 在李悝看来，奢侈品是服务特定群体的商品，其生产属于"技巧"范畴，与民生及国家发展相悖，主张对此予以禁止。

2. 商鞅

（1）分工思想："末事不禁，则技巧之人利"

商鞅将手工业、商业视为等同农业的重要部门："农、商、官三者，国之常食官也。农辟地。商致物。官法民。"②但他同时又强调："末事不禁，则技巧之人利，而游食者众之谓也。"③ 把从事奢侈品生产的活动称为"末事"，主张对其加以限制。

（2）流通思想："不农之征必多，市利之租必重"；"金生而粟死"

商鞅是先秦诸子中对商业流通的态度较为消极的代表性思想家。一方面，商鞅承认商人的社会功能；另一方面，商鞅强调"农战"，激励百姓从耕作战争中获利，不利于此政策实施的扰动因素均属于被强力控制的对象，商业流通在商鞅视野里即是这样的扰动因素，因此，"不农之征必多，市利之租必重"④，商鞅主张通过重税政策抑制商业流通活动，驱民归农。

在对外贸易与商品流通方面，商鞅较为重视粮食的内储，反对粮食外泄。"金生而粟死，粟生而金死……金一两生于竟内，粟十二石死于竟外。粟十二石生于竟内，金一两死于竟外"，对外贸易中，商鞅把黄金与粮食对立起来，且明显偏好具有强使用价值的粮食，他认为，如果国家重视粮食，努力使粮食留在境内，则"金粟两生，仓府两实，国强"；否则，如果国家重视黄金，把粮食售于境外，最终必然会导致"金粟两死，仓府两虚，国弱"。⑤ 显然，商鞅考虑了粮食在中国古代的重要性，饥荒之年，粮

---

① （汉）刘向：《说苑译注》，程翔译注，北京大学出版社，2009，第543页。
② 高亨注译《商君书注译》，清华大学出版社，2011，第169页。
③ 高亨注译《商君书注译》，清华大学出版社，2011，第177页。
④ 高亨注译《商君书注译》，清华大学出版社，2011，第177页。
⑤ 高亨注译《商君书注译》，清华大学出版社，2011，第62页。

食可果腹充饥，百姓不致大量饿死，得到其使用价值；丰收之年，有余粮，完全可将之销售，从而获得黄金，得到其价值。商鞅这种对外贸易的流通思想实际是其农战政策在更大领域的体现。

3. 韩非的分工思想："使其商工游食之民少而名卑"

法家思想的集大成者韩非对工商业者持负面态度，他将工商之民视为五种社会害虫之一，并明确提出应打击抑制这类群体："夫明王治国之政，使其商工游食之民少而名卑，以寡趣本务而趋末作。"① 韩非已不再区分手工业商业部门何为主业何为技巧，而是将其所有从业人员统一划入五蠹行列，视为打击目标，其抑工商的态度是非常明确的。

法家李悝、商鞅、韩非的共性在于其皆认可农、工、商等职业的社会地位与社会作用，承认分工的重要性，但他们皆不约而同地对各个职业进行了排序，并站在了抑末的立场上，不过，此处"末"的内涵有一个从窄到宽的拓展过程。

（八）墨子

1. 分工思想："使各从事其所能"

墨家创始人墨子本身就是小手工业者出身，他视农业之外的手工业、商业等职业的存在为非常正常的存在："凡天下群百工，轮车、鞼匏、陶冶、梓匠，使各从事其所能。"② 肯定其在各自所在领域对社会的贡献。此外，他还注意到男耕女织的性别分工，观察到筑墙时存在于劳动过程中的内部分工，"譬若筑墙然，能筑者筑，能实壤者实壤，能欣者欣，然后墙成也"③，强调"墙成"是分工合作的结果。

2. 价值价格思想："刀籴相为贾"

墨子对商品价值的认知是先秦诸子中最为深刻的。

首先，墨子已认识到商品有使用价值与交换价值。"为屦以买衣为屦，夫与屦也"④，即如果制作的屦是用来交换其他商品的，这时候所持有的屦已经不是屦了，因为持有者无法再拥有屦的使用价值，而是通过屦来交换

---

① 张觉等：《韩非子译注》，上海古籍出版社，2012，第539页。
② （战国）墨翟：《墨子》，（清）毕沅校注，吴旭民校点，上海古籍出版社，2014，第90页。
③ （战国）墨翟：《墨子》，（清）毕沅校注，吴旭民校点，上海古籍出版社，2014，第219页。
④ （战国）墨翟：《墨子》，（清）毕沅校注，吴旭民校点，上海古籍出版社，2014，第187页。

其他商品，获得其他商品的使用价值，屦的交换价值是这种语境下持有者所注重的。

其次，墨子已认识到商品的价格与内在价值的关系。"贾宜，贵贱也"① "买无贵，说在仮其贾"② "宜不宜，正欲不欲"③，商品的价格应是能反映商品价值的合适数字，不合适的数字要么贵要么贱；买东西也无所谓贵贱，最终经买卖双方商定的价格是能反映商品价值的。墨子对商品价格的阐释中，已包含对商品价格与商品内在价值、商品供需因素的考察。马克思对价值决定与价值实现的讨论也涉及对供需因素的考量，先秦时期的墨家虽然无法达到这样的认知深度，但在当时的历史语境下，这样的理解已非常可贵。"贾宜则雠，说在尽"④ "贾尽也者，尽去其以不雠也；其所以不雠去，则雠"⑤，能正确反映商品价值的价格才会得到消费者的认可，没有销售的那些商品中，标有此类价格的商品才能最终被售出，墨子进一步点明了商品的销售与价值、价格之间的内在联系。

最后，墨子还关注到了商品与货币之间的相对价值形式与等价形式之间的关系。"买，刀籴相为贾，刀轻则籴不贵，刀重则籴不易。王刀无变，籴有变；岁变籴，则岁变刀"⑥，从"刀籴相为贾"的表述中，可以看出墨子已经超越了同时代的其他学派，认识到作为等价物的刀币本身也是有价值的，只不过在交易中反映商品价值而已。这一认识已非常接近马克思阐述价值形式时的相关表述了，处于等价形式的货币被动地表现处于相对价值形式的商品价值，两者是对立统一关系。并且，墨家还注意到"刀籴"价值的相对性，刀币的购买力低，刀轻，则商品就显得较贵，价格高；反之，刀币的购买力高，刀重，则商品就显得便宜，价格低。墨子已意识到随着流通环境的变化货币的购买能力也会动态变化，他注意到货币履行货币职能时表现其他商品价值的交换价值，注重商品交换时货币的价值尺度职能与流通手段职能，并且能以辩证、动态的视角看待刀币职能，对两者

---

① （战国）墨翟：《墨子》，（清）毕沅校注，吴旭民校点，上海古籍出版社，2014，第181页。
② （战国）墨翟：《墨子》，（清）毕沅校注，吴旭民校点，上海古籍出版社，2014，第174页。
③ （战国）墨翟：《墨子》，（清）毕沅校注，吴旭民校点，上海古籍出版社，2014，第193页。
④ （战国）墨翟：《墨子》，（清）毕沅校注，吴旭民校点，上海古籍出版社，2014，第174页。
⑤ （战国）墨翟：《墨子》，（清）毕沅校注，吴旭民校点，上海古籍出版社，2014，第193页。
⑥ （战国）墨翟：《墨子》，（清）毕沅校注，吴旭民校点，上海古籍出版社，2014，第193页。

的相关性进行了朴素但理性的考察。

（九）《管子》

1. 分工思想：四民分业定居

《管子》充分认识到了分工的必要性与合理性："天不一时，地不一利，人不一事，是以著业不得不多。"[①] 且从社会劳动生产率的角度而言："能则专，专则伏"[②]，即分工使大家长期专注于某一个行业某个领域的具体工作，随着经验不断积淀，熟能生巧，专业技能不断提高，生产效率也随之提高。

为了方便管理，《管子》还提出了四民分业定居的观点，主张士、农、工、商这四个社会集团的人按照职业分区居住，不可杂处混居。对此，《管子》给出的解释是："今夫工，群萃而州处……相语以事，相示以功，相陈以巧，相高以知事。旦者从事于此，以教其子弟，少而习焉，其心安焉，不见异物而迁焉。是故其父兄之教不肃而成，其子弟之学不劳而能。"[③] 尽管这是当时政府为确保官营手工业产出效率而采取的一种制度，但从其论述来看，《管子》明显认为分业定居最大的好处是可保证职业世袭，"工之子恒为工"，其他行业亦如是，保证了职业的稳定性，特别有利于国家管理。同一个行业的人集中居住在同一个区域，隶属此集团的人每天接触的信息、技术等都是有关这个行业的，每个出生在这个群体的孩子从小到大感受到的职业氛围也被锁定，因长期耳濡目染，其职业操守、职业认同感、职业必备技能也在这个过程中不自觉地形成。四民分业定居不仅节省了培训费用，提高了专业技能和生产效率，而且也大大降低了国家的管理成本。

2. 价值价格思想："币重而万物轻，币轻而万物重"；"衡无数也"

《管子》对影响商品价格高低的因素观察得非常仔细，他观察总结出

---

① （春秋）管仲：《管子》，（唐）房玄龄注，（明）刘绩补注，刘晓艺校点，上海古籍出版社，2015，第71~72页。

② （春秋）管仲：《管子》，（唐）房玄龄注，（明）刘绩补注，刘晓艺校点，上海古籍出版社，2015，第251页。

③ （春秋）管仲：《管子》，（唐）房玄龄注，（明）刘绩补注，刘晓艺校点，上海古籍出版社，2015，第145页。

以下规律。

第一，"币重而万物轻，币轻而万物重"①。这与墨家的"刀籴相为贾"所阐释的道理一致。

第二，影响商品价格变化的因素众多。这些因素包括聚散、藏发、数量多寡，还有政令的疾徐、章或不章等。《国蓄》篇的"散则轻，聚则重"②、《揆度》篇的"藏则重，发则轻"③、《轻重甲》篇的"君章之以物则物重，不章以物则物轻；守之以物则物重，不守以物则物轻"④、《地数》篇的"令疾则黄金重，令徐则黄金轻"⑤ 等都聚焦这些因素，但其实最终都落在了供求关系的变动上，即以上因素会导致商品或供不应求或供大于求，商品供不应求则价格高，币重；供大于求则价格低，币轻。

第三，价格有其运动规律。"衡无数也。衡者，使物一高一下，不得常固……不可调。调则澄，澄则常，常则高下不贰，高下不贰则万物不可得而使固。"⑥ 物价有自己的运动规律，高低起伏不定，而且这种规律不可调控，如果物价恒定，反倒不利于各种商品的交换。

3. 流通思想："市者可以知治乱，可以知多寡"

《管子·乘马》非常重视商品流通的市场平台："市者，货之准也……市者可以知治乱，可以知多寡"⑦，通过市场，可以观察社会治乱、了解万物供应与物资多寡，这种界定在很大程度上肯定了市场及商品流通的重要

---

① （春秋）管仲：《管子》，（唐）房玄龄注，（明）刘绩补注，刘晓艺校点，上海古籍出版社，2015，第 430 页。

② （春秋）管仲：《管子》，（唐）房玄龄注，（明）刘绩补注，刘晓艺校点，上海古籍出版社，2015，第 427 页。

③ （春秋）管仲：《管子》，（唐）房玄龄注，（明）刘绩补注，刘晓艺校点，上海古籍出版社，2015，第 447 页。

④ （春秋）管仲：《管子》，（唐）房玄龄注，（明）刘绩补注，刘晓艺校点，上海古籍出版社，2015，第 451 页。

⑤ （春秋）管仲：《管子》，（唐）房玄龄注，（明）刘绩补注，刘晓艺校点，上海古籍出版社，2015，第 443 页。

⑥ （春秋）管仲：《管子》，（唐）房玄龄注，（明）刘绩补注，刘晓艺校点，上海古籍出版社，2015，第 463 页。

⑦ （春秋）管仲：《管子》，（唐）房玄龄注，（明）刘绩补注，刘晓艺校点，上海古籍出版社，2015，第 23 页。

性，将之与国家治理联系起来。在流通手段方面，《管子》比较强调"以重射轻，以贱泄平"①，在流通过程中，时机的把握相当重要，要在商品供大于求、比较便宜，货币的购买力强劲时选择买入，而在供不应求，商品价格大涨时选择将之卖出，如此，一方面平抑物价，另一方面获得差价，得到利润。

　　《管子》非一时一人之作，但颇能反映齐国的积极外贸思想。首先，同周文王、周公旦一样，《管子》主张采取各种措施吸引外商前来贸易，如"为诸侯之商贾立客舍，一乘者有食，三乘者有刍菽，五乘者有伍养"②，《管子》相信，当政府为商贾设立专用客舍，并根据外商规模给予递增式服务，则"天下之商贾归齐若流水"③，从这段论述中不难看出《管子》积极发展对外贸易的立场。其次，《管子》重视外贸的战略功能，并主张采用价格策略凸显这一点。如国家需要引入本国所需物资，则"天下下我高，天下轻我重"④；国家需要保证本国重要物资不外泄，则"天下高则高，天下下则下"⑤；国家需要引导本国过剩物资合理流出，获取黄金，则"天下高我下"⑥。在商品体系中，《管子》较为重视粮食，经常以粮食为例阐释其外贸思想中的价格策略："彼诸侯之谷十，使吾国谷二十，则诸侯谷归吾国矣。诸侯谷二十，吾国谷十，则吾国谷归于诸侯矣。"⑦这体现了其重使用价值的一面，也是那个时期人们外贸思想务实特点的体现。

---

① （春秋）管仲：《管子》，（唐）房玄龄注，（明）刘绩补注，刘晓艺校点，上海古籍出版社，2015，第426页。
② （春秋）管仲：《管子》，（唐）房玄龄注，（明）刘绩补注，刘晓艺校点，上海古籍出版社，2015，第463页。
③ （春秋）管仲：《管子》，（唐）房玄龄注，（明）刘绩补注，刘晓艺校点，上海古籍出版社，2015，第463页。
④ （春秋）管仲：《管子》，（唐）房玄龄注，（明）刘绩补注，刘晓艺校点，上海古籍出版社，2015，第460页。
⑤ （春秋）管仲：《管子》，（唐）房玄龄注，（明）刘绩补注，刘晓艺校点，上海古籍出版社，2015，第444页。
⑥ （春秋）管仲：《管子》，（唐）房玄龄注，（明）刘绩补注，刘晓艺校点，上海古籍出版社，2015，第444页。
⑦ （春秋）管仲：《管子》，（唐）房玄龄注，（明）刘绩补注，刘晓艺校点，上海古籍出版社，2015，第437页。

二　秦汉至唐朝的交换思想

(一) 司马迁的分工思想：农工商虞并重思想

司马迁对分工的态度更为理性，他在传统的农工商之外，还注意到了"虞"这一部门："农不出则乏其食，工不出则乏其事，商不出则三宝绝，虞不出则财匮少。"① 强调各部门都有其独特的社会价值。

司马迁认为"富无经业"，各种行业都可助力财富积累。他将致富途径分为三类，本富、末富与奸富，他肯定前两者而否定后者，"本富为上，末富次之，奸富最下"②，本富指通过农业生产及相关活动而获取财富，末富指通过工商业致富，这两者都是司马迁认可的致富途径。奸富指采取非法手段致富，是司马迁坚决反对的。司马迁尤为重视工商业致富的途径，在《史记·货殖列传》中，司马迁以肯定的笔触对春秋战国时期包括子贡、范蠡等在内的一大批私商、小手工业者进行了群像描摹。子贡是孔子七十二位得意门生之一，颇有经商之才并使孔子名扬天下，他通过自己的经营，成为孔子学生中"最为饶益"的富者，亦是"以聘享诸侯"③ 的有一定社会声望的名流。范蠡用计然之策帮助越国成功复仇之后，很是感慨，"计然之策七，越用其五而得意，既已施于国，吾欲用之家"，此后即改名易姓，用计然之策治生，并"三致千金"，年老将家业交给子孙，任其以计然之策打理，收效依然丰厚，"遂至巨万"。④ 子贡、范蠡之外，另有雍乐成、雍伯、张氏、郅氏、浊氏、张里等，他们皆依靠一技之长或小营生起家，最终发家致富，成为钟鸣鼎食的"千金之家"，富甲一方，社会地位与生存质量也因此得到跃升，"巨万者乃与王者同乐"，堪称"素封"。通过治生，实现社会阶层的跨越与社会地位的跃升，这是刺激所有微观治生主体夜以继日进行生产经营的动力所在。

司马迁还联系地区差异分析分工的必要性，在《货殖列传》中，他一一罗列各地物产的自然差异："夫山西饶材、竹、谷、纑、玉石；山东多

---

① （汉）司马迁：《史记》，岳麓书社，1988，第932页。
② （汉）司马迁：《史记》，岳麓书社，1988，第937页。
③ （汉）司马迁：《史记》，岳麓书社，1988，第933页。
④ （汉）司马迁：《史记》，岳麓书社，1988，第933页。

鱼、盐、漆、丝、声色；江南出楠、梓、姜、桂、金、锡、连、丹沙、犀、玳瑁、珠玑、齿革；龙门、碣石北多马、牛、羊、旃裘、筋角；铜、铁则千里往往山出棋置：此其大较也。"[1] 物产不同，围绕着物产延伸的产品加工链条自然不同，各地的工种、手工业产品等也因此迥然有别。但正是因为这种差异，分工协作才能一方面满足社会成员对多元商品的需求，另一方面能极大提高生产效率，增进社会效益。在司马迁看来，这是再自然不过的道理。姜太公因地制宜、发展齐国即为力证："太公望封于营丘，地潟卤，人民寡，于是太公劝其女功，极技巧，通鱼盐，则人物归之，襁至而辐凑。"[2] 按照农耕的生产条件衡量，盐碱地遭遇劳动力不足，这是非常恶劣的生产条件，但太公却化腐朽为神奇，利用自然条件另辟蹊径，发展渔盐业，再用其产品交换所需的粮食等消费品，从而实现富国。

（二）桑弘羊

1. 分工思想

桑弘羊认可分工，认可农工商各个产业的社会贡献："工不出，则农用乏；商不出，则宝货绝。农用乏，则谷不殖；宝货绝，则财用匮。"[3] 在桑弘羊看来，这几个产业相辅相成，缺一不可，没有手工业的生产，农业生产器械匮乏，粮食生产不出来，没有商业的流通，即使各个领域正常生产，市场上商品同样匮乏，也会导致国家用度不足。

在强调各部门社会功能的同时，桑弘羊又指出各部门之间彼此依存的关系："国有沃野之饶而民不足于食者，器械不备也。有山海之货而民不足于财者，商工不备也。"[4]农业部门空有沃野是远远不够的，还需要生产器械，而器械来自手工业部门的生产；同样，社会上生产出各种各样的商品也远远不够，没有商业的流通，百姓同样用度不足。桑弘羊从部门联系看待各部门的社会贡献，比起单纯从部门异质性强调各部门的社会贡献，其社会分工思想已经有所超越。

---

① （汉）司马迁：《史记》，岳麓书社，1988，第931页。
② （汉）司马迁：《史记》，岳麓书社，1988，第932页。
③ （汉）桓宽：《盐铁论·本议》，上海人民出版社，1974。
④ （汉）桓宽：《盐铁论》，上海人民出版社，1974，第3页。

2. 流通思想："以末易其本，以虚荡其实"

商人出身的桑弘羊对于对外贸易的态度沿袭了其一贯肯定商品流通的积极肯定立场，但他更为重视的是外贸的政治属性："故善为国者，天下之下我高，天下之轻我重。以末易其本，以虚荡其实……汝、汉之金，纤微之贡，所以诱外国而钓胡、羌之宝也。夫中国一端之缦，得匈奴累金之物，而损敌国之用……是则外国之物内流，而利不外泄也。异物内流则国用饶，利不外泄则民用给矣。"① 在桑弘羊看来，对外贸易仿佛是占了外国便宜一样的不等价交换，用本国末业所生产的不甚实用的东西交换到了有利于本国发展的实用商品，使外国的重要商品流入我国，损害了对方的实力，却无损我国利益，并使我国财用充足。就这一点而言，桑弘羊还是没有意识到交换的本质，有其历史局限性。

（三）贤良文学的流通思想：对外贸易无用论

盐铁会议上代表霍光与桑弘羊辩论的那些贤良文学基本全面否定了对外贸易，在他们看来，对外贸易有百害而无一利。他们强调，对外贸易使中国的粮食等重要物资外泄，而所交换到的商品又不大实用："求蛮貉之物以眩中国，徙邛、筰之货致之东海，交万里之财，旷日费功，无益于用。"② 从交易的成本与收益角度而言，对外贸易的效率较低。这一观点与桑弘羊的主张刚好相反，体现了那个时期以霍光为代表的利益集团对国家外贸政策的基本立场。

（四）王符的分工思想："三者守本离末则民富"

王符对农、工、商等行业一视同仁，他认可三种行业的社会贡献，认为三者皆是财富生产的本源，并以是否有利于民生为标准，在否定传统本末论的同时提出了自己的观点："夫富民者，以农桑为本，以游业为末；百工者，以致用为本，以巧饰为末；商贾者，以通货为本，以鬻奇为末。三者守本离末则民富，离本守末则民贫。"③ 在王符看来，世上无所谓本业末业，每个行业内部皆有本末，如手工业领域，"致用"为本，"巧饰"为

---

① （汉）桓宽：《盐铁论》，上海人民出版社，1974，第5页。
② （汉）桓宽：《盐铁论》，上海人民出版社，1974，第8页。
③ （汉）王符：《潜夫论》，马世年译注，中华书局，2018，第19页。

末。显然，王符判定本末的唯一标准，就是看其是否服务于百姓日用，那些为特殊群体的侈靡性享受服务的生产是王符极力反对的。王符认为凡是以民用民生为主旨的农工商活动皆是社会的本业，以民用民生为中心的农业、手工业、商业都是社会所需要且能使民致富的经济部门，与之相关的三种职业也都是不可或缺的社会存在。

王符的分工思想使受打击的所谓"末业"的范围大为缩小，为手工业商业的发展提供了理论支撑。以是否服务民用为标准，也打击了社会上服务于特权阶层的奢侈品生产与流通，有利于民生。

（五）孔琳之的价值价格思想："圣王制无用之货，以通有用之财"

对于货币的价值，两晋的孔琳之认为货币本身无价值："故圣王制无用之货，以通有用之财。"[1] 在纸币、电子货币产生以前，作为一般等价物的货币本身也是商品，有其价值，这是货币之所以能够被社会各界人士所接受并作为流通媒介的重要原因，孔琳之没有意识到这一点，有其历史局限性，但同时，他却注意到了货币的流通职能，看到了货币"通"有用之财的作用。

（六）魏徵、韩愈的流通思想：对外贸易有益论

唐代是我国历史上国力较为强盛的时期，实行天下一家的民族政策，因此，对于对外贸易，主流声音是较为认可的。如魏徵认为可以听任外商往来，任由其与边民互市贸易，但不必刻意地待若上宾。[2] 韩愈认为，如对外贸采取合适的方法进行规范管理，则"外国之货日至，珠香象犀，玳瑁奇物，溢于中国，不可胜用"[3]，肯定外贸丰富中国商品的功能。

（七）陆贽的价格思想："物之贵贱，系于钱之多少"

唐代陆贽较为关注物价与货币之间的关系，他认为货币的发行多寡决定商品的贵贱："物贱由乎钱少，少则重，重则加铸而散之使轻。物贵由乎钱多，多则轻，轻则作法而敛之使重。是乃物之贵贱，系于钱之多少。

---

① （梁）沈约：《宋书》，中华书局，2000，第1028页。

② 转引自韦苇《中国经济思想与当代经济发展》，社会科学文献出版社，2011，第220页。

③ （唐）韩愈：《韩昌黎集》，马其昶校注，上海古籍出版社，1986，第284页。

钱之多少，在于官之盈缩。"① 陆贽的这种认识甚至不如先秦时期的墨家与《管子》，货币发行数量影响货币的购买力，并进而影响其在价值尺度职能方面所能体现的商品价值数量，但绝对不会决定商品价值，陆贽对商品价值与货币数量关系的认知不甚科学。

（八）白居易的流通思想：对外贸易不平等论

不过，随着唐朝与周边政权贸易的发展，也有一些学者注意到外贸中的一些不合理现象。如白居易在《新乐府·阴山道》中写道："每岁戎人送马时，道旁千里无纤草。草尽泉枯马病羸，飞龙但印骨与皮。五十匹缣易一匹，缣去马来无了日。养无所用土非宜，每岁死伤十六七。……元和二年下新敕，内出金帛酬马直。仍诏江淮马价缣，从此不令疏短织。……谁知黠虏起贪心，明年来马多一倍。缣渐好，马渐多。阴山虏，奈若何！"② 从最初基于双方真实需求的互惠贸易，发展到利用固定价格输入远超中国所需商品的不平等贸易，白居易以诗作的方式说出了他对于现实对外流通的反思与质疑。

三　宋代至清代的交换思想

（一）李觏

1. 价格思想："贱则伤农，贵亦伤农"

宋代李觏对于商品价格与货币关系的认识大致同古人，无多大创新。在《富国策》中，他阐释了货币购买力与商品价格之间此消彼长的关系："大抵钱多则轻，轻则物重；钱少则重，重则物轻；物重则用或阙，物轻则货或滞，一重一轻，利病存乎民矣。"③ 而商品不管是价格高还是价格低，对于百姓来说，都是不好的市场信号。

对于货币的价值，李觏的看法较为矛盾。一方面，他认为货币本身没有价值："钱者，亡用器也，而可以易富贵。"④ 在货币起源方面，他也沿

---

① （唐）陆贽：《陆贽集》，中华书局，2006，第744页。
② （唐）白居易：《白居易诗集校注》，中华书局，2006，第398页。
③ （宋）李觏：《李觏集·富国策第八》，中华书局，1981，第145页。
④ （宋）李觏：《李觏集·富国策第八》，中华书局，1981，第147页。

袭了圣人创造的主观唯心论。另一方面，他又认为除铜币之外，作为货币的金银有其价值，但不大适用于日常交易："珠玉金银，其价重大，不适小用。惟泉布之作，百王不易之道也。"①

谈及谷物价格，李觏认为季节、供求等因素对之影响颇大："故一谷始熟，腰镰未解而日输于市焉。粜者既多，其价不得不贱。贱则贾人乘势而闵之，轻其币而大其量，不然则不售矣……土将生而或无种也，末将执而或无食也，于是乎日取于市焉。籴者既多其价不得不贵。贵则贾人乘势而闭之，重其币而小其量，不然则不予矣。"②李觏注意到，农民既是收获季节粮食的生产者、售卖者，同时也是播种季节青黄不接时期粮食的消费者、购买者，商人也会根据场景同时具备这两种身份，且擅长利用资本用乘机采购或抛售，这些都会使谷价出现波动。因此，李觏认为传统的"谷甚贱则伤农，贵则伤末"的说法不正确，应是"贱则伤农，贵亦伤农"③，前半句容易理解，李觏重点强调的是后半句，播种季节，当农民青黄不接、成为粮食的购买者时，对粮食的需求较为旺盛，此时粮食供不应求，谷价上涨，如此一来，高谷价同样伤农。李觏把季节、供求与交易主体转化等要素结合起来，对谷价的分析相对全面，也产生了不同于前人的独特论断。

2. 流通思想：增加常平仓储备思想

李觏认为政府增加资金投入、加强常平仓在流通中的地位是实现谷价常平的关键，他认为谷价波动过大的最主要因素是常平仓储备的谷物过少，商人趁机掌控大部分谷物，并在谷价波动之际做出最有利于自己的经济决策。因此，政府应增加常平本钱，在收获季节、谷价低时大量收购，而在播种时节、谷价高时大量抛售，如此，一方面可打击商人的投机行为，使"大贾蓄家不得豪夺"；另一方面，使"秋粜不甚贱，春籴不甚贵"④，确保了物价常平，稳定了流通秩序。

---

① （宋）李觏：《李觏集·富国策第八》，中华书局，1981，第145页。
② （宋）李觏：《李觏集·富国策第八》，中华书局，1981，第142页。
③ （宋）李觏：《李觏集·富国策第八》，中华书局，1981。
④ （宋）李觏：《李觏集·富国策第六》，中华书局，1981。

（二）苏轼

1. 价格思想：法不税五谷

苏轼认为税收是影响商品流通，进而影响物价的一个重要因素，如果"法不税五谷"，那么，"丰熟之乡，商贾争籴以起太贱之价；灾伤之地，舟车辐辏以压太贵之直"①，物价的高低取决于商贾参与流通的程度，而商贾进行流通的积极性又与税负紧密相关，国家如果不对五谷流通进行征税，那么，商贾就会积极前往各地进行流通，如此，丰收之地即使供大于求，商贾的购买也会迅速消化市场存量，避免谷价太低；受灾之地，商贾的销售会使商品供应迅速适应需求，避免谷价过高。比起前人，苏轼从税收角度考察商品价格，且加入了商品流通供应因素这一中间变量，这种视角是较为新颖的。

2. 流通思想：五谷无税则商贾必大流通

苏轼对商品流通的观察较为仔细，提出了不少有见地的流通观点。首先，苏轼注意到流通中的预购与赊卖现象："夫商贾之事，曲折难行。其买也先期而与钱，其卖也后期而取直。多方相济，委曲相通，倍称之息，由此而得。"② 预购与赊卖可节省流通中所需要的货币，节省流通成本，因此可以大大提高流通效率，苏轼对这种商业流通现象及其影响进行了客观论述。其次，苏轼还注意到商品流通中巨商的资本竞争优势："千金之家，日出其财以网市利。而贩夫小民终莫能与之竞者，非智不若，其财少也。是故贩夫小民，虽有桀黠之才，过人之智，而其势不得不折而入千金之家者，何则，其所长者不可以与较也。"③ 多财善贾，长袖善舞，充足的资金可大大提高商人的竞争实力，决定商人竞争地位的往往不是才智，而是雄厚的资金，小商人在这一方面无法与巨商相抗衡。最后，苏轼认为税收与商品流通的关系较大："五谷无税，商贾必大通流。"④ 因此，他主张取消谷物税以刺激流通，把国家的税收政策与商业发展结合起来进行分析。

对外贸易方面，苏轼持保守态度。苏轼肯定国内商业流通，却反对国

① （宋）苏轼：《苏东坡文集》，孔凡礼点校，中华书局，1986，第990页。
② （宋）苏轼：《苏东坡文集》，孔凡礼点校，中华书局，1986，第736页。
③ （宋）苏轼：《苏东坡文集》，孔凡礼点校，中华书局，1986，第285页。
④ （宋）苏轼：《苏东坡文集》，孔凡礼点校，中华书局，1986，第992页。

际贸易。在《乞禁商旅过外国状》中，他从国家治理的视角反对与周边的高丽、新罗进行贸易，主张国家对国际贸易进行严格禁止，体现了其流通思想的多元性特点。

（三）宋高宗的流通思想：市舶之利颇助国用

宋朝时期，随着工商业与造船业的发展，对外贸易的经济效益也得以凸显。宋高宗就看到了"市舶之利颇助国用"的功能，强调"市舶之利最厚，若措置合宜，动辄以百万计，岂不胜取于民"[①]。在传统小农社会，作为最高统治者的宋高宗已经从国家治理的角度看到了"市舶之利"优于传统赋役方式的财政价值，一方面说明了"靖康之耻"后的皇帝更加注重务实性，另一方面，也说明对外贸易发展带给国家的经济效益已经足够可观，以至成功地引起最高统治者的关注。并且，宋高宗为了激励官员致力于发展外贸，竟然采取了制度激励的方式，根据官员所能带来的外贸收入贡献给予奖励："累价及五万贯，十万贯者，补官有差。"[②]升迁对于任何一个级别的官员来说都是强激励，宋高宗此举传递出的信号是异常明晰的，务实的统治者看中了对国家财政贡献颇大的市舶之利，不惜以制度供给的方式促进对外贸易的发展，体现了宋朝统治者对外贸流通的肯定态度。

（四）周行己的价格思想：钱与物本无轻重

南宋永嘉学派的学者周行己从钱币发行角度讨论物价问题，并对此有比较深刻的认识："故钱与物本无重轻。始以小钱等之，物既定矣，而更以大钱，则大钱轻而物重矣。始以铜钱等之，物既定矣，而更以铁钱，则铁钱轻而物重矣。物非加重。本以钱小，铜钱为等，而大钱、铁钱轻于其所等故也。何则？小钱以一为一，而大钱以三为十故也……然而当十必至于当三，然后可平。"[③]商品交换时，钱物相等，轻重自然适度，但一旦发行不足值的大钱，必然会发生钱轻物重现象，"钱之利一倍，物之贵两倍"，物价上涨并不是商品价值增加，而是表现商品价值的货币发生了变化，破坏了原来的"等"，钱变轻了，物自然就重了，且在其他条件不变

---

① （清）徐松：《宋会要辑稿》，上海古籍出版社，2014，第4213页。

② （元）脱脱等：《宋史》，中华书局，2000，第437页。

③ （宋）周行己：《浮沚集·上皇帝书》，中国书店，2018。

的情况下，钱越轻，物越重，商品的价格越高。

（五）叶适的价格思想：钱多而物少，百物皆贵而钱贱

叶适的价格思想无大的创新，他认为物价上涨的原因是"钱多而物少"，因此"百物皆贵而钱贱"①，这仍然是从货币发行的视角来解读物价的，不过，在谈及货币发行量的同时，他又加上了商品生产供给方面的要素。一方面，商品生产较少，供不应求；另一方面，国家又发行了太多的货币。两者叠加，自然会进一步促使物价高涨。

（六）郑至道的分工思想：士农工商皆本论

郑至道，字保衡，莆田广业人，宋仁宗至宋哲宗年间为官。

郑至道的分工思想集中体现于其在天台任知县时所作《谕俗七篇》之中，他提出了四业皆本论，一反传统的农本工商末论调，认为从社会分工的视角，士、农、工、商四种职业都是社会所需的本业，均在社会分工中有其重要的地位与作用。"古有四民曰士曰农曰工曰商，士勤于学业则可以取爵禄，农勤于田亩则可以聚稼穑，工勤于技巧则可以易衣食，商勤于贸易则可以积财货，此四者皆百姓之本业。自生民以来，未有能易之者也。若能其一，则仰以事父母，俯以育妻子而终身之事毕矣。"② 郑至道认为，士农工商是社会所需的四个重要部门，每个部门的主体都是社会不可或缺的重要组成部分，其劳作都对社会产生了重要贡献，学业、农业、手工业、商业等领域的从业者皆可凭借一技之长在社会上立足，用自己的劳动成果交换所需的生活用品，维持一家老小的用度及家庭开支，履行其社会职责，没有道理厚此薄彼。

郑至道是中国经济思想史上首次系统阐释四业皆本的思想家，他对士农工商一视同仁，从本业的角度肯定四业的社会地位与贡献，将之都归入本业，对手工业、商业这样的在主流视野中较为边缘的社会部门进行了充分的肯定，对传统的农本工商末思想进行了彻底的否定，这种大力度的肯定是以往朝代所罕见的。

---

① （宋）叶适：《习学记言序目·财计中》，中华书局，1977。
② （宋）陈耆卿纂《嘉定赤城志》，成文出版社，1983，第7362页。

（七）卢世荣的价格思想：设立平准周急库思想

对于"诸物踊贵"之经济现象，元代卢世荣认为这与货币发行影响宝钞的购买力不无关系，因此，他主张设立平准周急库，利用回收一部分纸币、减少市场流通纸币的手段来提高纸币的购买力，缓解物价上涨。显然，卢世荣解决物价飞涨的思路同于前人，用的也是货币量化手段。不过，在稳定粮价、盐价问题上，卢世荣比较偏向常平做法，注重平抑粮价与盐价的常平本金的筹集与使用，如他主张把盐产量的三分之一作为常平盐，盐价上涨之时政府向市场原价抛售，平抑盐价。这种思想与历代的常平思想类似。

（八）丘濬

1. 价格思想："物与币两相当值"

明代丘濬也触及商品价值思想，他提出："必物与币两相当值，而无轻重悬绝之偏，然后可以久行而无弊。"① 此处的"两相当值"强调的是两种商品的等价性，已指向了商品的价值范畴。丘濬认为只有商品与货币价值相等，轻重相当，商品的交换与流通才能长久且良性地持续下去。对于商品价格，丘濬也非常重视，他认为物价常平很重要，并尤为重视粮食价格。如何维持粮食价格的稳定呢？丘濬给出了自己的看法，一者，掌握有关粮食货币的充分信息，使两者数量相匹配，"使上之人知钱谷之数，用是而验民食之足否，以为通融转移之法。务必使钱常不至于多余，谷常不至于不给，其价常平"②，钱与谷的数量不要出现过多过少现象，如此，物价常平。二者，国家根据年景随时进行调控，有意识地平衡市场粮食供求："岁穰民有余则轻谷，因其轻之之时官为敛籴则轻者重。岁凶民不足则重谷，因其重之之时官为散粜则重者轻。"③ 这种做法实际就是贱买贵卖的常平做法。但丘濬较为注重灵动性："随其熟而收其物，不必专其地；因其时而予之价，不必定于官，视年丰歉，随时粜籴。"④ 即因时因地随时

---

① （明）丘濬：《大学衍义补·铜楮之币·吴孙权始铸当千钱》，上海书店出版社，2012。
② （明）丘濬：《大学衍义补·铜楮之币·刘陶》，上海书店出版社，2012。
③ （明）丘濬：《大学衍义补·市籴之令·日中为市》，上海书店出版社，2012。
④ （明）丘濬：《大学衍义补·市籴之令·日中为市》，上海书店出版社，2012。

变通，总的原则是抓住最佳市场时机，用较低的成本实现物价常平的调控目标。

2. 流通思想："使民懋迁其有无也"

丘濬积极支持民间商业流通活动。首先，丘濬认可市场的作用，将之看作一个满足百姓交易、获取日常商品的重要平台："《周官》于市肆一事，设官如此之详，所以使民懋迁其有无也。"① 他将商业与王政结合起来，把政府是否能支持商业发展作为判定政府是否实施王政的一个重要标准。除此以外，他还认为市场关乎国民财富的积聚，关乎国家财政："所致所聚之处，是即所谓市也。人各持所有于市之中而相交相易焉。以其所有，易其所无，各求得其所欲而后退，则人无不足之用。民用既足则国用有余也。"② 丘濬的逻辑思路非常清晰，国家财用取之于民，民足方能国足，而要保证民足，商业与市场不可或缺，民足的前提是人人在市场交易中各得其所。其次，丘濬不仅支持国内商业流通，还鼓励向国外发展，拓展海外贸易。论及原因，他从缓解走私违禁行为、增加国家税收等角度强调了其思想的合理性。不过，他强调一定要加强管理，市舶司的管理职能要得到充分履行。最后，丘濬反对官营商业与民争利的做法，主张政府应放松对商业活动的管制，支持其自由发展。对于以往历代朝廷的官营做法，他颇为反感："堂堂朝廷而为商贾贸易之事，且曰欲商贾无所牟利，噫！商贾且不可牟利，乃以万乘之尊而牟商贾之利，可乎！"③ 在丘濬看来，这种做法无疑是"与民争利"，而就竞争力而言，普通商民与国家根本就不是一个重量级别的，一旦国家对盐、铁、酒等生活必需品进行官营专卖，商民只能被挤出市场，因此是"专利"之举，国家利用了自己的暴力优势与雄厚的资金实力，丘濬由此发出了"以万乘之尊而牟商贾之利，可乎"这样的感叹。他建议国家放松对盐、茶、酒的专卖管制，用征税的方式代替以往太过严厉的专卖政策，"使民自为之"④，政府按照其销售量进行征税即可。

---

① （明）丘濬：《大学衍义补·市籴之令·日中为市》，上海书店出版社，2012。
② （明）丘濬：《大学衍义补·市籴之令·日中为市》，上海书店出版社，2012。
③ （明）丘濬：《大学衍义补·市籴之令·日中为市》，上海书店出版社，2012。
④ （明）丘濬：《大学衍义补·征榷之课·武帝榷酒》，上海书店出版社，2012。

（九）傅元初、许孚远、张瀚、慕天颜、范承谟、李清芳等：通海论

明清时期，围绕对外贸易的争议尤为激烈。因为倭患等问题，自明代开始，政府时断时续地实行海禁政策，围绕着要不要禁海、应该通海还是禁海，当时的有识之士争议颇大。总体而言，形成两大阵营：通海派与禁海派。但两大阵营在论证自己的观点时，又多是从政治、经济、军事等维度强调自己观点的合理性。

主张通海的学者强调，首先，通海有利于国家对沿海居民的管理，不至于使其因失去生计而生反叛之心，加入倭寇或反叛者阵营；其次，通海有利于增加政府收入，市舶之利不容小觑，同时，也有利于增加百姓收入；最后，通海有利于知己知彼，掌握敌方信息，从而百战不殆。同时，通海给了商人们以正常途径获利的方式，大大减少了商民加入敌寇的概率，减少了战争隐患。通海阵营的代表人物有明朝的傅元初、许孚远、张瀚等，清朝的慕天颜、范承谟、李清芳等人。其中，许孚远的通海思想较有代表性。许孚远认为，严格的禁海措施会使"商转而为寇"，断了渔民生计，减少关税收入，因此，他提议："凡走东西洋者，制其船舶之多寡，严其往来之程限，定其贸易之货物，峻其夹带之典型，重官兵之督责，行保甲之连坐，慎出海之盘诘，禁番客之留止，厚首举之赏格，蠲反诬之罪累。"① 即政府可在每一个海外贸易流通环节加强管理，确保所流通之物符合国家规定，无违禁商品，要求商民如实上报相关信息，并且通过严格的赏罚制度提高违法成本，使商民不敢触犯相关管理条例，如此，既可避免禁海所带来的一系列问题，又确保了通海在多个层面所带来的潜在收益。许孚远的对外贸易思想比较系统而具体，在明代思想家中有一定的代表性。

（十）归有光、朱纨、纳兰明珠、李光地等：禁海论

主张禁海的阵营也较为庞大，代表人物有明朝的归有光、朱纨等，清朝的纳兰明珠、李光地等。这些思想家反对通海的理由大体可归纳为如下几点：第一，通海使敌寇可轻易进入华夏，增加了管理隐患。第二，通海使中国高附加值商品如火药等流出，增强了外人的战斗力。第三，中国地

---

① （明）陈子龙等编《明经世文编·疏通海禁疏》，中华书局，1962。

大物博，不需要通过对外贸易也能确保商品的丰富与充裕。

（十一）黄宗羲的分工思想：工商皆本论

明清之际的黄宗羲亦持工商皆本论："今夫通都之市肆，十室而九，有为佛而货者，有为巫而货者，有为优倡而货者，有为奇技淫巧而货者，皆不切于民用；一概通绝之，亦庶乎救弊之一端也。此古圣王崇本抑末之道。世儒不察，以工商为末，妄议抑之；夫工固圣王之所欲来，商又使其愿出于途者，盖皆本也。"① 黄宗羲也认为工商是本业，是社会所需的部门，从分工的角度而言，这种观点自然毋庸置疑。但是，黄宗羲基于主观唯心说认为手工业与商业的产生是圣王的意愿；另外，他又从是否服务民用的角度，对交易种类进行了优劣判定。从这两方面来说，其工商皆本论的理论价值反倒不如郑至道的四业皆本论，从社会分工视角对手工业与商业的支持态度也不如后者那么彻底而坚定。

（十二）王夫之

1. 分工思想："商贾贸贩之不可缺也"

清初王夫之对商贾的态度较为矛盾，一方面，他对商贾持负面态度及立场，动辄将其与夷狄联系起来："商贾者，于小人之类为巧，而蔑人之性、贼人之生为已亟者也。乃其性恒与夷狄而相取，其质恒与夷狄而相得，故夷狄兴而商贾贵……夷狄资商贾而利，商贾恃夷狄而骄，而人道几于永灭。"② 王夫之对商贾的定位颇低，将之与代表蛮荒文明的意向联系起来，把商贾理解为唯利是图、骄奢淫逸、不劳而获的群体："商贾之骄侈……罔利以削人之衣食……富也不劳……故生民者农，而戕民者贾。"③ 这种定位批判的意味非常浓郁。另一方面，王夫之又从社会分工的角度肯定商人的社会功能："商贾贸贩之不可缺也，民非是无以通有无而赡生理，虽过傲民利，而民亦待命焉。"④ 他认为商贾流通百姓所需的物资，虽然拿走了很大一部分民利，但对于全社会而言，其社会功能是其他部门所无法代替的。

---

① （清）黄宗羲撰，孙卫华译注《明夷待访录》，岳麓书社，2021，第183页。

② （明）王夫之：《读通鉴论》，舒士彦点校，中华书局，2013，第358页。

③ （明）王夫之：《读通鉴论》，舒士彦点校，中华书局，2013，第46~47页。

④ （明）王夫之：《宋论》，中华书局，1964，第47页。

2. 价格思想："当其贱，不能使贵"

王夫之涉及价值的言论较少，但在谈及纸币时无意识地论及价值问题。王夫之反对使用纸币，认为纸币无价值："以方尺之纸，被以钱布之名，轻重唯其所命而无等。"① 这里的"无等"已涉及作为交换媒介的纸币能否衡量商品价值的问题，以王夫之的逻辑来看，答案显然是否定的。他认为无价值的纸币被人为规定了某种价值，无法准确反映商品价值，所以不能作为商品交换的中介。显然，王夫之不明白纸币只是贵金属货币的符号，他把纸币置于与白银、铜币同等的性质加以讨论，自然难以准确认知其本质。关于粮食价格问题，王夫之一方面坚持传统的"粟贱伤农"论，另一方面又不主张对粮食价格进行硬性的人为干预，"乃当其贵，不能使贱，上禁之弗贵，而积粟者闭籴，则愈腾其贵，当其贱，不能使贵；上禁之勿贱，而怀金者不雠，则愈益其贱；故上之禁之，不如其勿禁也"②，如果只是单纯地用指令性方式规定市场价格，效果自然较差。不过，王夫之没有注意到，在中国古代，很少有君主直接采用行政手段强行平抑物价，更多的是采用类似常平制度的经济手段。对于通过常平做法影响物价，王夫之是认同的，"贱则官籴买之，而贵官粜卖之"③，并将耿寿昌的常平做法称为利民之善术。

3. 流通思想："天下交相灌输，而后生人之用全，立国之备裕"

王夫之在《黄书》中肯定商业活动的社会贡献："其他千户之邑，极于瘠薄，亦莫不有素封巨族冠其乡焉。此盖以流金粟，通贫弱之有无，田夫畦叟盐鲑布褐，伏腊酒浆所自给也。"④ 哪怕地处偏僻小镇，商业流通的力量也可保障有满足百姓生活所需的充足的物质资料供应。对于进行商业活动的市场平台，他也非常认可其功能："夫可以出市于人者，必其余于己者也。此之有余则彼固有所不足矣。而彼抑有其有余又此之所不足也。天下交相灌输，而后生人之用全，立国之备裕"⑤，王夫之注意到进入市场的交易者皆是有所求的，要么出售自己有余的东西以获取价值，要么购买

①　（明）王夫之：《宋论》，中华书局，1964，第81页。
②　（明）王夫之：《读通鉴论》，舒士彦点校，中华书局，2013，第447页。
③　（明）王夫之：《读通鉴论》，舒士彦点校，中华书局，2013，第447页。
④　（明）王夫之：《思问录　俟解　黄书　噩梦》，王伯祥点校，中华书局，2009，第128页。
⑤　（明）王夫之：《读通鉴论》，舒士彦点校，中华书局，2013，第823页。

自己不足的东西以获取使用价值，通过这样的交易，天下商品得以流通，每个人各取所需，人人用度齐全，国家商品储备充足。

第三节　中国传统交换思想简析

一　中国传统交换思想的特点

1. 交换思想体现统治阶级意志

分工思想方面，大部分思想家都较为重视分工，承认各个部门的社会职能与社会贡献，但对各个部门的管理及重要性的评价均以是否有利于提高政府管理效率及增强政府财政实力为要。如春秋时期的四民分业定居理论以减少各业民众流动性及其见异思迁的概率、培养民众职业素养、提高专业学习效率为指向，齐国的"叁其国而伍其鄙"及元明清时期政府的户籍分类管理皆是对这一思想的实践，这些做法都特别有利于统治者提高管理效率。再如谈及抑商原因，李悝的"故上不禁技巧则国贫民侈"[①]、荀子的"工商众则国贫"[②]也都将抑商思想的目的指向了国家管理层面。

价值价格思想方面，思想家们较为关注粮食价格，除此之外，盐、铁、酒价格也是其相对关注的对象。一般而言，他们的论点会落在如何维持这些商品物价常平方面。中国古代思想家们的关注点是历代君主的治国痛点及难点，毕竟，生活必需品价格影响社会秩序与社会治理，稳定的生活必需品价格与良好的社会秩序有着较强的正相关性，因此，围绕社会治理问题，急君主之所急、想君主之所想是深受"修齐治平"影响的思想家们践行君子使命的主要方式。在中央集权制的政治体制之下，士子们如果想让自己的思想变为影响实践的制度，首先必须得到君主及其利益集团的认同，要得到这种认同，就必须以其关注点为关注点，以其希冀的治理目标为思考的指向。

流通思想方面，国内流通思想往往聚焦市场及商品流通互通有无、通

---

①　（汉）刘向：《说苑译注》，程翔译注，北京大学出版社，2009，第543页。

②　（战国）荀况：《荀子》，（唐）杨倞注，耿芸标校，上海古籍出版社，2014，第120页。

功易事、促进经济发展之社会职能，国际流通思想则更为倾向流通的政治、军事、外交、经济等属性，其中，前三种属性体现得更为明显。《管子》的守泄原理与因乘之术，桑弘羊的以虚荡实论，明清的通海派、禁海派的通海、禁海思想等无不体现了这一点。在古代思想家眼中，外贸是服务于统治阶级的工具，凡是有利于加强其统治的，都是好的政策，反之亦然。古代思想家们流通思想的服务指向性非常清晰，阶级属性也很明显。

2. 交换思想局限于传统农业文明体系之中

（1）理论深度不足

分工思想方面，中国古代思想家讨论较多的是各个部门的社会职能与社会贡献，对分工促进经济发展的机理、路径、逻辑等讨论相对较少。从讨论的深度来看，大多数思想家就现象谈现象，只着眼于浅层表象分析，而从理论层面探究问题本质的讨论较少。

价值价格思想方面，涉及商品价值的讨论较少，而涉及价格的讨论相对较多。且在讨论价格时，大多数思想家往往聚焦货币、供求等容易观察到的现实感性因素，聚焦价格形成机制、价格调控机制的理性思考相对欠缺。

流通思想方面，学者们也大多关注表面的商品流通，如商品流通的表现、社会功能、存在问题、解决之策等，鲜见从理论层面思考流通与生产的比例及其影响等问题的学者。

中国古代交换思想理论深度不足的特点是时代的产物，是社会存在决定社会意识的必然结果。在小农经济背景下，中国工商业始终被定位为农业的补充，被限制在传统的小手工业、传统商业的范围内。影响工商业进一步充分发展的因素比比皆是：重农抑商的意识形态始终有市场，贱商轻商的理念及制度安排一直没有从中国传统社会形态中彻底退场；学而优则仕的激励机制吸引中国优秀人才投身于仕途，完善而有效率的优秀商业人才培训体系构建乏力；"以末致富、以本守之"的再生产方式影响了工商业的扩大再生产；为在中央集权制背景下立足，商人们纷纷用巨资结交官员，或培育自己家族子弟为官，但这种投资也有巨大的风险和不确定性，商人们缺乏支撑其发展的稳定体系，以上因素大大制约了中国传统工商业的充分发展及其现代化转型。思想是对现实问题的反思，工商业发展不充分，无法为理论发展提供现实的活泼的生动的材料，理论发展的深度可想而知。

（2）小农经济特色明显

分工、价值价格、流通等领域的传统经济思想都是围绕着小农经济展开的，不管涉及哪一个议题，不管从哪一个视角展开阐释，最终，思想家们一定会绕回到农业发展维度上来。

分工思想方面，尽管肯定其他部门的社会职能，但大多数思想家与学者仍将农业定位为本业，是最重要的生产部门，即使后期出现了主张本末并重的桑弘羊、主张四业皆本的郑至道等人，但丝毫不能冲击与动摇农业在大多数学者心目中的本业地位。

价值价格思想方面，大多数学者探讨的是与农业相关的粮食及手工业品价格，这与男耕女织、自给自足的传统小农经济不无关系。此外，讨论价格较多，对价值的讨论偏少。讨论流于表象，只关注到价格与供求、政令等方面的浅层联系，无法深入认识价值的本质，是当时尚不发达的工商业社会存在的体现。

流通思想方面，学者们亦存在重使用价值轻价值的共性。商鞅的"金生粟死论"、桑弘羊的"以末易其本"理论皆是典型案例。

鲜明的小农经济立场是社会存在决定社会意识的必然产物。小农经济时代，农业发展是小农经济体系的重中之重，是理解传统农业文明的枢纽。尽管自给自足、男耕女织、晴耕雨织、技术水平较低、生产规模较小、生产的社会化程度不足等是传统小农经济的特点，整个社会发展水平较低且受自然的约束较大，但农业毫无疑问是那个时期的主要产业，粮食等农作物是社会的主要产品，只有农业得到发展，其他领域的发展才能成为可能。处于这种背景下的中国古代思想家不可能不明白这一点，这也是他们在阐释交换思想时不自觉地回归农业经济发展立场的根本原因。

二　中国传统交换思想的影响

社会意识一旦产生，就会对社会存在产生强劲的反作用力。在中国传统交换思想的影响下，中国传统交换领域的成就斐然。

（1）国内工商业、城市不断发展，市场规模不断扩大

从历时性视角来看，尽管我国古代工商业是在一个以农业为主的经济体系中产生的，但亦随着各历史时期交换的持续发展而渐成气候，成为我

国小农经济体系中一个充满活力的领域。

春秋战国时期，"工商食官"，虽以官营手工业为主，但已出现类似范蠡、白圭、子贡等的卓越商人，也有类似鲁班的有一定影响力的私营手工业者。汉唐纺织业发达，造纸业、制糖业、酿酒业等行业都得到很大程度的发展，私营手工业覆盖以上领域。长安城有九市、民间形成的"草市"，飞钱、质库等汇兑、典当业务发展起来，行会组织出现。隋朝大运河使得南北交通大通道得以构建，进一步促进了全国商品流通。宋元的造船业、陶瓷业发展迅速，不再区分市、坊，出现了晓市与夜市，草市合法化发展，"城廓户"出现，市民阶层形成。明代苏松一带丝织业发展较快，出现机坊雇用机工现象。此外，还出现包买商用原料换取成品的现象，专业化分工及市场组织得到进一步发展。徽商、晋商、闽商等商帮形成。清朝江南丝织业进一步发展，民营手工业经营方式也更加灵活，有开设作坊雇工生产模式，亦有发放原料收取成品计件付资方式。政府取消有关官营手工业的匠籍徭役制度。清代盐商势力盛极一时，大手笔支持政府的赈灾、河患治理、军事等活动，如乾隆嘉庆时期，两淮盐商捐款额为三千八百二十六万六千两。

（2）国际贸易不断加强，民族融合与技术交流不断推进

从共时性视角来看，在"大分流"之前，中国工商业文明一直是世界文明体系中非常重要的组成部分，中国对外贸易在促进世界贸易发展、民族融合、技术传播等方面也功不可没。

受交通、通信等条件限制，古代世界贸易一般呈现较强的区域性特征，距离较近的区域进行贸易的频率较高、规模较大。在西方形成地中海贸易圈、波罗的海与北海贸易圈的同时，东方也形成了东亚贸易圈，中国在这个贸易圈中无疑一直是非常强大的存在，处于中心地位。除中国以外，其中还有日本、朝鲜、南洋等地区，但东亚贸易圈是以中国为中心向外辐射的，中国的影响力客观存在且首屈一指。

中日交流始于秦汉，盛于隋唐。明清时期，受倭寇问题、禁海政策等因素影响，中日贸易规模锐减，但两国交流一直未曾断绝。日本从中国大量进口的商品为丝绸、瓷器、笔墨等，出口到中国的商品为硫黄、木材、武士刀等。中朝贸易同样历史悠久，朝鲜出口到中国的商品有人参、乐

器、麝香、扇子等。南洋地区是中国与西方贸易的必经之地，地理位置非常重要。因与中国较近，双方很早就有贸易往来，后在此基础上形成重要的海上丝绸之路。同样，中国出口品多为丝绸、茶叶、瓷器等，而南洋各国出口到中国的商品多为香料。宋朝时期，据《诸蕃志》记载，与中国进行贸易的国家已有 50 多个。

1840 年以前，政府支持的大型对外贸易与交流活动以张骞通西域、郑和下西洋最为知名，前者"凿空"[①] 西域，打通连接中国与西方的通道，形成强力影响后世贸易的丝绸之路；后者是中国贡赐贸易的代表，在打击海盗、探索海外贸易航线、和平对外交流方面建树颇多，郑和下西洋的航线有42 条，航程 10 余万里，发展了中国与菲律宾、印度尼西亚、南非等地的贸易。

古代中国与东亚贸易圈国家及西方国家的贸易促使了各个经济体的发展，使得各贸易地区的商品种类不断丰富、民族不断融合，各领域文化与技术交流也得以不断发展。以农产品为例，张骞通西域后，大蒜、苜蓿、葡萄、黄瓜等作物及其种植技术传入我国，大大丰富了我国百姓的农产品消费种类。中国的四大发明也通过商人传至世界各地，有力地促进了世界文明的发展。指南针促进了航海业发展、火药促使军事武器发生质变、造纸术与活字印刷术大大降低了文明的传播成本。在古代的对外交换活动中，中国技术的世界贡献凸显。

❀ 本章关键术语

金生而粟死；刀籴相为贾；四民分业定居；士农工商皆本论

❀ 思考题

1. 简析墨子的交换思想。

2. 简述范蠡的交换思想。

3. 比较分析王符与郑至道的分工思想。

4. 比较分析明清时期的禁海与通海思想。

---

① （汉）司马迁：《史记》，岳麓书社，1988，第 390 页。

第五章
中国传统消费思想专题研究

第一节　马克思主义视野下的消费

一　一般性生产关系中的消费

消费反作用于生产。正是因为存在着消费行为，才能产生交换，才能使生产出来的商品实现价值，把生产的产品变为现实的产品，把私人劳动转换为社会劳动。消费的规模、结构、水平与层次也会对生产产生积极的反馈作用，前者发生变化，会促使后者也随之产生变化。

二　资本主义生产关系中的消费

资本主义生产关系中，一切活动都围绕着剩余价值而组织，消费是生产剩余价值、实现剩余价值的前提与保障。生产过程是对生产资料的消费过程，是通过消费生产资料生产剩余价值的过程，流通过程是通过消费实现剩余价值的过程。个别资本运动如此，社会资本运动也如此。不过，个别资本运动只包括生产消费和与之相适应的资本流通，而社会资本运动既包括生产消费和与之相适应的资本流通，又包括个人生活消费和与之相适应的一般商品流通。

马克思在分析社会资本再生产的过程中，把生产消费与生活消费都考虑在内，构建了两部类模型：生产生产资料的部类与生产消费资料的部类。要实现社会再生产的顺利开展，必须使两大部类保持一定的比例关系。一方面，生产资料的总供给应等于总需求，即生产生产资料部类的总供给（生产）应等同于全社会对生产资料的总需求（消费）。另一方面，消费资料的总供给等于总需求，即生产消费资料部类的总供给（生产）应等同于全社会对消费资料的总需求（消费）。换言之，两大部类资本家生产剩余价值过程中对生产资料的消费使生产生产资料部类的产品的价值得以实现，两大部类资本家、工人对消费资料的消费使生产消费资料部类的产品的价值得以实现，消费使得社会总产品的价值补偿得以实现，方有了后续的实物补偿，社会资本再生产的核心问题才得以解决，剩余价值的不断生产与实现也才得到了保障。

第二节　中国传统代表性消费思想

在生产力水平较低的小农经济时期，相对于庞大的人口，消费物资一直处于较不充裕的程度，因此，节俭消费思想是中国古代消费思想的主基调，是消费领域的主流思想。但是，亦有一部分思想家在倡导节俭消费的同时，看到积极消费的功能性价值，主张鼓励消费，是非主流消费思想。

（一）先秦时期的消费思想

1. 孔子、孟子、荀子：以等级性为特征的权变节俭消费思想

先秦儒家学者倡导节俭消费，但又特别注重按等级消费，且在遵守等级消费的同时能因时而异，根据时代的变化有所调整，体现了灵活权变的特点。

（1）孔子

第一，孔子强调节俭，这是其消费思想的基本立场。"礼，与其奢也，宁俭；丧，与其易也，宁戚。"[1] "奢则不逊，俭则固。与其不逊也，宁固"[2]，在奢侈与节俭之间，孔子毫不犹豫地选择了后者，认为其更符合礼制。在《雍也》篇中，他对颜回安贫乐道的连声赞叹亦充分说明了其立

---

[1]　钱逊解读《论语》，国家图书馆出版社，2017，第97页。

[2]　钱逊解读《论语》，国家图书馆出版社，2017，第205页。

场，"贤哉回也，一箪食，一瓢饮，在陋巷，人不堪其忧，回也不改其乐。贤哉回也"。他反对竭泽而渔的消费行为，并以自身行动践行了其节俭消费理念，"子钓而不纲，弋不射宿"①。在《学而》篇中，孔子将"节用而爱人"作为管理千乘之国的重要原则之一。

第二，孔子特别注重等级性。在《八佾》篇中，孔子对季氏"八佾舞于庭"的行为提出质疑，感慨"是可忍也，孰不可忍也"②，按照礼制，乐舞的消费等级是天子八佾，诸侯六佾，卿大夫四佾，士二佾。八佾是属于天子级别的待遇，而季氏属于卿大夫级别，使用八佾是严重违背礼制之举。孔子的质疑与感慨明确地强调了他对等级性的重视。

第三，节俭消费、遵守礼制的同时，可适当变通。在《子罕》篇中，孔子强调，"麻冕，礼也；今也纯，俭，吾从众"③，本来，用麻制作的帽子更符合礼制，但以丝替代麻更符合节俭标准，也被大家所接受，孔子采取了因顺从众态度，而非僵化地必须遵照原有的礼制。

（2）孟子

第一，孟子认可节俭消费。"贤君必恭俭礼下，取于民有制"④，孟子反对以过分敛财于民的方式满足君主的奢侈消费，要求君主务必节俭，从而倡导整个社会的节俭之风。同时，他也强调消费的可持续性，反对竭泽而渔式的消费，"数罟不入洿池，鱼鳖不可胜食也；斧斤以时入山林，材木不可胜用也"⑤。他以牛山为例，强调了对自然资源进行持续性消费的重要性："牛山之木尝美矣。以其郊于大国也，斧斤伐之，可以为美乎！是其日夜之所息，雨露之所润，非无萌蘖之生焉，牛羊又从而牧之，是以若彼濯濯也。"⑥ 当自然界的自我恢复能力赶不上人类的消费速度时，牛山变成光秃秃的荒山，人类的可持续性消费成为奢望。

第二，孟子强调消费的等级性，反对一味地尚俭。孟子安葬母亲一事充分说明了其观点。当孟子的学生充虞请教缘何"木若以美然"时，孟子

① 钱逊解读《论语》，国家图书馆出版社，2017，第198页。
② 钱逊解读《论语》，国家图书馆出版社，2017，第198页。
③ 钱逊解读《论语》，国家图书馆出版社，2017，第227页。
④ 金良年译注《孟子译注》，上海古籍出版社，2012，第73页。
⑤ 金良年译注《孟子译注》，上海古籍出版社，2012，第4页。
⑥ 金良年译注《孟子译注》，上海古籍出版社，2012，第171页。

的回答是："君子不以天下俭其亲。"① 他认为自己厚葬母亲的行为并未有违背礼制,反倒是对礼制的遵守,履行节俭准则与其在财力允许、符合礼制的前提下表达孝心并不矛盾。孟子的变通性也体现在他对父母的差异性安葬方面。孟子以陈列三鼎于大门之右的士之礼安葬其父,以陈列五鼎的大夫之礼安葬其母,在孟子看来,此举并非厚此薄彼,而是因为母亲去世时他的身份为大夫,比父亲去世时他的士身份上升了一个层级。他以不同时期符合自己身份的礼制安葬父母,恰恰是对礼制的遵守。

(3)荀子

在继承儒家消费思想的基础上,荀子把等级性深深嵌入节俭消费的思想理念之中。

第一,荀子肯定节俭行为,抨击奢侈消费。"强本而节用则天不能贫……本荒而用侈则天不能使之富。"② 荀子认为"节用裕民"是"足国之道"③,节俭消费的立场明显。

第二,荀子反复强调应遵循按等级消费。"故天子棺椁十重,诸侯五重,大夫三重,士再重,然后皆有衣衾多少、厚薄之数,皆有翣菨文章之等,以敬饰之,使生死终始若一"④;"食饮、衣服、居处、动静,由礼则和节,不由礼则触陷生疾"⑤;"衣服有制,宫室有度,人徒有数,丧祭械用皆有等宜"⑥。身处哪一个等级,在消费时就按照礼制要求,遵循符合该等级身份的相关规制,在衣食住行等方面严格要求自己,不行僭越之举。

2. 老子、庄子:以"寡欲"为特征的消费思想

(1)老子

老子的消费思想可概括为去奢尚俭,他认识到"俭,能广"⑦,意识到节俭与广博的辩证统一,因而将"俭"视为三宝之一,注重执有并保持。他注意到贪图感官享受给人带来的严重危害:"五色令人目盲,五音令人

---

① 金良年译注《孟子译注》,上海古籍出版社,2012,第61页。
② (战国)荀况:《荀子》,(唐)杨倞注,耿芸标校,上海古籍出版社,2014,第198页。
③ (战国)荀况:《荀子》,(唐)杨倞注,耿芸标校,上海古籍出版社,2014,第108页。
④ (战国)荀况:《荀子》,(唐)杨倞注,耿芸标校,上海古籍出版社,2014,第235页。
⑤ (战国)荀况:《荀子》,(唐)杨倞注,耿芸标校,上海古籍出版社,2014,第10页。
⑥ (战国)荀况:《荀子》,(唐)杨倞注,耿芸标校,上海古籍出版社,2014,第94页。
⑦ (魏)王弼注,楼宇烈校释《老子道德经注》,中华书局,2010,第176页。

耳聋，五味令人口爽，驰骋畋猎令人心发狂，难得之货令人行妨"①，短暂的疯狂的奢侈消费给人的伤害是长久且根本的，所以，老子主张"是以圣人去甚，去奢，去泰"②，号召大家放弃迷惑人心志的奢侈享受型生活。老子的这种消费观与其秉承的人性论不无关系，老子认可清心寡欲的人性修养，认为"祸莫大于不知足，咎莫大于欲得"③，倡导大家"知足""知止"。因此，无止境地一味追求刺激型感官享受显然与老子的理念相悖，而去奢尚俭的思想方契合老子的哲学。

（2）庄子

庄子的节俭消费观隐匿在其一正一反的论断之中。

首先，庄子正面肯定少私寡欲的人性。"南越有邑焉，名为建德之国。其民愚而朴，少私而寡欲……吾愿君去国捐俗，与道相辅而行。"④"至德之世……同乎无欲，是谓素朴。素朴而民性得矣。"⑤ 庄子把百姓无欲无求的素朴状态与民性等同，把这样的状态称为"建德之国""至德之世"，是他所向往的理想国。

其次，庄子对奢侈消费行为持明确的否定态度。庄子罗列了五种妨害身心修养的"失性"行为："一曰五色乱目，使目不明；二曰五声乱耳，使耳不聪；三曰五臭薰鼻，困惾中颡；四曰五味浊口，使口厉爽；五曰趣舍滑心，使性飞扬。"⑥《盗跖》篇庄子再次强调"耳营钟鼓管籥之声，口嗛于刍豢醪醴之味，以感其意，遗忘其业"是"天下之至害"。在庄子看来，"其耆欲深者，其天机浅"⑦，对感官享受的过度追求是低级行为，偏离本性，因此，他多次对贪图奢侈享受的行为进行批判。在《徐无鬼》篇中，对于魏武侯"独为万乘之主，以苦一国之民，以养耳目鼻口"的奢侈消费，他明确指出其危害："君将盈耆欲，长好恶，则性命之情病矣。"在《至乐》篇中，他先是客观陈述如下现实观察："夫天下之所尊者，富贵寿

---

①　（魏）王弼注，楼宇烈校释《老子道德经注》，中华书局，2010，第31页。
②　（魏）王弼注，楼宇烈校释《老子道德经注》，中华书局，2010，第78页。
③　（魏）王弼注，楼宇烈校释《老子道德经注》，中华书局，2010，第129页。
④　张景注译《庄子新解》，人民出版社，2019，第302页。
⑤　张景注译《庄子新解》，人民出版社，2019，第147~148页。
⑥　张景注译《庄子新解》，人民出版社，2019，第202页。
⑦　张景注译《庄子新解》，人民出版社，2019，第99页。

善也；所乐者，身安厚味美服好色音声也；所下者，贫贱夭恶也；所苦者，身不得安逸，口不得厚味，形不得美服，目不得好色，耳不得音声；若不得者，则大忧以惧。"之后，由衷地感慨道："其为形也亦愚哉。"庄子感慨世人皆逐末弃本，他对这种行为的否定态度也在这种感慨中显露无遗。

3.《墨子》：以"足用"为底线的节俭消费思想

节用、节葬是《墨子》的核心思想之一，节俭消费思想是墨家思想体系的有机组成部分。

《墨子》的节俭消费主张非常明确，"俭节则昌，淫佚则亡"①。那么，如何才算节俭？《墨子》给出的标准是"足以奉给民用"②。《节用》篇，《墨子》进一步阐释了各个领域的具体参考指标：日常生活用品，"凡足以奉给民用则止"；饮食，"足以充虚继气，强股肱，耳目聪明，则止"③；衣服，"冬服绀緅之衣，轻且暖。夏服缔绤之衣，轻且清。则止"④；丧葬，"衣三领，足以朽肉。棺三寸，足以朽骸。堀穴深不通于泉，流不发泄。则止"；住房，"其旁可以圉风寒，上可以圉雪霜雨露。其中蠲洁，可以祭祀，宫墙足以为男女之别。则止"⑤。显然，《墨子》的足用仅仅针对正常情况下百姓的日常需求，是维持百姓生存的基本需求，而非奢侈享受型需求。器物满足日常用度、食物足以果腹、衣服足以蔽体或御寒保暖、房屋足以遮风挡雨并划分基本功能区，如此即可。对于权贵阶层的奢侈消费，《墨子》进行了无情的揭露与批判，《辞过》篇中，墨家学者注意到权贵们各个领域的消费都远超其所认可的标准：住房消费，"宫室台榭曲直之望，青黄刻镂之饰"⑥；衣服消费，"锦绣文采靡曼之衣，铸金以为钩，珠玉以为佩，女工作文采，男工作刻镂"；饮食消费，"美食刍豢，蒸炙鱼鳖，大国累百器，小国累十器，前方丈，目不能遍视，手不能遍操，口

① （战国）墨翟：《墨子》，毕沅校注，吴旭民校点，上海古籍出版社，2014，第23页。
② （战国）墨翟：《墨子》，毕沅校注，吴旭民校点，上海古籍出版社，2014，第90页。
③ （战国）墨翟：《墨子》，毕沅校注，吴旭民校点，上海古籍出版社，2014，第90页。
④ （战国）墨翟：《墨子》，毕沅校注，吴旭民校点，上海古籍出版社，2014，第91页。
⑤ （战国）墨翟：《墨子》，毕沅校注，吴旭民校点，上海古籍出版社，2014，第92页。
⑥ （战国）墨翟：《墨子》，毕沅校注，吴旭民校点，上海古籍出版社，2014，第19页。

不能遍味，冬则冻冰，夏则饰馈"①；交通工具消费，"饰车以文采，饰舟以刻镂"。如此消费行径，必然引发效仿，"左右象之"，从而成为社会性问题，最终导致"国贫而民难治""国乱"②。因此，在一一指出这些消费问题之后，墨家给出的最终消费建议是"不可不节"，强调节俭消费的重要性。

值得指出的一点是，墨家是先秦诸子中不仅倡导节俭，而且身体力行严格履行节俭消费的学派，"以裘褐为衣，以跂蹻为服，日夜不休，以自苦为极"，且"其生也勤，其死也薄"③，把节用节葬的消费主张变为节用节葬的现实实践。作为一个严明的组织，墨家在选择团体的领导人物"巨子"时也特别注重对其品行的考察，"禽滑釐子事子墨子三年，手足胼胝，面目黧黑，役身给使，不敢问欲"④，禽滑釐长期身体力行地践行墨家思想，历经考验，最终才成为巨子，这一事件充分说明了墨家坚持节俭消费思想的彻底性。墨家的这一特点令人印象深刻，司马谈在《论六家之要指》中用"俭而难遵"四字对之进行了形象的概括，当代学者对这一点也感受颇深："论节用和崇俭，在先秦各学派中，以墨家最为突出。"⑤

4.《管子》：常态节俭、异态侈靡、俭侈有度的消费思想

（1）常态节俭消费思想

《管子》将节俭消费思想的主体更多锁定为上层统治者，这与该著作主要聚焦国家治理的定位不无关系。

首先，《管子》认为"上之所好，民必甚焉"⑥，统治者的好恶、言谈举止、消费习惯与消费偏好对大臣与普通百姓有非常强的示范作用。"君求之则臣得之，君嗜之则臣食之，君好之则臣服之，君恶之则臣匿之。"⑦"主好本，则民好垦草莱。主好货，则人贾市。主好宫室，则工匠巧。主

---

①　（战国）墨翟：《墨子》，毕沅校注，吴旭民校点，上海古籍出版社，2014，第21页。
②　（战国）墨翟：《墨子》，毕沅校注，吴旭民校点，上海古籍出版社，2014，第22页。
③　张景注译《庄子新解》，人民出版社，2019，第517页。
④　（战国）墨翟：《墨子》，毕沅校注，吴旭民校点，上海古籍出版社，2014，第283页。
⑤　胡寄窗：《中国经济思想史》（上），上海财经大学出版社，1998，第155页。
⑥　（春秋）管仲：《管子》，（唐）房玄龄注，（明）刘绩补注，刘晓艺校点，上海古籍出版社，2015，第106页。
⑦　（春秋）管仲：《管子》，（唐）房玄龄注，（明）刘绩补注，刘晓艺校点，上海古籍出版社，2015，第3页。

好文采，则女工靡。"① 君主的偏好会影响百姓行为，君主注重奢侈享受，百姓就会迎其所好生产远超生活需求的奢侈品。同理可推，如果君主节俭消费，则百姓就必定会重视本业，民风淳朴，生产消费也会回归理性，较为务实。

其次，《管子》从多个层面罗列了君主奢侈消费行为的负面影响，并指出了其对国家治理造成的严重伤害。

《管子》认为"大其宫室，高其台榭……繁其钟鼓……獠猎毕弋，暴遇诸父，驰骋无度，戏乐笑语"的奢侈消费是"昔者无道之君"② 所为，桀纣也曾"驰猎无穷，鼓乐无厌，瑶台玉铺不足处，驰车千驷不足乘材。女乐三千人，钟石丝竹之音不绝"③，这些无所顾忌的奢侈享受行为必然会导致灾难性后果，"人主好佚欲、亡其身、失其国者殆"④。

《权修》篇中，《管子》系统阐释了君主奢侈消费行为导致严重后果的逻辑机理，即无度的奢侈消费与有限的生产力之间的矛盾会激发君主与百姓的矛盾："舟车饰，台榭广，则赋敛厚矣。轻用众，使民劳，则民力竭矣。赋敛厚则下怨上矣，民力竭则令不行矣。下怨上，令不行，而求敌之勿谋己，不可得也……地之生财有时，民之用力有倦，而人君之欲无穷。以有时与有倦，养无穷之君，而度量不生于其间，则上下相疾也。是以臣有杀其君，子有杀其父者矣……取于民无度，用之不止，国虽大必危。"⑤ 君主维持奢靡消费的费用来自民众，君主越是奢侈消费，对百姓征收的赋税就会越重，但土地与民力又是相对有限的，以有限的生产能力维持无限的奢靡消费必然会导致民力衰竭，恶化百姓的生活困境，进而使得"上下相疾"，国力衰竭，乃至亡国。

---

① （春秋）管仲：《管子》，（唐）房玄龄注，（明）刘绩补注，刘晓艺校点，上海古籍出版社，2015，第349页。

② （春秋）管仲：《管子》，（唐）房玄龄注，（明）刘绩补注，刘晓艺校点，上海古籍出版社，2015，第226页。

③ （春秋）管仲：《管子》，（唐）房玄龄注，（明）刘绩补注，刘晓艺校点，上海古籍出版社，2015，第349页。

④ （春秋）管仲：《管子》，（唐）房玄龄注，（明）刘绩补注，刘晓艺校点，上海古籍出版社，2015，第79页。

⑤ （春秋）管仲：《管子》，（唐）房玄龄注，（明）刘绩补注，刘晓艺校点，上海古籍出版社，2015，第11~12页。

在其他篇章中，类似的陈述与批判多次出现。"国侈则用费，用费则民贫，民贫则奸智生，奸智生则邪巧作。故奸邪之所生，生于匮不足。匮不足之所生，生于侈。侈之所生，生于毋度。"① "昔者桀纣……此营于物而失其情者也，愉于淫乐而忘后患者也。故设用无度，国家踣，举争不时，必受其菑。"② "远其忧，言上之亡其国也，常迩其乐立优美，而外淫于驰骋田猎，内纵于美好淫声，下乃解怠惰失，百吏皆失其端，则烦乱以亡其国家矣。"③《管子》反复将奢侈消费与奸邪、灾害、亡国等后果联系起来，一遍遍地强调君主个人不良消费行为的社会危害，其批判的立场是显而易见的。

最后，对标明君圣人，《管子》明确地对君主提出节俭消费的要求，把君主的节俭消费行为视为明主明君之举，将节俭视为君主所应秉承的美德。《管子》先是肯定明君圣人的节俭消费行为："明君制宗庙，足以设宾祀，不求其美。为宫室台榭，足以避燥湿寒暑，不求其大。为雕文刻镂，足以辩贵贱，不求其观……故曰：俭其道乎。"④ "夫明王不美宫室，非喜小也。不听钟鼓，非恶乐也。为其伤于本事，而妨于教也……故圣人之制事也，能节宫室、适车舆以实藏，则国必富，位必尊。能适衣服、去玩好以奉本，而用必赡，身必安矣。能移无益之事，无补之费，通币行礼，而党必多，交必亲矣。"⑤ 接着明确地指出君主应节俭消费：《七臣七主》篇，《管子》将"节用"列为明君六务之首；《五辅》篇，《管子》指出，只有保持"节饮食，搏衣服"的节俭消费习惯，才能保证"财用足"；《重令》篇，《管子》强调，在"国虽富"的情况下，国君也应"不侈泰，不纵欲"，节制自己的消费欲望；《禁藏》篇，《管子》提出了具体的节俭消费

① （春秋）管仲：《管子》，（唐）房玄龄注，（明）刘绩补注，刘晓艺校点，上海古籍出版社，2015，第81页。

② （春秋）管仲：《管子》，（唐）房玄龄注，（明）刘绩补注，刘晓艺校点，上海古籍出版社，2015，第349页。

③ （春秋）管仲：《管子》，（唐）房玄龄注，（明）刘绩补注，刘晓艺校点，上海古籍出版社，2015，第71页。

④ （春秋）管仲：《管子》，（唐）房玄龄注，（明）刘绩补注，刘晓艺校点，上海古籍出版社，2015，第101页。

⑤ （春秋）管仲：《管子》，（唐）房玄龄注，（明）刘绩补注，刘晓艺校点，上海古籍出版社，2015，第354~357页。

标准，"故立身于中，养有节。宫室足以避燥湿，食饮足以和血气，衣服足以适寒温，礼仪足以别贵贱，游虞足以发欢欣，棺椁足以朽骨，衣食足以朽肉，坟墓足以道记，不作无功之补，不为无益之事"；《八观》篇，《管子》将"审度量，节衣服，俭财用，禁侈泰"视为治理国家的当务之急。类似的表述在《管子》中不胜枚举。

除了针对君主，《管子》亦把节俭消费的主体拓展到整个统治阶层的精英群体与普通大众，认为后者的节俭消费对于国家发展与个人财富积累来说也同样至关重要。如在《山至数》篇，《管子》指责"大夫高其垄，美其室"的消费行为，认为此举"夺农事及市庸，此非便国之道也"[1]；《形势解》与《五辅》篇，又针对普通人指出节俭消费的必要性，"人惰而侈则贫，力而俭则富"[2]，"纤啬省用，以备饥馑"[3]，节俭消费不仅关乎生活质量，而且关乎物质财富积淀程度以及应对灾荒的能力。

除了劳动产品，对于自然资源，《管子》也秉承节俭消费立场，"山林虽广，草木虽美，禁发必有时……江海虽广，池泽虽博，鱼鳖虽多，网罟必有正。舡网不可一财而成也"[4]，为了落实对自然资源的有度消费，《管子》主张设立专门的管理机构对之加强管理，"工立三族，泽立三虞，山立三衡"[5]，即设立"三虞""三衡"等专门管理山泽自然资源的机构，负责"修火宪，敬山泽林薮积草。夫财之所出，以时禁发焉。使民于宫室之用，薪蒸之所积"[6] 等具体事务，履行节俭消费、维持自然资源有序开发等职能。

---

① （春秋）管仲：《管子》，（唐）房玄龄注，（明）刘绩补注，刘晓艺校点，上海古籍出版社，2015，第439页。

② （春秋）管仲：《管子》，（唐）房玄龄注，（明）刘绩补注，刘晓艺校点，上海古籍出版社，2015，第393页。

③ （春秋）管仲：《管子》，（唐）房玄龄注，（明）刘绩补注，刘晓艺校点，上海古籍出版社，2015，第59页。

④ （春秋）管仲：《管子》，（唐）房玄龄注，（明）刘绩补注，刘晓艺校点，上海古籍出版社，2015，第82页。

⑤ （春秋）管仲：《管子》，（唐）房玄龄注，（明）刘绩补注，刘晓艺校点，上海古籍出版社，2015，第142页。

⑥ （春秋）管仲：《管子》，（唐）房玄龄注，（明）刘绩补注，刘晓艺校点，上海古籍出版社，2015，第20页。

（2）异态侈靡消费思想

提及《管子·侈靡》，很多学者不自觉地将《管子》与侈靡消费主张联系起来，将《管子》归入中国消费思想领域的奢侈消费观阵营，但却忽视了《管子》这一主张提出的背景，讨论的主题、目的及主体。

就语境而言，《管子》是在需"兴时化"或"岁凶旱水泆"的背景下提出侈靡消费思想的，《侈靡》篇，《管子》提出，"兴时化，若何？曰：莫善于侈靡"①。《乘马数》篇，《管子》又强调了这一点，即当"岁凶旱水泆，民失本"② 时，政府可通过"修宫室台榭"的方式应对困境。两处的语境是相同的，奢侈消费适用于异于常态的非常时期，并不适用正常年景，亦非常态操作。

就谈论的主题与目的而言，《管子》基本上都是站在管理者的立场上谈论管理之道，凡是有利于提高管理效率的举措，在其看来都值得尝试。如上文所述，常态下，《管子》主张君主节俭消费，但《任法》篇，《管子》又不反对君主拥有享受型生活，且认为这种享受与治理天下并不冲突："圣君则不然，守道要，处佚乐，驰骋弋猎，钟鼓竽瑟，宫中之乐，无禁圉也。不思不虑，不忧不图，利身体，便形躯，养寿命，垂拱而天下治。"③ 其实，《管子》并没有前后矛盾。在此篇篇首，《管子》就强调了"身佚而天下治"的前提是君主应"任法而不任智，任数而不任说，任公而不任私，任大道而不任小物"，"守道要"所强调的也是这一点，即统治者唯有遵循法度、政策、公心与大道，谨守治国之道，才能"垂拱而天下治"，既治理好国家，亦保持较高的消费水平与生活质量。

就主体而言，《管子》的侈靡消费主张主要针对的是"富者""积者"或政府，并非无差别地鼓励所有人都奢侈消费。《管子》认为富人或上层统治者的奢侈消费能够给穷人提供工作与就业机会，是救济弱者、应对饥荒、提振经济的有效路径。"富者靡之，贫者为之，此百姓之怠生，百振

① （春秋）管仲：《管子》，（唐）房玄龄注，（明）刘绩补注，刘晓艺校点，上海古籍出版社，2015，第231页。

② （春秋）管仲：《管子》，（唐）房玄龄注，（明）刘绩补注，刘晓艺校点，上海古籍出版社，2015，第418页。

③ （春秋）管仲：《管子》，（唐）房玄龄注，（明）刘绩补注，刘晓艺校点，上海古籍出版社，2015，第312页。

而食……巨瘗培，所以使贫民也；美垄墓，所以使文明也；巨棺椁，所以
起木工也；多衣衾，所以起女工也。犹不尽，故有次浮也，有差樊，有瘗
藏。作此相食，然后民相利，守战之备合矣。"① "不侈，本事不得立。"②
"若岁凶旱水泆，民失本，则修宫室台榭，以前无狗、后无彘者为庸。"③
《管子》以较为宏观的视角看到了消费与就业、生产、经济发展之间的关
系，认为富人的奢侈消费给工匠、女工、木匠等从业者带来了工作机会，
旺盛的消费使得市场供不应求并进一步刺激生产的发展，政府大量修建公
共工程、以工代赈的方式要优于直接救灾，这些举措的落脚点不是消费，
而是经济发展与就业。因此，《管子》认为富人越奢侈越有利于经济发展，
鼓励"积者立余食而侈，美车马而弛，多酒醴而靡"④ 的消费行为，乃至
可奢侈至"雕卵然后瀹之，雕橑然后爨之"⑤ 的程度，看起来无意义的中
间环节却无形中给从事中间工序的劳动者以谋食机会，毕竟，"贫动肢而
得食"是穷人在社会上立足存世的主要途径，故而，《管子》相信"上侈
而下靡，而君臣相上下相亲，则君臣之财不私藏"，认为奢侈消费会产生
良好的经济效应与社会效应。

（3）俭侈有度的消费思想

"俭侈有度"是《管子》消费思想的一大构成。如果说常态节俭消费
思想、异态侈靡消费思想侧重的是消费的语境与功能，聚焦质的层面，那
么，俭侈有度消费思想侧重的则是消费的程度范围，聚焦量的层面。

首先，《管子》主张适度消费，反对过分的"俭"与过分的"侈"，
认为两者都不理性："故俭则伤事，侈则伤货。"⑥ 太过节俭会妨碍生产活

---

① （春秋）管仲：《管子》，（唐）房玄龄注，（明）刘绩补注，刘晓艺校点，上海古籍出版
　社，2015，第236页。
② （春秋）管仲：《管子》，（唐）房玄龄注，（明）刘绩补注，刘晓艺校点，上海古籍出版
　社，2015，第248页。
③ （春秋）管仲：《管子》，（唐）房玄龄注，（明）刘绩补注，刘晓艺校点，上海古籍出版
　社，2015，第418~419页。
④ （春秋）管仲：《管子》，（唐）房玄龄注，（明）刘绩补注，刘晓艺校点，上海古籍出版
　社，2015，第239页。
⑤ （春秋）管仲：《管子》，（唐）房玄龄注，（明）刘绩补注，刘晓艺校点，上海古籍出版
　社，2015，第236页。
⑥ （春秋）管仲：《管子》，（唐）房玄龄注，（明）刘绩补注，刘晓艺校点，上海古籍出版
　社，2015，第24页。

动，太过奢侈又会使财物匮乏，皆不利于生产活动的持续运行。因此，《管子》认为消费应有度："饮食有量，衣服有制，宫室有度，六畜人徒有数，舟车陈器有禁。修生则有轩冕、服位、谷禄、田宅之分，死则有棺椁、绞衾、圹垄之度。"[1]"故奸邪之所生，生于匮不足。匮不足所生，生于侈。侈之所生，生于毋度。"[2] 显然，《管子》认为只有适度的消费才能使"事""货"两者都处于常态。

其次，《管子》提出了适度消费的标准。《立政》篇中，《管子》分别详细地阐释了自己的观点："度爵而制服，量禄而用财……虽有贤身贵体，毋其爵不敢服其服；虽有富家多资，毋其禄不敢用其财。天子服文有章，而夫人不敢以燕以飨庙；将军大夫以朝，官吏以命：士止于带缘。散民不敢服杂采，百工商贾，不得服长鬈貂。刑余戮民，不敢服絻，不敢畜连乘车。"不难看出，《管子》非常重视消费的等级性，要求消费行为符合礼仪规范，要"足以别贵贱"，这意味着不同等级的人消费的适度标准亦是不同的，对上一个等级的人来说"过俭"的量，对次一等级的人可能就是一个"过侈"的量。《管子》详细罗列了天子、将军、官吏、士、散民、百工、商贾等消费主体的消费标准，从消费标准的垂直差异性之中不难看出消费的等级性。即《管子》反对任何阶层的人逾越其身份与地位进行消费，统治者和被统治者、富人与穷人都应根据其贵贱等级来确定各自的消费标准，在此范围内做到适度消费，这一点与儒家的消费思想非常类似。

（二）两汉至唐代的消费思想

1. 贾谊：抑奢积贮论

贾谊的消费思想非常务实，针对现实生活中的奢侈消费过度、生产不足等乱象，他产生了极为强烈的忧患意识，主张节俭消费并加强积贮。

一方面，贾谊描述并批评了各种奢侈消费乱象。"今民卖僮者，为之绣衣丝履偏诸缘，内之闲中，是古天子后服，所以庙而不宴者也，而庶人得以衣婢妾。白縠之表，薄纨之里，缘以偏诸，美者黼绣，是古天子之

---

[1] （春秋）管仲：《管子》，（唐）房玄龄注，（明）刘绩补注，刘晓艺校点，上海古籍出版社，2015，第20页。

[2] （春秋）管仲：《管子》，（唐）房玄龄注，（明）刘绩补注，刘晓艺校点，上海古籍出版社，2015，第81页。

服，今富人大贾嘉会召客者以被墙。古者以奉一帝一后而节适，今庶人屋壁得为帝服，倡优下贱得为后饰，然而天下不屈者，殆未有也。且帝之身自衣皂绨，而富民墙屋被文绣；天子之后以缘其领，庶人孽妾缘其履：此臣所谓舛也。夫百人作之不能衣一人，欲天下亡寒，胡可得也？"① 可见，贾谊不是泛泛地批评奢侈消费，他更关注富民超越礼仪规制的奢侈消费，过去属于天子等级的消费品被富民肆意使用，这不仅是浪费问题，更是僭越问题。

另一方面，贾谊注意到，在奢侈消费现象越来越严重的同时，社会生产又严重不足。"一人耕之，十人聚而食之，欲天下亡饥，不可得也。饥寒切于民之肌肤，欲其亡为奸邪，不可得也。"② 耕作者少而消费者众，物质资料生产的速度自然赶不上消费的速度，如此，必然导致物质匮乏，人民饥寒交迫："生之有时，而用之亡度，则物力必屈⋯⋯生之者甚少而靡之者甚多，天下财产何得不蹶！"③ 任由这种状况发展，必定会导致"天下阽危"，民心大乱。

总之，从贾谊对奢侈消费的批判及对生产不足的担忧来看，他主张抑制奢侈消费、打击僭越等级的消费行为，并采取措施应对生产不足与消费过度问题。那么，又该如何应对呢？贾谊提出了积贮论："夫积贮者，天下之大命也。苟粟多而财有余，何为而不成？以攻则取，以守则固，以战则胜。怀敌附远，何招而不至？今殴民而归之农，皆著于本，使天下各食其力，末技游食之民，转而缘南亩，则畜积足而人乐其所矣。"④ 简而言之，驱民归农，特别是促使从事"末技游食之民"归农，在增加生产的同时减少消费，增加积贮，如此，足以应对各种考验。贾谊的观点与先秦时期的法家思想较为接近，把手工业商业归入末业，视其为非生产行业，并设法将这些劳动力引导至其认定的本业之中，达到增加生产的目的。其积贮论也进一步表明了其节俭立场，毕竟，增加积贮的路径，无非是增加生产与裁减开支，而生产的增加非一朝一夕之功，因此，节俭是配合增加生产以便实现积贮的有效措施。

---

① （汉）班固：《汉书》，中华书局，2000，第 1722 页。
② （汉）班固：《汉书》，中华书局，2000，第 1722 页。
③ （汉）班固：《汉书》，中华书局，2000，第 950~951 页。
④ （汉）班固：《汉书》，中华书局，2000，第 952 页。

2. 桑弘羊：反对"大俭"的消费思想

商人出身的桑弘羊非常认可《管子》的思想，在盐铁会议上与贤良文学进行辩论时，他亦引用《管子》观点阐释了其消费思想。对贤良文学所罗列的古代节俭消费范例，桑弘羊不大认可，他认为"宫室有度，舆服以庸，采椽茅茨"并非"先王之制"，并肯定孔子对孙叔敖过度节俭做法的论断，认为太过节俭则显得简陋："俭则固……大俭极下。"从中不难看出桑弘羊否定节俭消费的立场。

同《管子》一样，桑弘羊同样看到积极消费对于生产的促进作用，他极不认同贤良文学"世俗坏而竞于淫靡"[1]的说法，并引用《管子》论述再次强调了消费与生产的关系：正因为有装饰宫室的消费，材木方有用武之地；正因为有饮食方面的需求，禽兽才会被人狩猎；正因为有服装刺绣的需求，手巧的女工才有施展手艺的通道。换言之，"竞于淫靡"并非坏事，恰恰相反，这种竞相消费会促进财物流通，本末俱利。

3. 贡禹：节俭消费思想

汉元帝时期，奢侈消费之风盛行。贡禹有感而发，上书建议元帝效仿古制，节俭消费，扭转侈靡消费的社会风气。

在劝说元帝时，他首先谈及古制及高祖、文帝与景帝的节俭做法："古者宫室有制，宫女不过九人，秣马不过八匹；墙涂而不雕，木摩而不刻，车舆器物皆不文画，苑囿不过数十里，与民共之……至高祖、孝文、孝景皇帝，循古节俭，宫女不过十余，厩马百余匹。孝文皇帝衣绨履革，器亡雕文金银之饰。"[2]并强调，正因为如此节俭，加之赋税较轻，任贤使能，所以社会管理效果良好，"家给人足，颂声并作"[3]。

接着，贡禹话锋一转，提及当前社会奢侈消费乱象及造成的严重危害："后世争为奢侈，转转益甚，臣下亦相放效，衣服履裤刀剑乱于主上……武帝时，又多取好女至数千人，以填后宫。及弃天下，昭帝幼弱，霍光专事，不知礼正，妄多臧金钱财物，鸟兽鱼鳖牛马虎豹生禽，凡百九十物，尽瘞臧之，又皆以后宫女置于园陵，大失礼，逆天心，又未必称武

①　（汉）桓宽：《盐铁论》，上海人民出版社，1974，第8页。
②　（汉）班固：《汉书》，中华书局，2000，第2301页。
③　（汉）班固：《汉书》，中华书局，2000，第2301页。

帝意也。昭帝晏驾，光复行之。至孝宣皇帝时，陛下恶有所言，群臣亦随故事，甚可痛也！故使天下承化，取女皆大过度，诸侯妻妾或至数百人，豪富吏民畜歌者至数十人，是以内多怨女，外多旷夫。"① 从武帝时期开始的奢侈消费一直延续，且因上行下效、竞相消费，导致积重难返，侈靡问题越发严重。在奢侈消费乱象背后，贡禹看到了两大问题，一者为僭越无序："今大夫僭诸侯，诸侯僭天子，天子过天道，其日久矣。"② 层层僭越，乃至天子的奢侈消费已至违背天道的程度。二者为本末倒置，以厚葬之风为例，贡禹指出此举实为 "虚地上以实地下"③，消费行为被异化了。

最后，贡禹提出节俭消费的主张，建议元帝效仿古制："承衰救乱，矫复古化……深察古道，从其俭者。"④ 从自身做起，大幅裁减消费用品。比如，减少三分之二的 "乘舆服御器物"，后宫选留贤者二十人，其余尽可遣返，陵园内女子无后者，亦可遣返，限制厩马数量，只保留长安城南苑为猎场，其余恢复为耕田，赐给贫民。显然，贡禹是希望通过元帝的垂范作用，扭转社会奢侈消费的风气，在他看来，皇帝无疑有这样的责任与义务："天生圣人，盖为万民，非独使自娱乐而已也。"⑤ 加之他前文所述的武帝奢侈消费引起臣下仿效的事例，不难看出，贡禹的确希望通过元帝的节俭消费影响社会消费趋势，传递给社会大众一个清晰的节俭消费信号，使消费回归理性。

4. 王符：反对浮侈的消费思想

王符的消费思想与贾谊的消费思想非常类似，但王符结合他所观察到的各种奢侈浪费现象进行讨论，论述得更为具体，《潜夫论·浮侈》的主旨就是对游业与奢侈消费的批判。

首先，王符详细描述并批判了社会上的各种浮侈现象。王符将手工业中的巧饰与商业中的鬻奇称为 "浮末" "游业"，将从事这些行业的人称为 "浮食者"，认为社会上的奢侈消费与之不无关系。他观察到的浮侈乱象如

---

① （汉）班固：《汉书》，中华书局，2000，第 2301~2302 页。
② （汉）班固：《汉书》，中华书局，2000，第 2301 页。
③ （汉）班固：《汉书》，中华书局，2000，第 2302 页。
④ （汉）班固：《汉书》，中华书局，2000，第 2301~2302 页。
⑤ （汉）班固：《汉书》，中华书局，2000，第 2302 页。

下："今民奢衣服，侈饮食……今京师贵戚，衣服、饮食、车舆、文饰、庐舍，皆过王制，僭上甚矣……富者竞欲相过，贫者耻不逮及……今京师贵戚，郡县豪家，生不极养，死乃崇丧。"为了凸显权贵阶层的奢侈程度，他专门以汉文帝、孔子等节俭消费行为作为参照，批判这些奢侈消费行为的僭越失礼及对物质资料的极大浪费。文帝"欲起一台，计直百万，以为奢费而不作也"，文帝尚且节俭若此，而那些京师贵戚却"骄奢僭主"，在衣服、饮食、交通工具等方面的消费水平均远超皇帝，身边妻妾奴仆的服饰也光彩细致，各种装饰品数不胜数。王符对这种竞相侈靡消费的行为颇为痛心，他以棺木为例，分析富人"崇丧"竟然至不计成本的程度，从在深山穷谷寻觅与砍伐良木，到不远万里地运输，再到精心雕刻，最终形成棺木，最后使用时，又因太过笨重，需要耗费大量的人力物力。王符由衷感叹道："一棺之成，功将千万……费功伤农，可为痛心！"此外，他还谈及富人用良田建造高大坟茔、堆砌陪葬品、刻金镂玉、广种松柏等种种行径，认为相比孔子丧母时冡堕却"礼不修墓"、丧子时有棺而无椁，文帝、明帝驾崩后不造庙不起山陵等做法，富人的奢侈消费实在过分，无多大功效，只是徒然"伤害吏民"而已。

其次，王符分析了浮侈现象泛滥的原因，认为从事农业生产者过少而"浮末者""虚伪游手者"过多是根本原因是："一夫不耕，天下必受其饥者；一妇不织，天下必受其寒者。今举世舍农桑，趋商贾，牛马车舆，填塞道路，游手为巧，充盈都邑，治本者少，浮食者众……今察洛阳，浮末者什于农夫，虚伪游手者什于浮末。是则一夫耕，百人食之，一妇桑，百人衣之，以一奉百，孰能供之？天下百郡千县，市邑万数，类皆如此。本末何足相供？则民安得不饥寒？"王符的逻辑与贾谊逻辑一致，农业是生产性部门，其他为非生产性部门，在其他部门从事奢侈品生产的行业更是末中之末，是浮食于本业的末流。农业生产者过少而浮食者过多，必然会导致物质资料匮乏，饥寒并至，并进而引发连锁反应："饥寒并至，则安能不为非？为非则奸宄，奸宄繁多，则吏安能无严酷？严酷数加，则下安能无愁怨？愁怨者多，则咎征并臻。下民无聊，则上天降灾，则国危矣。"[1] 经济增长是

---

[1]　（汉）王符：《潜夫论》，马世年译注，中华书局，2018，第138~139页。

最好的维稳因素，当百姓连最基本的吃饭穿衣问题都无法解决时，为非作歹现象自然就会增多，愁怨情绪蔓延，国家也就处于危险之中了。按照这种逻辑，引导从事奢侈品生产与流通的百姓回归本业，从源头上减少奢侈品生产、流通及消费，这无疑是最好的解决之道了。

5. 陆楫：反禁奢的消费思想

在中国消费思想领域，陆楫的消费思想是较为独特的，同《管子》一样，他认可侈靡消费的价值，但比《管子》更为彻底，他不再强调奢侈消费的诸如灾荒饥馑等前提，而是非常明确地从普遍意义上肯定奢侈消费的社会良好效应，旗帜鲜明地反对禁奢。《兼葭堂杂著摘抄》的一段材料集中反映了陆楫的这种独特消费思想。

首先，陆楫驳斥了节俭富民观点。"天地生财，止有此数。彼有所损，则此有所益，吾未见奢之足以贫天下也。"他认为在一定的生产条件之下，财富是一个常数，一人多得则意味着另一人少得，奢侈消费并不足以令天下之民陷入困窘。谈及节俭的积极意义，他强调："自一人言之，一人俭则一人或可免于贫；自一家言之，一家俭则一家或可免于贫。至于统论天下之势则不然。治天下者，将欲使一家一人富乎？抑亦欲均天下而富之乎？"即对一家一人来说，节俭或许有用，能使其免于贫困。但是，个人目标与社会治理目标不同，君主治理天下，考虑的是全局，是全天下之民的富裕，节俭并不能实现这一点。

其次，陆楫论证了奢侈消费与地方百姓生活质量、经济发展之间的正向关系。"予每博观天下之势，大抵其地奢则其民必易为生，其地俭则其民必不易为生者也。何者？势使然也。今天下之财赋在吴越，吴俗之奢，莫盛于苏杭之民。有不耕寸土而口食膏粱，不操一杼而身衣文绣者，不知其几何也，盖俗奢而逐末者众也。只以苏杭之湖山言之，其居人按时而游，游必画舫肩舆，珍羞良酝，歌舞而行，可谓奢矣。而不知舆夫舟子，歌童舞妓，仰湖山而待爨者不知其几。故曰：彼有所损，则此有所益。若使倾财而委之沟壑，则奢可禁。不知所谓奢者，不过富商大贾，豪家巨族，自侈其宫室车马，饮食衣服之奉而已。彼以粱肉奢，则耕者庖者分其利；彼以纨绮奢，则鬻者织者分其利。"① 陆楫发现，奢侈消费风气旺盛的地方，百姓生存较易，反之亦然。他以苏杭之民为例，强调富人们的奢侈消费会产生积极的社会效应，富人们的出游消费使舆夫、舟子、歌童、舞妓等群体受益，富人们的美食消费使耕者、庖者受益，富人们的美服消费使鬻者、织者受益，消费使得财富在社会中得以重新分配，一人有所失，但另一人有所得，富人们的财富并不是徒然地被浪费掉、被倒入山谷，而是产生了积极的社会效益。所以，他反对禁奢。

再次，陆楫认为节俭消费与富民治理目标之间无必然联系。他再次以自己的观察论证这一观点："今宁绍金衢之俗，最号为俭，俭则宜其民之富也。而彼诸郡之民，至不能自给半游食于四方。"② 宁波、绍兴、金华、衢州等地的人民尚俭，却处于贫困之中，连最基本的物质生活资料都无法自给，因此，节俭消费并不会确保实现富民。

最后，陆楫明确提出了自己的反禁奢观点。"长民者因俗以为治，则上不劳而下不扰，欲徒禁奢可乎？"③ 他认为，作为一名睿智的管理者，如果想要老百姓获得实惠，最好因俗而治，对于富人奢侈消费而使其他贫民获利的地方更是如此，顺应其奢侈消费习俗，不可禁奢。

陆楫的反禁奢论的确令人耳目一新，且他的论证也相对充分，在一定程度上准确捕捉到了奢侈消费与经济发展的关联，但是，其理论亦有值得商榷之处。第一，陆楫没有认识到富人的消费并不是有所失，按照马克思主义政治经济学的流通理论，富人通过消费得到了各种有形或无形的商品，他们已经获得了商品的使用价值，穷人获得价值，这是一个对等的交易过程。从陆楫的论述来看，他更关注价值层面的此消彼长，因而有了彼损此益之说，但这种说法较为片面。第二，陆楫在反驳他人的地理条件决定论时谈及市易之利，他把市场的产生与发展归于奢侈消费："市易者正起于奢"，此说也不科学。虽然他肯定了孟子的通功易事之说，但他没有意识到市场的产生是经济发展到一定阶段的必然产物，是随着分工的发展而产生的。地理条件决定论固然偏颇，但他的奢侈消费决定市场发展论更

---

①　（明）陆楫：《蒹葭堂杂著摘抄》，中华书局，1985，第2~3页。
②　（明）陆楫：《蒹葭堂杂著摘抄》，中华书局，1985，第3页。
③　（明）陆楫：《蒹葭堂杂著摘抄》，中华书局，1985，第4页。

值得商榷。

(三) 宋代至清代的消费思想

1. 李觏：量入为出、禁巧伪的消费思想

北宋李觏将"强本节用"视为富国之道："所谓富国者，非曰巧筹算，析毫末，厚取于民以媒怨也，在乎强本节用，下无不足而上则有余也。"[①]这种思想其实类似开源节流思想，即在增加农业生产的同时注重节俭消费。

李觏认识到物质资料生产的艰难，生产讲求天地人三材的协同，而这三材均有其局限性："天不常生，其生有时；地不遍产，其产有宜；人不皆作，其作有能。"[②] 因此，物质资料是有限的，在技术水平一定的前提下，生产成果短期内大规模激增几乎不可能。在生产资料有限的情况下，量入为出的节俭消费是保证国民生活质量、国家管理井然有序的必然选择，他将与"量入以为出，节用而爱人"[③] 相悖的行为视为"乱世之政"，明确加以反对。此外，李觏还很重视财政收入与支出的程序正义，要求一切财政行为有法可依，财政收入方面要做到"一谷之税，一钱之赋，给公上者，各有定制"[④]，财政支出方面更要做到"凡一赋之出，则给一事之费，费之多少，一以式法"[⑤]，收支皆应照章办事，不能随意开支，浪费国家财政。

李觏也注意到社会上存在的奢侈消费现象，但他把这种现象产生的原因归结于工商业者过多，在他看来，为了获取不菲的收入，工商业者都想尽各种办法在市场上立足，工商业者过多，竞争过于激烈，内卷严重，从而促使工商业者不断朝着满足人们的侈靡需求靠拢，进而使奢侈品生产与消费现象越来越严重："工以用物为鄙而竞作机巧，商以用物为凡而竞通珍异……物亡益而利亡算，故民优为之，工商所以日多也。"当从事奢侈品生产的工商业者获利越来越丰厚时，工商业者也会越来越多。为了打破

---

①　(宋) 李觏：《李觏集·富国策第一》，中华书局，1981。
②　(宋) 李觏：《李觏集》，中华书局，1981，第75页。
③　(宋) 李觏：《李觏集》，中华书局，1981，第75页。
④　(宋) 李觏：《李觏集》，中华书局，1981，第75页。
⑤　(宋) 李觏：《李觏集·国用第一》，中华书局，1981。

这种循环，李觏提出了"复朴素而禁巧伪"的主张："欲驱工商，则莫若复朴素而禁巧伪。朴素复则物少价，巧伪去则用有数。利薄而不售则罢归矣，如此则工商可驱也。"① 即禁止工商业者生产与流通奢侈品，使商品复归其最基本的用途，剔除无用的巧饰，如此，商品价格降低，利润减少，工商业者无利可图就会回归农业，一方面本业得到发展，另一方面减少了工商业者，抑制了奢侈消费。

2. 司马光："以俭素为美"的消费思想

针对社会上弥漫的奢侈消费之风，司马光专门写了一篇家训——《训俭示康》，系统地阐释了其反对奢侈、主张节俭消费的思想。在消费方面，司马光有着坚定的节俭消费立场："众人皆以奢靡为荣，吾心独以俭素为美。"② 司马光对其所观察到的奢侈消费现象忧心忡忡："近岁风俗尤为侈靡，走卒类士服，农夫蹑丝履……近日士大夫家，酒非内法，果、肴非远方珍异，食非多品，器皿非满案，不敢会宾友，常量月营聚，然后敢发书。苟或不然，人争非之，以为鄙吝。故不随俗靡者，盖鲜矣。嗟乎！风俗颓弊如是，居位者虽不能禁，忍助之乎！"③ 比起他所观察的父亲一代的消费水准，司马光对同时代士大夫阶层跟风奢侈消费的行为大为反感，以"颓弊"形容之，并认为统治者不可助长此风之蔓延。

因何"以俭素为美"？司马光的论证有理有据。

首先，司马光认为这是本性使然。"吾本寒家，世以清白相承。吾性不喜华靡，自为乳儿，长者加以金银华美之服，辄羞赧弃去之……平生衣取蔽寒，食取充腹；亦不敢服垢弊以矫俗干名，但顺吾性而已。"④ 他自小不喜欢奢华，因此在平时的消费中以满足最基本需求为准，衣服足以蔽体御寒即可，食物足以果腹充饥即可，同时也不敢为了博取名声而故意穿破破烂烂的衣服，他将之归为顺性而为、自然之举。

其次，司马光以圣贤之语论证其观点的合理性。孔子多次肯定节俭行

---

① （宋）李觏：《李觏集·富国策第四》，中华书局，1981。
② （宋）司马光等：《北新活页文选》，北新书局，1946，第1页。
③ （宋）司马光等：《北新活页文选》，北新书局，1946，第1~2页。
④ （宋）司马光等：《北新活页文选》，北新书局，1946，第1页。

为，将之视为美德，相关的论述较多，如"与其不孙也，宁固"①"以约失之者鲜矣"②"士志于道，而耻恶衣恶食者，未足与议也"③，以此为据，司马光认为当代那些讥讽节俭行为的言行很是怪异，有悖传统美德，他对这些言行持否定态度。

再次，司马光分析了消费习惯与后果之间的逻辑机制。"俭则寡欲，君子寡欲，则不役于物，可以直道而行；小人寡欲，则能谨身节用，远罪丰家……侈则多欲。君子多欲则贪慕富贵，枉道速祸；小人多欲则多求妄用，败家丧身；是以居官必贿，居乡必盗。"④ 在司马光看来，尽管消费主体涉及君子、小人，但其逻辑机制是一致的：节俭者寡欲，寡欲者谨行，谨行者立名丰家；奢侈者多欲，多欲者妄行，妄行者枉道败家。消费习惯是起点，人性及其影响的行为是中端，行为导致的后果是终点，由此构成了非常清晰的逻辑链条。节俭是起点，不管是君子还是小人，节俭之人的欲望较少，欲望较少的君子不被物质役使，可以不走弯路，直道而行；欲望较少的小人能节俭用度，从而远离犯错并可勤俭富家。而奢侈对于君子、小人来说都非良品，可致君子遭祸、小人败家。

最后，他以历史及当代人物的消费行为及其后果为例，从正反两面说明节俭消费的必要性、奢侈消费的不可取。他肯定李文靖公、鲁公、张文节等人的节俭消费，否定管仲、石崇等人的奢侈消费，前者"以俭立名"，而后者"以侈自败"。司马光以例证的方式进行经验归纳分析，这些现实经验有力地支撑了其观点。他肯定张文节的"由俭入奢易，由奢入俭难"⑤观点，认为"俭，德之共也；侈，恶之大也"⑥，并在比较贤者节俭消费与常人追逐奢侈消费的行为后由衷感慨道："呜呼！大贤之深谋远虑，岂庸人所及哉！"⑦ 其赞赏节俭消费、否定奢侈消费的态度也在这种感慨中显露无遗。

---

① 钱逊解读《论语》，国家图书馆出版社，2017，第 205 页。
② 钱逊解读《论语》，国家图书馆出版社，2017，第 134 页。
③ 钱逊解读《论语》，国家图书馆出版社，2017，第 124 页。
④ （宋）司马光等：《北新活页文选》，北新书局，1946，第 3 页。
⑤ （宋）司马光等：《北新活页文选》，北新书局，1946，第 2 页。
⑥ （宋）司马光等：《北新活页文选》，北新书局，1946，第 3 页。
⑦ （宋）司马光等：《北新活页文选》，北新书局，1946，第 3 页。

家训是家庭对子孙后代持家的教诲，中国古代向来不乏家训，但司马光的这篇《训俭示康》却是围绕着节俭消费主题的代表性家训，整篇家训皆强调节俭消费及勤俭持家的重要性，在教诲子孙的同时系统地阐释了其消费思想。其他家训也有关于节俭的训诫，如南北朝时期颜之推《颜氏家训》中的"俭而不吝"，明朝周怡《勉谕儿辈》的"由俭入奢易，由奢入俭难。饮食衣服，若思得之艰难，不敢轻易费用"等，但抑奢崇俭只是其中的一个话题，而司马光的《训俭示康》却是中国古代少见的以节俭为主题的专题性家训，从这个意义上来说，非常难能可贵。

3. 丘濬：量入为出、重积蓄的节用消费思想

明代丘濬将节用视为"万世理财之要"，他认为君主根本不用担心财用不足问题，而应重点考虑政事治理问题，"所谓立政事者，岂求财于常赋之外哉？生之有道，取之有度，用之有节而已"①，除了以道生产、取民有度，还应节俭用度，丘濬将之视为政事治理的重要途径。

丘濬非常重视开源节流："本之所在则厚之，源之所自则开之，谨守其末，节制其流，量入以为出。"② 既要厚本开源，又要守末节流，丘濬把"入"与"出"均考虑在内，强调量入为出，这种思想同于前人。但值得指出的是，在量入为出的具体做法上，他给出了较为细致的建议。首先，实施国家预算。"每岁户部先移文内外诸司及边方所在，预先会计嗣岁一年用度之数：某处合用钱谷若干，某事合费钱谷若干，用度之外又当存积预备若干；其钱谷见在仓库者若干，该运未到者若干；造为帐籍，一一开报。"每年由户部组织预算工作，预先估算开支，上报一个计划，把计划用钱的地方、事项等一一罗列，造册上报。其次，统计实际收入。"预行各处布政司并直隶府分，每岁于冬十月百谷收成之后，总计一岁夏秋二税之数，其间有无灾伤、逋欠、蠲免、借贷，各具以知。"每年冬十月，待各种收成入库后，由布政司统计一年夏秋二税的总收入。最后，统筹安排，取舍增补。"至十二月终旬，本部通具内外新旧储积之数，约会执政大臣通行计算嗣岁一年之间所用几何，所存几何，用之之余，尚有几年之

---

① （明）丘濬：《大学衍义补·总论理财之道·节用而爱人》，上海书店出版社，2012。
② （明）丘濬：《大学衍义补·恤民之患》，上海书店出版社，2012。

蓄，具其总数，以达上知。不足则取之何所以补数，有余则储之何所以待用。"① 每年十二月，根据所收集的数据，全面考虑各种开支，合理安排下一年的开支计划。丘濬没有止步于简单的量入为出原则，而是充分考虑到落实该原则的具体措施，且有了预算、统计、统筹等方面的考量，是对以往节用思想的发展。

考虑到丰歉的随机性，丘濬有强烈的居安思危意识，主张通过节俭消费、持续储蓄的方式应对灾荒："以三十年之通制国用者，每岁所入析为四分，用度其三而储积其一，每年余一，三年余三，积三十年则余十年矣。以三十年通融之法，常留九年储蓄之赀……则国家无不足之忧，而兴事建功无有不成者矣。"② 丘濬将中国古代储蓄备荒的思想用量化的方式具体化了，主张把每年的收入分为四份，消费三份而留下一份，留下的部分即为备荒之用，连续如此操作，即可储备足以确保国家"无不足之忧"的财物，国家在任何领域的发展也都无所不成了。

对于社会上的奢侈消费，丘濬也是秉持反对与抑制的态度。以酒的消费为例，他对民众大量饮酒而乱性败德的行为极为反感，主张用行政手段加以规制。丘濬认为酒是奢侈品，酿酒纯系"费民生日用之资以为醺酣荒亡之具"。他联系酒的产生及其影响，对酒的大量消费现象进行揭露与批判："酒之为物，古人造之以祀神、养老、宴宾，亦如笾豆之实，然非民生日用不可无之物也。"酒本来是祭祀、宴宾等场合所用之品，但桑弘羊为了榷酒取利，允许百姓自造自饮，从而使得"蚩蚩之民嗜其味之甘，忘其身之大，性以之乱，德以之败"，乃至冲击到了社会伦理纲常，使得父子不再慈孝、兄弟不再友爱、夫妇反目、朋友结怨、家破国亡。此外，社会上消耗粮食酿酒现象相当严重，元朝每年消耗二十七万石粮食，而"今日京师一岁所费恐不止此，且酿酒之米皆出江南，舟载车辇历数千万乃至于此"。他对这种消费现象特别不理解，产生了强烈的质疑："民生有欲，禁之犹恐其纵，乃设楼店以召致之使纵其欲，可乎？"反对放任百姓纵欲消费，主张"毅然禁之"。那么，又该如何去做呢？丘濬提出了自己的想

---

① （明）丘濬：《大学衍义补·制国用·总论理财之道》，上海书店出版社，2012。
② （明）丘濬：《大学衍义补·制国用·总论理财之道》，上海书店出版社，2012。

法："今日化民厚俗之急务，莫先于复三代圣王禁酤之良法，然法太严则不可行，法太宽则不能禁，况民以饮与食并嗜习已成性，甚乃有废食而专饮者，性嗜已久，一旦革之，良为不易，乞敕有司申明古典，革去额课，今后官吏军民之家并许私酿，然所酝酿者不许过五斗、相馈送者不许过二升、宴会不许过三巡、饮嗜不许至甚醉，开店以卖者有重刑，载酒以出者有严禁，凡民家所有甄醉之类尽行送官毁坏，不送者有罚，而又禁革造醉之木工、烧甄之窑户，定为限制，违者治罪。"① 丘濬主张采用较为温和的行政管理，允许官吏军民之家酿酒，但对酿酒数量、馈赠酒品数量、宴会饮酒数量等有所规制，严厉打击开店售卖者，严禁运输酒类产品，通过如上措施抑制酒产品的消费，使酒消费回归理性与正常水平。

4. 田汝成、王士性：反对游湖禁令的消费思想

明朝的田汝成、王士性质疑杭州地区游湖禁令的正当性，他们皆联系民生强调与游湖相关的消费对于百姓的重要性，并认可富人在消费过程中的积极社会影响。

（1）田汝成

针对杭州官府动辄颁布的游湖禁令，嘉靖时期的田汝成强烈反对，在他看来："近来官司，每值歉岁，则禁人游湖，以为撙节民财，此非通达治体之策也。盖游湖必殷阜之家，衣食饶裕者，未闻有揭债典衣而往者也。"② 田汝成认为，地方官府以节俭为由在荒年禁止游湖的规定是治标不治本之举，是懒政。他指出游湖的消费主体是"殷阜之家""衣食饶裕者"，穷人生活尚且窘迫，游湖消费非其所能考虑的。接着，田汝成强调："游湖者多，则经纪小家，得以买卖趁逐，博易糊口，亦损有余补不足之意耳。假令游湖之禁行矣，豪冶之子，就其室而酣沉达旦，所费宁减于西湖哉？"③ 田汝成看到了游湖消费与小民生计之间的关系，指出正是富人的游湖消费使无数为富人提供服务的小民得以糊口，也起到了通过消费平衡社会财富的作用，游湖者越多，"损有余补不足"的社会效果就会越良好。如果禁止富人此项消费，富人仍会居家奢侈消费，且这种费用一点儿也不

① （明）丘濬：《大学衍义补·征榷之课》，上海书店出版社，2012。
② （明）田汝成：《西湖游览志余》，上海古籍出版社，1980，第368页。
③ （明）田汝成：《西湖游览志余》，上海古籍出版社，1980，第368~369页。

逊色于游湖费用。因此，地方政府通过游湖禁令以实现节用民财的做法无异于缘木求鱼，是无效之举。

（2）王士性

无独有偶，万历年间的王士性也反对游湖禁令。王士性观察到："杭俗儇巧繁华，恶拘检而乐游旷，大都渐染南渡盘游余习……本地止以商贾为业，人无担石之储，然亦不以储蓄为意。即舆夫仆隶奔劳终日，夜则归市酤酒，夫妇团醉而后已，明则又别为计。"① 繁华的杭州地区已形成游湖习俗，游湖成为百姓生活的一个重要组成，当地百姓的储蓄意识不强，消费意识却较为明显。"乐游旷"的习俗一旦形成，靠简单的禁令很难快速使之改变。同时，王士性进一步指出游湖禁令与民生的冲突之处："游观虽非朴俗，然西湖业已为游地，则细民所藉为利，日不止千金，有司时禁之，固以易俗，但渔者、舟者、戏者、市者、酤者咸失其本业，反不便于此辈也。"② 与游湖相关的从业人员甚众，一道简单的禁令关乎这些小民的生计，会使其丧失立足社会的谋生本业，因而政府发行禁令时需要慎之又慎。

5. 魏源：鼓励富民崇奢的消费思想

魏源也是为数不多敢于肯定消费积极作用的思想家，不过，关于积极消费的主体，他认可的是富民而非君主与贫民。魏源肯定君主禁奢、鼓励富民奢侈消费的思想集中体现在《古微唐内集·治篇》之中。

"俭，美德也；禁奢崇俭，美政也。然可以励上，不可以律下，可以训贫，不可以规富。"③ 魏源不否认节俭消费为美德，也肯定禁奢崇俭是君主治理国家时应坚持的正确做法，是美政。但他强调，禁奢崇俭不能绝对地覆盖所有的群体，对于君主与穷人来说，节俭消费非常必要，但对于富人来说，这一要求并不合适。穷人物质资料不甚丰富，节俭消费是维持正常生活的必要手段。君主虽不受物质资料限制，但考虑到上行下效效应，君主的节俭消费有着引导天下消费趋势的功能："主奢一则下奢一，主奢五则下奢五，主奢十则下奢十，是合十天下为一天下也。以一天下养十天

---

① （明）王士性：《广志绎》，中华书局，1981，第69页。
② （明）王士性：《广志绎》，中华书局，1981，第69页。
③ （清）魏源：《魏源集》，中华书局，2009，第73页。

下，则不足之势多矣。"① 君主的奢侈消费会影响整个社会的消费风气，起到很坏的示范作用，并会导致天下物质资料匮乏。一旦物质资料匮乏，争斗与社会失序亦会随之而来。

魏源认为，对于富人，不适合禁奢崇俭，而是应该积极地鼓励其消费："《周礼》保富，保之使任恤其乡，非保之使吝啬于一己也。车马之驰驱，衣裳之曳娄，酒食鼓瑟之愉乐，皆巨室与贫民所以通工易事，泽及三族。王者藏富于民，譬同室博弈而金帛不出户庭，适足损有余以益不足。如上并禁之，则富者益富，贫者益贫……三晋之素封，不如吴、越之下户，三晋之下户，不如吴、越之佣隶。俭则俭矣，彼贫民安所仰给乎？天道恶积而喜散，王政喜均而恶偏，则知以俭守财，乃白圭、程郑致富起家之计，非长民者训俗博施之道也。"② 魏源引经据典，强调富人有拉动一方经济、帮助穷人的功能。通过奢侈消费，富人给贫民提供了无数的获利机会，从而使财富朝着均衡占有的方向发展。君主如一味禁奢，财富积聚在富人手中，穷人亦无法通过市场交易获得收入，如此，只会导致富者益富，贫者益贫。魏源以三晋与吴越为例进行比较分析，三晋地区的富人趋向节俭消费，但这对于三晋的贫民来说绝非幸事，其谋生的通道大为收紧，生活水准大为下降。吴越市场交易活跃，富人消费力旺盛。两地富人不同的消费水平使得两地穷人的生活也呈现较大的差异性，三晋的下户百姓生活得都不如吴越地区的仆役。站在统治者、管理者的立场上，魏源基于以上分析强调其观点：禁奢不符合天道与王道，鼓励富人奢侈消费是均富、损有余而补不足、提升贫民生活水准的有效举措。

魏源鼓励富人奢侈消费的思想在中国消费思想史上较有代表性，但其并非孤例，在唐宋时期为富人辩护思潮中，有一大批学者已关注到富人消费的社会功能，如叶适提出"富人为天子养小民"论，他所强调的"游手末作，俳优伎艺，传食于富人"③ 的社会现象，与魏源所强调的富人通过消费"任恤其乡"，实现"损有余以益不足"的社会目标如出一辙。

---

① （清）魏源：《魏源集》，中华书局，2009，第71页。
② （清）魏源：《魏源集》，中华书局，2009，第73页。
③ （宋）叶适：《习学记言序目·民事下》，中华书局，1977。

第三节　中国传统消费思想简析

一　中国传统消费思想的特点

（一）消费思想体现统治阶级意志

尽管中国传统消费思想分为两大类，一类强调节俭消费，一类在主张节俭消费的同时又认可积极消费，但就这两类思想的出发点而言，两者异曲同工，都将思想的价值指向统治者意志，都以提高统治者管理效率为最终目的。

节俭消费思想是中国传统消费思想的主流，学者们在这一点上并无大的分歧，且鲜见有学者旗帜鲜明地反对节俭消费。学者们在阐释其何以坚持节俭消费的缘由时，大多将节俭消费与社会管理关联起来。如孔子、孟子、荀子把节俭消费与仁政礼制联系起来；墨子将节用、节葬与国家昌盛联系起来等。学者们皆有自己的学术立场与理念坚守，或入世，或出世，或重社会实践，或重心性修养，或侧重现实社会管理，或重理想之治，但在强调节俭消费必要性时，都不约而同地将消费行为与社会管理及发展走向联系起来，并不自觉地站在统治者的立场上考虑问题，基于良政实现路径论证节俭消费的合理性。

鼓励积极消费的经济思想虽然是消费思想领域的非主流思想，但这些思想的功能指向也毫无例外地落在了统治者所关心的对国民经济的有效管理上。如《管子》鼓励富人奢侈消费的原因是"不侈，本事不得立"[①]，陆楫主张奢侈消费的原因是"其地奢则其民必易为生"等。尽管论证过程中的逻辑各异，但这些学者的共性一目了然，他们都看到了奢侈消费、积极消费的社会效益，看到了社会效益所关联的政治利益，这才是其消费思想的本质之所在。

---

① （春秋）管仲：《管子》，（唐）房玄龄注，（明）刘绩补注，刘晓艺校点，上海古籍出版社，2015，第248页。

（二）消费思想反映传统农业文明内容

超越时代的思想非常鲜见，传统农业文明体系中，以自给自足、男耕女织为特征的小农经济限定了中国古代的消费水平、消费规模与消费品种类，而社会存在又决定社会意识，处于如此消费环境的思想家们看到的消费现象、消费问题、消费社会化程度亦限定了他们的消费思想，使其消费思想的高度、深度与广度都大受影响，有浓郁的时代性特征。

基于小农经济时代背景，中国传统消费思想反映的大多是与农业文明相关的物质资料的消费，通过消费分析包含剥削、不公等社会关系的思想较为少见，从宏观层面分析消费结构与生产结构比例问题的思想更是难产。同时，学者们还把消费的社会功能理解为发展农业本业的有效途径，如王符"费功伤农"① 的观点。

由于小农经济商品经济社会化程度较低，中国古代消费思想很少从社会扩大再生产的角度分析消费与生产、分配、交换的关系，而大多聚焦于如何把消费控制在农业生产所能供给的范围之内，如王符"治本者少，浮食者众"②的观点等。

二　中国传统消费思想的影响

（一）节俭消费思想的影响

节俭消费思想是中国古代主流的消费思想，总体而言，在中国小农经济发展的形成与发展期，节俭消费的积极影响较大，但在中国小农经济发展至鼎盛，商品经济发展越来越繁荣、有突破传统小农的迹象时，节俭消费对经济的发展会有一定的消极影响。

受节俭消费思想影响，节俭消费实践比比皆是，主要体现在以下几方面。

1. 具有话语权的历代学者以上书、诗歌、家训等方式引导崇俭的消费理念和行为，促使社会形成良好的节俭消费风气

如西汉陆贾积极上书，建议君主带头节俭，发挥上行下效的作用：

---

① （汉）王符：《潜夫论》，马世年译注，中华书局，2018，第 151 页。
② （汉）王符：《潜夫论》，马世年译注，中华书局，2018，第 139 页。

"上之化下，犹风之靡草也……故君子之御下也，民奢应之以俭，骄淫者统之以理，未有上仁而下残，让行而争路者也。"①

涉及节俭的诗歌数不胜数，如唐李坤在《悯农》中感慨"谁知盘中餐，粒粒皆辛苦"，白居易、李商隐皆以史为鉴，强调"俭存奢失今在目"②"奢者狼藉俭者安，一凶一吉在眼前"③"历览前贤国与家，成由勤俭破由奢"④，以鲜明的实践后果对比告诫统治者切勿奢侈消费。

家训体现了中国古代微观的治家消费理念与实践。中国历史上的家训几乎都会涉及节俭主题，司马光的《训俭示康》是专题性节俭家训，除此而外，代表性家训如南北朝颜之推《颜氏家训》、明代周怡《勉谕儿辈》、清代朱柏庐《朱子家训》等都谈及节俭。颜之推在《治家》篇要求子弟"施而不奢，俭而不吝"，周怡在《勉谕儿辈》中告诫子孙："由俭入奢易，由奢入俭难。饮食衣服，若思得之艰难，不敢轻易费用。酒肉一餐，可办粗饭几日；纱绢一匹，可办粗衣几件。不馋不寒足矣，何必图好吃好着？常将有日思无日，莫待无时思有时，则子子孙孙常享温饱矣。"朱伯庐《朱子家训》强调"一粥一饭，当思来处不易；半丝半缕，恒念物力维艰……自奉必须俭约"，这些蕴含传统文化的节俭智慧，一经问世便迅速流传，成为家喻户晓的治家格言。

2. 历代皇帝频频以禁令、诏令的方式反对奢侈消费、引导节俭消费

中国古代奢侈禁令在数量、内容等方面的特点也被学界所关注："数量上，可谓汗牛充栋；出台的原因，虽各有不同，但离不开维护封建等级制度这一核心；涉及的对象，可分为宫廷和民间两大类；包涵的内容广泛，几乎涵盖消费的所有领域。"⑤ 的确，有关奢侈消费的禁令在中国历史上俯首可拾，不胜枚举。

两汉时期先后有多位皇帝下诏禁止逾制侈靡消费。如汉成帝于永始四年（前 13 ）颁布诏书："方今世俗奢僭罔极，靡有厌足……其申敕有司，

---

① （汉）陆贾：《新语校注》，中华书局，2012，第 67 页。
② （唐）白居易：《白居易诗集校注》，中华书局，2006，第 416 页。
③ （唐）白居易：《白居易诗集校注》，中华书局，2006，第 430 页。
④ （唐）李商隐：《李商隐诗集》，上海古籍出版社，2015，第 68 页。
⑤ 柴勇、邵育欣：《中国古代的奢侈禁令及其执行情况》，《保定学院学报》2018 年第 3 期。

以渐禁之。青绿所常服，且勿止。列侯近臣，各自省改，司隶校尉察不变者。"① 汉哀帝于元寿二年（前 1）颁布诏令："今日公卿以下，务饬俭恪，奢侈过制以益甚，二千石身帅有以化之。"② 要求身居高位者以身作则，守礼消费。汉光武帝于建武七年（31）针对厚葬流俗下诏，强调："世以厚葬为德，薄终为鄙，至于富者奢僭，贫者殚财，法令不能禁，礼义不能止，仓卒乃知其咎。其布告天下，令知忠臣、孝子、慈兄、悌弟薄葬送终之义。"③ 引导社会形成符合礼制、杜绝攀比僭越的丧葬习俗。唐中宗曾颁发《即位赦文》，强调奢侈淫靡之风之害，倡导移风易俗，节俭消费："奢淫伎巧，实为蠹弊……宜明敕格，严加禁断……朕率先百僚，必期化成兆庶。"④ 从唐中宗准备率领百官以身作则、切实引导消费之风的举措不难看出，当时社会的侈靡之风已相当严重。其他朝代类似诏令也非常多，不胜枚举。

3. 形成量入为出制度与国家储备制度

量入为出制度与国家储备制度最能体现中国传统节俭消费思想，这两种制度是中国古人平衡消费与生产的理性产物，与常态下小农经济较低生产力水平的现实约束相契合，以制度化的方式使其常态化存在现实土壤，且这两种制度形成之后，就切实地在各朝各代影响着人们消费实践。

（二）侈靡消费思想的影响

在中国小农经济的背景下，侈靡消费思想一直为消费领域的非主流思想，但侈靡消费在中国漫长的历史演进中又有重要的一席之地。侈靡消费存在两种类型：基于身份等级的奢侈消费与基于缓解危机、着眼民生的侈靡消费。前者形成了彰显身份的等级消费制度，服务于当时的封建等级制度；后者则发挥了刺激经济恢复的积极作用，不断被历代学者肯定。

宋朝范仲淹采用鼓励富人积极消费的做法效果显著。1050 年，杭州发生饥荒，范仲淹"纵民竞渡"，鼓励富人在物价较低时积极消费，通过"宴游及兴造"方式为穷人提供就业机会，"以发有余之财，以惠贫者"，从而使得"贸易、饮食、工技服力之人，仰食于公私者日无虑数万人"，

① （汉）班固：《汉书》，中华书局，1962，第 324~325 页。
② （南朝宋）范晔：《后汉书》，中华书局，1982，第 3561 页。
③ （南朝宋）范晔：《后汉书》，中华书局，1982，第 51 页。
④ （宋）宋敏求：《唐大诏令集》（卷二），中华书局，2008。

救荒成效显著："唯杭州晏然，民不流徙"，杭州在大饥之年保持了稳定局面，安然度过危机。沈括对范仲淹的这一做法颇为赞赏，认为"荒政之施，莫此为大"①。

❀ **本章关键术语**

量入为出；强本节用；积贮论；俭则固；不侈本事不得立

❀ **思考题**

1. 简析先秦儒家消费思想及其特点。

2. 简析《管子》的消费思想。

3. 简析陆楫的反禁奢论。

4. 简析司马光的消费思想。

5. 简析魏源的消费思想。

---

① （宋）沈括：《梦溪笔谈》，金良年点校，中华书局，2015，第114页。

第六章
中国传统宏观经济管理方式思想研究专题

第一节　马克思主义视野下的政府职能及宏观
经济管理方式思想

一　国家的三重属性与职能

1. 阶级属性与阶级利益保护职能

在马克思主义体系中，国家是阶级统治的工具。作为权力中心，国家拥有毋庸置疑的暴力优势，可以服务于统治阶级。基于历史唯物主义立场，马克思、恩格斯认为，国家的这种阶级属性在人类文明演化的每一个阶段都服务于特定历史阶段中处于权力中心的利益集团，这种思想集中体现在《共产党宣言》中。马克思、恩格斯明确指出，"至今一切社会的历史都是阶级斗争的历史"[①]，而"过去一切阶级在争得统治之后，总是使整个社会服从于它们发财致富的条件，企图以此来巩固它们已获得的生活地位……过去的一切运动都是少数人的或者为少数人谋利益的运动"[②]。

2. 公共属性及其社会管理职能

在《家庭、私有制和国家的起源》中，恩格斯这样界定国家："国家是承认：这个社会陷入了不可解决的自我矛盾，分裂为不可调和的对立面而又无力摆脱这些对立面。而为了使这些对立面，这些经济利益互相冲突

---

① 《马克思恩格斯文集》（第2卷），人民出版社，2009，第31页。
② 《马克思恩格斯选集》（第1卷），人民出版社，1995，第283页。

的阶段，不致在无谓的斗争中把自己和社会消灭，就需要有一种表面上凌驾于社会之上的力量，这种力量应当缓和冲突，把冲突保持在'秩序'的范围以内；这种从社会中产生但又自居于社会之上并且日益同社会相异化的力量，就是国家。"① 显然，恩格斯深刻认识到国家是阶级矛盾不可调和的产物，国家的重要职能是通过凌驾于社会之上的特殊公共权力去缓和各阶级的矛盾，即国家有稳定社会秩序的社会管理职能。

3. 经济属性及发展生产力的职能

《共产党宣言》中，马克思、恩格斯指出："资产阶级在它的不到一百年的阶级统治中所创造的生产力，比过去一切世代创造的全部生产力还要多，还要大。自然力的征服，机器的采用，化学在工业和农业中的应用，轮船的行驶，铁路的通行，电报的使用，整个整个大陆的开垦，河川的通航，仿佛用法术从地下呼唤出来的大量人口——过去哪一个世纪料想到在社会劳动里蕴藏有这样的生产力呢？"② 这样的生产力因何产生呢？进一步分析中，马克思、恩格斯强调这是占统治地位的资产阶级的理性抉择，"资产阶级除非对生产工具，从而对生产关系，从而对全部社会关系不断地进行革命，否则就不能生存下去"③，即资产阶级要想在生产关系中持续处于统治角色，就必须不断发展生产力，随着生产工具的创新，资本的有机构成提高，工人在劳资博弈中的话语权减弱，如此，资产阶级才能用手中掌控的资本更有效率地占有工人所创造的剩余价值，资本才会不断增值，资产阶级从而才能在生产关系中牢牢把控统治角色。

此外，着眼于整个人类的发展趋势，马克思、恩格斯认为人类真正自由的实现也离不开生产力的发展："由社会全体成员组成的共同联合体来共同地和有计划地利用生产力；把生产发展到能够满足所有人的需要的规模；结束牺牲一些人的利益来满足另一些人的需要的状况；彻底消灭阶级和阶级对立；通过消除旧的分工，通过产业教育、变换工种、所有人共同享受大家创造出来的福利，通过城乡的融合，使社会全体成员的才能得到

---

① 《马克思恩格斯选集》（第4卷），人民出版社，1995，第186~187页。
② 《马克思恩格斯选集》（第1卷），人民出版社，1995，第277页。
③ 《马克思恩格斯选集》（第1卷），人民出版社，1995，第275页。

全面发展。"① 未来人类社会发展前景与生产力的发展密切相关，唯有充分发展生产力，才能使所有人得到全面发展，这也是未来共同联合体很重要的职能。

二　马克思主义的宏观经济管理方式思想

1. 资本主义生产的调节方式：市场机制与政府宏观调控

马克思认为，自然经济时期，一切文明的历史初期都是农村家长制生产，呈现劳动的原始形式，此时期的调节方式以自然调节为主；商品经济时期，市场机制调节、政府宏观调控两种调节方式同时并存；产品经济时期，社会为自由人联合体形式，生产由社会有计划调节。马克思重点关注商品经济占据支配地位的资本主义阶段的生产调节方式。

（1）市场调节：价格供求机制、竞争机制与风险机制

资本主义商品经济中，市场通过价格供求机制、竞争机制与风险机制调节全社会资源的配置，马克思多次肯定这些机制配置资源的调节功能。

马克思认为，商品的价值由生产商品的社会必要劳动时间决定，在市场中，不同商品按照等价原则进行交换。对于所有的资本家来说，要想在市场中最大限度实现价值的增殖，就必须敢于冒风险、优先投资研发、使用新技术与新设备，改进生产的组织与管理方式，提高生产效率，使自己生产的商品的个别价值低于社会价值，使自己供给的商品价值超出他所需求的商品价值，以便在竞争中处于优势。这一点适用所有资本家，"资本家的供给和需求的差额越大，就是说，他所供给的商品价值越是超出他所需求的商品价值，资本家的资本增殖率就越大……就单个资本家来说是如此，就资本家阶级来说也是如此"②，面对竞争压力，所有的商品生产者都必须全力以赴，"独立的商品生产者互相对立，他们不承认任何别的权威，只承认竞争的权威，只承认他们互相利益的压力加在他们身上的强制"③。在竞争中处于优势的商品生产者会获得高利润、最大限度地实现价值的增

---

① 《马克思恩格斯选集》（第1卷），人民出版社，1995，第243页。
② 〔德〕马克思：《资本论》（第2卷），人民出版社，2018，第134页。
③ 〔德〕马克思：《资本论》（第1卷），人民出版社，2018，第412页。

殖，并获得继续留在市场上竞争的权利。这一点也适合所有的要素主体。正是在这一过程中，包括价格供求机制、竞争机制、风险机制在内的市场机制自发地将资源配置到社会发展所需要的领域，市场机制是资本主义社会再生产过程中最主要的调节主体。

（2）政府调节：财政政策与货币政策

税收是财政政策的重要体现，马克思肯定税收的调节功能，在《共产党宣言》中，马克思认为无产阶级在专政时期可采用"征收高额累进税"的办法来限制和消灭资产阶级；调节不同阶层的收入水平，消灭阶级对立的存在条件，实现每个人的自由发展。显然，马克思已将税收视为调节收入分配的重要财政手段。①

同时，货币政策也同样重要。马克思认为，社会总资本再生产能否顺利进行，取决于生产生产资料的部类与生产消费资料的部类能否保持一定的比例关系。一旦出现破坏这种比例关系且靠市场自发力量无法应对的状况，银行信用就显得非常重要，"只要一个银行的信用没有动摇，这个银行在这样的情况下通过增加信用货币就会缓和恐慌，但通过收缩信用货币就会加剧恐慌"②，而银行信用一般以国家为担保，政府是确保银行信用、供给货币政策的不二主体。

2. 资本主义生产调节的效果

（1）市场调节：优胜劣汰、合理配置资源与市场失灵

第一，积极效应。如若价格供求机制、竞争机制、风险机制有效发挥调节作用，那么，就可一方面激励资本家争相进行技术、管理方式、组织方式等方面的创新，提高整个社会的生产效率，实现优胜劣汰；另一方面有效调节资源配置，按比例分配社会劳动。马克思强调这种调节作用的强大效果："在私人劳动产品的偶然的不断变动的交换比例中，生产这些产品的社会必要劳动时间作为起调节作用的自然规律强制地为自己开辟道路，就像房屋倒在人的头上时重力定律强制地为自己开辟道路一样。"③

第二，消极效应。市场机制并不是万能的，也有其局限性，存在市场

---

①　《共产党宣言》，人民出版社，2014，第50页。

②　〔德〕马克思：《资本论》（第3卷），人民出版社，2018，第585页。

③　〔德〕马克思：《资本论》（第1卷），人民出版社，2018，第92页。

失灵现象。市场信息并非完全的、完善的，在信息传递过程中存在失真扭曲现象，完全的市场信息很难获得，这会大大影响经营主体的决策，增加其决策的风险性及盲目性。市场调节的自发性、盲目性、滞后性等特点会使其调节效果大打折扣，严重时会产生严重的供求失衡，并引发经济危机。

（2）政府调节：缓和矛盾但无法彻底化解矛盾

资本主义的政府调节效果也无非两种：积极或消极。

当政府采取匹配生产力发展的合适的调节手段时，会产生积极效果，促进资本主义生产；反之亦然。但是，从最终发展趋势而言，即使政府调节产生积极效应，最好的效果也只能缓和矛盾而无法彻底化解矛盾。生产社会化与生产资料私有制之间的矛盾无法在资本主义体系内解决，任何都调节无法根本解决资本家与工人之间的对抗性利益冲突："在剩余价值中，资本和劳动的关系赤裸裸地暴露出来了。"[1]

3. 资本主义生产的调节本质：保障剩余价值生产与资本积累、巩固资产阶级统治

资本主义生产的本质是剩余价值的生产，资本主义生产调节的各种手段自然服务于剩余价值生产，如若在生产过程中无法得到剩余价值，资产阶级生产的动力将不复存在，生产活动将无以为继，各种调节的本质就是保障剩余价值生产与资本积累，最终目的是巩固资产阶级的统治。

资本主义的生产建立在剥削关系之上，资本家用手中的资本雇佣劳动力并无偿占有其创造的剩余价值，即使为了缓和矛盾，采取一定的社会福利调节措施，其费用也来自工人的创造，毕竟，按照马克思的理论逻辑，包括超额利润在内的所有价值皆来自工人的活劳动，隶属超额利润的社会保障基金自然也不例外。资产阶级政府所提供的公共产品由国家财政买单，国家财政来源为税收，而"这是个人在维持其生存所必需的直接劳动之外一定要完成的剩余劳动——不管是以徭役形式还是以赋税这种间接形式去完成"[2]，即调节费用本身就来源于工人。归根结底，调节是保障剩余价值生产的调节，是为了实现更大规模资本积累的调节。

[1]　〔德〕马克思：《资本论》（第3卷），人民出版社，2018，第56页。
[2]　《马克思恩格斯全集》（第46卷），人民出版社，1980，第18页。

第二节　中国传统代表性宏观经济管理方式思想

当代经济体系中，宏观经济管理方式主要有两种：政府干预与市场机制，而采取哪一种方式，取决于政府在宏观经济管理中更看重政府的作用还是市场的作用，取决于政府对政府职能的理解与定位。中国传统宏观经济管理方式的代表性理论有二：轻重论与善因论，一者强调国家积极干预，一者主张因顺经济发展内在规律。两种思想均体现了中国古人对国家干预的理性思索。

一　中国传统轻重论

何炼成、王一成、韦苇的《中国历代经济管理与发展思想新论》将"善者因之"即自由放任与"通轻重之权"即实行国家调控作为中国宏观经济管理的两大管理方针。需要强调的是，轻重论并不等同于宏观调控理论，后者的概念内涵要丰富得多，如将两者等同，轻重论将有泛化之嫌。① 同时，学术界另有一种倾向，胡寄窗在《中国经济思想史》中指出："西汉以后不少谈轻重理论的人，大都将轻重论与货币问题相联系，于是轻重论成了中国货币学的专有理论，这是莫大的曲解。"② 将轻重论等同于货币理论，有窄化之嫌，胡寄窗明确反对。谈及《管子》轻重论，胡寄窗认为尽管轻重论的研究对象广泛，"但归根到底不外乎由封建国家采取各种措施以控制商品货币关系，它的全部内容决没有超出商品流通流域"③。赵靖也认为轻重论的实质和主要特点是：封建国家直接进入商品流通领域以至部分商品的生产领域，经营工商业，并用经济手段和行政手段控制工商业，继而影响和控制整个国民经济，在社会经济生活中取得举足轻重的支

---

① 何炼成、王一成、韦苇：《中国历代经济管理与发展思想新论》，陕西人民出版社，2001，第 22 页。
② 胡寄窗：《中国经济思想史》（上），上海财经大学出版社，1998，第 319 页。
③ 胡寄窗：《中国经济思想史》（上），上海财经大学出版社，1998，第 334 页。

配地位。① 这两种界定相对具体，把轻重论锁定在工商业流通领域，国家是轻重的主体，以直接手段为主，间接手段为辅，目标是影响整个宏观经济。借这些界定，农耕文明时期，中国传统"轻重论"历经形成、发展、成熟、完善的过程，体现了中国古人在工商业流通领域的国家干预智慧。

（一）先秦时期：中国传统轻重论形成期的代表性思想

西周至春秋战国时期是中国传统轻重论的萌发期，这时期的相关思想较为分散，不成体系，但已多少涉及轻重论的核心概念、基本原则与基本规律。

1. 周文王：《告四方游旅》的招商思想

西周初建，周政权非常重视工商业。遭遇大荒之年，周文王出台《告四方游旅》："四方游旅，旁生忻通。津济道宿，所至如归。币租轻，乃作母以行其子，易资贵贱，以均游旅。使无滞无粥熟，无室市，权内外以立均。无蚤暮间次均行，均行众从，积而勿口。以罚助均，无使之穷。平均无乏，利民不淫。"② 在这则针对性颇强的公告中，周文王希望用优惠政策吸引外商帮助王朝度过危机的意图非常明显，而且从其政策的具体内容来看，考虑得也颇为全面。政府不仅为外商提供交通通行便利，还在货币发行、交易时间等方面提供便利，希望通过此举实现市场上商品不匮乏、物价稳定的目的。

从周文王的《告四方游旅》中不难看出，西周初期的周政权不仅意识到工商业的重要性，而且还以国家政府之力吸引外商，这种做法已然是国家直接对工商业的干预，不过干预的方式尚处于初级阶段，使用的是行政手段，用的是政策激励之法。这里提及的"轻"仅仅涉及货币面额大小及分量轻重。

2. 周公旦："来远宾"的惠商思想

文王之后，当周武王问政于周公旦时，周公旦肯定并继承了文王的做法，提出继续采取措施招徕包括商旅在内的远方之人："闻之文考，来远宾，廉近者……乃令县鄙商旅曰：'能来三室者，与之一室之禄。'辟开修

---

① 赵靖：《中国经济思想史略论》，北京大学出版社，1997，第207页。
② 黄怀信：《〈逸周书〉源流考辨》，西北大学出版社，1996，第78页。

道，五里有郊，十里有井，二十里有舍。远旅来至，关人易资。舍有委，市有五均，早暮如一，送行逆来。振乏救穷。"① 从周公旦的陈述中可见文王时期的惠商政策力度相当大，周公旦认可这一点，也证明周公旦本人亦秉承这样的惠商思想。

为了鼓励外来商旅经商流通的积极性，除提供稳定的高质量服务与管理之外，政府还用"能来三室者，与之一室之禄"的优惠政策鼓励商旅组团前来，由此不难看出西周政权对工商业的重视程度与鼓励立场。不过，这里的干预仍偏行政手段。

3. 单旗：子母相权论中的"权轻重"思想

景王二十一年（前524），周景王准备发行不足值的大钱，以期通过货币贬损方式增加国家财政收入。单旗对此加以反对，并提出了子母相权论："古者，天灾降戾，于是乎量资币，权轻重，以振救民。民患轻，则为作重币以行之，于是乎有母权子而行，民皆得焉。若不堪重，则多作轻币而行之，亦不废乎重，于是乎有子权母而行，小大利之。今王废轻而作重，民失其资，能无匮乎？若匮，王用将有所乏，乏则将厚取于民，民不给，将有远志，是离民也。"②

从国家干预的角度，单旗已经意识到国家的货币发行政策与民生、经济稳定、民心向背之间的关系，并明确反对国家以货币手段敛财，认为此举将失去民心，倒逼百姓产生离心。从"权轻重""民患轻""不堪重"等论述来看，单旗已经超越了"轻""重"最初的字面含义，看到了商品与货币之间有某种内在联系，因而意识到货币拥有"权"的功能。再者，从"民皆得焉""小大利之"的论述来看，单旗已经意识到国家货币政策的宏观干预与宏观经济运行效果之间的内在关系。这是对轻重论最大的贡献。

4. 计然之策的价格控制思想："上不过八十，下不减三十"

计然之策是中国古代历史上较为少见的集中探讨国家干预工商业流通的理论，被完整记载于《史记·货殖列传》："昔者越王勾践困于会稽之

---

① 黄怀信：《〈逸周书〉源流考辨》，西北大学出版社，1996，第200~201页。
② （战国）左丘明：《国语》，上海古籍出版社，1978，第118~120页。

上，乃用范蠡、计然。"关于计然，一说为书名，为范蠡所著，一说为人名，为范蠡之师，或为文种，这种争论并不影响计然之策所蕴含的轻重智慧。

关于计然之策，《史记》记载颇详："知斗则修备，时用则知物，二者形则万货之情可得而观已。故岁在金，穰；水，毁；木，饥；火，旱。旱则资舟，水则资车，物之理也。六岁穰，六岁旱，十二岁一大饥。夫粜，二十病农，九十病末。末病则财不出，农病则草不辟矣。上不过八十，下不减三十，则农末俱利，平粜齐物，关市不乏，治国之道也。积著之理，务完物，无息币。以物相贸易，腐败而食之货勿留，无敢居贵。论其有余不足，则知贵贱。贵上极则反贱，贱下极则反贵。贵出如粪土，贱取如珠玉。财币欲其行如流水。"范蠡曾感慨"计然之策七，越用其五而得意"。①这段话并没有完整介绍计然七策，但已包含农业经济循环论、平粜论与积著之理，其中后两者涉及国家对工商业流通的管理，农业经济循环看似探讨农业生产规律，但也包含流通思想，且这种规律也为国家干预工商业流通提供了依据，只有认识到这种规律，才能做出正确预判与决断，从而对工商业流通进行合理的干预。

农业经济循环论探讨的是农业饥穰循环规律，根据六年一穰、六年一旱、十二年一大饥的规律，国家可在旱年买舟，在雨水充沛之年买车，这已经是基于农业丰歉的"待乏"流通思想了。旱年舟供大于求，价格低廉，可抄底买入，待雨水充沛之年舟供不应求价格上涨时卖出。车的买入与卖出操作原理同上，都是根据自然天象、农业饥穰情况，市场上商品的供求状况，以穰年买入灾年卖出的方式影响商品流通。从国家干预的角度讲，穰年买入既节省国家采购资金，又防止商品无法卖出影响生产者生产积极性及市场信心。灾年卖出既可大赚一笔增加政府财政收入，又可缓解市场供不应求状况，满足消费者需求，平抑市场物价，一举数得。这种做法的原理实际上与《管子》的"以重射轻以贱泄平"的逻辑一致。

平粜论更是直接关乎粮食的流通，该理论认为国家应该直接采用价格控制的方式管理粮食的流通，把粮价控制在每石 30~80 钱，如此，既不会

---

① （汉）司马迁：《史记》，岳麓书社，1988，第 932~933 页。

谷贱伤农，也不会谷贵伤末，农业与商业均得到较好的发展，市场价格的波动也在可控范围之内，国家的干预有效地熨平了物价的波动。

积著之理则既强调流通之商品的品质，又注重流通过程中的价格策略、买卖出手时机以及流通速度。商品必须品质过关，质量合格，然后才能谈及商品的流通。根据价格贵极反贱、贱极反贵的规律，一定要在价格高的时候果断迅速地像抛弃粪土一样抛出，价格低的时候果断地像抢购珠玉一样买入，要使货币始终像水一样流动，国家财富获得就蕴藏在货币的不断流动过程中。

5. 先秦儒家的税收干预思想

（1）孟子："征商，自此贱丈夫始矣"

孟子的工商管理思想体现在其反垄断思想及税收思想中。孟子在《公孙丑下》强调："古之为市也……有贱丈夫焉，必求龙断而登之。以左右望而罔其利。"对于那些窥测市场行情，根据市场动态为个人争取最大利益的商人，孟子嗤之以鼻，将之称为"贱丈夫"，特别不齿其行为，因而主张国家对这些人征收商税，"征商，自此贱丈夫始矣"，可见，孟子用国家征税方式打击垄断市场之商人的意图非常明显，属于明显的国家干预工商业思想。此外，对于正常的工商业行为，孟子持支持立场，"市廛而不征，法而不廛，则天下之商皆悦，而愿藏于其市矣。"① 他认为国家应放弃对市场中的商舍征税，对于按照规定正常出售的货物，国家也应该放弃征税。综上，孟子主张国家以税收方式支持正常工商业流通，与此同时，打击投机垄断的非法流通行为。

（2）荀子："关市几而不征""省工商"

荀子工商管理思想可概括为支持工商发展但强调规模控制。

一方面，荀子认为商业是流通万货满足百姓日常需求的重要部门，强调商业"通流财物粟米，无有滞留，使相归移也"② 的重要功能，认为其实现了"北海则有走马吠犬焉，然而中国得而畜使之……莫不尽其美致其用"③，即北海、南海、东海、西海等地的丰富商品，中国皆可得而用之，

①　金良年译注《孟子译注》，上海古籍出版社，2012，第48页。
②　（战国）荀况：《荀子》，（唐）杨倞注，耿芸标校，上海古籍出版社，2014，第113页。
③　（战国）荀况：《荀子》，（唐）杨倞注，耿芸标校，上海古籍出版社，2014，第113页。

这是商业的作用。因此，他也同孟子一样，提出"关市几而不征"① 的观点。从这个观点可以推测，在国家宏观干预方面，他比较倾向于维持正常的商业流通，主张不向关市征税，如此可减少商业流通成本，鼓励正常的商业流通。

另一方面，荀子又将工商视为不生产的部门，他对工商业的基本态度是抑制，提出"工商众则国贫"②"省工商"③ 等观点，从中可以推测出他的宏观干预思想，他希望国家通过行政手段减少工商业者比重，抑制商业发展规模与水平的态度明显。

总之，儒家代表人物的工商管理思想中涉及国家对商业的干预，但较为零散，往往是谈及其他主题时的延伸，并非专题讨论，且在国家干预的方式方面，也以行政手段与税收政策为主。

6. 李悝：以敛散平籴

李悝著《法经》六篇，分别为《盗法》《贼法》《囚法》《捕法》《杂法》《具法》，并在魏国推行变法，是法家思想的创立者之一。关于工商业流通，注重制度、法律、国家等元素的李悝提出了蕴含丰富轻重元素的平籴思想。

李悝认为："籴甚贵伤民，甚贱伤农。民伤则离散，农伤则国贫。"粮价过高或过低都不好，过高伤害工商业者及消费者利益，过低伤害农民利益，因此，国家应尽量避免这种情况："善为国者，使民毋伤而农益劝。"那么，又如何做到这一点呢，他认为，可以用国家资本进行干预，通过有意识引导货币流向、采取或收购或抛售的措施，实现对粮食市场的有效调节："是故善平籴者，必谨观岁有上中下孰。上孰其收自四，余四百石；中孰自三，余三百石；下孰自倍，余百石。小饥则收百石，中饥七十石，大饥三十石。故大孰则上籴三而舍一，中孰则籴二，下孰则籴一，使民适足，贾平则止。小饥则发小孰之所敛、中饥则发中孰之所敛、大饥则发大孰之所敛而粜之。故虽遇饥馑水旱，籴不贵而民不散，取有余以补不足也。"④

---

① （战国）荀况：《荀子》，（唐）杨倞注，耿芸标校，上海古籍出版社，2014，第 145 页。
② （战国）荀况：《荀子》，（唐）杨倞注，耿芸标校，上海古籍出版社，2014，第 120 页。
③ （战国）荀况：《荀子》，（唐）杨倞注，耿芸标校，上海古籍出版社，2014，第 150 页。
④ （汉）班固：《汉书》，中华书局，2000，第 948~949 页。

尽管敛散手段皆是贱买贵卖，但比起范蠡的平粜思想，李悝的操作手法更为细致，他把丰年与灾年均分为三等：大熟、中熟、下熟；大饥、中饥、小饥。大熟之年会出现严重的供大于求现象，市场粮食过剩严重，极为便宜，可大量收购，即"大孰则上粜"，收购四分之三，余四分之一，中熟与下熟之年的收购量依次递减。三种丰收之年的收购量分别对应三种灾年的抛售量，大饥之年则按照大熟之年所收购的粮食的量来抛售，以此类推，中饥对中熟，小饥对下熟，如此，可确保市场粮食供求匹配，物价稳定。平粜法精细之处在于李悝没有简单地给出一个物价浮动的范围，而是根据丰歉程度用了量化的手段进行了精确的敛散匹配，且充分考虑国家、生产者与消费者三方的利益，把轻重手段的目标指向多赢共存。

7. 商鞅、韩非：重本抑商思想中的轻重元素

"利出一孔"的农战政策是法家思想的重要组成部分，对于工商业，法家的基本态度是抑制。法家以法治天下，而国家是制定并落实法治的主体，这使其对工商业的抑制措施带有非常丰富的轻重元素。

（1）商鞅：重税抑商、引导金粟去留

商鞅是法家思想的重要代表人物，且因其本身也是中国历史上著名的变法者，商鞅的变法实践使其思想在很大程度上得以落地，影响深远。

首先，国内贸易方面，商鞅主张采取各种积极的政治、经济手段抑制工商业的发展，在他看来，"商贾之士佚且利"[1]，会严重影响百姓对农业的经营兴趣，因此必须加以抑制。这些手段包括：将经营不善而致贫的工商业者收为官奴，"事末利及怠而贫者，举以为收孥"[2]，此举大大增加了经营商业的风险与成本；实施粮食贸易管制，禁止商人买卖粮食；对商业实施重税政策，"不农之征必多，市利之租必重"[3]，对与流通相关的行业征收重税，其中酒肉之租就达到原价 10 倍的高度，其抑制的力度可想而知。

其次，对外贸易方面，基于"金生粟死"的基本判断，商鞅主张国家采用重使用价值而轻价值的策略，把具有使用价值的粮食留在国内："国

---

① 高亨注译《商君书注译》，清华大学出版社，2011，第 78 页。

② （汉）司马迁：《史记》，岳麓书社，1988，第 523 页。

③ 高亨注译《商君书注译》，清华大学出版社，2011，第 177 页。

好生粟于竟内，则金粟两生，仓府两实，国强。"① 即重视本国粮食的储存，避免为了追求黄金而出售本国粮食，使本国粮食流于国外，当本国拥有充足粮食，一者可确保不确定性冲击中国家的稳定，即使遇到灾荒，充足的粮食储备也可保国家无虞，二者可确保国家充足的货币储备，在本国有盈余的情况下，随时可用盈余粮食换取黄金。如此，金粟两生。

（2）韩非：抑制工商之民数量与社会地位

作为法家思想的集大成者，韩非秉持坚定的抑商立场。

一方面，韩非认可工商业是社会所需的部门，认可其流通万货的作用："利商市关梁之行，能以所有致所无，客商归之，外货留之……则入多。"② 从这段表述来看，韩非主张国家应采取有利于商业流通的举措，促进经济的发展。

另一方面，韩非又极力贬低、否定工商业者的社会地位与社会贡献，将工商之民视为社会五种蛀虫之一，将其与讲仁义的学士、讲纵横的言谈者、带剑的侠士、侍近之臣并列，认为其不劳而获，是社会的害虫。在此基础上，韩非要求国家对工商之民的群体规模加以抑制，并贬低其社会地位："夫明王治国之政，使其商工游食之民少而名卑。"③ 综合而论，韩非是坚定的抑商派，主张国家坚决采取干预措施抑商。

8.《管子》：初具体系的轻重论

《管子》非一时一人之作，但集中体现了先秦时期管仲及其后继者的经济思想。胡寄窗对《管子》的轻重理论评价颇高："如果价值论是政治经济学的基础理论，则轻重论就是《管子》全部经济学说的基石。"④ 叶世昌也认为："《管子·轻重》所涉及的流通领域的经济理论，范围之广在中国封建社会中既是空前的，也是绝后的。它总结了商品、货币流通的一些规律，分析了国家利用政权力量来控制商品和市场的意义和作用。"⑤

（1）在轻重对象方面，《管子》认为万物皆可轻重。"桓公问于管子

① 高亨注译《商君书注译》，清华大学出版社，2011，第62页。
② 张觉等：《韩非子译注》，上海古籍出版社，2012，第430页。
③ 张觉等：《韩非子译注》，上海古籍出版社，2012，第539页。
④ 胡寄窗：《中国经济思想史》（上），上海财经大学出版社，1998，第319页。
⑤ 叶世昌：《古代中国经济思想史》，复旦大学出版社，2003，第136~137页。

曰:'轻重安施?'管子对曰:'自理国虑戏以来,未有不以轻重而能成其王者也。'"①自伏羲以来的经验表明,包括画八卦、树五谷、服牛羊等在内的各种活动皆可在轻重的范围之内。管子罗列了包括伏羲、神农、燧人、夏商周的有为天子等在内的历史人物,肯定其通过轻重手段使"天下化之",他认为万物皆可轻重,且只要方法得当,效果都尚佳。

(2)在轻重之理方面,《管子》观察到所有商品都是"重则至,轻则去"②"彼物轻则见泄,重则见射"③。市场上某种商品较重、价格趋高时总是被抢购的对象,而某种商品较轻、价格趋低时往往是被抛售的对象。商品轻重多与市场供求相关,"散则轻,聚则重"④"藏则重,发则轻"⑤"君章之以物则物重,不章以物则物轻,守之以物则物重,不守以物则物轻"⑥"令有徐疾,物有轻重"⑦。某种商品因囤积、聚敛、政令、广告等因素供不应求,则重,反之,则轻。

(3)在轻重之术方面,《管子》提出"凡轻重之大利,以重射轻,以贱泄平"⑧的观点。即在市场上某种商品供大于求价格较低时,以重币买轻物,等市场上这种商品供不应求价格上涨时再以稍低于市场价格的价位抛售,一方面获得大利,另一方面还可降低市场物价。这种操作手段与上文所述计然之策中的"旱则资舟,水则资车"的道理如出一辙。此外,要完美地落实这一轻重之术,时机的判断与捕捉能力也至关重要,"轻重无

① (春秋)管仲:《管子》,(唐)房玄龄注,(明)刘绩补注,刘晓艺校点,上海古籍出版社,2015,第471页。
② (春秋)管仲:《管子》,(唐)房玄龄注,(明)刘绩补注,刘晓艺校点,上海古籍出版社,2015,第447页。
③ (春秋)管仲:《管子》,(唐)房玄龄注,(明)刘绩补注,刘晓艺校点,上海古籍出版社,2015,第419页。
④ (春秋)管仲:《管子》,(唐)房玄龄注,(明)刘绩补注,刘晓艺校点,上海古籍出版社,2015,第427页。
⑤ (春秋)管仲:《管子》,(唐)房玄龄注,(明)刘绩补注,刘晓艺校点,上海古籍出版社,2015,第447页。
⑥ (春秋)管仲:《管子》,(唐)房玄龄注,(明)刘绩补注,刘晓艺校点,上海古籍出版社,2015,第451页。
⑦ (春秋)管仲:《管子》,(唐)房玄龄注,(明)刘绩补注,刘晓艺校点,上海古籍出版社,2015,第444页。
⑧ (春秋)管仲:《管子》,(唐)房玄龄注,(明)刘绩补注,刘晓艺校点,上海古籍出版社,2015,第426页。

数。物发而应之,闻声而乘之"①,《管子》认为,商机转瞬即逝,因此要适时而动、应时而定,如此才能使轻重之术落地,取得不错的效果。

(4)在轻重之术的运用方面,《管子》的论述非常广泛,但大致集中在以下几个维度。

第一,国内贸易方面,以轻重之术控制万物、粮食、货币的流通。《管子》将天下之物分为三类:万物、粮食、货币,并观察到三者此消彼长的关系,"币重而万物轻,币轻而万物重"②"粟重黄金轻,黄金重而粟轻"③"谷重而万物轻,谷轻而万物重"④,《管子》将谷从万物中剥离出来,体现了小农经济时代人们对粮食的重视程度,谷非一般商品,在通常情况下有着非常重要的使用价值,在非常时期还具备货币属性。那么,又该如何对三者进行管理呢?无非上文所说的轻重之术,即把握时机适时敛散,"谷贱则以币予食,布帛贱则以币予衣。视物之轻重,而御之以准,故贵贱可调,而君得其利"⑤,"国币之九在上,一在下。币重而万物轻,敛万物,应之以币"⑥,根据市场上商品的短缺或过剩情况适时敛散,要么抛售要么采购,国家也在调整商品贵贱的过程中实现轻重之目的。货币的及时回笼与投放也是敛散之术的具体运用,货币政策在控制万物价格的过程中至关重要,此即《管子》所言之"善者执其通施,以御其司命",货币政策成为控制、操纵谷物与其他商品的重要手段。

此外,《管子》还特别注重万物中另一类特殊商品:盐、铁、山泽自然资源等。对此类商品,《管子》提出"官山海",主张由国家官营专卖。《海王》篇中,管子接连否定齐桓公征收房屋税、树木税、牲畜税的想法,

---

① (春秋)管仲:《管子》,(唐)房玄龄注,(明)刘绩补注,刘晓艺校点,上海古籍出版社,2015,第450页。

② (春秋)管仲:《管子》,(唐)房玄龄注,(明)刘绩补注,刘晓艺校点,上海古籍出版社,2015,第440页。

③ (春秋)管仲:《管子》,(唐)房玄龄注,(明)刘绩补注,刘晓艺校点,上海古籍出版社,2015,第456页。

④ (春秋)管仲:《管子》,(唐)房玄龄注,(明)刘绩补注,刘晓艺校点,上海古籍出版社,2015,第419页。

⑤ (春秋)管仲:《管子》,(唐)房玄龄注,(明)刘绩补注,刘晓艺校点,上海古籍出版社,2015,第427~428页。

⑥ (春秋)管仲:《管子》,(唐)房玄龄注,(明)刘绩补注,刘晓艺校点,上海古籍出版社,2015,第430页。

而非常认可"官山海"的做法，他意识到"十口之家十人食盐，百口之家百人食盐……一女必有一针一刀，若其事立；耕者必有一耒一耜一铫，若其事立；行服连轺輂者必有一斤一锯一锥一凿，若其事立"，盐与铁是生活必需品，每家每户须臾不可离，没有了盐铁，百姓的日常生活与生计必受影响，因而这类商品的消费需求始终强劲，即使价格上涨，百姓也必须购买。基于这种判断，《管子》建议国家直接生产管理这些生活必需品，并提高其价格，通过使盐"重"、针"重"的方式增强国家财政实力："今盐之重升加分强，釜五十也；升加一强，釜百也；升加二强，釜二百也。钟二千，十钟二万，百钟二十万，千钟二百万。万乘之国，人数开口千万也，禺策之，商日二百万，十日二千万，一月六千万。万乘之国，正九百万也。月人三十钱之籍，为钱三千万。今吾非籍之诸君吾子，而有二国之籍者六千万。……今针之重加一也，三十针一人之籍；刀之重加六，五六三十，五刀一人之籍也；耜铁之重加七，三耜铁一人之籍也。其余轻重皆准此而行。"① 比起直接征税，《管子》认为官营专卖并提高盐铁等生活必需品价格的方式要高明得多，一方面政府获得的财政收入翻番，另一方面没有直接向百姓征税，避免百姓"嚣号"，社会阻力较小，以隐性方式轻松获取国家所需的财政收入。

　　第二，对外贸易方面，对类似粮食这样的重要商品，《管子》提出要谨守重流："彼守国者，守谷而已矣……彼诸侯之谷十，使吾国谷二十，则诸侯谷归吾国矣。诸侯谷二十，吾国谷十，则吾国谷归于诸侯矣。故善为天下者，谨守重流。而天下不吾泄矣……以重藏轻，国常有十，国之策也……此以轻重御天下之道也。"② 《管子》非常重视粮食对于一个国家的作用，主张采用"天下轻我重"的方式吸引别国粮食流入本国，避免本国粮食流泄到他国，并将此视为掌控天下之道。对于其他商品，则完全可根据市场原则正常交易，如盐为靠近海滨之齐国的优势产品，完全可通过出口获取国家所需的黄金。这种多元对外贸易手段体现了《管子》对外贸易

①　（春秋）管仲：《管子》，（唐）房玄龄注，（明）刘绩补注，刘晓艺校点，上海古籍出版社，2015，第421页。

②　（春秋）管仲：《管子》，（唐）房玄龄注，（明）刘绩补注，刘晓艺校点，上海古籍出版社，2015，第437页。

政策的灵活权变。

（二）两汉南北朝时期：中国传统轻重论发展期的代表性思想

1. 贾谊："挟铜积以御轻重"

西汉初年，政府休养生息，无为而治，甚至"使民放铸"，货币铸造权并未归于中央。贾谊反对任由百姓私自铸钱，在阐述其理由时，贾谊提出了"七福论"，即禁止私铸可产生七种好处："何谓七福？上收铜勿令布，则民不铸钱，黥罪不积，一矣。伪钱不蕃，民不相疑，二矣。采铜铸作者反于耕田，三矣。铜毕归于上，上挟铜积以御轻重，钱轻则以术敛之，重则以术散之，货物必平，四矣。以作兵器，以假贵臣，多少有制，用别贵贱，五矣。以临万货，以调盈虚，以收奇羡，则官富实而末民困，六矣。制吾弃财，以与匈奴逐争其民，则敌必怀，七矣。"①

"七福论"中，第四条至第七条涉及轻重，贾谊认为国家应掌控货币铸造权，应控制铸币所用的原材料铜，并以之敛散货物、平抑物价、制作兵器、控制臣子、调控万货、与敌争民。贾谊并非专论轻重，而是在谈及货币铸造问题时以增强国家干预能力为由阐述轻重之术的运用及效果，就理论深度而言并没有超越《管子》轻重理论，但是他将国家垄断货币铸造权与运用轻重之术联系起来论述，这是一个较为独特的视角。

2. 桑弘羊：盐铁酒官营专卖、均输、平准、控制货币流通等轻重思想

商人出身的桑弘羊尤为重视商业流通，步入西汉权力中心并执掌财政大权之后，他在继承以《管子》为代表的前人轻重思想的基础上，在国家干预工商业流通方面提出更为丰富的轻重思想，包括：盐铁酒官营专卖、均输、平准、改革币制等。

（1）盐铁酒官营专卖思想

桑弘羊轻重思想的根本目的有二，一是为国理财，增加国家财政收入，二是维持社会稳定与秩序，高效率管理百姓。在《盐铁论·本议》中，桑弘羊强调："边用度不足，故兴盐铁，设酒榷，置均输，蓄货长财，以佐助边费。"②《轻重》中他也将盐铁官营视为实现"县官用饶足，民不

---

① （汉）班固：《汉书》，中华书局，2000，第970页。
② （汉）桓宽：《盐铁论》，上海人民出版社，1974，第1页。

困乏，本末并利，上下俱足"① 的有效途径，认为其效果一点也不逊色于农耕。此外，桑弘羊从治国理政的角度肯定盐铁官营等轻重手段的重要性："夫理国之道，除秽锄豪，然后百姓均平，各安其宇……大夫君运筹策，建国用，笼天下盐铁诸利，以排富商大贾，买官赎罪，损有余，补不足，以齐黎民。是以兵革东西征伐，赋敛不增而用足。"② 从治国视角来看，盐铁官营是打击富豪大贾、平衡百姓财富、使百姓各安其分、维持社会稳定的重要举措。从管理百姓视角来看，《力耕》篇桑弘羊强调："王者塞天财，禁关市，执准守时，以轻重御民。"③ 轻重成为高效管理百姓的手段。

在盐、铁、酒三种商品中，桑弘羊更重视铁的官营专卖。首先，他强调对铁的管制自古如此，有天然的合理性："古者，名山大泽不以封，为下之专利也。山海之利，广泽之畜，天地之藏也，皆宜属少府。"④ 其次，他认为如不对铁的生产与流通进行管制，会导致对国家政权的极大威胁："浮食奇民，好欲擅山海之货，以致富业，役利细民，故沮事议者众。铁器兵刃，天下之大用也，非众庶所宜事也。往者，豪强大家，得管山海之利，采铁石鼓铸，煮海为盐。一家聚众或至千余人，大抵尽收放流人民也，远去乡里，弃坟墓，依倚大家，聚深山穷泽之中，成奸伪之业，遂朋党之权，其轻为非亦大矣！"⑤ 铁的生产非一人薄资所能完成，往往是豪强大家携带重资入场，铁矿的开采又处偏远之地，且铁又是制造兵器的原材料，这些要素如遭遇叛乱图谋，会演化为冲击政权的巨大隐患。因而，国家一定要对之强力干预，管控从生产到流通的各个环节。最后，他认为，从生产的效率来看，政府管控要比听任民间自行生产更为高效："卒徒工匠以县官日作公事，财用饶，器用备。家人合会，褊于日而勤于用，铁力不销炼，坚柔不和。故有司请总盐、铁，一其用，平其贾，以便百姓公私。……吏明

① （汉）桓宽：《盐铁论》，上海人民出版社，1974，第30页。
② （汉）桓宽：《盐铁论》，上海人民出版社，1974，第31页。
③ （汉）桓宽：《盐铁论》，上海人民出版社，1974，第4页。
④ （汉）桓宽：《盐铁论》，上海人民出版社，1974，第13页。
⑤ （汉）桓宽：《盐铁论》，上海人民出版社，1974，第13页。

其教，工致其事，则刚柔和，器用便。"① 工匠按照政府的统一技术要求生产，可保证产品的同质性，且政府的生产资金充足、生产设备齐全，而民间家庭作坊式生产往往存在耗时长、资金不足、生产产品质量不过关等问题，两相对比，铁的生产与流通交由政府管控更为合理。

（2）均输思想

桑弘羊对均输的认可与支持体现在《盐铁论·本议》篇，他以比较的方式突出了均输的社会效益："往者，郡国诸侯各以其方物贡输，往来烦杂，物多苦恶，或不偿其费。故郡国置输官以相给运，而便远方之贡，故曰均输……均输则民齐劳逸。"② 过去，各地运往都城的贡品运输成本过高，且所上贡的商品大多价值不是很高，甚至抵不上其运费，对于地方来说，运输贡物本身也是较为繁重的劳役负担。基于这种情况，政府在地方设置均输官，地方直接将贡品交与均输官即可，如此大大省去了地方运输之役，属于便民之举，有利于远方缴纳贡物。均输官如何处置这些贡品呢？桑弘羊联系山东等地的救灾案例强调："均输之物，府库之财，非所以贾万民而专奉兵师之用，亦所以赈困乏而备水旱之灾也。"③ 均输官不用将这些贡品运往京师，否则政府亦要承担繁重的运费，而是将之售往缺少这些土特产的他处或储备起来用于以后的赈灾。如此，政府增加了财政收入，又有利于减轻地方徭役负担，缓解了市场供需矛盾，一举数得。

（3）平准思想

平准涉及对京师物价的宏观干预，在《本议》篇中，桑弘羊同样对此大力肯定："开委府于京师，以笼货物。贱即买，贵则卖。是以县官不失实，商贾无所贸利，故曰平准。平准则民不失职……故平准、均输，所以平万物而便百姓，非开利孔而为民罪梯者也。"④ 为了平抑京师物价，政府在京师设立专门机构，基于贱买贵卖的原则，干预各种货物价格，使物价常平。市场物价稳定，一方面可服务百姓，另一方面也打击了牟取暴利的商人。桑弘羊认为此举同均输一样是非常有利于民生的。

---

① （汉）桓宽：《盐铁论》，上海人民出版社，1974，第80页。
② （汉）桓宽：《盐铁论》，上海人民出版社，1974，第3页。
③ （汉）桓宽：《盐铁论》，上海人民出版社，1974，第4~5页。
④ （汉）桓宽：《盐铁论》，上海人民出版社，1974，第4页。

（4）控制货币流通思想

桑弘羊以货币为轻重手段的思想集中体现在其与贤良文学的辩论之中，并被详细记录于《盐铁论》之中。桑弘羊的核心观点是国家把货币铸造权收归中央，并以货币为手段，通过控制货币流通落实轻重之术。具体内容如下。

第一，君主可通过控制货币提高管理效率。"交币通施，民事不及，物有所并也。计本量委，民有饥者，谷有所藏也。智者有百人之功，愚者有不更本之事。人君不调，民有相妨之富也。此其所以或储百年之余，或不厌糟糠也。民大富，则不可以禄使也；大强，则不可以罚威也。"[①] 桑弘羊看到货币在市场运行过程中的流通职能，但同时也注意到伴随这种职能的发挥与市场竞争，君主如果不进行干预，一定会产生贫富分化，而百姓的大富大强特别不利于国家的管理，国家的利诱及罚威皆失去了管理作用，因此，"人主积其食，守其用，制其有余，调其不足，禁溢羡，厄利途，然后百姓可家给人足也"[②]。只有通过有效干预，才能在缓和贫富差距的同时提高管理效率。

第二，货币管理应该与时俱进，根据经济发展实际情况采取适宜的管理措施。"汤、文继衰，汉兴乘弊。一质一文，非苟易常也。俗弊更法，非务变古也，亦所以救失扶衰也。故教与俗改，弊与世易。夏后以玄贝，周人以紫石，后世或金钱刀布。物极而衰，终始之运也。故山泽无征，则君臣同利，刀币无禁，则奸贞并行。夫臣富则相侈，下专利则相倾也。"[③] 随着形势变化，原有的管理方法不能应对新的弊端，因而管理必须因时而异，货币管理也是如此，"刀币无禁，则奸贞并行"，因而必须加强对货币的管理。

第三，国家应掌控货币发行权，在降低百姓交易成本的同时巩固政权。桑弘羊称："文帝之时，纵民得铸钱、冶铁、煮盐。吴王擅鄣海泽，邓通专西山。山东奸滑，咸聚吴国。秦、雍、汉、蜀因邓氏。吴、邓钱布天下，故有铸钱之禁。禁御之法立而奸伪息，奸伪息则民不期于妄得而各

---

① （汉）桓宽：《盐铁论》，上海人民出版社，1974，第9页。

② （汉）桓宽：《盐铁论》，上海人民出版社，1974，第9页。

③ （汉）桓宽：《盐铁论》，上海人民出版社，1974，第10页。

务其职不反本何为？故统一，则民不二也，币由上，则下不疑也。"① 他以举例方式论证放铸导致的严重后果，一则中央地方关系趋向弱干强枝，奸佞横生；二则百姓乐于私铸而不专心本业，私铸劣钱也增加了市场交易成本。因此，桑弘羊提出了"币由上"的主张，并将之视为平衡中央地方关系、稳定市场交易的有力手段。

3. 王莽：五均六筦轻重思想

五均六筦集中体现了王莽对工商业的国家干预思想，五均实为六筦的有机组成，六筦包括盐、铁、酒官营，货币铸造权由国家垄断，山泽与五均赊贷由国家管理。王莽是两汉之际特别想有所作为的一位皇帝，实施了一系列的经济改革措施，涉及工商管理的五均六筦只是其中之一。谈及对六大领域加以管理的原因，王莽在诏书中强调："夫盐，食肴之将；酒，百药之长，嘉会之好；铁，田农之本；名山、大泽，饶衍之臧；五均、赊贷，百姓所取平，卬以给澹；铁布铜冶，通行有无，备民用也。此六者，非编户齐民所能家作，必卬于市，虽贵数倍，不得不买。豪民富贾，即要贫弱，先圣知其然也，故榦之。每一榦为设科条防禁，犯者罪至死。"② 显然，王莽也意识到盐、铁、酒是与百姓日常生活息息相关的重要商品，五均赊贷、货币铸造亦是服务百姓的重要措施，山泽资源等同于财富，对于普通小民而言，这六者都远非他们所能控制的，但豪强富贾却经常凭借自身优势掌控这些领域，使百姓贫弱，因为现实生活中，即使价格提升数倍，普通小民面对这些具备垄断性质的商品，也不得不买。王莽看到了这六者的特性，认为政府不能将这六者交由市场，听任其发展，而应该由政府进行强有力的干预与管理。

盐、铁、酒官营专卖是增加政府收入的有效举措，桑弘羊已充分以此收获实效。王莽则在盐、铁、酒官营之外，把《周礼》的赊贷、《乐语》的五均结合起来，对城市经济进行管理："夫周礼有赊、贷，乐语有五均，传记各有榦焉。今开赊贷，张五均，设诸榦者，所以齐众庶，抑并兼也。"③

① （汉）桓宽：《盐铁论》，上海人民出版社，1974。
② （汉）班固：《汉书》，中华书局，2000，第988~989页。
③ （汉）班固：《汉书》，中华书局，2000，第986页。

从"齐众庶，抑并兼"六字也可清晰地看出王莽设五均赊贷的目的，他希望此举能够起到抑制兼并、缩小财富差距的作用。胡寄窗对王莽这一举措评价颇高："仅就对城市实行广泛的经济管制措施一点来说，已经是我国历史上的创举。"①

五均赊贷主要围绕均平市场价格与放贷救急而展开。第一，市场价格的均平。王莽维持物价的方法不同于前述《管子》、桑弘羊等的传统贱买贵卖的做法，而是较为注重标准价格。"诸司市常以四时中月实定所掌，为物上、中、下之贾，各自用为其市平，毋拘它所。"② 标准价格的制定取决于两大因素：每个季节中的商品价格、每种商品的质量。一旦市场价格产生波动，则根据情况灵活处理："万物印贵，过平一钱，则以平贾卖与民。其贾氐贱，减平者，听民自相与市，以防贵庚者。"③ 商品价格高于标准价格，政府即以平价抛售商品，商品价格低于标准价格，则听任市场交易，不进行国家干预，以这样的处理方式防止商品价格高涨以及富商进行囤积居奇。同时，社会上还存在重要商品的滞销问题，如听任发展，会打击生产者与流通者的积极性，不利于社会再生产的继续进行。对此问题，王莽的做法是："均官有以考检厥实，用其本贾取之，毋令折钱。"④ 即令均官按照调查后的成本收购此类商品，保证生产者不亏本。如此，生产者有足够的信心与积极性继续生产，从而也使来年商品供应与市场价格平稳有了更大的保证。第二，赊贷。《汉书·食货志下》对王莽赊贷的具体做法有详细记载："民欲祭祀、丧纪而无用者，钱府以所入工、商之贡但赊之，祭祀无过旬日，丧纪毋过三月。民或乏绝，欲贷以治产业者，均授之，除其费，计所得受息。毋过岁什一。"⑤ 赊与贷分别针对不同的主体，前者为准备借钱用于"祭祀丧纪"的消费者，后者为准备借钱用于扩大自己产业的投资者，两者的借钱性质与用途不同，政府也采取了不同的管理措施。对于前者，政府赊钱不收取利息，但规定了还钱的期限，用于祭祀

---

① 胡寄窗：《中国经济思想史》（中），上海财经大学出版社，1998，第163页。
② （汉）班固：《汉书》，中华书局，2000，第987页。
③ （汉）班固：《汉书》，中华书局，2000，第987页。
④ （汉）班固：《汉书》，中华书局，2000，第987页。
⑤ （汉）班固：《汉书》，中华书局，2000，第987页。

者不超过十天，用于丧纪者不超过三个月。对于后者，政府同样借给其钱，但要收取利息，收取贷方除去成本后之利润的十分之一。王莽的"赊"有救急性质，对于急需钱财应急者无疑是雪中送炭之举，而其"贷"有促进经济发展的性质，对于有治产想法又缺乏资金者来说亦助力颇大。以上做法，一方面赢得民心，稳定了社会秩序，刺激了经济的发展；另一方面国家收取一定利息，也增加了国家的财政收入。

山泽之征涉及对自然资源的管理。王莽的管理方式比较灵活，也是分而治之。开采金、银、铜等自然资源者，需向政府申报，政府按时收购，这些矿产资源往往与货币铸造密切相关，对其加以严格管理势在必然，因而政府对流通环节的控制很是严格。对于从事鸟兽、畜牧等非重要矿产资源开发生产的从业者，王莽的核心思想是以征税的方式对其加强管控，即从业者向政府申报，政府会征收去除成本后利润的十分之一，此举亦可在强化管控的同时增加政府收入。

（三）唐宋时期：中国传统轻重论成熟期的代表性思想

1. 刘晏：盐铁官营、漕运、平准等领域改革的轻重思想

作为唐朝杰出理财家代表，刘晏的理财活动以顺应时代潮流、重视商业元素著称。刘晏掌管财政大权在唐朝安史之乱之后，此时，中央对地方的掌控力较弱，中央财政也较为紧张，这些都在很大程度上影响了刘晏的轻重思想，使其更注重依靠商业元素完成国家的轻重目标。刘晏的轻重思想集中体现在盐铁官营、漕运、平准等领域。

（1）盐铁官营改革思想

与第五琦的官产官销思想不同，刘晏对盐铁官营政策注入了更多的商业元素，也从理论层面深化了盐铁官营的财政意义与贡献："盐铁使刘晏以为因民所急而税之，则国用足。于是上盐法轻重之宜，以盐吏多则州县扰，出盐乡因旧监置吏，亭户粜商人，纵其所之。江、岭去盐远者，有常平盐，每商人不至，则减价以粜民，官收厚利而人不知贵。"[①]

首先，刘晏认识到增加国家财政收入最为有效的方法就是"因民所急而税之"。税民所急即对百姓须臾不可离的非常重要的商品征税，盐铁这

---

① （宋）欧阳修、宋祁：《新唐书》，中华书局，2000，第905页。

样的生活必需品即是理想税基，刘晏认为对其征税是保障国家用度充足的重要途径。在理论层面上，刘晏从宏观治国的角度总结出了一条与税收效率相关的原则：税民所急。

其次，刘晏意识到轻重之术可用于偏远地区的食盐调控上，推行常平盐。刘晏把对粮食进行调控的常平仓原理应用在食盐供给方面，常平盐主要设在离产盐之地较远的地方，一旦因商人绝迹、食盐供不应求价格上涨之时，政府即减价销售食盐，既平抑盐价又获取厚利。

最后，刘晏非常重视调控手段的多元性，他充分利用政府与商人、亭户三个主体的优势，对生产与流通环节进行了灵活变通的处理。具体来说，在产盐之地设盐官，但盐的生产主要由亭户负责，盐官则监督亭户按照相关要求规范生产，并把所生产的盐出售给商人。不过，根据《旧唐书》记载，实践过程中，在流通环节，政府先收购亭户所产之盐，之后再转卖给商人。不管中间有没有政府收购这道手续，刘晏的盐专卖已经有了非常浓郁的商业气息。一方面，政府监督生产环节，但不直接生产，而是交给亭户自行生产；另一方面，政府监督并重视流通环节，但也没有成为流通主体，而是交由商人负责，商人还可纳绢以代盐价。亭户与商人成为政府盐专卖体系中的有机组成部分，既节省了成本，提高了效率，还兼顾了民生。同时，为了保证良好的流通环境，政府设置十三巡院负责缉私、招商等事宜，另外规定各地不得再向商人运销之盐征收捐税。

（2）漕运改革思想

历朝历代，把地方漕粮运输至京师都是一项艰巨的任务。刘晏之前，漕粮运输效率较低，损耗较大，所花费的时间较长。安史之乱一方面破坏运输设施，另一方面又使得运输所需的劳动力匮乏，漕粮入京变得更为困难。而京师粮食一旦短缺，粮价上涨、京师大规模人口生存条件恶劣几成定局。刘晏的应对思路是："晏即盐利顾佣分吏督之，随江、汴、河、渭所宜……晏为歇艎支江船二千艘，每船受千斛。"[1] 可概括为以下几点。

首先，雇佣劳动力。刘晏把盐专卖利润中的一部分拿出来，用来雇佣运输所需的劳动力，以市场方式而非强派方式解决运输劳动力不足问题。

---

① （宋）欧阳修、宋祁：《新唐书》，中华书局，2000，第899页。

其次，打造船只。政府出资根据长江、汴河、黄河、渭河的水流水力等具体情况，打造适宜各段水道的两千艘船，解决运输工具问题。

再次，分段运输。"江船不入汴，汴船不入河，河船不入渭。"① "江船达扬州，汴船达河阴，河船达渭口，渭船达太仓，其间缘水置仓，转相受给。"② 每段河流的具体情况不同，分段运输类似于将整个运输路线进行了精细划分，形成建构在分工基础之上的合作体系，可大大提高效率。

最后，改仓装为袋装。分段运输涉及交接装卸问题，为了减少损耗，刘晏主张"囊米而载以舟"③，比起仓装法，袋装法可最大限度避免损耗且有利于提升装卸效率，从"岁转粟百一十万石，无升斗溺者"④ 的记载来看，刘晏的确大大提高了漕运效率。

（3）平准改革思想

《管子》、桑弘羊以来，维持粮食常平成为政府的惯常操作。刘晏在常平仓、常平盐之外，创造性地用商业手段把常平的对象拓展到"万物"，社会影响巨大。据《旧唐书·刘晏传》记载："自诸道巡院距京师，重价募疾足，置递相望，四方物价之上下，虽极远不四五日知，故食货之重轻，尽权在掌握，朝廷获美利而天下无甚贵甚贱之忧，得其术矣。"⑤ 刘晏在各道设置巡院，并用高价招募搜集、传递物价波动情报的"疾足"，距离很远的地方的物价波动情况也会在四五日内被巡院掌握，有了这些信息，轻重之术即可用于万物，既使得政府获得厚利，又保证了全社会物价的平稳，天下没有太贵太贱之物。《新唐书·刘晏传》也对刘晏平准万物的成效进行了如实记载："刘晏因平准法，斡山海，排商贾，制万物低昂，常操天下赢资，以佐军兴。"同样肯定了刘晏平准"万物"，且能"虽兵数十年，敛不及民而用度足"的理财成绩。

2. 白居易："王者平均其贵贱，调节其重轻"

白居易轻重思想的特色在于他非常重视货币在轻重之术运用中的作

① （宋）欧阳修、宋祁：《新唐书》，中华书局，2000，第899页。
② （宋）司马光：《资治通鉴》，中华书局，2012，第7405页。
③ （宋）欧阳修、宋祁：《新唐书》，中华书局，2000，第899页。
④ （宋）欧阳修、宋祁：《新唐书》，中华书局，2000，第899页。
⑤ （后晋）刘昫等：《旧唐书》，中华书局，1975，第3515页。

用，体现在以下几方面。

第一，以货币协调农工商关系。白居易从较为宏观的农业、工业、商业的产业关系阐释货币的影响与作用："谷帛者，生于农也；器用者，化于工也；财物者，通于商也；钱刀者，操于君也。君操其一，以节其三；三者和钧，非钱不可也。"①白居易把货币与农工商并列，从货币与各产业之间的平衡与发展论述轻重的必要性，认为君主应通过控制货币实现控制其他三者的目的，农工商的协调发展离不开货币的作用。白居易的这一论述大大拔高了货币的地位。那么，货币又如何发挥其轻重作用呢？白居易认为："夫钱刀重则谷帛轻，谷帛轻则农桑困。故散钱以敛之，则下无弃谷遗帛矣。谷帛贵则财物贱，财物贱则工商劳。故散谷以收之，则下无废财弃物矣。敛散得其节，轻重便于时，则百货之价自平，四人之利咸遂。虽有圣智，未有易此而能理者也。"②简而言之，即根据实际物价波动，通过货币的敛散平抑物价。钱重谷帛轻说明市场上流通的货币少而谷帛供给过多，合适的轻重之术即向市场注入更多的货币，散钱以收购谷帛，如此，市场上流通的货币增加，谷帛供大于求的局面也得以改变，不至于对农业造成大的冲击。谷帛贵而钱轻的状况刚好相反，那么就反其道而行之，散谷帛而收钱，同样可以实现物价常平而避免对工商的冲击。

第二，以货币平衡社会关系。谈及唐朝懒散者生活安逸且获取厚利而辛勤耕作者反倒劳累困窘的现实问题，白居易也将之归结为政府对货币的控制不力："当今游惰者逸而利，农桑者劳而伤。所以伤者，由天下钱刀重而谷帛轻也。"③认为要解决此问题，一定要适时敛散，"夫粟甚贵，钱甚轻，则伤人；粟甚贱，钱甚重，则伤农。农伤则生业不专，人伤则财用不足。故王者平均其贵贱，调节其重轻，使百货流通，四人交利"④。政府要使各阶层共同获利，必须用货币的敛散保证物价常平，促进货物流通。

第三，以货币为救灾手段。在《辩水旱之灾·明存救之术》中，白居

① （唐）白居易：《白居易集》（第4册），中华书局，1979，第1313页
② （唐）白居易：《白居易集》（第4册），中华书局，1979，第1313页。
③ （唐）白居易：《息游惰劝农桑议赋税复租庸罢缗钱用谷帛》，（清）董诰等编《全唐文》，中华书局，1983，第6823页。
④ （唐）白居易：《息游惰劝农桑议赋税复租庸罢缗钱用谷帛》，（清）董诰等编《全唐文》，中华书局，1983，第6823页。

易也将货币的敛散视为救灾之术："夫天之道无常，故岁有丰必有凶；地之利有限，故物有盈必有缩。圣王知其必然，于是作钱刀布帛之货，以时交易之，以时敛散之。所以持丰济凶，用盈补缩，则衣食之费，谷帛之生，调而均之，不啻足矣。"① 其实施的原理同上，依然是根据生产丰凶盈缩、供给多寡、物价高低等情况，政府适时以货币行敛散之术，以保证基本物资的供应。在白居易看来，这种操作原理同于管氏之轻重、李悝之平籴、耿寿昌之常平，他在继承的基础上对轻重之术进行了适当的延展，在更宏观的产业关系及治国视角下对传统轻重之术进行了较新的解读。

3. 王安石：均输法、市易法中的轻重思想

作为宋朝著名的政治家、改革家与思想家，王安石与工商流通相关的轻重思想集中体现在其改革措施中的均输法与市易法之上。

（1）均输法中的轻重思想

在《乞制置三司条例司》中，王安石提出了有关均输的建议："夫以义理天下之财，则转输之劳逸，不可以不均，用度之多寡，不可以不通，货贿之有无，不可以不制，而轻重敛散之权，不可以无术。今天下财用……远方有倍蓰之输，中都有半价之鬻……纳租税数，至或倍其本数。而朝廷所用之物，多求于不产，责于非时。富商大贾因时乘公私之急，以擅轻重敛散之权……宜假以钱货，继其用之不给，使周知六路财赋之有无而移用之。凡籴买税敛上供之物，皆得徒贵就贱，用近易远。今在京库藏年支见在之定数所当供办者，得以从便变卖，以待上令。稍收轻重敛散之权，归之公上，而制其有无，以便转输，省劳费，去重敛，宽农民，庶几国用可足，民财不匮矣。"② 王安石的思路非常清晰，与其花费巨大物流成本运输地方贡物至京，且损毁严重，得不偿失，不如设立专门政府机构来负责，并用轻重之术进行市场操作，既打击依靠资本力量获取重利的大商人，又促进商品流通、方便百姓生活、增加国家财政收入。均输的具体操作方法及原理同前述桑弘羊类似，但王安石的均输法有其独有特色。一是他较为强调均输法的原则与伦理依据："以义理天下之财。"二是王安石意

---

① （唐）白居易：《白居易集》（第 4 册），中华书局，1979，第 1308~1309 页。

② （宋）王安石：《王临川集》，商务印书馆，1935，第 81 页。

识到商人的轻重敛散不仅威胁到百姓利益还威胁到政府利益："乘公私之急，以擅轻重敛散之权。"因而他坚决主张政府掌控轻重敛散之权，在保证国用充足的同时也保证百姓拥有殷实生活。联系宋朝积贫积弱、三冗问题、多重矛盾（宋与周边少数民族政权的矛盾、国内地主与农民的矛盾、改革派与保守派的矛盾）叠加的现实背景，王安石强调"以义理天下之财"的原因就很清楚了，王安石变法的政治指向非常明确，即为国理财，为国家解决各种问题提供财政支持，而要在短时期内凝聚共识推进变法，"义"的旗帜不可或缺。联系宋代工商业的发达程度、宋代商人的商业手段与市场操作水平，王安石强调政府加强干预、避免富商大贾操纵商品流通的原因也就明了了。

（2）市易法中的轻重思想

王安石推行市易法的目的有二。一是增加国家的财政收入："市易之法成，则货贿通流而国用饶矣。"① "市易务若不喻于利，如何勾当？"② 获取厚利，保证国用充足，这是王安石推行市易法的最主要目的。对于那些反对谈利的言论，他一概否定，并大力肯定桑弘羊、刘晏的理财活动："泉府一官，先王所以摧制兼并、均济贫弱、变通天下之财而使利出于一孔者，以有此也……后世桑弘羊、刘晏粗合此意。自秦、汉以来，学者不能推明其法，以为人主不当与百姓争利。"③ 因而，他认为以市易法促进国家财政收入增长无可厚非。二是打击富商大贾，平抑物价："兼并之家，如茶一行，自来有十余户，若客人将茶到京，即先馈献设燕，乞为定价，此十余户所买茶更不敢取利，但将为定高价，即于下户倍取利以偿其费。今立市易法，即此十余户与下户买卖均一。"④ 王安石以茶行为例说明行业垄断者对一般商户的排挤与打压，而市易务可给予普通商户与寡头平等的买卖机会，一旦这样的市场环境形成，市场价格的平稳也就有了保障。

根据《续资治通鉴长编》记载，王安石于熙宁五年三月在京师设市易务，推行市易法。根据魏继宗的上书，市易法实施的背景相对清晰："京

---

① （宋）王安石：《临川先生文集》，中华书局，1959，第441页。
② （宋）李焘：《续资治通鉴长编》，中华书局，2004，第6468页。
③ （宋）杨时：《杨时集》，中华书局，2018，第108页。
④ （宋）李焘：《续资治通鉴长编》，中华书局，2004，第5738页。

师百货所居，市无常价，贵贱相倾，或倍本数，富人大姓皆得乘伺缓急，擅开阖敛散之权，当其商旅并至而物来于非时，则明抑其价，使极贱而后争出私蓄以收之；及舟车不继而京师物乏，民有所必取，则往往闭塞蓄藏，待其价昂贵而后售，至取数倍之息。以次，外之商旅无所牟利，而不愿行于途；内之小民日愈朘削，而不聊生。其财既偏聚而不泄，则国家之用亦尝患其窘迫矣。"① 魏继宗的上书与上文王安石以茶行为例所强调的背景一致，都指向了京师的富商兼并与垄断问题、京师商品的价格高涨问题。京师富商的轻重之术运用娴熟，他们一般对非时商品压价然后抄底收购，之后坐等京师物资匮乏价格上涨之际再抛出，一买一卖之间获利数倍，但这种做法严重打击了外来商贩的经商热情、抬高了物价、增加了百姓生活成本和政府的采购成本、造成国家财政的进一步困窘。魏继宗基于这种现实观察，提出了在京师设置市易务的建议，此建议最后被采纳。

市易务设监官二人，提举官一人，市易本钱来自内藏库钱（一百万缗）与京东市钱（八十七万缗）。为解决魏继宗所述之现实问题，市易务采取了如下措施：雇募京师各行牙人为市易务的牙人，负责与外地到京商旅洽谈具体商务；进入市易务的牙人应有产业为保，并有五人以上的保人；当外地商旅商品滞销且愿意出售给市易务时，牙人即与商旅洽谈定价，并以市易务的官钱购买这些商品，或用市易务已经购买的商品交换；牙人购销市易务商品时，可分期付款，半年付清者需支付利息一分，一年付清者支付利息二分；所有交易流通活动建立在自愿基础上，不能强买强卖；市易务收购非时令货物储备，可按时令价格出售，但不能获取过高利润；政府采购物资，如在外采购更为烦琐且成本较高，也可以交由市易务在京采购。

以上措施规定得非常详细，针对性也非常强，可以很好地解决京师垄断性富商大贾打压外来商旅的问题，且很好地平抑了物价，降低了政府采购成本，增加了国家财政收入。也正是看到了这一点，王安石反对免除商人所欠的利息："今诸司吏禄极有不足，乃令乞觅为生，不乞觅即不能存，

---

① （宋）李焘：《续资治通鉴长编》，中华书局，2004，第5622页。

乞觅又犯刑法。若除放息钱，何如以所收息钱增此辈禄。"① 王安石认为，商人利息可作为各司官吏俸禄的补充，帮助国家节省财政开支，与市易务开办目的契合。对于市易法的综合效果，王安石亦相当认可："市易之法起于周之司市、汉之平准。今以百万缗之钱，权物价之轻重，以通商而贯之，令民以岁入数万缗息。"② 王安石对市易法的定位同于平准法，推行的初衷就是为了稳定物价、便民、抑制兼并、增加国家财政收入。

4. 沈括："视其贵贱，贵则寡取，贱则取盈"

沈括在《梦溪笔谈》中联系自己的轻重实践充分肯定了唐朝刘晏的轻重之术。沈括本人在轻重实践过程之中，采取的轻重之术为："每岁发运司和籴米于郡县，未知价之高下，须先具价申禀，然后视其贵贱，贵则寡取，贱则取盈。"③ 沈括的做法也符合轻重原则，每年各郡县申报各地粮食价格，发运司汇总整理这些信息后，根据价格情况适量采购。商品价格高就少买一些，价格低则多买。但是，由于存在时间差，等发运司汇总价格信息并决定采购数量之时，原来的价格往往已经出现变化，价格由低变高，所以"常得贵售"，政府的采购成本反倒增加了。

基于自身效果较差的实践，沈括对取得良好成效的刘晏的做法非常推崇："晏法则令多粟通途郡县，以数十岁籴价与所籴粟数，高下各为五等，具籍于主者。粟价才定，更不申禀，即时廪收，但第一价则籴第五数，第五价则籴第一数，第二价则籴第四数，第四价则籴第二数，乃即驰递报发运司。如此，粟贱之地自籴尽极数，其余节级各得其宜，已无极售。发运司仍会诸郡所籴之数计之，若过于多则损贵与远者；尚少则增贱与近者。"④ 刘晏的做法是：基于产量较多的郡县数十年粮食价格与采购产量数据，把粮食价格与采购数量都分为五等，粮食价格如为第一等，则按照第五等数量采购；粮价为第五等，则按照第一等数量采购；第二等粮价对应第四等采购量，以此类推。发运司根据各郡县收购数量适时调整计划，如收购多了，则减少粮价贵、偏远地区的采购量，如收购少了，则增加粮价

① （宋）李焘：《续资治通鉴长编》，中华书局，2004，第 5828 页。
② （宋）王安石：《临川先生文集》，中华书局，1959，第 440~441 页。
③ （宋）沈括：《梦溪笔谈》，金良年点校，中华书局，2015，第 110 页。
④ （宋）沈括：《梦溪笔谈》，金良年点校，中华书局，2015，第 110~111 页。

便宜、较近地区的采购量。刘晏的这种做法成效显著:"自此粟价未尝失时,各当本处丰俭,即日知价。"① 既解决了因时间差导致的高价购物问题,还能在以较低成本解决政府采购问题的同时实时动态地掌握各地物价。沈括对之赞叹不已,称其为非常高效的轻重之术。

沈括的轻重思想没有大的创见,但有基于轻重实践的比较考察,他对刘晏轻重之术的记载也更为细致,从量化角度对刘晏类似李悝平粜法的轻重思想进行了重新审视,从这一点来说,其轻重思想值得肯定。

（四）明清时期：中国传统轻重论完善期的代表性思想

明清时期是我国商业发展的又一个鼎盛时期,大型商帮形成,轻重敛散行为已然成为一种常见的社会现象。随着商品经济的发展,有关轻重的讨论也进一步拓展。

1. 丘濬:"因时以散敛,使米价常平以便人"

丘濬的宏观调控方式思想总体偏"善因",在盐铁、土地等其他商品领域,他反对政府干预,主张由商人掌控敛散之权,国家不应与民争利。但在粮食领域,他主张政府干预,认为国家应实施轻重敛散之术稳定粮价,使粮价常平。为了实现粮价常平之调控目标,丘濬提出以下主张。

（1）上之人制其轻重之权而因时以散敛。

丘濬重视物价稳定,将"平物价"视为圣王贤君的主要任务。那么,又该如何"平物价"呢?丘濬认为国家的作用不可或缺,国家可用轻重敛散之术实现物价常平:"岁穰民有余则轻谷,因其轻之之时官为敛粜,则轻者重;岁凶民不足则重谷,因其重之之时官为散粜,则重者轻。上之人制其轻重之权而因时以散敛,使米价常平以便人,是虽伯者之政而王道亦在所取也。"② 丘濬强调的轻重原理与传统无异,也是因时散敛,平衡轻重,丰年谷轻时政府加大采购使之重,灾年谷重之时政府加大投放使之轻。

（2）掌控货币的铸造与流通,通过控制货币流通量稳定物价。

丘濬的常平思想与其货币思想紧密结合在一起,他比较注重物价常平

---

① (宋)沈括:《梦溪笔谈》,金良年点校,中华书局,2015,第111页。
② (明)丘濬:《大学衍义补·市粜之令·常平条》,上海书店出版社,2012,第229页。

过程中货币的作用，他强调政府一定要掌控货币的铸造权："钱也者寓利
之器……上之人苟以利天下之心，必操切之使不至于旁落。"① 唯有如此，
国家才能掌控货币的发行数量，并以货币的敛散调控物价："愿国家定市
价恒以谷米为本……使上之人知钱谷之数，用是而验民食之足否，以为通
融转移之法。务必使钱常不至于多余、谷常不至于不给，其价常平。"②
"惟铸铜以为钱，物多则予之以多，物少则予之以少，惟所用而皆得焉。"③
丘濬主张根据市场上商品的多寡而增减货币的投放量，将之视为维持钱谷
平衡的重要手段。

2. 李雯：专卖与税收并行管理思想

《蓼斋集》卷四五的《盐策》集中体现了李雯的轻重思想。他对中国
历朝历代的盐策进行了分析与评论，认为"古之管天下之利者必居四达之
衢，四方水旱、财物之轻重必尽知之也"④，轻重之术在掌管天下之利的过
程中至关重要，从管仲、桑弘羊到刘晏等理财大臣都是熟谙此术的代表性
能臣。

李雯肯定盐铁官营对国家财政的贡献，强调"力田者本谋，而盐铁为
奇利；菽粟为资粮，而山海为宝藏；舍是二者而欲讲求于足国之术，未之
见也"⑤。对于批评桑弘羊的传统文人，他进行了反驳，认为他们不懂富强
之术，肯定桑弘羊通过盐铁官营实现了没有增加老百姓赋役而国用充足的
理财功绩。但李雯同时又强调不是所有政府官员都有商贾之才、都能进行
宏观的流通管理："夫管榷之事，巧者有余，拙者不足，官冗财伤则利微，
吏省权一则利博。"⑥

基于以上判断，李雯认为：

第一，西北、京师及塞下之盐由政府专卖。盐专卖区域皆为关乎国家
政治、经济、国防等领域安全的重要区域，由政府直接管控生活必需品的
流通更有利于宏观局势的稳定。

---

① （明）丘濬：《大学衍义补·铜楮之币下·开元刘秩条》，上海书店出版社，2012，第238页。
② （明）丘濬：《大学衍义补·铜楮之币上·刘陶条》，上海书店出版社，2012。
③ （明）丘濬：《大学衍义补·铜楮之币上·孔觊条》，上海书店出版社，2012。
④ （清）李雯：《李雯集》，王启元整理，复旦大学出版社，2017，第802页。
⑤ （清）李雯：《李雯集》，王启元整理，复旦大学出版社，2017。
⑥ （清）李雯：《李雯集》，王启元整理，复旦大学出版社，2017，第804页。

第二，其他地方交由盐商流通，政府就场定额收税。李雯认为，其他地方的盐流通，"与其榷于官，不如通于商"①，政府可通过加强管理、征收盐税的方式把私盐转换为官盐。"使天下之商贾，得自煮盐，分海滨之场，或为百亩，或为数顷，画其疆里而尽给之，使得自养其灶丁。向者豪强侵利之家，亦不必为之禁绝，使皆列之于商贾而得置牢盆以自便。彼得辞私盐之名，必有所甚乐。朝廷为之设官以平其价值，理其讼狱，辨其行盐之地分，然后度其岁之所出者重为之额而一税之……盖天下皆私盐，则天下皆官盐也。"② 比起前人，李雯的盐政私有化建议更为彻底，他建议让盐商豪强自置工具、自己生产、自行管理生产过程，政府设官只负责平衡盐价、处理彼此纠纷，这种对政府的定位已非常接近今天政府之"看得见的手"的宏观管理定位了。那么，如何"平其价值"，并使私盐等同官盐呢？李雯的建议是直接就场定额收税："盐之产于场，犹五谷之生于地，宜就场定额，一税之后，不问其所之，则国与民两利。"③ 收税之后，政府不再过问，任由商人流通天下之盐。李雯就场收税的做法同于刘晏，但比起刘晏来，他没有其他精细的配套管理措施，收税成为体现政府在私盐领域管理地位的重要方式。比起重视盐铁厚利、强调专权的其他文人，李雯的观点别具一格，尽管看到了盐利对财政的贡献和盐专卖充实国库的历史案例，他仍采取了将盐视为普通商品的税收管理手段，在生产与流通方面更倾向于商业元素，主张"以商贾而行商贾之事"，更为相信商人"轻重之术"的经济效果。

二　中国传统善因论

善因论是轻重论之外的另一种中国传统代表性宏观经济管理方式思想，该理论主张发挥市场的力量及经济活动内在规律的作用，不对经济活动做过多的干预，而是通过因顺经济活动规律获取管理层面事半功倍的效果。

（一）先秦时期：中国善因论孕育期的代表性思想

先秦时期，善因论尚未形成，但在各家学派的思想体系中，已或多或

① （清）李雯：《李雯集》，王启元整理，复旦大学出版社，2017，第 804 页。
② （清）李雯：《李雯集》，王启元整理，复旦大学出版社，2017，第 806 页。
③ （清）贺长龄、魏源等编《清经世文编》，中华书局，1992，第 1183 页。

少孕育着善因论的思想元素，尤以道家、《管子》最为突出。

1. 道家：无为而治思想

哲学层面的道法自然、清静无为、柔弱不争、少私寡欲等思想深刻地影响了道家的社会治理思想。先秦道家代表性人物老子与庄子不约而同地选择了无为而治的立场。

（1）老子："无为而无不为"

老子善于从自然现象中体悟自然之道，并将之运用于社会治理层面。他从"水善利万物而不争"中体悟到"夫唯不争，故无尤"①的道理；从"江海所以能为百谷王者，以其善下之"体悟到"以其不争，故天下莫能与之争"②；从"万物草木之生也柔脆，其死也枯槁"体悟到"强大处下，柔弱处上"③的道理；从"万物并作，吾以观复。夫物芸芸，各复归其根"④体悟到"反者，道之动"⑤的道理。也正是在对自然的细致观察中，老子体悟到无为而治的社会治理之道。他从"天地相合以降甘露，民莫之令而自均"⑥看到自然于无声无息中孕育万物的力量，体悟到了"无为而无不为"的道理。

在国家宏观管理层面，老子主张无为而治。他多次阐述了这一点："是以圣人处无为之事，行不言之教，万物作焉而不辞，生而不有，为而不恃，功成而弗居"⑦；"绝圣弃智，民利百倍；绝仁弃义，民复孝慈；绝巧弃利，盗贼无有"⑧；"我无为而民自化，我好静而民自正，我无事而民自富，我无欲而民自朴"⑨；"其政闷闷，其民淳淳；其政察察，其民缺缺"⑩；等等。老子的理想国是"小国寡民"，理想治国方案是国家无所作为，尽管有体现国家力量与作用的"甲兵"等物，但最好是用不到，用不

---

① （魏）王弼注，楼宇烈校释《老子道德经注》，中华书局，2010，第22页。
② （魏）王弼注，楼宇烈校释《老子道德经注》，中华书局，2010，第175页。
③ （魏）王弼注，楼宇烈校释《老子道德经注》，中华书局，2010，第193页。
④ （魏）王弼注，楼宇烈校释《老子道德经注》，中华书局，2010，第39页。
⑤ （魏）王弼注，楼宇烈校释《老子道德经注》，中华书局，2010，第113页。
⑥ （魏）王弼注，楼宇烈校释《老子道德经注》，中华书局，2010，第84页。
⑦ （魏）王弼注，楼宇烈校释《老子道德经注》第二章，中华书局，2010。
⑧ （魏）王弼注，楼宇烈校释《老子道德经注》第十九章，中华书局，2010。
⑨ （魏）王弼注，楼宇烈校释《老子道德经注》第五十七章，中华书局，2010。
⑩ （魏）王弼注，楼宇烈校释《老子道德经注》第五十八章，中华书局，2010。

到说明天下无事，社会正按照内在的规律运行，不需政府额外的管理，这是老子心目中的理想之境。

老子反对频繁以政令扰民，他认为"治大国若烹小鲜"①。政府太积极有为，会破坏社会自身运行的规律，适得其反，"民之难治，以其上之有为，是以难治"②强调的就是这一点。老子观察到："大道废，有仁义；慧智出，有大伪；六亲不和，有孝慈；国家昏乱，有忠臣。"③老子指出，凡是出现所谓积极有为的治理，一定是出现了迫使政府不得不积极有为的糟糕局面，这并非善事。而一旦政府无为而治，反倒因为尊重因顺了社会的内在规律，事半功倍，取得了"无不为"的良好效果。"为无为，则无不治"④"道常无为而无不为，侯王若能守之，万物将自化"⑤"无为而无不为。取天下常以无事，及其有事，不足以取天下"⑥"以无事取天下"⑦等都在反复强调这一点。正是采取了因顺社会发展规律的立场，让社会沿着内在规律所支配的惯性自主发展，反倒使一切运行得井井有条，实现了"无不为"。

（2）庄子："安时而处顺""与时俱化"

庄子在哲学层面非常认同与世无争、少私寡欲的境界。《庄子·马蹄》篇中，庄子将"同乎无欲，是谓素朴。素朴而民性得矣"视为"至德之世"的本质特征。《山木》篇中，他对"建德之国"的民风高度肯定，"其民愚而朴，少私而寡欲"的整体风貌甚至使他产生了"吾愿君去国捐俗，与道相辅而行"的想法。《大宗师》篇中，他又对"古之真人"的"其寝不梦，其觉无忧，其食不甘，其息深深……喜怒通四时，与物有宜而莫知其极"的境界羡慕不已，"真人"与世无争、天人合一的状态是庄子认可的理想境界。哲学层面的倾向决定了庄子在社会治理方面的核心主张。

庄子也善于从自然中体悟社会治理之道。他从"阴阳四时运行，各得

---

① （魏）王弼注，楼宇烈校释《老子道德经注》，中华书局，2010，第162页。

② （魏）王弼注，楼宇烈校释《老子道德经注》第五十七章，中华书局，2010。

③ （魏）王弼注，楼宇烈校释《老子道德经注》第十八章，中华书局，2010。

④ （魏）王弼注，楼宇烈校释《老子道德经注》第三章，中华书局，2010。

⑤ （魏）王弼注，楼宇烈校释《老子道德经注》第三十七章，中华书局，2010。

⑥ （魏）王弼注，楼宇烈校释《老子道德经注》第四十八章，中华书局，2010。

⑦ （魏）王弼注，楼宇烈校释《老子道德经注》第五十七章，中华书局，2010。

其序。惝然若亡而存，油然不形而神，万物畜而不知"①"饥渴寒暑，穷桎不行，天地之行也，运物之泄也，言与之偕逝之谓也"② 中看到了天地运行、万物发展的自然之道，这种自然之道不以人的意志为转移。庄子也从中体悟到社会运行之道，认为社会运行也有其内在规律，作为个体，最理智的做法是无为与因顺："安时而处顺"③"与时俱化，而无肯专为"④。

庄子认为，帝王治理天下也应因顺内在规律。唯有因顺，才能取得最理想的效果："古之畜天下者，无欲而天下足，无为而万物化，渊静而百姓定。""天有六极五常，帝王顺之则治，逆之则凶"⑤"游心于淡，合气于漠，顺物自然而无容私焉，而天下治矣"⑥ 均清晰地阐明了其主张。《天地》篇中，庄子强调："藏金于山，藏珠于渊，不利货财，不近贵富。"他认为就应该让黄金藏于大山、让珍珠藏于深渊，它们是自然的一部分，以自己的方式存在，人为地为了富贵货财而改变其存在方式，不符合自然之道。从中不难推测其主张因顺、反对干预的治理主张，后世以盐铁官营为代表的强政府干预思想肯定是庄子所极力反对的。

2.《管子》："因其民""顺民心"

《管子》非一时一人之作，尽管有代表性轻重思想，但也不乏顺应民心、顺势而为的因顺元素。

首先，《管子》看到了不因人为因素而改变的自然之道，看到了自然之道的普遍性、客观性与持久性特点。《管子》多次对之进行了明确的肯定，如"天不变其常，地不易其则，春秋冬夏不更其节，古今一也"⑦；"根天地之气，寒暑之和，水土之性，人民鸟兽草木之生，物虽不甚多；皆均有焉，而未尝变也，谓之则"⑧；"无德无怨，无好无恶，万物崇一，

① 张景注译《庄子新解》，人民出版社，2019，第336页。
② 张景注译《庄子新解》，人民出版社，2019，第312页。
③ 张景注译《庄子新解》，人民出版社，2019，第112页。
④ 张景注译《庄子新解》，人民出版社，2019，第300页。
⑤ 张景注译《庄子新解·天运》，人民出版社，2019。
⑥ 张景注译《庄子新解·应帝王》，人民出版社，2019。
⑦ （春秋）管仲：《管子·形势第二》，（唐）房玄龄注，（明）刘绩补注，刘晓艺校点，上海古籍出版社，2015。
⑧ （春秋）管仲：《管子·七法第六》，（唐）房玄龄注，（明）刘绩补注，刘晓艺校点，上海古籍出版社，2015。

阴阳同度，曰道"①；"凡道无根无茎，无叶无荣。万物以生，万物以成，命之曰道"②；等等。《管子》反复强调的均是天地万物运行的法则与规律，这种法则与规律亘古不变，贯穿万物，无偏无私。在此基础上，《管子》进一步强调，正是因为自然之道的稳定性，万物的井然有序才得以维持："天覆万物，制寒暑，行日月，次星辰，天之常也。治之以理，终而复始……故用常者治，失常者乱。天未尝变其所以治也。故曰：天不变其常。"③ 自然之道的"不变""守常"，是其"治""终而复始"的关键所在。

其次，《管子》注意到隐匿于人类自身的与生俱来的人性特质，这种特质也非人力所能改变。《管子》观察到："凡人之情，得所欲则乐，逢所恶则忧，此贵贱之所同有也……凡人之情，见利莫能勿就，见害莫能勿避。其商人通贾，倍道兼行，夜以续日，千里而不远者，利在前也。渔人之入海，海深万仞，就彼逆流，乘危百里，宿夜不出者，利在水也。故利之所在，虽千仞之山，无所不上，深渊之下，无所不入焉"④；"民之情，莫不欲生而恶死，莫不欲利而恶害……民，利之则来，害之则去。民之从利也，如水之走下，于四方无择也"⑤。趋利避害、逐利为先、好利恶害、求生怕死等皆是人的本性，这种本性是如影随形地伴随所有人的共性，不因人的身份贵贱而有所不同，有其普遍适用性，后天产生的教化等元素亦很难轻易使之改变。

最后，结合天地之道与人性特质，《管子》总结出治国牧民的因顺思想。既然自然因守其"常"而井然有序，那么，通晓了人性本质及特点，在治理国家方面要想取得事半功倍的效果，顺应天道、因顺民心民意则成

---

① （春秋）管仲：《管子·正第四十三》，（唐）房玄龄注，（明）刘绩补注，刘晓艺校点，上海古籍出版社，2015。

② （春秋）管仲：《管子·业内第四十九》，（唐）房玄龄注，（明）刘绩补注，刘晓艺校点，上海古籍出版社，2015。

③ （春秋）管仲：《管子》，（唐）房玄龄注，（明）刘绩补注，刘晓艺校点，上海古籍出版社，2015，第391~392页。

④ （春秋）管仲：《管子》，（唐）房玄龄注，（明）刘绩补注，刘晓艺校点，上海古籍出版社，2015，第358页。

⑤ （春秋）管仲：《管子》，（唐）房玄龄注，（明）刘绩补注，刘晓艺校点，上海古籍出版社，2015，第393~395页。

为必然选项。《管子》注重无为善因:"无为之道,因也。因也者,无益无损也……故道贵因。"① 睿智的管理者会顺势而为,因顺天道,从而使得天下大治:"凡物载名而来,圣人因而财之,而天下治"②;"其功顺天者天助之,其功逆天者天违之。天之所助,虽小必大;天之所违,虽成必败"③。对于百姓的治理,《管子》在《牧民》篇充分阐述了因顺民心的重要性:"政之所兴,在顺民心;政之所废,在逆民心。民恶忧劳,我佚乐之;民恶贫贱,我富贵之;民恶危坠,我存安之;民恶灭绝,我生育之……故知予之为取者,政之宝也。"④ 当政者既然已经看到百姓厌恶辛苦劳作、贫穷卑贱、身处险境、无以维系生存等处境的普遍心理特点,那么,最好的做法就是"顺民心",满足百姓所需,极力创造能让他们满意的生存环境,如此,百姓才会心服口服,诚心归附。百姓好利恶害,以利的原则治理百姓也是因顺民心的高超管理之术,"故欲来民者,先起其利,虽不召而民自至。设其所恶,虽召之而民不来也"⑤ "民之所利立之,所害除之,则民人从"⑥ 都在强调以给予百姓"利"的形式可轻松获取百姓臣服之心的道理。基于以上判断,《管子》在国家的宏观治理政策上选择了四两拨千斤的基于利益原则的"因其民"策略:"故善者,执利之在而民自美安,不推而往,不引而来,不烦不扰,而民自富"⑦,"得地而国不败者,因其民也"⑧,不刻意而为,利字为先,因顺民心,顺势引导,如此,百姓富裕,国家安泰。

---

① (春秋)管仲:《管子》,(唐)房玄龄注,(明)刘绩补注,刘晓艺校点,上海古籍出版社,2015,第268~270页。
② (春秋)管仲:《管子》,(唐)房玄龄注,(明)刘绩补注,刘晓艺校点,上海古籍出版社,2015,第271页。
③ (春秋)管仲:《管子》,(唐)房玄龄注,(明)刘绩补注,刘晓艺校点,上海古籍出版社,2015,第9页。
④ (春秋)管仲:《管子》,(唐)房玄龄注,(明)刘绩补注,刘晓艺校点,上海古籍出版社,2015,第2页。
⑤ (春秋)管仲:《管子》,(唐)房玄龄注,(明)刘绩补注,刘晓艺校点,上海古籍出版社,2015,第395页。
⑥ (春秋)管仲:《管子》,(唐)房玄龄注,(明)刘绩补注,刘晓艺校点,上海古籍出版社,2015,第51页。
⑦ (春秋)管仲:《管子》,(唐)房玄龄注,(明)刘绩补注,刘晓艺校点,上海古籍出版社,2015,第358页。
⑧ (春秋)管仲:《管子》,(唐)房玄龄注,(明)刘绩补注,刘晓艺校点,上海古籍出版社,2015,第109页。

3. 孔子："因民之所利而利之"

孔子主张"因民之所利而利之"，他不再强调无为或不要刻意为之，而是主张在因顺人性的同时，利用人性特点，在宏观层面积极有为，用礼制引导百姓的行为。孔子认为这样的管理可以"惠而不费"①、事半功倍。孔子的这一因顺思想与其"贫而无怨难"②"君子固穷，小人穷斯滥矣"③"君子喻于义，小人喻于利"④的理性认知不无关系，孔子看到"利"对于普通百姓的重要性，认识到要使百姓安心生活、接受统治者的管理，就一定要保证其获得一定的物质资料，有维系其生存的"利"，否则就会导致百姓心生埋怨，行为无状，对社会秩序造成大的挑战。因而，最好的方法是因顺百姓的求利之心加以治理，如此，方能提高管理效率。孔子也曾感慨："无为而治者其舜也与！夫何为哉？恭己正南面而已矣。"⑤不难发现，孔子对于舜垂拱而治的境界非常赞赏，无为而治亦是其所肯定且羡慕的理想治世状态。

但是，孔子给百姓的逐利行为加了约束条件，他鼓励人民追求符合道义的利："富与贵是人之所欲也，不以其道得之，不处也；贫与贱是人之所恶也，不以其道得之，不去也"⑥；"不义而富且贵，于我如浮云"⑦。孔子要求人们在伦理的规范下逐利，不去追求不义之财，而孔子所认可的伦理即符合周礼、符合礼制的道德规范，因而，孔子虽然强调因顺百姓求利之心，但又加入了必要的伦理要求与政府干预，陈焕章也强调了这一点："孔子之教认为，对于理财活动，政府的干预是必需的，而竞争必需最小化。"⑧

总之，孔子的宏观经济管理方式思想不同于道家的无为而治，也不同于《管子》的"不推而往，不引而来，不烦不扰"，而是强调政府的必要

---

① 钱逊解读《论语》，国家图书馆出版社，2017，第438页。
② 钱逊解读《论语》，国家图书馆出版社，2017，第327页。
③ 钱逊解读《论语》，国家图书馆出版社，2017，第352页。
④ 钱逊解读《论语》，国家图书馆出版社，2017，第130页。
⑤ 钱逊解读《论语》，国家图书馆出版社，2017，第354页。
⑥ 钱逊解读《论语》，国家图书馆出版社，2017，第120页。
⑦ 钱逊解读《论语》，国家图书馆出版社，2017，第191页。
⑧ 陈焕章：《孔门理财学》，韩华译，商务印书馆，2015，第138页。

引导，同时，引导时又应注重利用百姓的求利之心，包含着因顺元素。

4.《吕氏春秋》："君道无知无为"

《吕氏春秋》是吕不韦组织其门客编纂的一部书，成书于秦统一六国之前，为先秦杂家代表作，其中亦不乏主张因顺、无为而治的思想。《贵因》篇，作者分析了武王伐纣能够成功的原因就在于武王能够顺应形势，他利用商纣王的昏庸无道，利用商朝末期朝廷重用奸臣、猜忌迫害贤臣以致其纷纷出逃、压迫盘剥百姓以致百姓都不敢埋怨的乱局，顺势而为，推翻纣王，灭了商朝。以武王伐纣为例，作者感慨道："因其所用，何敌之有矣！"① 对武王因顺一切有利因素借力使力的效果大为肯定。篇末，作者又罗列了因顺功成的各种案例："夫审天者，察列星而知四时，因也；推历者，视月行而知晦朔，因也；禹之裸国，裸入衣出，因也；墨子见荆王，锦衣吹笙，因也；孔子道弥子瑕见釐夫人，因也。汤、武遭乱世，临苦民，扬其义，成其功，因也。"② 不论是观察天象者、推算历法者通过观察天象而通晓四时、晦朔的变化，还是大禹、墨子、孔子、汤、武等人因审时度势的变通做法而顺利实现目标，无一不是因顺之效的体现。也正因为如此，《贵因》作者才得出了"因则功，专则拙，因者无敌"的结论。

如果说《贵因》是围绕因顺的专题文章，那么《任数》则将因顺与君主的宏观治理之术结合了起来："古之王者，其所为少，其所因多。因者，君术也；为者，臣道也。为则扰矣，因则静矣。因冬为寒，因夏为暑，君奚事哉？故曰君道无知无为，而贤于有知有为，则得之矣。"③ 基于对以往君主行为的观察，作者得出了君主治国之道，他认为"君道无知无为"，君主治理国家应强调因顺，静观其变，无知无为，"因"即"君术"，这与道家的无为而治非常接近。但有所区别的是，《任数》作者在强调君主无为的同时，认为臣子应该有为，"为"是"臣道"，臣子应负责具体的执行事宜，两者合并即君无为而臣有为，这又与道家思想有明显的区别，较为接近黄老之学的核心思想。但无论如何，"君道无知无为"的观点已充分说明了作者在宏观治理方面的弱国家干预倾向。

① （战国）吕不韦：《吕氏春秋》，刘生良评注，商务印书馆，2015，第 425 页。
② （战国）吕不韦：《吕氏春秋》，刘生良评注，商务印书馆，2015，第 425 页。
③ （战国）吕不韦：《吕氏春秋》，刘生良评注，商务印书馆，2015，第 425 页。

（二）秦汉魏晋南北朝时期：中国传统善因论形成与发展期的代表性思想

自秦朝建立中央集权制，轻重论在中国各个时期都颇有市场。但是，与此同时，源自先秦道家、《管子》的清静无为、因顺等思想也进一步发展，陆贾、《淮南子》的无为思想即为代表。西汉司马迁也在前人基础上提出了"善因论"，与轻重论具备同样分量的另一种传统宏观经济管理方式思想至此产生。

1. 陆贾："道莫大于无为"

汉初，黄老之学盛行，"治道贵清静而民自定"① 的理念盛行，休养生息成为执政宗旨。如果说曹参、汉文帝、汉景帝等是西汉初期无为而治的典型实践者，那么，陆贾则是无为而治理论层面的积极呼吁者。《新语》十二篇是系统性体现陆贾思想的经典文献，是陆贾为阐明秦朝灭亡原因、劝谏汉高祖建立合理的治天下体系而著。就总体思想倾向而言，《新语》侧重道家，其中的《无为》《至德》《慎微》《明诫》等篇集中体现了陆贾的无为而治思想。

首先，陆贾非常重视因顺的力量。《慎微》篇中，他以商汤、周武王、伊尹、吕尚等人为例，强调他们之所以能够以弱胜强、以寡服众，打造一个天下和平、家给人足的盛世，最主要的是其能够"因天时而行罚，顺阴阳而运动，上瞻天文，下察人心"，既因顺自然天文，又因顺人性，顺势而为，自然成就一番伟业。《明诫》篇，陆贾则重在理论阐释，他大段论述了因顺的必要性，主张"则天之明，因地之利"。圣人之所以能有所成，就是因为其"因天地之利，等高下之宜，设山川之便"，能够通过观察天象推演万事万物的运行之道，并基于自己的判断，"调之以寒暑之节，养之以四时之气，同之以风雨之化"，因而能够轻松稳定社会秩序，使天下无不可治之民，并游刃有余地处理朝政，使天下无不可行之政。这里，陆贾同样是通过因顺的效果强调因顺的必要性。

其次，陆贾提出了"道莫大于无为""无为者乃有为也"的观点。《无为》篇集中阐述了道家的无为而治思想。陆贾以舜与周公治理天下的

---

① （汉）班固：《汉书》，中华书局，2000，第1562页。

做法为例，说明无为才是真正的有为的道理。舜治理天下，"弹五弦之琴，歌南风之诗，寂若无治国之意，漠若无忧天下之心"，但却实现了天下大治；周公"师旅不设，刑格法悬"，但却获得到了四方归附，民心归一。两个案例皆是对"无为者乃有为"的生动诠释。如果说舜、周公治理天下为正面案例，秦始皇则是陆贾所采用的一个反面案例。较之舜、周公，秦始皇采取了众多积极"有为"的举措，如设刑罚、筑长城、征伐外国等，但却事与愿违，"事逾烦天下逾乱，法逾滋而天下逾炽，兵马益设而敌人逾多"，所谓的积极有为不但没有解决问题，反而导致更大的祸患，陆贾将原因归结为"举措太众、刑罚太极"，这种积极有为违背了治理天下的无为大道，因而事倍功半。

最后，陆贾畅想了一个无为而治的理想境界。《至德》篇，陆贾这样描述他所认可的君子之治："块然若无事，寂然若无声，官府若无吏，亭落若无民，闾里不讼于巷，老幼不愁于庭，近者无所议，远者无所听，邮无夜行之卒，乡无夜召之征，犬不夜吠，鸡不夜鸣，耆老甘味于堂，丁男耕耘于野，在朝者忠于君，在家者孝于亲。"陆贾的这段描述非常有画面感，勾勒了一个虽然存在政府组织但却不需要这一组织发挥作用的理想治世，所有的一切仿佛都按照存在于社会内部某种神秘力量的指引而有序运转，任何人为的治理都显得多余，一切都在无声无息地有序运转，井井有条。陆贾通过描摹、肯定美好治世的方式进一步肯定了无为而治的正确性与必要性。

2. 《淮南子》："处无为之事，而行不言之教"

西汉淮南王刘安及其门客编写的《淮南子》是吸收先秦各家思想精华但又以道家思想为主旨的著作。当初编撰完成时，有内篇 21 卷、中篇 8 卷、外篇 33 卷，现在存世的唯有内篇。内篇 21 卷涉及主题有原道、天文、兵略等，反映宏观层面国家治理思想的内容集中在第九卷的《主术训》中，其核心观点如下。

第一，君主应无为而治。《主术训》开篇便抛出了作者观点："人主之术，处无为之事，而行不言之教。清静而不动，一度而不摇，因循而任下，责成而不劳。"显然，作者认为君主进行宏观管理时，最明智的做法是无为而治，清静淡泊，唯有如此，才能"责成而不劳"，既履行了高效治理国家之责，又不致太过劳累，事半而功倍。因而，以时进退，循理而为就显得尤为重要。

第二，君主清静无为才能得到民众认可、获得良好的治理效果。谈及清静无为、因循而为的原因时，作者仍是联系民众心理、表率效应加以分析。一方面，君主清静无为则不扰民，不扰民则民不生怨，民不生怨则政通人和："君人之道，处静以修身，俭约以率下。静则下不扰矣，俭则民不怨矣；下扰则政乱，民怨则德薄；政乱则贤者不为谋，德薄则勇者不为死。"此处，作者重在把君主宏观治理之术与宏观治理效果连接起来，而民众情绪与随之的行动反应成为中间环节。君主选择不同的治理之术会引发不同的后续反应，带来不同的治理效果。另一方面，作者受孔子"其身正，不令而行；其身不正，虽令不从"的影响，认为君主自身言行的表率作用要远远大于政令约束的作用，因而主张"人主之立法，先自为检式仪表，故令行于天下……故禁胜于身，则令行于民矣"。政令属于外在约束，代表着政府的强干预，需要政府的积极有为，而君主修身基础上的以身作则属于内在约束，且是通过君主的言行潜移默化地影响大众，代表着弱干预，符合道家清静无为的基本主张。

第三，君主应因顺利用天、地、人等各种要素以实现大治。从《主术训》的"是故人君者，上因天时，下尽地财，中用人力"的表述来看，作者同样强调因顺，要求君主能充分因顺并利用天时、地利、人和等各种要素，如此，方能"群生遂长，五谷蕃植"，实现大治。这与"清静无为，则天与之时；廉俭守节，则地生之财；处愚称德，则圣人为之谋"所强调的因素如出一辙，都在强调君主应注重因顺、清静无为，并将君主的这种宏观治理之术与正向的反馈联系起来，肯定无为而治的治国策略。

3. 司马迁：善因论

在前人思想的基础上，西汉中期的司马迁提出了善因论，至此，先秦以来以"清静无为"为核心的道家思想与国家宏观经济管理方式思想结合，成为中国经济思想史领域的代表性思想。善因论一经提出，便成为中国经济思想史上与轻重论并列的一种宏观经济管理方式思想。

第一，善因论的提出。

司马迁在《史记·货殖列传》提出善因论，全面论证了"善者因之"

的核心观点。《货殖列传》开篇，司马迁就指出老子所畅想的那种"邻国相望，鸡狗之声相闻，民各甘其食，美其服，安其俗，乐其业，至老死不相往来"① 的理想国已经不大可能在现实中实现了。因为时移世易，人们追求耳目之欲太久了，即使挨家挨户逐一劝说，也很难使之感化并回归本性。因而，统治者管理百姓时，应"善者因之，其次利道之，其次教诲之，其次整齐之，最下者与之争"②，此处，司马迁相当于给各种御民策略进行了一个排序，最好的策略是因顺民性，次级策略是用"利"来引导百姓，再次级策略是对其进行教育，又次级策略是用各种行政法规约束百姓，最糟糕的策略是与百姓争利。也正是在这种排序中，司马迁鲜明地提出了自己的观点"善者因之"，他认为这是最为理想的御民方案，因为这种管理因顺了百姓几千年来追求"身安逸乐"的本性，且这种本性很难被外力改变，因顺成为最佳的选项。

第二，善因论的依据。

为什么应"善者因之"呢？司马迁以自己所观察到的众多历史及社会现象来支撑自己的观点。

首先，司马迁观察到人们的行为与物价其实皆有各自的内在规律："人各任其能，竭其力，以得所欲。故物贱之征贵，贵之征贱，各劝其业，乐其事，若水之趋下，日夜无休时，不召而自来，不求而民出之。"③ 没有外在的约束与命令，每个人都竭尽所能地通过自己的能力获取利益，物价也呈现贵贱往复的运动规律，司马迁认为这些现象都符合大道、符合自然规律。

其次，司马迁受历史人物事迹的启发，看到了因顺的力量。司马迁以齐国姜太公、管仲为例来说明这一点。以传统视角来看，齐国地理禀赋欠佳："地舄卤，人民寡。"④ 但姜太公却因地制宜，引导百姓发展渔盐业，管仲也设轻重九府，促进渔盐流通，从而使得齐国"九合诸侯，一匡天下"⑤，

① （汉）司马迁：《史记》，岳麓书社，1988，第931页。
② （汉）司马迁：《史记》，岳麓书社，1988，第931页。
③ （汉）司马迁：《史记》，岳麓书社，1988，第931页。
④ （汉）司马迁：《史记》，岳麓书社，1988，第932页。
⑤ （汉）司马迁：《史记》，岳麓书社，1988，第932页。

国富民强。

最后，司马迁还注意到各地地理禀赋与民风民俗产业结构之间的关系，注意到前者对后者毋庸置疑的强大影响力。如关中"膏壤沃野千里"，土地资源丰富，所以其民有"好稼穑，殖五谷"之风；雍邑地处陇、蜀货物交流的要道，因而"多贾"，商人众多，商业发达；咸阳因政治因素而成为中心，四方人士集结于此，导致地小人多，因而"其民益玩巧而事末也"①，从事末业者众多；河东、河南、河内三地居天下之中，地狭人众，因此形成"纤俭习事"风俗；靠近秦、戎狄、种、代等地区的杨与平阳两地，因太过接近匈奴，屡次被掠夺，因而"人民矜懻忮，好气，任侠为奸，不事农商"②，即百姓崇尚勇力、好胜，有狭义重担当，以帮助弱小铲除不平为己任，不愿从事农商。司马迁另外还罗列了中山、蓟、临淄、邹、鲁等地的地理禀赋、人口要素、民俗民风等，很明显，司马迁想说明的是：民俗民风是环境的产物，是不以人的意志为转移的社会存在。既然如此，君主御民，最好的管理策略自然是因顺，即"善者因之"。

第三，善因论的思想渊源。

司马迁的善因论思想受到了道家、儒家、管仲等的影响，但其父亲司马谈对他的影响更大，从他在《太史公自序》中用大量篇幅记录司马谈所写的《论六家之要指》即可看出这一点。司马谈更为侧重道家思想，《论六家之要指》中，司马谈对阴阳、儒、墨、名、法、道六家的思想逐一进行了评述，在肯定各家思想值得称道之处后，他又指出了除道家以外各家思想的缺陷，如阴阳家"使人拘而多所畏"、儒家"博而寡要，劳而少功"、墨家"俭而难遵"、名家"使人俭而善失真"、法家"严而少恩"。唯有对于道家，司马谈进行了纯粹的肯定："道家使人精神专一，动合无形，赡足万物。其为术也，因阴阳之大顺，采儒墨之善，撮名法之要，与时迁移，应物变化，立俗施事，无所不宜，指约而易操，事少而功多。"③除了肯定道家在精神修养方面的高明之处，司马谈还大力肯定道家的处世之术，认为道家能够因顺阴阳转换、顺应时势及万物变化，所以才能"事

①　（汉）司马迁：《史记》，岳麓书社，1988，第934页。
②　（汉）司马迁：《史记》，岳麓书社，1988，第934页。
③　（汉）司马迁：《史记》，岳麓书社，1988，第941页。

少而功多"，事半功倍。更关键的是，他对道家思想的理解非常透彻，认为道家思想"以虚无为本，以因循为用"，并且因为能够因顺时变，所以能以"无为"实现"无不为"，这是对因顺、无为的最大肯定。

（三）唐宋元明清时期：中国传统善因论进一步完善期的代表性思想

1. 白居易："尚宽简，务清净"

《策林》共75篇，集中体现了白居易在各个领域的时政观点。白居易的经济思想较为多元，学术界已有学者注意到这一点："黄老之道与轻重之术相结合，构成白居易经济思想的一大特点。"① 轻重论与善因论是两种相互对立的理论，白居易却将两者有机融合。一方面，白居易认为国家干预非常必要，但此干预是顺应市场变化规律，以价格手段进行合理引导的干预，与桑弘羊的盐铁官营等举措完全不同，在传统士人眼中，后者是纯粹的"与民争利"行为。另一方面，白居易又注重黄老之道，在对时政的分析中，不乏对道家思想的肯定。

《黄老术》是《策林》诸篇中以道家思想为主题的专篇。白居易认为："尚宽简，务清净，则人俭朴，俗和平。"② 他强调民心民俗与当政者的执政风格有非常大的关系，统治者宽大治民，不苛求百姓，清静无为，那么民风自然素朴尚和，因而他才提出，如果打算实现民风的简朴，"莫先于体黄老之道也"③，即黄老之学无疑是最好的选择。白居易认为老子的"我无为而民自化，我好静而民自正，我无事而民自富，我无欲而民自朴"④是黄老之道的要旨与精华。他以宓贱、汲黯、曹参、汉文帝等人为例，说明清静无为、宽简治民的治理成效。基于此，他建议当朝皇帝"体而行之"，并对"人俭朴而俗清和"的预期效果充满信心。

《黄老术》之外，白居易在论述其他问题时也涉及黄老立场，如在《策林五十三·议肉刑》中，他主张"君子为政，贵因循而重改作"⑤，在

---

① 石世奇：《黄老思想与轻重之术相结合：白居易经济思想的一大特点》，《经济科学》1995年第6期。

② （唐）白居易：《白居易集》（第4册），中华书局，1979，第1298页。

③ （唐）白居易：《白居易集》（第4册），中华书局，1979，第1298页。

④ （魏）王弼注，楼宇烈校释《老子道德经注》，中华书局，2010，第154页。

⑤ （唐）白居易：《白居易集》（第4册），中华书局，1979，第1352页。

《议兵》篇，他认同老子的"兵者，不祥之器，非君子之器，不得已而用
之"① 观点，认为"兴废之由，逆顺之要"，政权的兴废，取决于当政者是
因顺民心还是违背民心，两者都在强调因顺的重要性，而因顺是黄老思想
最重要的特质之一，也是"善因论"的核心元素。

2. 丘濬："听民自为""听民自便"

明代思想家中，丘濬是著述颇丰的代表人物之一，他所著的《大学衍
义补》总计 160 卷，所涉议题非常多元，包括政治、经济、军事等多个领
域，核心思想倾向于儒家修齐治平之说。

丘濬的思想相对多元，他认为政府应控制货币铸造权，并应以敛散手
段平抑物价，体现出其轻重的一面。但通读《大学衍义补》，不难发现，
丘濬的宏观经济管理方式思想更为偏重善因论，这种倾向在其论及土地、
盐铁等商品贸易领域时体现得尤为明显。

（1）田宅交易："听民自为""听民自便"

《论制民之产》篇，丘濬对于百姓赖以生存的田宅等基本物质资料持
坚定支持的立场："民之所以为生产者田宅而已……后世听民自为而官未
尝一问及焉，能不扰之足矣。"② 且自井田制瓦解，秦以后田宅交易听民自
为已成为社会共识："自秦汉以来，田不井授，民之产业上不复制，听其
自为而已，久已成俗。"丘濬认为骤然以国家的力量改变现状，难度较大。
井田制瓦解之后，也出现过类似限田、均田、口分世业等思想及变法，但
它们要么不能实施，要么实施后很快就无法继续推行下去，原因何在呢？
丘濬认为最主要的原因是其做法"拂人情而不宜于土俗"，即使可以暂时
推行但肯定不能长久，因此，"终莫若听民自便之为得也"，政府不要干
预，听民自便即可。尽管丘濬也提出了配丁田法，但他强调，这是在不得
不采取措施的情况下的次优选择："必不得已创为之制，必也因其已然之
俗而立为未然之限，不追咎其既往而惟限制其将来，庶几可乎？"③ 即如若
不得已必须推出相关制度，最好不要改变已然形成的现状，只对未来的发

①　（魏）王弼注，楼宇烈校释《老子道德经注》，中华书局，2010，第 83 页。

②　（明）丘濬：《大学衍义补》，上海书店出版社，2012，第 134~135 页。

③　（明）丘濬：《大学衍义补》，上海书店出版社，2012，第 137 页。

展趋势进行限制与引导，这也成为其配丁田法的宗旨。配丁田法推出前，哪怕百姓拥有的土地多至百顷，政府也不要过问。政府需要做的事情是，自配丁田法推出后，每丁只许占田一顷。可见，即使认为必须变革，丘濬也在弱化政府对业已形成之现状的影响力，强调政府不应过多干预。当然，联系丘濬"必不得已创为之制"之前提，可见丘濬最认可的还是"听民自为""听民自便"。更值得强调的是，丘濬特别认可朱熹"因时制宜，使合于人情，宜于土俗，而不失乎先王之意"①的观点，认为因顺时势及人情的做法不但可用于土地治理，而且"凡天下之政施于民者皆当视此为准"②，这就大大拓展了因顺做法的使用范围，凡是与百姓有关的施政方针，皆应顺乎民情人意，因顺地方风俗而不随意妄为。就这一点而言，丘濬对善因论的坚持立场是毋庸置疑的。

在《总论理财之道上》篇中，丘濬进一步解释了因顺民心以利引导百姓的逻辑。他认为好利是人的天性："财者，人之所同欲也。"③每个人都有追求财富的本能诉求，作为君主，应该充分掌握这一点，如此，才能理解"吾之欲取之心是即民之不欲与之心"，一定时间内财富的创造是有限的，君主征收多了，百姓手中的财富就少了，君主的"取"对应着百姓的"与"，因此君主在取利于民时应非常谨慎："与民同好恶而以民心为己心。"如果为了维系政权的运转而不得不取利于民，那么，君主应确保"所取者皆合乎天理之公而不咈乎人情之欲"，④如此，不管是收入还是支出就都符合道义了。显然，丘濬看到了因顺人性满足个体逐利、占有一定财富的重要性与必要性。那么，因顺个体百姓的逐利行为与治理天下又有什么关系呢？篇末，丘濬指出："天下之大由乎一人之积，人人各得其分、人人各遂其愿而天下平矣。"⑤天下是由无数个体小民组成的，君主因顺人逐利之本性使得每个人都得偿所愿，如此，天下也必然太平，理想治世也顺利实现。可见，丘濬清楚地看到了因顺人性、满足个体逐利本能与宏观

①　（明）丘濬：《大学衍义补》，上海书店出版社，2012，第 136 页。
②　（明）丘濬：《大学衍义补》，上海书店出版社，2012，第 136 页。
③　（明）丘濬：《大学衍义补》，上海书店出版社，2012，第 193 页。
④　（明）丘濬：《大学衍义补》，上海书店出版社，2012，第 194 页。
⑤　（明）丘濬：《大学衍义补》，上海书店出版社，2012，第 195 页。

层面的国家治理之间的关系，因此，他才能提出"听民自为""听民自便"①的观点。

（2）盐铁等商品贸易："以人君而争商贾之利，可丑之甚也"

丘濬继承了叶适、马端临、苏轼等人的思路，认为盐铁官营、放贷取息、均输等措施皆是与民争利之举，国家不应剥夺商人进行轻重之术的权利，强行实践这些措施，非圣王明君之所为。

《市籴之令》中，他认同叶适、马端临的观点，叶适强调："今天下之民不齐久矣，开阖、敛散、轻重之权不一出于上，而富人大贾分而有之不知其几千百年也，而遽夺之，可乎？夺之可也，疾其自利而欲为国利，可乎？"②认为国家没有权力轻易剥夺商人数千年来的轻重之权。马端临也认为"泉府一官最为便民"③，纯粹是为了"阜民之财、济民之急"④，政府设置泉府的目的是便民而非罔利，而王安石放贷取息的做法与之南辕北辙。同时，对桑弘羊的均输法、王莽的五均、王安石的市易法，丘濬都予以否定，并站在商人的立场上否定政府的专利举措。他认为均输法非良策："堂堂朝廷而为商贾贸易之事，且曰欲商贾无所牟利，噫！商贾且不可牟利，乃以万乘之尊而牟商贾之利，可乎？"⑤王莽推行五均也仅仅是"借古人良法以罔市利"⑥，不值一提。王安石的市易法在丘濬看来也是"以人君而争商贾之利，可丑之甚也"⑦。

在《山泽之利》中，丘濬强调政府垄断盐铁、收取厚利不具备法统。针对董仲舒"汉承秦法"、马端临"山泽之利在诸侯王国者……非县官经费所榷也"⑧的观点，丘濬强调：三代时期并无盐铁治理，仅仅收贡赋而已，后来即使出现盐铁之利，也是象征性征收，且西周虽然设有管理盐的官职，但主要是由民生产、商贾贸易流通，政府并没有进行专卖，没有设

①　（明）丘濬：《大学衍义补》，上海书店出版社，2012，第137页。
②　（明）丘濬：《大学衍义补》，上海书店出版社，2012，第225页。
③　（明）丘濬：《大学衍义补》，上海书店出版社，2012，第225页。
④　（明）丘濬：《大学衍义补》，上海书店出版社，2012，第225页。
⑤　（明）丘濬：《大学衍义补》，上海书店出版社，2012，第226页。
⑥　（明）丘濬：《大学衍义补》，上海书店出版社，2012，第226页。
⑦　（明）丘濬：《大学衍义补》，上海书店出版社，2012，第228页。
⑧　（明）丘濬：《大学衍义补》，上海书店出版社，2012，第245页。

法对之进行掌控。但是秦时盐铁之利竟然是古时的二十倍，汉代纵容诸侯王从中取利，这种做法与政府亲自专利并无差异。丘濬认为政府是服务百姓的机构，立法应"以便民为本"，民众能自行完成的事情，政府何必插手？不仅仅是盐专卖，丘濬认为在其他领域，"官不可与民为市"①，这与政府便民的定位不符。因此，对于善于理财的刘晏，他也持否定态度，认为其"知利国之为利而不知利民之为大利，知专于取利而可以得利，而不知薄于取利而可以大得利也"②，丘濬显然是从长期利益与短期利益、便民促使民心归附与政府专利加速民心离散的辩证角度来进行分析的。

总之，丘濬的宏观调控方式思想较为多元，在不同的领域主张不同，但总体侧重因顺、不干预。《市籴之令》的这段话最能全面体现其思想："籴之事犹可为，盖以米粟民食所需，虽收于官亦是为民。若夫市贾之事，乘时贵贱以为敛散，则是以人君而为商贾之为矣，虽曰摧抑商贾居货待价之谋，然贫吾民也，富亦吾民也，彼之所有，孰非吾之所有哉？"③ 即在与百姓民生紧密相关的粮食等商品上，政府可以采取轻重之术，保证物价常平。但是，在其他领域，如若商人凭借敛散之术同样可以做到市场的正常供应，则应该将轻重之权交给商人，政府不应强行贸然染指。

3. 唐甄："因其自然之利而无以扰之"

唐甄的经济思想集中体现在其代表作《潜书》中，《潜书》上下两部，共97篇，上部主要讨论学术，下部聚焦政治，涉及议题广泛。总体而论，唐甄本人具有强烈的反封建色彩，从其"自秦以来，凡为帝王者皆贼也"④之观点不难看出这一点。在国家宏观经济治理方面，这种反封建色彩体现了其反对国家过分干预经济、主张"因其自然之利而无以扰之"⑤的思想。

首先，唐甄强调清静、顺应形势而为的重要性。《格君》篇，唐甄以黄帝为例说明这一点。他认为"道"寓于"清静"之中，而何为"清静"呢？唐甄的解读是："无欲为清""不扰为静"⑥。他对当朝皇帝提出了希

① （明）丘濬：《大学衍义补》，上海书店出版社，2012，第246页。
② （明）丘濬：《大学衍义补·山泽之利》，上海书店出版社，2012。
③ （明）丘濬：《大学衍义补·市籴之令》，上海书店出版社，2012。
④ （清）唐甄：《潜书校释》，黄敦兵校释，岳麓书社，2011，第252页。
⑤ （清）唐甄：《潜书校释》，黄敦兵校释，岳麓书社，2011，第145页。
⑥ （清）唐甄：《潜书校释》，黄敦兵校释，岳麓书社，2011，第160页。

望："陛下诚能学黄帝之道，居心玄漠，静专纯一，不以好恶扰其心，不以喜怒伤其体"，如此，皇帝"垂拱于上"，但"兵革自强，远人畏服，无为而天下大治"，① 以清静无为为宗旨的治国理念却助力"天下大治"的实现，这无疑是对无为而治宏观治理思想的最大肯定。

其次，唐甄强调应"因其自然之利而无以扰之"。《富民》篇，唐甄通过罗列诸如牧羊、育豕、饲鹜等"至微之业"在持续发展中"可致百金之利"② 的现象、通过陈述"千金之家"所有用度皆由市场上的众多商贩供给的事实，说明如下道理："海内之财，无土不产，无人不生，岁月不计而自足，贫富不谋而相资。是故圣人无生财之术，因其自然之利而无以扰之，而财不可胜用矣。"③ 财富的产生与聚集有其内在的规律，圣人也没有所谓的生财方法，圣人之所以是圣人，只是因为其善于遵循规律而没有人为干预这种规律，没有干扰百姓的逐利活动，这样做，反倒拥有了源源不断、用之不竭的财富。此外，唐甄还非常重视君主的垂范作用，认为要保证国家财用取之不尽，君主就一定要节俭，君主节俭就会影响百官与百姓的行为："于是官不扰民，民不伤财。"④ 也因为取之有节用之有度，从而实现"菽粟如水火，金钱如土壤，而天下大治"⑤，这里，唐甄肯定的同样是不扰民与天下大治的密切连接。

第三节　中国传统宏观经济管理方式思想简析

一　中国传统宏观经济管理方式思想的特点

1. 服务政治的功能属性明显

天下大势，合久必分，分久必合。不过，就总的趋势而言，中国自夏以后的历史就是一个不断集权的过程，被中央集权趋势这一社会存在所决

---

① （清）唐甄：《潜书校释》，黄敦兵校释，岳麓书社，2011，第 161 页。
② （清）唐甄：《潜书校释》，黄敦兵校释，岳麓书社，2011，第 144 页。
③ （清）唐甄：《潜书校释》，黄敦兵校释，岳麓书社，2011，第 146 页。
④ （清）唐甄：《潜书校释》，黄敦兵校释，岳麓书社，2011，第 146 页。
⑤ （清）唐甄：《潜书校释》，黄敦兵校释，岳麓书社，2011，第 146 页。

定的社会意识，自然也被烙上时代的印迹，轻重论也不例外。总体而论，关于国家对工商业的宏观干预，中国古代思想家存在两种立场，一者肯定，一者否定，但以前者为主流。

谈及轻重目的时，绝大部分的思想家都倾向于国家应通过掌控"轻重之术"加强政权的"轻重之势"，如《管子》认为"予之在君，夺之在君，贫之在君，富之在君"①的"轻重之势"是历代君主追求的目标，而通过轻重手段使民获利是增强这种掌控力的有效途径："凡将为国，不通于轻重，不可为笼以守民；不能调通民利，不可以语制为大治。"②贾谊的"上挟铜积以御轻重"③、桑弘羊的"王者……以轻重御民"④等表述皆揭示了中国古代国家宏观干预的目标及本质，体现了服务于君主集权的鲜明的阶级色彩。

尽管善因论在各个不同的时期有不同的发展，但是，仔细梳理归纳各个时期善因论代表人物的观点，则会轻易发现他们几乎不约而同地强调了善因论的功能属性，认为当政者如若以善因论为指导思想治国，则将实现"天下大治"，如老子的"我无为而民自化"⑤、《吕氏春秋》的"因者无敌"⑥、司马迁的"事少而功多"⑦等，均把因顺治理指向了理想的治理效果，把无为因顺与最终的良政结合起来，即他们都觉得治理方式是为治理效果服务的，而他们之所以肯定无为而治，就是希望得到一个盛世大治的美好局面，这种目标指向鲜明地体现了其阶级立场，就这一点而言，善因论服务政治的功能属性非常明显。

2. 时代性鲜明

（1）政府干预思想中的私商元素不断加强

中国商品经济发展的黄金时期大致有三：春秋战国时期、唐宋时期与

---

① （春秋）管仲：《管子》，（唐）房玄龄注，（明）刘绩补注，刘晓艺校点，上海古籍出版社，2015，第424页。

② （春秋）管仲：《管子》，（唐）房玄龄注，（明）刘绩补注，刘晓艺校点，上海古籍出版社，2015，第424页。

③ （汉）班固：《汉书》，中华书局，2000，第970页。

④ （汉）桓宽：《盐铁论》，上海人民出版社，1974，第4页。

⑤ （魏）王弼注，楼宇烈校释《老子道德经注》，中华书局，2010，第154页。

⑥ （战国）吕不韦：《吕氏春秋》，刘生良评注，商务印书馆，2015，第424页。

⑦ （汉）司马迁：《史记》，岳麓书社，1988，第941页。

明清时期。这三个时期的商业发展各有特色，春秋战国时期出现一大批以范蠡、子贡等人为代表的私商，商业发展处于萌发期；伴随城市发展，唐宋时期的商业与时俱进，市民阶层出现，为富人辩护思潮产生，行会、《商税则例》等商业组织及管理制度应运而生，商业处于快速发展期；明清时期，商帮、联通全国及海外的陆海商业网络已然相对完善。商业的发展在很大程度上影响了中国古代政府的宏观调控，使得政府对工商业流通的干预也呈现因时而异的特征，私商元素对政府的影响日趋明显，政府宏观干预中的私商元素呈现不断加强的趋势。

春秋战国时期，私商涌现，范蠡"十九年之中三致千金"、子贡"结驷连骑，束帛之币以聘享诸侯"，是私商群体中的佼佼者，但这一时期私商的数量及影响力有限，乱世中各诸侯更注重富国强兵，但已开始借鉴微观商人的做法，《管子》之"以重射轻，以贱泄平"的宏观干预做法即对微观私商的借鉴。

汉代桑弘羊在盐的生产环节允许亭户按照政府要求生产，在酒的流通环节考虑了私商的元素，允许私商进入，但桑弘羊毕竟处于国力强盛的西汉中期，私商元素有但不甚明显。唐朝刘晏则大为不同，刘晏的理财活动在唐朝安史之乱之后，当时唐朝中央政府元气大伤，财政压力巨大，在这种背景下，刘晏大大强化了私商元素，如他在盐的流通环节采取积极手段吸纳商人配合政府流通："亭户粜商人，纵其所之。"政府收购盐后加价转售商人，由商人负责流通，解决商品积压问题，即民制、官收、商运、商销。为激励商人加入，刘晏还设 13 处巡院，打击走私盐的行为，并统一全国盐价，规定各地不许对商人征收过税，这些举措为私商创造了一个良好的经营环境。刘晏在其他方面也非常重视市场商业元素，如用雇募的方式解决雇工匮乏问题，用高价招募疾足的方式解决市场价格信息搜集问题，以较低成本高效率地解决了盐务问题。因此，刘晏被赞誉为唐朝"通拥滞，任才能，富其国而不劳于民，俭于家而利于众"[①]的理财能臣。

明清时期，私商的社会影响力进一步增加，认可其在国家宏观管理体

① （后晋）刘昫等：《旧唐书》，中华书局，1975，第 3523 页。

系中之地位与作用的声音进一步增大。丘濬认同叶适等前人的观点，认为政府不应骤然剥夺商人以轻重之术进行商业活动的权利，除了粮食、货币等方面的轻重之权，在其他领域政府皆应以"便民"为本，任由私商流通。李雯则认为政府应彻底放手，不应干预商品的流通，而是应直接交给私商全权负责。

（2）善因论所体现的"圣君""贤臣"情怀

自夏朝开始，中国进入"家天下"时代，权力中心的管理加强，秦建立中央集权制，自秦至清，中央集权不断加强，强权政府在中国历史上长时间存在。

强权管理体制之下，推行善因论的最佳主体自然是能够认可并接受这种管理思想、认为这种管理思想高度契合自身利益的最高管理者，在中央集权制背景下，此最高管理者即处于权力中心的历朝历代的君主及权贵集体。因而，尽管是主张"善因""无为"，但历代思想家不约而同地将推行"善因"管理的希望寄托在"圣君""贤臣"身上，如《管子》将"天下治"的希望寄托于能够"因而财之"① 的圣人，孔子将落实"因民之所利而利之"② 的希望寄托于那些想有所作为的卓越君子与施行仁政的君主，《吕氏春秋》将天下大治的希望寄托于"其所为少，其所因多"③ 的君王，唐甄将"因其自然之利而无以扰之"的希望寄托于"圣人"④，等等，圣君贤臣成为众多思想家共同强调的推行善因管理的行为主体。

以上思想共性是时代的产物，强权政府管理体制下，思想家清楚地意识到再好的管理思想、再好的管理方案，只有得到强势权力人物的认可，才有可能从思想转化为实践，特别是在政府具备这种强管理权力却要求政府松手放任的语境下，强权人物的认可与践行至关重要，这也是思想家们"圣君""贤臣"情怀产生的根本原因。

---

① （春秋）管仲：《管子·心术下》，（唐）房玄龄注，（明）刘绩补注，刘晓艺校点，上海古籍出版社，2015。
② 钱逊解读《论语·尧曰》，国家图书馆出版社，2017。
③ （战国）吕不韦：《吕氏春秋·贵因》，刘生良评注，商务印书馆，2015。
④ （清）唐甄：《潜书校释·富民》，黄敦兵校释，岳麓书社，2011。

二　中国传统宏观经济管理方式思想的影响

（一）轻重论的实践及效果

轻重论及其实践是学术界较为关注的中国古代思想主题之一，叶世昌认为中国古代轻重理论有四次重要的实践：第一次在西汉武帝时，代表人物是桑弘羊；第二次是王莽实行"六管"政策；第三次是唐代宗时刘晏实行的常平法；第四次是北宋王安石实行的均输法和市易法。[①]汪圣铎认为轻重政策在汉武帝时形成体系，在唐朝有一个复兴和发展时期，在宋朝有一个极盛时期，在明清两代仍占主导地位。[②]两位学者都注意到轻重实践的历史传承与发展过程。

春秋战国时期，李悝在魏国实施平籴法，使得魏国"虽遇饥馑水旱，籴不贵而民不散，取有余以补不足也"[③]，这也是魏国最后成为强国的原因之一。西汉时期，桑弘羊采用盐铁酒官营专卖、均输、平准、币制改革等轻重之术解决物价腾贵、物资短缺、国用不足等一系列问题。唐朝刘晏的漕运改革、盐铁专卖、平准等实践效果非常理想，仅获得的盐利就已占国家财政收入的一半，大大解决了百官俸禄、皇室开支、军饷等费用来源问题。王安石在宋神宗的支持下有条不紊地推行了包括均输法、市易法等在内的各项改革。明清实行盐专卖制度，而"清代的盐税收入，初期约二百万两，中叶为五百五十万两，清末为一千三百余万两"[④]，对清政府的财政收入贡献很大。

（二）善因论的实践及效果

比起轻重论，善因论的实践较少，影响要弱，联系中央集权制在中国小农社会中长期存续的历史背景，这一点不难理解。

不过，在王朝初建、灾害频发、中央与地方关系呈现弱干强枝特征等情况下，有着基本政治理性且对道家思想较为包容的统治者也会采取善

---

①　叶世昌：《中国封建国家的财政和〈管子·轻重〉》，《管子学刊》1988 年第 3 期。

②　汪圣铎：《轻重与沉浮》，广西人民出版社，1989。

③　（汉）班固：《汉书》，中华书局，2000，第 959 页。

④　孙文学：《中国财政史》，东北财经大学出版社，2008，第 242 页。

因、无为、放松对百姓的管制等管理措施，以期取得稳定而持续的对基层与百姓的掌控力。但这种应激性、选择性做法注定善因论的实践呈现时断时续性，且以边缘而非主流的方式呈现。代表性实践莫过于西汉初期的休养生息政策，著名的曹参治齐、萧规曹随、汲黯治东海、"文景之治"均产生在这一时期。曹参无为而治、不扰民的做法得到百姓的认可，百姓们争相传颂道："萧何为法，颙若画一；曹参代之，守而勿失。载其清净，民以宁一。"汲黯以黄老之言治东海："其治，责大指而已，不苛小……岁余，东海大治。"① 文帝、景帝的不扰民做法也收获了"文景之治"的效果。

✿ 本章关键术语

权轻重；农业经济循环论；平粜；平籴；积著之理；七福论；均输；无为而治；因民之所利而利之

✿ 思考题

1. 简析《管子》的轻重思想。
2. 简析计然之策的内容及影响。
3. 简析司马迁的善因论。
4. 比较分析桑弘羊与刘晏的宏观调控方式思想。
5. 简析丘濬的宏观调控方式思想。

----

① （汉）司马迁：《史记》，岳麓书社，1988，第 865 页。

第七章
中国传统财政管理思想专题研究

第一节　马克思主义视野下的财政管理

一　财政管理的必要性

马克思认为，维系社会再生产是国家的重要社会职能，而要维系社会再生产，劳动产品不可能全部满足个人消费需求，必须留出一部分用来满足社会需求："在任何一种社会生产（例如，自然发生的印度公社的社会生产，或秘鲁人较多半是人为发展起来的共产主义）的社会生产中，总是能够区分出劳动的两个部分，一个部分的产品直接由生产者及其家属用于个人的消费，另一个部分即始终是剩余劳动的那个部分的产品，总是用来满足一般的社会需要，而不问这种剩余产品怎样分配，也不问由谁执行这种社会需要的代表的职能。"①

要实现社会再生产，必须以国家力量完成对社会剩余劳动的扣除，恩格斯指出，"在我们面前有两种权力：一种是财产权力，也就是所有者的权力，另一种是政治权力，即国家的权力"②，当掌握两种权力的人不一致或尚未重叠时，后者凌驾于前者，存在政治权力捉弄财产的情况，但当掌握两种权力的人一致或重叠时，两者的利益指向一致，共同服务于统治阶层。

---

① 〔德〕马克思：《资本论》（第3卷），人民出版社，2018，第993～994页。
② 《马克思恩格斯全集》（第4卷），人民出版社，1958，第330页。

资本主义社会体系中，资产阶级既是资本的所有者，掌控财产权力，又是政权的驾驭者，掌控政治权力，可以轻松通过国家权力对整个社会实行统治，实现阶级利益，即"现代的资产阶级财产关系靠国家权力来'维持'，资产阶级建立国家权力就是为了保卫自己的财产关系"。因此，当必须通过扣除社会剩余劳动以维系资本主义生产关系及社会再生产时，资产阶级自然会充分使用其掌控的国家权力。

二　财政管理的主要内容

（一）财政收入管理活动

财政收入有两大手段：税收与公债。财政收入管理活动也涉及这两大领域。

1. 税收管理

（1）税收制度在资本主义发展过程中发挥了重要的作用。

马克思认为，"现代税收制度和保护关税制度"[①]都隶属资本主义国家税收制度，都是"现代财政制度"[②]的组成部分，甚至都是原始积累的有机组成。"原始积累的不同因素……在 17 世纪末系统地综合为殖民制度、国债制度、现代税收制度和保护关税制度"[③]，为了加快形成资本主义生产方式的条件，"通过以保护关税的形式主要向土地所有者、中小农民和手工业者征收赋税，通过加快剥夺独立的直接生产者，通过强制地加快资本的积累和积聚"[④]成为资本主义发展过程中的强有力手段，并助力资本主义体系的快速发展与不断完善。

（2）税收管理不仅是国家财政管理职能的重要体现，而且是国家落实社会再分配功能的重要形式。

税收管理是实现劳动产品扣除以满足社会需求的重要手段。正因为有了税收形式的扣除，满足社会一般需求的费用有了着落："官吏和僧侣、士兵和舞蹈女演员、教师和警察、希腊式的博物馆和哥德式的尖塔、王室

---

① 〔德〕马克思：《资本论》（第 1 卷），人民出版社，2018，第 861 页。
② 〔德〕马克思：《资本论》（第 1 卷），人民出版社，2018，第 866 页。
③ 〔德〕马克思：《资本论》（第 1 卷），人民出版社，2018，第 861 页。
④ 《马克思恩格斯全集》（第 46 卷），人民出版社，2003，第 887 页。

费用和官阶表这一切童话般的存在物于胚胎时期就已安睡在一个共同的种子——捐税之中了"①，社会再生产所需的秩序、教育、国防等公共产品的供给因国家的这种硬性扣除而得以实现，捐税的供给者也因此获益，"从一个处于私人地位的生产者身上扣除的一切，又会直接或间接地用来为处于社会成员地位的这个生产者谋福利"②。

在资本主义体系中，税收成为统治阶级利用政治权力、经济权力窃取工人剩余价值的主要手段。在《新的财政把戏或格莱斯顿和辩士》（1853）一文中，马克思指出国家实际上是"是土地贵族和金融巨头联合统治的化身，它需要金钱来实现对国内和国外的压迫"，而"国家存在的经济体现就是捐税"③。维系国家机器运转需要金钱，而金钱很大程度上靠为榨取一定劳动量而颁布的强制法令取得，是统治阶级"以国家的身份通过巧妙的征税办法对工人进行盗窃"④，是以国家权力对工人创造的剩余价值的剥夺。而且这种手段会被反复使用，当政府遇到财政赤字时，"采取英勇手段——施行新税"⑤ 成为其最经济的选择。

要扭转这种局面，必须对资产阶级加以限制，《共产党宣言》中，马克思主张在无产阶级专政时采取"征收高额累进税"⑥ 的办法，恩格斯也提出了诸如征收高额遗产税、累进税、取消旁系亲属继承权等方式来"限制私有制"⑦。

（3）税收管理应注意税收在调节社会分配过程中的公平问题。

恩格斯指出："为了改变到现在为止一切分担得不公平的赋税，在现在提出的改革计划中就应该建议采取普遍的资本累进税，其税率随资本额的增大而递增。这样，每一个人就按照自己的能力来负担社会的管理费用，这些费用的重担就不会像一切国家中以往的情形那样，主要落在那些

---

① 《马克思恩格斯全集》（第 4 卷），人民出版社，1958，第 342 页。
② 《马克思恩格斯全集》（第 5 卷），人民出版社，1958，第 511 页。
③ 《马克思恩格斯全集》（第 7 卷），人民出版社，1959，第 339 页
④ 《马克思恩格斯全集》（第 49 卷），人民出版社，1972，第 275 页。
⑤ 《马克思恩格斯全集》（第 7 卷），北京：人民出版社，1959，第 26~27 页。
⑥ 《马克思恩格斯选集》（第 1 卷），人民出版社，1995，第 273 页。
⑦ 《马克思恩格斯全集》（第 4 卷），人民出版社，1958，第 367 页。

最没有力量负担的人们的肩上。"① 这已触及现代税收的平等原则，要避免税收转嫁及不公平现象产生，加强国家的税收管理是重中之重。

基于现实观察，马克思意识到现实生活中的间接税、直接税税负转嫁问题普遍存在。征收间接税，商人通过给商品加价的方式把税负转嫁给消费者，"商人不仅把间接税的数额，而且把为交纳间接税所预先垫支的资本的利息和利润也加在这些价格上了"②；征收直接税，资产阶级则会通过降低工资、提高价格等方式将税负转嫁给工人与消费者："那种认为所得税似乎不触及工人的说法，显然是无稽之谈：在我们目前的这种企业主和雇佣工人的社会制度下，资产阶级在碰到加税的时候，总是用降低工资或提高价格的办法来求得补偿的。"③ 最终，税收负担的绝大部分总是落在或转嫁到劳动人民的身上。

为了避免这种不公平现象的加剧，恩格斯提出了自己的建议："为了改变到现在为止一切分担得不公平的赋税，在现在提出的改革计划中就应该建议采取普遍的资本累进税，其税率随资本额的增大而递增。这样，每一个人就按照自己的能力来负担社会的管理费用，这些费用的重担就不会像一切国家中以往的情形那样，主要落在那些最没有力量负担的人们的肩上。"④能力原则与受益原则是税收的两大基本原则，恩格斯注意到基于能力原则的征税公平问题，并认为国家应充分发挥财政管理职能的主体作用，以征收"资本累进税"方式解决税负转嫁及不均问题。

2. 公债管理

（1）在资本主义发展过程中，作为资本原始积累的有效手段，公债发挥了重要作用。

"公债成了原始积累的最强有力的手段之一。它像挥动魔杖一样，使不生产的货币具有了生殖力，这样就使它转化为资本，而又用不着承担投资于工业甚至高利贷时所不可避免的劳苦和风险……国债还使股份公司、各种有价证券交易、证券投机，总之，使交易所投机和现代的银行统治兴

① 《马克思恩格斯全集》（第2卷），人民出版社，1957，第615页。
② 《马克思恩格斯全集》（第21卷），人民出版社，2003，第274页。
③ 《马克思恩格斯全集》（第29卷），人民出版社，1961，第73~74页。
④ 《马克思恩格斯全集》（第2卷），人民出版社，1957，第615页。

盛起来。"① 发行公债不仅促进了货币转化为资本的速度与规模，而且加速了信用市场的发展与完善，有利于资本的积累与社会再生产的顺利推进，是资本主义体系形成与发展过程中的重要影响因素。

（2）公债管理是国家宏观财政管理的主要内容，是国家职能的体现。

公债是以国家信用为基础的筹款方式，发行公债是国家弥补财政赤字的基本途径之一："由于军事开支，一般收入不能抵偿全部支出，于是就发行公债来弥补赤字。"② 公债成为筹措军费的有力手段。国家之所以能够顺利采用这种手段，是因为公债实为国家信用的担保，是国家以债务人身份向公众借款，体现的是国家信用。马克思明确指出这一点："公共信用制度，即国债制度……国债，即国家的让渡，不论是在专制国家，立宪国家，还是共和国家，总是给资本主义时代打下自己的烙印。"③

资本主义体系中，公债很容易被资产阶级利用，成为其敛财致富的工具："国家负债倒是直接符合资产阶级中通过议会来统治和立法的那个集团的直接利益的。国家赤字，这正是他们投机的真正对象和他们致富的主要源泉。"④ 食利者阶层也从公债中收获颇丰："国债债权人实际上并没有付出什么，因为他们贷出的金额转化为容易转让的公债券，而这些公债券在他们手里所起的作用和同量现金完全一样。于是就出现了这样产生的有闲的食利者阶级，充当政府和国民之间中介人的金融家就大发横财，包税者、商人和私营工厂主也大发横财，因为每次国债的一大部分成为从天而降的资本落入他们的手中。"⑤ 公债成为利益集团为自己谋利的工具，从这个意义上来说，"公共信用成了资本的信条"⑥。可见，如果没有对政府发行公债行为进行有效监督的某种机制，公债的滥发几乎不可避免，对公债进行管理自然也成为国家责无旁贷的重要职能之一。但是，在资本主义制度体系中，因政治权力与经济权力重叠地被资产阶级掌握，资产阶级自己

---

① 〔德〕马克思：《资本论》（第 1 卷），人民出版社，2018，第 865 页。
② 《马克思恩格斯全集》（第 6 卷），人民出版社，1961，第 182 页。
③ 〔德〕马克思：《资本论》（第 1 卷），人民出版社，2018，第 864 页。
④ 《马克思恩格斯全集》（第 10 卷），人民出版社，1998，第 133 页。
⑤ 〔德〕马克思：《资本论》（第 1 卷），人民出版社，2018，第 864 页。
⑥ 〔德〕马克思：《资本论》（第 1 卷），人民出版社，2018，第 865 页。

对自己实施监督的效率可想而知，除非资本主义制度消亡，否则以公债谋利的局面几无破局可能。

（二）财政支出管理活动

财政支出管理是国家职能的又一体现。在马克思看来，财政支出大体分为以下几类。

第一，维系资本主义社会正常运行的管理性支出。包括军费开支，国家官吏及其仆从的开支，军队、警察、法院、监狱等的开支，并由此形成庞大的非生产阶级，这部分支出是纯粹的消费过程，是侵吞剩余价值的过程。

第二，满足人们需要的社会保障支出。马克思认为，人的需要是与生俱来的本性，是人的一项基本权利，而社会生产的最根本目的就是服务人的需要。满足人的需要离不开社会保障，完善的社会保障才能更好地满足人的需要，人的需要得到满足，人类社会才能存在和不断发展，社会再生产也才能不断进行下去。

第三，服务社会再生产的投入性支出，如国家把收来的赋税用于修筑道路，而"修筑道路不是单个人的私事"①，这种支出"对社会说来，属于生产费用"，是"生产性"支出。显然，马克思把支出分为了生产性支出与非生产性支出，而每类支出都是维系资本主义体系的必要支出。

资本主义体系中，财政支出服务于资产阶级的现实需要。资本主义的国家预算会涉及财政收入与财政支出，在马克思看来，两者服务资本的本质是一致的。在1853年批判英国预算案的讨论中，马克思强调，国家预算不外乎是"阶级的预算，是由贵族执笔写出的中等阶级预算"②。财政支出的结构与规模取决于资产阶级的利益指向，财政管理行为也随着资产阶级在各阶段的实际需求而不断动态调整。

第二节　中国传统代表性财政管理思想

财政政策是当代宏观经济管理的两大手段之一，体现了政府管理财政

---

① 《马克思恩格斯全集》（第30卷），人民出版社，1995，第526页。
② 《马克思恩格斯全集》（第12卷），人民出版社，1998，第656页。

的经济职能。为了实现经济增长、物价稳定、增加就业、国际收支平衡四
大宏观调控目标，当代政府通常采取以税收与财政支出为主的财政政策。
中国传统财政管理思想也非常丰富，其中，与税收相关的财政收入管理思
想积淀更为深厚。

一　中国传统财政收入管理思想

中国小农经济体系中，土地与人口为税收之基，与土地相关的赋税及
与人身相关的徭役成为国家财政收入的主要来源，与此相关的赋役管理是
中国财政收入管理思想的主要内容。盐、铁、茶、酒等商品也是小农经济
时期国家的税基，随着工商业不断发展，工商业税收成为各时期国家的重
要收入之一，与之相关的工商业收入管理思想越来越丰富。

（一）赋役管理思想

1. 孟子：租役合一思想

孟子的租役合一思想集中体现在其最认可的助法上。在贡、助、彻三
种赋役征收方式中，孟子最肯定助法，即《孟子·滕文公上》所论述的
"方里而井，井九百亩，其中为公田，八家皆私百亩，同养公田。公事毕，
然后敢治私事"[1] 的井田制模式。

孟子对"野九一而助"的征税方式大为肯定，强调"治地莫善于助"。
在"普天之下，莫非王土"的大环境下，井田的所有权隶属天子，八家所
拥有的是百亩土地的使用权与收益权，所提交的田赋属于"田租"而非
"税"的性质。从必须先耕作公田才能耕作私田且以公田产出缴纳田赋的
形式来看，井田制的纳税方式实为劳役地租，但又体现了"田租"实质，
本质为租役合一。

2. 商鞅：赋役并行思想

商鞅变法涉及赋税方面的重要内容即废井田、开阡陌，废除分封食邑
制，设立郡县制，建立中央集权制。从财政角度而言，分散的财政体制被崭
新的中央垂直管理财政体制代替，财政征收与支出有了强有力的实施主体。

重视农战的商鞅对与土地相关的田赋也非常重视。商鞅强调："訾粟

---

[1]　金良年译注《孟子译注·滕文公上》，上海古籍出版社，2012。

而税，则上壹而民平"①，即以粟纳税，这样既可保证国家税收统一，又能保证百姓租税均平。粟的生产与土地息息相关，商鞅所指实为田赋。在税率方面，商鞅对农业税的征收秉承"不烦""不多"原则："征不烦，民不劳，则农多日。农多日，征不烦，业不败，则草必垦矣"，认为农业轻税与农业的健康发展密切相关。从"不农之征必多，市利之租必重"② 亦可反推其对农业税征收的"不多"立场。此外，商鞅还明确将农业征税重税行为定性为"败农"："禄厚而税多，食口众者，败农者也"③，反对态度明确。

与人身相关的徭役主要集中在兵役上。从"僇力本业，耕织致粟帛多者复其身"④ 的记载来看，兵役是秦国百姓需要承载的重要义务，商鞅以免除兵役作为奖励耕织的一个重要手段。为吸引别国百姓入秦，商鞅主张，"诸侯之士来归义者，今使复之三世，无知军事；秦四竟之内，陵阪丘隰，不起十年征"⑤，免除三世兵役成为徕民的经济奖励手段。为确保征税效率、促进私有观念确立、进一步摧毁原有的大家庭共居习惯，商鞅在孝公三年（前359）、孝公十二年（前350）两次颁布《分户令》，以行政手段引导小家庭制度的推行："民有二男以上不分异者，倍其赋"；"令民父子、兄弟同室内息者为禁"⑥。即每一户只允许一个成年儿子与父母同居，其余必须自立门户，否则加倍征收军赋。户成为国家落实赋役的重要单位。

3. 曹操：租调思想

曹操的户调制改革是应对多年战乱背景下人口凋敝、货币使用环境恶化等现实问题的产物。

建安五年（200），曹操实行户调制。建安九年（204），平定冀州后，曹操继续落实户调制："收田租亩四升，户出绢二匹，绵二斤而已，他不

① 高亨注译《商君书注译·垦令》，清华大学出版社，2011。
② 高亨注译《商君书注译·外内》，清华大学出版社，2011。
③ 高亨注译《商君书注译·垦令》，清华大学出版社，2011。
④ （汉）司马迁：《史记·商君列传》，岳麓书社，1988。
⑤ 高亨注译《商君书注译·徕民》，清华大学出版社，2011。
⑥ （汉）司马迁：《史记·商君列传》，岳麓书社，1988。

得擅兴发。"① 此处的"田租"对应与土地相关的田赋，"户"对应与人身相关的人头税。租调缴纳粟帛实物，一方面因地制宜减少中间环节，另一方面也满足了军需物品供给。以户定调的制度有利于鼓励人口繁育，一家即使人口增加户调也不增加，比起汉朝的人头税，这一制度改革实际上大大减轻了百姓税负。

4. 唐朝租庸调制体现的田、户、身并行思想

唐朝实行租庸调制，课税基础是田、户、身，即"有田则有租，有家则有调，有身则有庸"②，租即田赋，相当于农业税，调即户税，庸的原形为徭役，不服徭役者可缴纳实物，因而三者均为定额实物税。田租缴纳标准据《文献通考》记载："凡授田者，丁岁输粟二石，谓之租。"户调所缴纳的东西因地制宜，《新唐书》记载："丁随乡所出，岁输绢二匹，绫绢各二丈，布加五之一，绵三两。"③《文献通考》记载："输布者麻三斤，谓之调。"④ 即每年每丁视当地出产，或纳绢二匹，绫绢各二丈及绵三两，或纳布二丈四尺，绵二两及麻三斤。如果非桑蚕之乡，亦可用货币代替，缴纳标准为岁银14两。可见，当时货币流通有了进一步的发展，实物税已有向货币税转化的倾向。庸为徭役，每丁每年20天（闰年为22天），不想服役的人可以用产品特别是绢来代纳，1日的劳役相当于3尺绢。《新唐书》记载："用人之力，岁二十日，闰加二日，不役者日为绢三尺，谓之庸。"⑤ 徭役的天数为20天，但一年也可增加到50天。如果增至50天，农民所承担的调和租皆可豁免："有事而加役二十五日者，免调；三十日者租、调皆免，通正役并不过五十日。"⑥ 以上皆为正役，除此之外还有杂役。

租庸调制课税基础明确，田、户、身并行特征明显，但在具体落实时，每种税却均以丁定赋，这与当时实行的均田制不无关系。均田制以丁授田，田租自然以丁为单位。以丁立户，以身服役，户调与庸也无法离开

---

① 高敏：《魏晋南北朝社会经济史探讨》，人民出版社，1987，第133页。
② （唐）陆贽：《陆贽集》，中华书局，2006，第715页。
③ （宋）欧阳修、宋祁：《新唐书》，中华书局，2000，第882页。
④ （元）马端临：《文献通考》，中华书局，1986，第41页。
⑤ （宋）欧阳修、宋祁：《新唐书》，中华书局，2000，第882页。
⑥ （宋）欧阳修、宋祁：《新唐书》，中华书局，2000，第882页。

丁而征收，因而三税集中于丁。

租庸调制简化了税收手续，明确了征收对象，是中国赋税史上一个非常重要的承上启下的制度。以丁定赋有利于鼓励开垦，但这种不看土地、不看财产多寡的制度，也助长了土地兼并。此外，租庸调制规定了大量的免征对象，这有利于官宦和地主之家，而不利于贫苦百姓。租庸调制对土地制度和户籍制度的依存度也过高，因而局限性较大。租庸调制的实行，离不开均田制与户籍制度，只有后者顺利实施，前者才能有序推行。国家有田可均、户籍变动较为稳态是租庸调制顺利实行的关键。而现实生活中，变动因素太多，成丁年龄变化、人口迁徙、生老病死等皆影响租庸调制的实施。

5. 杨炎：“唯以资产为宗”的赋税思想

杨炎主持的两税法改革是中国赋税史上的一个转折点，它使中国的赋税征收从“以人丁为主”向“以资产为主”转变，特别有利于缓解财富占有不均的社会矛盾。

两税法实施与唐朝的财政危机紧密相关。均田制无法实施、户籍制度遭到破坏是唐朝财政危机的主要影响因素，极大影响了国家的财政收入。“安史之乱”后，均田无法进行，户口久不登记，租庸调制彻底失去法治的意义。国家掌握的户口也急剧减少。代宗时，国家所掌握的户口只有2933125 户，人口只有16920386 口，户数仅为天宝十三年的30%，人口仅为32%。[1] 与此同时，统治者又肆意挥霍，《新唐书·食货志》记载：“天子骄于佚乐而用不知节，大抵用物之数，常过其所入。”[2] 国家财政入不敷出，危机自然产生。

杨炎注重赋税的负担能力，于德宗建中元年（780）推行“唯以资产为宗”[3]、根据财富多寡进行课征的两税法：“凡百役之费，一钱之敛，先度其数，而赋于人，量出以制入。户无土客，以见居为簿；人无丁中，以贫富为差……居人之税，秋夏两征之，俗有不便者正之。其租庸杂徭悉

① 孙文学：《中国财政史》，东北财经大学出版社，2008，第 118 页。
② （宋）欧阳修、宋祁：《新唐书》，中华书局，2000，第 884~885 页。
③ （唐）陆贽：《陆贽集》，中华书局，2006，第 722 页。

省，而丁额不废，申报出入，如旧式。"①

两税法将赋税征收时间固定在夏秋两季，夏税限六月纳毕，秋税限十一月纳毕。税种简化为地税与户税，其中，地税按亩征收谷物，而土地是中国古代百姓最重要的财产。户税按户等高低征钱，户等高的出钱多，户等低的出钱少，而户等划分依据为财产的多寡。因此，两税法的确是"唯以资产为宗"，有明显的财产税性质，体现了税收征收的能力原则，有利于财富占有较少的群体。

征收额度方面，两税法以"量出制入"为原则，先预算开支，再确定赋税总额。实际落实过程中，以大历十四年（779）各项税收所得钱谷数为参照，作为户税、地税的总额分摊各州，各州则以大历年间收入钱谷最多的一年，作为两税总额分摊于各地。

征税方式方面，两税法"以钱谷定税，临时折征杂物"②"定税计钱，折钱纳物"③"定税之数，皆计缗钱，纳税之时，多配绫绢"④，即以钱为赋税的计算单位，呈现货币之征的趋势，但实际缴纳时，兼征货币或折征粟米、绫绢。特别是户税，征收时大部分钱折算成绢帛，对不定居的商贾征税三十分之一（后改为十分之一），改变了行商经常侥幸取利的局面，使其与定居的人负担均等。两税法体现了中国赋税缴纳方式从实物形式向货币形式过渡的趋势。

为了提高赋税征收效率，杨炎还主张以财政业绩考核官吏："有户增而税减轻，及人散而失均者，进退长吏，而以尚书度支总统焉"⑤；"敢有加敛，以枉法论"⑥。即地方官吏如能促进人口土地增加、增加财政收入、减少百姓负担，则对其晋级升职；否则，降级降职。

6. 王安石："方田均税""募役"思想

王安石系列变法措施中与田赋、徭役密切相关的是方田均税法与免役

---

① （宋）王溥：《唐会要》，中华书局，1955，第1536页。

② （唐）陆贽：《陆贽集》，中华书局，2006，第738页。

③ （唐）陆贽：《陆贽集》，中华书局，2006，第737页。

④ （唐）陆贽：《陆贽集》，中华书局，2006，第725页。

⑤ （后晋）刘昫等：《旧唐书·食货志》，中华书局，1975，第3422页。

⑥ （宋）欧阳修、宋祁：《新唐书·食货志》，中华书局，2000。

法，两者都体现赋税均平指向，后者在体现均平的同时又体现了人身依附弱化发展趋势，是中国赋役演化过程中的重要节点。

（1）"方田均税"思想

北宋初年各地田赋不均，地主富豪相率隐田逃税，赋税负担都加在了中小地主和农民身上。仁宗时，郭谘和孙琳用千步方田法清查洺州肥乡县（今属河北）等处民田。后曾几经试行推广此法，但几试几罢。

针对当时产去税存、富者田多而纳税少，以至"天下垦田视景德增四十一万七千余顷，而岁入九谷乃减七十一万八千余石"① 等现象，王安石于熙宁五年（1072）推行方田均税法。熙宁五年八月由司农寺制定《方田均税条约》，分"方田"与"均税"两部分。"方田"即以东西南北四边长各一千步作为一大方（相当于当时的一万亩），四边长各一百步作为一小方。每年九月由县令长组织土地丈量，核定各户占有土地的数量，并按照田地的地势、肥瘠，把田地划分为五等，编造方账、庄账、户帖和甲帖作为存案和凭证。"均税"即以"方田"丈量的结果为依据，制定税数。田产和税额如有转移，官给契，县置簿，并以所方之田为准。

从赋役管理的角度而言，王安石的方田均税法实为针对田赋的管理活动，是在整理税基的基础上尽量均平税负之举，符合累进税宗旨。

（2）"募役"思想

王安石免役法的实质是改差役为募役。

宋代差役种类繁多：衙前主管官物，里正、户长等督收赋税，耆长、弓手、壮丁等负责维持地方治安，承符、人力、手力、散从等供奔走驱使。衙前、里正由上等人户二丁以上农户应役，耆老以下由下等农户应役。上等人户主要指中小地主，大地主属于"形势之家"，不应役。因而，真正充任差役的一般为中小地主。差役负担沉重，以衙前为例，衙前主要负责运送和保护官府的物资，看守官府的仓库。如果官物损失，衙前必须照价赔偿，对于应役户来说负担很重，为苦役。各种逃役现象出现，"孀母改嫁"② 者有之，"与母分居"者有之，"弃田与人"者有之，父亲自缢

---

① （元）脱脱等：《宋史·食货志》，中华书局，2000。
② （元）脱脱等：《宋史·食货志》，中华书局，2000。

以保子为单丁者有之。当时，"多种一桑，多置一牛，蓄二年之粮，藏十匹之帛，邻里已目为富室"①，需服衙前役。

针对以上种种问题，王安石于熙宁三年十二月（1071）推行免役法，四年十月废除差役法。免役法的基本内容可概括为以资划等，按等出钱，募人充役，风险自担，均平徭役，扩大财源。政府不再强制民户服役，而是按照资产多寡划分户等，各户按照户等缴纳免役钱，夏秋两季缴纳。为体现均平，坊郭每五年、乡村每三年重新评定户等。乡户四等以下、城郭六等以下不用缴纳，此即王安石所言之"所宽优者，皆村乡朴蠢不能自达之穷氓"②。各州、县官府用民户缴纳之免役钱雇人应役。如有剩余，留作备荒之用。

免役法使原来轮流充役的农村居民回乡务农，原来享有免役特权的官僚、"形势之家"也一律缴纳免役钱，官僚户虽然可"半输"，但免输额度不得超过二十千，因"所裁取者，乃仕宦兼并能致人言之豪右"③，受到大地主官僚团体的反对与攻击。

从赋役管理的角度看，免役法是针对人身徭役的管理活动，旨在以市场方式替代政府强派方式，基于资产与户等均平承担徭役，有利于减轻民负、增加国家财政收入。

7. 张居正："赋役合一""计亩征银"思想

张居正主张实施"一条鞭法"，这一赋役管理思想同样是财政危机的产物。

土地与人口是国家税收之基，而这两者在明中期却都呈现锐减之势。明朝土地兼并盛行，国家课田面积急剧减少。弘治十五年（1502），课田面积甚至不及洪武二十六年（1393）的一半。加之，因连年灾荒，流民数量激增，天顺至成化年间（1457～1487）流民达一二百万人，国家户口锐减。永乐（1403～1424）年间人户达二千万户，而孝宗弘治四年（1491）仅剩九百余万户，减少一半有余。国家财政收入减少成必然之势，加之财政支出逐年增加，国家财政亏空情况日益严峻，乃至"岁入不能充岁出之半"。

---

① （元）马端临：《文献通考》，中华书局，1986，第129页。

② （元）脱脱等：《宋史·食货志·役法》，中华书局，2000。

③ （元）脱脱等：《宋史·食货志·役法》，中华书局，2000。

伴随财政问题的是尖锐的社会矛盾。明中期后，豪猾奸民为了逃避赋役，与官吏相互勾结，篡改图册，赋役册籍遭到破坏，赋役征收因此出现混乱状况，赋役不均现象十分突出。处理财政问题需要政府的高效管理，但自英宗之后，皇帝多深居简出，宦官专权。为弥补财政亏空，政府广开聚敛之门，苛捐杂税不断增加，阶级矛盾日益激化，农民起义此起彼伏。

张居正对明朝入不敷出的财政问题看得很清楚，指出："今国赋所出，仰给东南。然民力有限，应办无穷，而王朝之费又数十倍于国初之时，大官之供岁累巨万，中贵征索溪壑难盈，司农屡屡告乏。"[①] 这也是其推行财政改革的原因，明朝的国家财政收入管理制度的确到了必须改革才能维系国家机器运转的地步。张居正赋役改革思想体现在以下内容。

（1）"核名实"，整顿吏治

张居正改革注重循序渐进。整顿吏治是他财政管理的第一步，他看到吏治腐败是当时影响财政问题的核心要素，因而非常注重"核名实"。"核名实"即加强官吏考核，以赏罚分明的制度使官吏名实相符。张居正注意到，"自嘉靖以来，当国者政以贿成，吏朘民膏以媚权门，而继国者又务一切姑息之政，为逋负渊薮以成兼并之私……国匮民穷，病实在此"，因而强调要"惩贪吏"[②]，"务在强公室、杜私门、省议论、核名实以尊主庇民，率作兴事"[③]。万历元年（1573），张居正推出考成法。考成法旨在健全行政与公文运作系统，强调公文办理要确定期限，并到期督察。凡由六部、都察院转行的各类章奏及圣旨，都要先酌量路程远近、轻重缓急，规定处理期限，并设立文簿存照，每月月底予以注销。如有耽搁拖延，即开列上报，并下令各衙门诘问，责令其讲明原委。巡抚、巡按拖延耽搁由六部举报；六部、都察院拖延耽搁由六科举报，六科由内阁举报，形成了一个相互监督的考成系统。

（2）清丈土地

整理税基是张居正财政改革的第二步。张居正意识到普通百姓赋税过重、赋役不均的主要原因之一在于豪强官宦之家隐匿田亩，致使"催科之

① （明）张居正：《张文忠公全集·论时政疏》，中文出版社，1980。

② （明）张居正：《张文忠公全集·答应天巡抚宋阳山论均粮足民》，中文出版社，1980。

③ （明）张居正：《张文忠公全集·与李大朴渐庵论治体》，中文出版社，1980。

苦，小民独当之"①，因而决心清丈土地。

万历六年（1578），张居正下令清丈全国土地。经过几年的努力，基本完成了清丈土地的工作，全国实有土地 7013976 顷，比起孝宗时期的 423 万余顷，增加了将近 300 万顷。清丈土地效果良好。首先，通过清丈，查出了不少隐匿田地，如山东省清丈纳税耕地较原额增加四成，江西省清丈后纳税耕地较原额增加一成三，增加了纳税耕地。其次，清丈土地对防止豪民兼并，转嫁赋税起到了抑制作用，使田有定数，赋有定额，均平了税粮负担，对明中后期财政收入的增加和政权的稳定起到了重要作用。

（3）"量地计丁""计亩征银"

在整顿吏治、清丈土地的基础上，张居正于万历九年（1581）在全国范围推行"一条鞭法"。"一条鞭法"的总原则为"役归于赋，丁归于田"。据《明史》记载，其具体内容为："总括一州县之赋役，量地计丁，丁粮毕输于官。一岁之役，官为金募。力差，则计其工食之费，量为增减；银差，则计其交纳之费，加以增耗。凡额办、派办、京库岁需与存留，供亿诸费，以及土贡方物，悉并为一条，皆计亩征银，折办于官，故谓之一条鞭。"②

从赋役管理的角度看，"一条鞭法"体现了以下赋役征收思想。

第一，赋役合一。"量地计丁"即把由户或丁承担的各类徭役改为按照田亩征收，使得中国沿袭两千余年的丁、产并行的赋役制度向以物为课税对象的租税制转化。劳役制渐归消失，是中国赋税史上的重要转折。

第二，正杂统筹，简化税制。把正税、杂税、力差、银差、额办、派办等各种税合并，"悉并为一条"，很大程度上简化了税制。

第三，以银代役，"计亩征银"。以银代役使农民对国家的人身依附关系进一步削弱，国家出银雇役，则标志着劳动力商品化的趋势日益加强。"计亩征银"大大扩展了货币之征的范围，对明中期以后货币经济的发展起着重要作用。

---

① （明）张居正：《张文忠公全集·请蠲积逋以安民生疏》，中文出版社，1980。
② （清）张廷玉等：《明史·食货志·赋役》，中华书局，2000，第1269页。

8. 黄宗羲：积累莫返之害

黄宗羲在《明夷待访录·田制三》提及明朝财政三害："有积累莫返之害，有所税非所出之害，有田土无等第之害。"[1] 这三害直指明朝财政的制度缺陷，其中，"积累莫返之害"是黄宗羲在回顾历朝历代税收制度演变基础上强调的。他认为，从三代之贡助彻、魏晋之户调、唐初租庸调、杨炎之两税、明嘉靖之一条鞭法、明倪元璐的三饷为一，虽然看起来赋税制度不断改革，但每次改革之后，总会有杂役杂税产生，下次改革时，杂役杂税的税额又会加到税额总数之中，调整的只是税种税名，如此一来，赋役改革越频繁，百姓的税负越是沉重。因而，黄宗羲由衷感慨道："嗟乎！税额之积累至此，民之得有其生也，亦无几矣！"[2]

看到百姓税负沉重的黄宗羲力主轻税政策。他强调："古者井田养民，其田皆上之田也。自秦而后，民所自有之田也。上既不能养民，使民自养，又从而赋之，虽三十而税一，较之于古亦未尝为轻也。"[3] 黄宗羲认为，古代君主是用自己的土地养民，且提供的土地均是上等土地。而秦朝之后，百姓拥有自己的土地，统治者没有养百姓，而是让百姓依靠自己的土地自养，但还要收赋税，所以，虽然只征收三十分之一的税率，与古代相比，仍然算是重税。因而，他主张："授田于民，以什一为则；未授之田，以二十一为则。"即官府授予百姓的土地，可以按照十分之一的税率征税，百姓私有的土地，按照二十分之一的税率征税。比起以往的轻税思想，黄宗羲更重视"上之田"与"民自有之田"的区分，体现了其重视私有财产且为之辩护的思想倾向。

9. 清朝"摊丁入亩"体现的"地丁合一"思想

（1）"摊丁入亩"实施的背景

清朝初期沿用明代的一条鞭法，但还存在以下问题。

第一，丁银额不断变动。虽然丁银被摊入田亩中征收，但丁银的计算仍以人丁为依据，而人口又处于不断变动之中，丁银额无法固定，如编审

不实，会在很大程度上影响赋税征收，"丁银无定，丁银难征"① 成为清初赋税征收的典型问题。

第二，赋役不均，转嫁问题严重。清初，人口的增长快于耕地面积的增加，而土地又日益集中在官僚豪绅手中，佃农人数日益增加，丁银的负担日益沉重。加之，官吏、贵族地主等营私舞弊、利用丁银总额无法固定的特点，"口出为是"，任意横派，通过巧设名目多征、重征、预征等方式，把丁税负担大部分转嫁给贫困农民，致使赋役不均现象严重，《清经世文编》卷三十的《勘明沔县丁银宜随粮行议》《江北均丁说》有相关记载："或粮数石而一丁，或粮数十石而二三丁，或粮数升而一丁，甚或无粮而有丁，或有粮而无丁"，"十九之丁，尽征之无田之贫民"②，引发农民逃隐及反抗斗争现象。

（2）"摊丁入亩"的实施及体现的"地丁合一"思想

为了彻底解决以上丁银难征、赋额不稳、赋役不均等问题，清政府推行了"摊丁入亩"改革。各地实行此制度的时间不一致，最早在康熙五十五年（1716，如广东），最晚在乾隆四十二年（1777），其间相差61年。

康熙五十一年（1712），清政府宣布以康熙五十年（1711）全国的丁银额为准，以后额外增丁，不再多征，《清朝文献通考》卷十记载："盛世滋生人丁，永不加赋。"③ 同田赋一样，将丁税固定下来。但这只是不再增加丁银，并不是免除丁银。

康熙末年，四川、广东诸省已有将丁口之赋摊入地亩征收的做法。雍正元年（1723），直隶巡抚李维钧上奏强调"丁银偏累穷民，若摊入田粮内，实与贫民有益"④，此奏获准，摊丁入亩得以广泛推行。"摊丁入亩"，即把康熙五十年固定下来的丁银（人丁2462万人、丁银335万余两），按照一定比例摊入田赋银中，一并征收，此谓"丁随地起"，被称为"地丁制"。"摊丁入亩"将丁银与田赋银合二为一，实现了"地丁合一"，将与人身相关的徭役彻底融入与土地相关的田赋之中，简化了税制，均平了赋

---

① （清）王庆云：《石渠余记·丁随地起》，北京古籍出版社，1985。
② （清）贺长龄、魏源等编《清经世文编》，中华书局，1992，第735页。
③ （清）刘锦藻：《清朝文献通考》，浙江古籍出版社，1988，第4947页。
④ （清）鄂尔泰等：《雍正朱批谕旨·李维钧奏折》（第二函二），上海点石斋缩印，1888。

税，亦弱化了人身束缚，有利于促进经济发展，是中国赋役管理思想演化过程中的重要内容。

从赋役管理的角度而言，"摊丁入亩"实现了我国历史上的赋役合并。制度层面上，中国历史上几千年来的人头税基本上被废除，人头税正式并于财产税，"舍人税地"或"役归于赋、丁归于田"的赋役变迁画上了句号。

（二）工商税收管理思想

1. 《周礼》："关市之赋、山泽之赋、币余之赋"

西周"工商食官"，但其建国初期，允许殷商遗民经商，因此私人经济与国有经济并存，国家对于私人经济进行征税。《周礼·天官冢宰·大宰之职》已充分讨论了各种工商税收，"以九赋敛财贿……七曰关市之赋，八曰山泽之赋，九曰币余之赋"，这三者皆为工商税。

"关市之赋"即关税与市税。关税即在主要道路上设立关卡、对过往商旅所征之税，市税即对市场交易货物所征之税。《周礼·地官司徒·廛人》详细记载了具体的管理措施："廛人掌敛市絘布、总布、质布、罚布、廛布而入于泉府。"絘布是对商铺所征之税，相当于后世的营业税；总布是对掌握度量衡的中介人所征之税，相当于后世的牙税；质布是对质人的罚款，质人为执掌平价之官，如不能尽职尽责，则会被处以一定数量的罚款；罚布是对违反市场交易规定的商人的罚款；廛布是对贮存在邸舍的货物所征收的税。

"山泽之赋"即对山林川泽所产物品所征之税。西周以前，山林薮泽均为公有，没有赋税。设官分职的目的主要是为了管理，保证王室的需要，不是为了收税。周厉王时（前877～前841年），周厉王让荣夷公专其利，激起民怨。结果导致国人暴动，厉王狼狈出逃，王室专利由此作罢。西周后期，由于管理和财政的需要，正式对山泽产品征税。课征的范围很广，包括山林出产的木材、野兽肉与皮等，河湖池泽出产的盐、鱼等，场圃出产的瓜果等。纳税人多为樵夫、猎户、放牧者、捕鱼者和园户等。山泽产品的税率，没有统一的规定。《周礼》记载，场圃收入为二十税一，漆林之税为二十税五，税率分别为5%和25%。

"币余之赋"是对制作官府器物经费之余额所征之税。西周时期，主管制作器物的官吏如在制作器物后仍有经费剩余，这部分钱归官吏所有，但对此政府会征收一定的税，此即币余之赋。

2. 孟子："廛而不征""讥而不征"

孟子力主仁政，对于关税与市税，孟子主张重管理而不征税。他强调："市，廛而不征，法而不廛，则天下之商，皆悦而愿藏于其市矣。关，讥而不征，则天下之旅，皆悦而愿出于其路矣。"[①] 孟子不主张对市场上的商舍征税，认为政府只负责监督其按照规定交易即可。关卡，政府也只是负责稽查，也不要征收关税。他认为，如此一来，天下商旅皆乐于积极流通，市场就会繁荣，百姓也会从中获益。孟子从仁政而非国家财政收入的角度看待关市之税，体现了其明晰的儒家立场。

3. 商鞅："市利之租必重"

重农抑商是法家思想的重要特征，商鞅的态度尤其坚决："不农之征必多，市利之租必重。"[②] 主张对关卡、市场、货物等课以重税。

对酒肉之类的商品，他主张"重其租，令十倍其朴"，即按照原价课十倍的捐税，之所以如此做，商鞅认为："然则商贾少，农不能喜酣奭，大臣不为荒饱。商贾少，则上不费粟。民不能喜酣奭，则农不慢。大臣不荒，则国事不稽，主无过举。"[③] 即提高酒肉价格，可抑制工商业的发展，减少商人的数量，增加农民的数量，从而促进土地的开垦；农民因酒肉贵而不食酒肉，精神就不会涣散，因而会致力于耕织；君主大臣也不会过分享用，不至于因酒废政。如此，一举而三得。显然，商鞅并不看重工商税收增加国家财政收入的功能，他更注重以"农战"政策富国强兵。

4.《管子》："煮沸水以籍于天下""无不服籍"

《管子》非常注重对生活必需品的管理，认为对此类商品进行专卖，其收入远远大于工商税收。

《管子》认为，盐为生活必需品，十人之家，十人食盐。百口之家，百人食盐。一个人口一千万的国家，缴纳人头税的成年人约为一百万，每

---

① 金良年译注《孟子译注·公孙丑》，上海古籍出版社，2012。
② 高亨注译《商君书注译·外内》，清华大学出版社，2011。
③ 高亨注译《商君书注译·肯令》，清华大学出版社，2011。

人每月三十钱，每月可征三千万钱。而实行盐专卖，即可轻松获得六千万钱，是两倍于人头税的收入。而且，国家并没有采取增税的措施，却取得了可观的财政收入，同时，也没有引发百姓的不满情绪。在此基础上，《管子》进一步提出，可将盐出口到其他国家，如此，相当于"煮沸水以籍于天下"①，天下人都向齐国纳税，国家的财政收入可快速增加。

铁也是生活必需品，《管子》注意到铁对农业、纺织、出行交通等领域的重要性，强调："一女必有一针一刀，若其事立；耕者必有一耒一耜一铫，若其事立；行服连轺輂者必有一斤一锯一锥一凿，若其事立。不尔而成事者天下无有。今针之重加一也，三十针一人之籍；刀之重加六，五六三十，五刀一人之籍也；耜铁之重加七，三耜铁一人之籍也"，一针加价一钱，三十针就可获得相当于一人的人头税。其他铁制品亦可如此操作，通过加价的方式，轻松获得等同于人头税的财政收入。这种做法从形式上看起来没有征税，但实际上"无不服籍者"②，每人每户都在以购买铁制品的方式向国家纳税，国家财政收入的增加易如反掌。

对于山泽产品，《管子》主张国家也应"谨守"："为人君而不能谨守其山林菹泽草莱，不可以立为天下王……山林菹泽草莱者，薪蒸之所出，牺牲之所起也。故使民求之，使民籍之，因以给之。"③ 山泽产品种类繁多，总量巨大，《管子》主张国家应加强管理，百姓只有缴纳税金，才能使用这些宝贵的生产资料。《管子》对木材的使用管理讨论得比较详细："君立三等之租于山，曰：握以下者为柴楂，把以上者为室奉，三围以上为棺椁之奉；柴楂之租若干，室奉之租若干，棺椁之租若干……巨家重葬其亲者，服重租；小家菲葬其亲者，服小租；巨家美修其宫室者，服重租；小家为室庐者，服小租。"④ 木材按照质量分为三等，租金也对应着分

① （春秋）管仲：《管子·地数》，（唐）房玄龄注，（明）刘绩补注，刘晓艺校点，上海古籍出版社，2015。

② （春秋）管仲：《管子·海王》，（唐）房玄龄注，（明）刘绩补注，刘晓艺校点，上海古籍出版社，2015。

③ （春秋）管仲：《管子·轻重甲》，（唐）房玄龄注，（明）刘绩补注，刘晓艺校点，上海古籍出版社，2015。

④ （春秋）管仲：《管子·山国轨》，（唐）房玄龄注，（明）刘绩补注，刘晓艺校点，上海古籍出版社，2015。

为三等，任何人只要按等缴纳租金，就能入山伐木。建筑木材与棺椁木材细致的差别化租金管理，既可体现公平原则，又可提高管理效率，增加国家财政收入。

5. 汉武帝时期的"算缗""告缗"思想

西汉时期的工商税包括关税（关津税，即境内关税，包括城关税和水关税；边关税，即国境关税）、市租（营业税，即对市肆商品营业额所征的税；交易税，即对集市上的流动商贩所征收的税）、赀贷税（又名赊贷税，即资本利息税，对赊贷金钱或粮食的高利贷者所征收的税，征收主体为高利贷者，征收对象是本金与利息的总和）、牲畜税、山林川泽税、缗钱税、车船税等。始于武帝且在中国税收史上有重要影响的是车船税与缗钱税。

汉武帝时期，为了解决因常年用兵、军费开支巨大而导致的财政危机，抑制"财或累万金，而不佐公家之急"[①] 的大商人，除实行盐铁酒专卖政策之外，开始临时征收税率较重的财产税，即车船税与缗钱税。

车船税即对车、船所有者征收的税。西汉武帝元光六年（前129）冬，"初算商车"[②]，征收对象为商人，除官吏、三老、北边骑士以外的其他车船所有者。有小车者，每车一算，征 120 钱；商人征收二算，征 240 钱。船五丈以上的征一算，即 120 钱。

缗钱税又称算缗钱，是对商人手中积存的缗钱及货物所征的税。西汉武帝元狩四年（前119）冬，"初算缗钱"[③]。政府对商人及高利贷者买卖物品、出贷金钱，按其交易额或贷款额征税，最初按市税税率征收，每千钱课税二十钱，税率为2%，很快改为每二千钱征一算，即 120 钱，税率为6%；手工业生产者和金属冶炼者，其用来买卖或储积待卖的物品，都要折算成钱，每四千钱一算，税率为3%。凡隐匿物品不估价陈报，或陈报数与实有数不相符的，除没收其缗钱财物外，罚犯税令者到边境服一年徭役。

为配合算缗税征收，西汉又颁布"告缗令"。推行算缗制度后，"是

---

① （汉）班固：《汉书·食货志下》，中华书局，2000。
② （汉）班固：《汉书·武帝纪》，中华书局，2000。
③ （汉）班固：《汉书·武帝纪》，中华书局，2000。

时，豪富皆争匿财"①，或隐匿不报，或故意报少，针对这种情况，汉武帝
在元狩六年（前117）颁布"告缗令"，鼓励百姓告发瞒报偷税漏税之人。
元鼎三年（前114），具体的奖励措施出台，告缗者提供的举报信息，一经
查实，查出财产的一半归告缗者，一半归政府。"告缗令"于元封元年
（前110）结束，共实施了7年。之后，算缗又恢复正常，即按照万钱一算
的1.2%的税率，实行"税民赀"。

6. 唐朝的工商税管理思想

唐朝时期，除传统的针对盐铁酒茶等的税收外，较有代表性的工商性
质税为房产税与市舶税。

（1）赵赞："税屋间架"

"税屋间架"相当于征收房产税，这是唐朝时期仅行于京师的一种税。

提出征收房产税的是唐朝赵赞。据《旧唐书·食货志》记载，赵赞于
建中四年（783）六月"请税屋间架……凡屋两架为一间，屋有贵贱，约
价三等，上价间出钱二千，中价一千，下价五百。所由吏秉笔执筹，入人
之庐舍而计其数。衣冠士族，或贫无他财，独守故业，坐多屋出算者，动
数十万。人不胜其苦。凡没一间者，仗六十，告者赏钱五十贯，取于其
家"②。赵赞认为房产税应按照房屋等级与间数征税，分类征收。唐德宗认
同此建议，下令对长安城的全部私有房产征收间架税，但此税征收过程中
引发百姓的不满情绪，遂在半年左右后被取消。

（2）唐文宗："不得重加率税"

"纳舶脚"即征收市舶税。唐朝的关税分为境内关税与市舶税，前者
在境内征收，包括桥梁税等。市舶税是针对外国商船所征之税，是唐朝重
要的财政收入之一，唐朝的市舶税制度虽然简略，但却是我国海关税的肇
始，具有重要的历史意义。

唐朝设专门的对外征税管理机构，即市舶司，市舶司主事官员为市舶
使，主要负责稽查征税等管理工作。《唐语林·补遗》记载："海舶，外国
船也，每岁至广州……市舶使籍其名物，纳舶脚，禁珍异，商人有以欺诈

---

① （汉）司马迁：《史记·平准书》，岳麓书社，1988。
② （后晋）刘昫等：《旧唐书》，中华书局，1975，第2127~2128页。

入狱者。"① 可见，市舶使不仅负责纳税、稽查，还负责打击扰乱正常市场交易的欺诈行为。征收程序一般是外国商船上岸时，先在市舶司登记，由市舶使查验文书证件后，再依法课征关税。据阿拉伯人的《苏莱曼游记》记载，中国对外籍商船一般征税十分之三的税率，即提取十分之三的货物，其余的十分之七交还给外商。"舶脚"也称为"下碇之税"，即现在的吨税。除"舶脚"外，与课征内容相关的还有"进奉"与"收市"。"进奉"即外国商人向朝廷进贡的货物，"收市"即朝廷所要购买的货物。市舶税是唐朝财政收入的重要来源，德宗时期（780～805 年），王锷曾任广州刺史、御史大夫、岭南节度使，其在广州办理外贸所得收益已相当于两税的收入，"所得与两税相垺"②，市舶税对政府财政收入的贡献由此可见一斑。

作为最高统治者，唐文宗重视市舶税，知道其财政意义及贡献，不过他倾向于以轻税鼓励贸易的可持续性发展，主张不要对这一领域的贸易进行强政府干预。为此，他在太和八年（834）的一道上谕中强调："岭南、福建及扬州蕃客，宜委节度观察使常加存问，除舶脚、收市、进奉外，任其来往通流。自为交易，不得重加率税。"③ 可见，唐朝对外商的管理相对宽松，总体政策倾向于自由开放，允许外商与本地人进行自由贸易。

7. 宋朝皇帝的工商税管理思想

（1）宋太祖：《商税则例》

建隆元年（960），宋太祖制定颁布《商税则例》，要求将其公布在商税务及商税场，晓谕商民，且不得擅改增损。《商税则例》是我国第一个比较规范、详细、对商人有法律约束力的商税管理条例，是历史上首部商税法律。

宋太祖要求：行商，凡贩运和买卖税则规定的征税物品，必须走官路，在所经商税务及场缴纳物品价格 2% 的（每千钱算二十）"过税"；住商，在买卖交易地缴纳 3%（值百抽三）的"住税"；若商人逃避纳税，官

---

① （宋）王谠：《唐语林》，上海古籍出版社，1978，第 282～283 页。
② （后晋）刘昫等：《旧唐书·食货志上》，中华书局，1975，第 4060 页。
③ （清）董诰等编《全唐文·文宗皇帝》，中华书局，1983。

府捕获后,不仅要刑罚处置,还将没收其货物的三分之一,并以没收物的一半奖励缉捕者。

为了避免重复征税,各地商税务、商税场对已交纳"过税"的商民,分别给付文印、公引、关引等凭证。对长途贩运或物品繁杂者,采取始发地的务、场付给长引,到终点一并计算纳税的方法进行管理。

(2)宋太宗:"累朝守为家法"

宋太宗认可、沿袭《商税则例》做法,并强调:"除商旅货币外,其贩夫贩妇细碎交易,并不得收其算。常税名物,令有司件析揭榜,颁行天下。"① 即将细则内容写于版上,并置于屋壁,公之于众,将之视为重要的国家管理制度,要求各商税院、务按照条例认真执行,由此可见其对商税的重视程度。而且,"自后累朝守为家法"②,虽有补充与修正,但宋朝对商税的重视态度一以贯之。

除过税与住税这两个最主要的商税外,宋朝的商税还包括经总制钱、板帐钱、月桩钱等杂税。随着商业的繁荣,商税日益成为政府重要财源之一。为了搜刮更多钱财,北宋政府对盐、茶、酒等实行专卖,政府大获其利。工商税收中,除茶酒税等以现钱缴纳外皆以实物缴纳,其实物大概有谷、帛、金属、土特产四类。

此外,宋朝政府还设立覆盖面比较广的商税征收机构。在全国各地设置 1830 多个商税征收机构,专门征收商税。首都设有都商税院,地方设有商税院、商税务,不设商税院、商税务地区的收税机构,称为"税场",由商税院或商税务派人前往税场收税。税场划片分区征收,各自负责所在片区。税场的税收人员相当于现在的税收专管员。

(3)宋高宗:市舶之利最厚

宋高宗非常重视市舶收入,他高度肯定市舶收入的财政贡献:"市舶之利最厚,若措置合宜,所得动以百万计,岂不胜取之于民?"③ 宋高宗比较务实,他看到市舶之利的国家财政意义,认为其是一种比传统取于民的赋役更好的财政收入来源,因此较为强调国家的税收管理,即国家应"措

① (元)马端临:《文献通考》,中华书局,1986,第 145 页。
② (明)丘濬:《大学衍义补》,上海书店出版社,2012,第 276 页。
③ (清)徐松:《宋会要辑稿·职官》,上海古籍出版社,2014。

置合宜", 采取合适的管理措施。

8. 明清的工商税管理思想

明清时期工商业进一步发展, 新商税在此时期被推出, 主要涉及以下税种。

第一, 市肆门摊税。市肆门摊税即对两京以贩卖为主的蔬果园 (不论官种还是私种)、塌房、库房、店舍及骡驴车雇装载者所征之税。始于明仁宗洪熙元年 (1425) 正月。起征原因与统治者对钞法不通的解读有关, 统治者认为对客商所贮存的货不征税、售货门市阻挠是钞法不通的主要因素, 故而征税。宣德四年 (1429), 市肆门摊税推行全国, 税课增加了五倍, 并成为经常性税目。

第二, 钞关税。钞关税也是为了推行钞法而推出的税目, 始于明宣德四年。政府在徐州、扬州、九江等沿河沿江要地设立关卡, "舟船受雇装载者, 计所载料多寡、路远近纳钞"①, 即对受雇装货的过往船只征税, 根据船只装载货物的数量、行驶里程征税, 初时只征钞, 后来也征银。

第三, 当税。当税即针对当铺征收的税, 相当于当铺营业税, 清初开始征收。顺治九年 (1652) 规定: "定直省典铺税例: 在外当铺每年定税银五两, 其在京当铺并各铺, 仍令顺天府查照铺面酌量征收。"② 顺治时期, 在外当铺每年缴纳五两, 在京缴纳数额不定, 根据铺面酌量征收。康熙三年 (1664), 缴纳数额也取决于当铺实际情况, 根据营业规模缴纳五两、三两、二两五钱不等。雍正六年 (1728), 税收管理更为规范, 清朝政府制定具体规则, 凡经营当铺者, 须上报县知事, 再呈藩司请帖, 按年纳税, 比起康熙时期, 税率约高一倍。

在工商业迅速发展与政府重视工商业税收的背景下, 对商税征税管理的相关讨论也随之出现, 代表性思想如下。

(1) 王源: "宜尽撤之以苏天下而通其往来"

清朝王源生活在顺治、康熙时期, 直隶大兴人, 著《平书》十卷, 颜李学派代表人物。王源对商税管理有独到的见解, 讨论相当充分。

_____

① (清) 张廷玉等:《明史》, 中华书局, 2000, 第 1319 页。
② 王文素等注《十通财经文献注释: 皇朝文献通考·征商·关市》, 中国社会科学出版社, 2018。

　　王源认为以往的"榷关"制度已然成为官吏敛财手段，"官吏如狼虎，搜及丝忽之物而无所遗，商旅之困惫已极，其为暴不几杀越人于货哉！"官吏之所为加大了商人的流通成本，使商人困惫至极，因而，他建议："宜尽撤之以苏天下而通其往来。"① 即废除"榷关"，促进商品流通。

　　关于商税征收，王源认为应分类管理："其征之也，分行商、坐商"②，对坐商与行商采取不同的管理方法。坐商由主管财务的县同知发给印票，写明姓名、里籍、年貌、所业，注明其资本，随后按照月利一分之息收税。税额年终缴纳，登记于印票之上。资本如有变化，需及时更换印票。为防止商人隐匿资本，王源把坐商按资本分为九等：一百二百三百为下下，四百五百六百为下中，七百八百九百为下上；本一千贯至九千贯为中商，而一千二千三千为中下，四千五千六千为中中，七千八千九千为中上；本一万贯至十万贯为上商，而一万二万三万为上下，四万五万六万为上中，八万九万十万为上上。不足一百贯者为散商，不纳税。散商不得与九等为伍，九等商人尊卑有别，服装、出行工具、使用奴仆的数量等皆有严明区分，不得违反，违者法办。王源认为这种方法非常高明，是"使之自不肯隐，不待立法以防之"③ 的事半功倍之举，何以如此呢？王源认为这是人性使然："夫欲胜者，人之同情也，分之等杀而限之制，孰肯自匿其实而甘为人下哉？"④ 人都有争强好胜的一面，隐匿资产意味着隐匿者在人前的社会地位低人一等，如此，隐匿的动机自然大减或消失，从而使商人们皆自愿如实呈报资本。为了激励商人纳税，王源主张："勿问其商之大小，但税满二千四百贯者即授以登仕郎九品冠带，以荣其身以报其功……再满则又增一级至五品而止，虽父子祖孙相继满其数者亦授也。"⑤ 即只要纳税满二千四百贯的商人，政府授其九品冠带，再纳满二千四百贯者，再增一品，直至增加到五品，父子祖孙相继纳满者政府给予同样奖励。

---

① （清）李塨：《李塨集》，人民出版社，2014，第 1157 页。
② （清）李塨：《李塨集》，人民出版社，2014，第 1157 页。
③ （清）李塨：《李塨集》，人民出版社，2014，第 1157 页。
④ （清）李塨：《李塨集》，人民出版社，2014，第 1158 页。
⑤ （清）李塨：《李塨集》，人民出版社，2014，第 1158 页。

行商，也由县同知发给印票，但不按照原有资本利润额纳税，而是按照每次资本额纳税，"本十贯则纳百钱"①，之后可任意到外地经商，其他地方的管理者仅查验印票，不再征税。所流通货物在外地出售后，应将所得利润抽取十分之一，并将之书写于印票。如果商人刚刚够本没有赚钱，则免其税，不够本者，除烟酒商品之外，官府按照本钱购买，"使商无所亏其本者，便商也"②。王源认为，此举除了便商，还是便民、利国之举。因为收购的商品"贵则减价以卖，又便民也，而官又收其利也"③，一举三得。行商的等级身份待遇同坐商，但资本额以出发时的资本为准。

经营盐、茶、酒、烟等商品的商人，仍按照原来制度课税。王源所谈的商人覆盖面较广，"凡客店、舡户、渔户、车夫、骡夫、猎户、樵夫俱入商籍"④，如此一来，商税所涉及的群体也相当广泛。

（2）慕天颜："开禁""生财"

慕天颜更注重对外贸易商税对国家财政的重要意义。他认为传统农业生产与开矿等具无法快速满足国家财政之需，前者已"点金无术"，后者投入产出比较低，"所取有限，所伤必多"，唯有开放海禁，征收对外商税，才能有效增加国家财政收入。其他途径的收入，在他眼里只是"微利轻财，未足以补救今日"。因此，他主张以严格的管理制度规范对外贸易商税的征收管理："出海之途，各省有一定之口；税赋之入，各口有一定之规。"官府划定口岸后，应严格进行稽查，对人数、船数、流通货物等进行认真核对，检查有无携带违禁商品，之后按照规章制度征税、放行。慕天颜对这一财政收入补救途径非常自信，强调"必当致财之源，生财之大，舍此开禁一法，更无良图"。⑤

二　中国传统财政支出管理思想

财政支出管理方面，中国历代统治者都较为注重量入为出，节约用

①　（清）李塨：《李塨集》，人民出版社，2014，第 1157 页。
②　（清）李塨：《李塨集》，人民出版社，2014，第 1157 页。
③　（清）李塨：《李塨集》，人民出版社，2014，第 1157 页。
④　（清）李塨：《平书订·财用》，中华书局，1985。
⑤　（清）贺长龄、魏源编《清经世文编》，中华书局，1992，第 653 页。

度、控制国家过度的开支是主流思想。

1. 《周礼》："九式"

"九式"充分体现了《周礼》的专款专用、收支对口思想。西周"以九赋敛财贿"，具体而言，"九赋"包括："一曰邦中之赋，二曰四郊之赋，三曰邦甸之赋，四曰家削之赋，五曰邦县之赋，六曰邦都之赋，七曰关市之赋，八曰山泽之赋，九曰币余之赋。""九赋"对应的是九种财政收入，每一种收入，皆存在其所对应的支出，形成"九式"，"式谓用财之节度"，西周基本的财政支出原则为"均节财用"。具体而言，"九式"包括以下支出："一曰祭祀之式，二曰宾客之式，三曰丧荒之式，四曰羞服之式，五曰工事之式，六曰币帛之式，七曰刍秣之式，八曰匪颁之式，九曰好用之式。"① 即祭祀支出，接待蕃国诸侯支出，丧事支出，膳食衣冠支出，制作器物支出，币帛馈赠支出，饲养牛马支出，赏赐振恤支出，赐予诸侯亲贵支出等。

一方面，"九赋九式"的专款专用制度是实物财政的必然产物。财政收入的财货品种、单位不同，无法像现代市场经济条件下的货币财政那样随时换算，只能分别筹划、专款专用。另一方面，这一财政支出制度也可以最大限度限制统治者滥用财政，体现了节用意识。

2. 傅玄："息欲""吏省"

皇室开支是国家财政支出的重要组成部分。针对西晋上层统治者"以有尽之力，逞无穷之欲"的开支状况，傅玄明确提出"一用不如上息欲"②的主张，要求统治者节制开支，应对财政入不敷出问题。

官吏俸禄是历代财政支出的主要构成部分，傅玄意识到当时的官吏过多，尤其是有官名而无实际职务的冗散之官过多，导致领取国家俸禄者竟然达到三倍于前的程度，因而提出了两个针对性主张："使冗散之官农，而收其租税，家得其实，而天下之谷可以无乏矣"③；"量时而置官，则吏省而民供，吏省则精，精则当才而不遗力"④。第一个主张要求封建官吏改业为农，这在现实实践中很难实现，而第二个建议则切中要害，既然劳动

---

① 徐正英、常佩雨译注《周礼》，中华书局，2014，第36页。
② （晋）傅玄著，刘治立评注《〈傅子〉评注·检商贾》，天津古籍出版社，2010。
③ （唐）房玄龄：《晋书·傅玄传》，中华书局，2000，第870页。
④ （晋）傅玄著，刘治立评注《〈傅子〉评注·安民》，天津古籍出版社，2010。

者寡领取俸禄者众是导致财政用度不足问题的重要因素，那么裁减官吏就是釜底抽薪的治本之策。裁减官吏的同时，再留用精干者，如此，既减少财政开支，减轻百姓负担，又不影响政务的正常处理。

3. 贺琛："减省国费"

萧梁时期的贺琛注重从节省财政开支的角度应对国家财政困难局面。他意识到"天下户口减落"，官吏们又"皆尚贪残"是财政困难的重要原因，户口减少意味着税源渐趋枯竭，收入不足，同时管理者又不知节俭，支出过大，如此，必然导致财政困难。

为了彻底解决问题，以"减省国费"为总原则，贺琛提出了一系列节省财政支出的具体措施。第一，裁撤不必要的政府机构，对有必要存在的政府机构，也要减省职掌。第二，减少各种不必要的开支，"在昔应多，在今宜少"，"虽于后应多，即事未须，皆悉减省"①。第三，以"息费休民"为准则审查政府正在进行的各种活动，区分轻重缓急，紧缩国家财政开支。

4. 吕诲："必使一人专主管支用"

北宋吕诲重视财政支出的集中管理，他强调："皆国家之财而分张如此，无专主之者，谁为国家公共爱惜、通融措置者乎？譬人家有财，必使一人专主管支用。使数人主之，各务己分所有，多互相侵夺。又人人得取用之，财有增益乎？"类似一家有人专管家庭支出一样，一个国家也应该把财政收入交给一个专门的财政机构来进行管理，如果财政支出分由不同主体管理，各主体都有取用权力，财富的增加是不可能的，这一道理适用于小家，也同样适用于国家。国家如果不重视财政支出管理权的集中，则"虽使天下财如江海，亦有时而竭"。因此，吕诲认为，应由专门的财政机构负责国家财政支出的管理，且管理应按照规章制度严格落实："一文一勺以上悉申帐籍，非条例有定数者，不敢擅支。"② 显然，吕诲既重视对财政支出的集中管理，又重视财政支出的程序正义。

5. 张居正："一切无益之费，可省者省之"

明朝张居正谈及"财用大匮"的原因时，将批评的矛头对准统治者的

---

① （唐）姚思廉：《梁书·贺琛传》，中华书局，2022。
② （清）陈梦雷编《古今图书集成·食货典·论钱谷宜归一疏》，鼎文书局，1977。

奢侈无度，他联系汉唐宋末世统治者的奢侈消费给国家带来巨大冲击的史实批评财政支出无度的行为："以天下之大，奉一人之身而常苦其不足。口厌甘脆而天下始有藜藿不饱者矣，身厌纨绮而天下始有裋褐不完者矣，居厌广丽而天下始有宵啼露处者矣，其弊至于离志解体而不可收拾。"①

在此基础上，张居正提出了尽量减省财政支出的主张："总计内外用度，一切无益之费，可省者省之；无功之赏，可罢者罢之。务使岁入之数，常多于所出。"② 张居正提出的减省项目包括宫中用度、对僧道的施舍等，但何谓"无益之费"，判定"无益"的标准何在，他并未详细论述，因而其节省财政开支的观点相对空泛，但他从财政支出角度对财政问题的分析却切中要害。

第三节　中国传统财政管理思想简析

一　中国传统财政管理思想的特点

（一）财政管理思想服务于皇权与上层统治集团

在中国传统社会中，财政收入管理思想以赋役为核心展开，而历史上的每次赋役变革几乎都发生在财政出现危机之际，而财政危机又会导致政权不稳。从这个意义上说，赋役既关乎财政收入，又关乎政权稳固。赋役改革的目的即更有效地筹集财政收入，帮助上层统治集团度过危机。此即所谓的穷则变，变则通，通则久。

财政支出管理思想中，尽管国防支出、公共工程支出、皇室支出、赈济支出等是财政支出的主要构成部分，但针对这些领域支出管理思想的指向却是一致的，即服务于皇权与上层统治集团，皇室支出自不必说，以服务皇室的各项高水准享受为要，其他支出看似为服务大众的公共支出，但终极指向仍是稳定各领域的秩序与安全，巩固上层统治集团的政权。

---

① （明）张居正：《张文忠公全集·人主保身以保民论》，中文出版社，1980。
② （明）张居正：《张文忠公全集·看详户部进呈揭帖疏》，中文出版社，1980。

（二）财政管理思想的内容局限于传统农耕文明发展水平与进程

传统农耕文明的发展水平与进程在很大程度上影响了中国传统财政管理思想的内容，集中体现在以下两大领域。

1. 财政收入管理思想以赋役管理为要

农耕文明形成及发展初期，与农业相关的赋役收入与变革关注度较高，而与工商业相关的工商税关注度较低。中国古代财政收入体系中，土地与人丁是最重要的税基，统治者与学者对赋役的讨论更为充分。有关赋役的传统财政变革思想高度聚焦丁产两大税基，形成各个时期的重要财政变革思想，并作为重要的思想力量推动着中国赋役制度的变革。中国传统赋役制度也随着传统农耕文明的发展而不断变迁，并形成其内在规律。第一，土地所有权及属性方面，土地王有变为土地私有，税收的性质由租变为税。第二，征收对象方面，舍丁就地的趋势越来越明显。这体现出一个相当明显的特征——赋役合并，即人头税归入财产税。第三，农民的人身依附性越来越弱，有利于解放劳动力，促进其生产积极性，增加社会产出。第四，实物之征向货币之征转化，这符合生产力发展趋势及规律。第五，税制越来越简化，但税负越来越重，此即著名的"黄宗羲定律"。第六，均平税负趋势越来越明显。

农耕文明发展中后期，随着工商业发展，工商税在财政收入中所占的比重越来越高，工商业税收成为中国小农经济时期除田赋徭役之外的重要财政收入来源，工商税的关注度也越来越高，甚至最高统治者也以诏令或制度的方式强调应加强这方面的管理，围绕工商业税收管理的讨论也呈现由少到多、由浅入深、由表及里的趋势。

2. 财政支出管理思想侧重量入为出

强调"量入为出"、收支平衡始终是中国传统财政支出管理思想的主基调，尽管在春秋战国时期、杨炎两税法改革时期也曾出现"量出制赋"的思想与实践，但这种"昙花一现"的思想和实践多为临时的调整，无法代替主流声音。在"量入为出"的途径方面，学者们也形成了非常多元的观点，如专款专用、裁减机构、减少官吏、集中财政管理权、节省一切不必要的开支等。以"量入为出"为主的传统财政支出管理思想是小农经济生产力水平较低、实物财政等社会存在的必然产物。

二   中国传统财政管理思想的影响

（一）赋役变革的实践效果显著

赋役变革思想与当权者结合，就会演变为中国历代的赋役变革实践。从实践效果而言，历代赋役变革均在一定程度上缓解了政府的财政危机。代表性实践效果如下。

王安石的方田均税法推行了十二年，所方之田并见籍者总计 2484349 顷[①]，超过当时垦田总额的一半，清丈出大量隐瞒土地，减少了隐田逃税现象，增加了政府赋税收入，在一定程度地减轻了农民的负担。免役法在减轻农民负担的同时，增加了政府的财政收入。元丰七年（1084），免役钱收入 18729300 缗，且经常有三四分以上的盈余[②]，对缓解宋朝财政压力贡献较大。

张居正的"一条鞭法"取缔了勋戚、宦官的免役特权，一定程度上缓解了土地兼并的加剧，并增加了国家的财政收入："公府庾廪，委粟红贯朽，足支九年，犹得以其赢余数十百巨万，征伐四夷、治漕，可谓至饶给矣。"[③]

清朝"摊丁入亩"改革，因政府宣布"滋生人丁，永不加赋"，隐匿、逃亡现象随之锐减，这在很大程度上促进了人口增长与生产发展。

（二）工商税管理的实践效果显著

随着工商业发展，统治者越来越重视工商税管理，并将之落实于实践，效果亦非常显著。代表性成果如下。

西汉车船税、缗钱税的征收，大大缓解了武帝时期的财政危机："得民财物以亿计，奴婢以千万数，田大县数百顷，小县百余顷，宅亦如之。于是商贾中家以上大率破。"[④] 国家得到大批财物与大量公田，抄没的财物数以亿计，奴婢以千万计。同时，随着财政危机缓解，武帝开疆拓土、驱

①　（元）脱脱等：《宋史·食货志》，中华书局，2000。
②　（元）马端临：《文献通考》，中华书局，1986，第 133 页。
③　（明）张居正：《张文忠公全集·附录·文忠公行实》，中文出版社，1980。
④　（汉）司马迁：《史记·平准书》，岳麓书社，1988。

逐匈奴的政治布局也有了财政支持，北方边境隐患得以解氏除。大商人和大富豪中的分裂势力和旧贵族代表也得到了一定程度的抑制。

宋朝皇帝对商税非常重视，以《商税则例》为代表的相对完善的管理制度形成。工商业税收在这一时期超过田赋收入，是中国封建小农经济税收结构的一个突出变化。《宋史》记载："皇祐中，岁课缗钱七百八十六万三千九百。嘉祐以后，弛茶禁，所历州县收算钱。至治平中，岁课增六十余万，而茶税钱居四十九万八千六百。"① 如加上关税、盐课等收入，工商业税收总和已超田赋收入。再如绍兴末年（1162），仅广州、泉州、两浙市舶司的抽解、博买所得就达 200 万缗，占当时国家财政收入的 1/22②，对国家财政收入贡献巨大。

✦ 本章关键术语

助法；募役；舍人税地；方田均税；算缗；告缗；《商税则例》

✦ 思考题

1. 简析杨炎的赋役管理思想及其影响。
2. 简析王安石的赋役管理思想。
3. 简析张居正的赋役管理思想。
4. 简析中国传统赋役管理思想的演变特点与趋势。

---

① （元）脱脱等：《宋史·食货志》，中华书局，2000。
② 洪焕春：《宋辽金夏史话》，中国青年出版社，1980，第 215 页。

第八章
中国传统土地管理思想专题研究

第一节 马克思主义视野下的土地管理

一 土地管理的依据：土地权利归属

马克思注重对生产关系的考察，关于土地管理，他更关注土地所有权、占有权、经营权、收益权等生产关系范畴。

土地具有不可再生的特点，土地资源的稀缺性决定了土地权利的排他性，围绕土地的系列权利因而产生。其中，土地所有权是最为核心的权利，也是土地管理的依据。马克思强调："土地所有权的正当性，和一定生产方式的一切其他所有权形式的正当性一样，要由生产方式本身的历史的暂时的必然性来说明，因而也要由那些由此产生的生产关系和交换关系的历史的暂时的必然性来说明。"[①] 在特定的历史阶段，在特定的生产关系中，统治阶级掌握这一阶段生产体系中的核心生产资料与资产，具有稀缺性的土地自然也归其所有，土地所有权的正当性产生。在土地所有权的基础上，其他权利依次产生："土地所有权的前提是，一些人垄断一定量的土地，把它当做排斥其他一切人的、只服从自己私人意志的领域。"[②] 土地所有者实际占有土地，并在此基础上展开一系列经济活动，排斥其他人对其权利的干预。土地所有者拥有处置土地的所有权利，可以自己种植投

---

① 〔德〕马克思：《资本论》（第 3 卷），人民出版社，2018，第 702 页。
② 〔德〕马克思：《资本论》（第 3 卷），人民出版社，2018，第 695 页。

资，也可以租给他人，拥有土地的占有权与收益权。租种土地的主体拥有土地经营权、使用权与收益权，即经营、使用土地并获取收益的权利。拥有土地权利的主体享有管理土地的权利。

资本主义条件下，地主拥有土地所有权，实际占有土地，租地农场主获得土地经营权、土地使用权与土地收益权，两大主体对土地权利进行了分割，形成农业生产领域的权利主体。农业工人是被租地农场主雇佣的劳动者，不占有任何土地权利。在资本主义体系中，租地农场主从地主处以资本获取土地经营权与使用权，又以资本雇佣农业工人进行农业生产，成为资本主义农业生产领域的活跃主体，马克思对这种关系分析得非常透彻："构成现代社会骨架的三个并存的而又相互对立的阶级——雇佣工人、产业资本家、土地所有者"①，而"土地资本的代表不是土地所有者而是土地经营者"。② 土地权利的这种体现在资本主义社会也是马克思所说的"历史的暂时的必然性"的充分证明。

未来社会，关于土地权利的归属，马克思也非常明确地指出："整个社会，一个民族，以至一切同时存在的社会加在一起，都不是土地的所有者。他们只是土地的占有者，土地的受益者，并且他们应当作为好家长把经过改良的土地传给后代。"③ 在高级的社会经济形态中，国家是人民的代表，国家拥有土地所有权，个别人对土地的私有权如同个别人对另一个人的私有权，两者同等荒谬。在《论土地国有化》中，马克思强调："土地国有化将劳动和资本之间的关系彻底改变，归根到底将完全消灭工业和农业中的资本主义生产方式……生产资料的全国性的集中将成为由自由平等的生产者的联合体所构成的社会的全国性基础，这些生产者将按照共同的合理的计划自觉地从事社会劳动。"④ 唯有在土地所有权归属层面实现从个体到集体的转变，才能实现合理的计划生产。

---

① 《马克思恩格斯选集》（第 2 卷），人民出版社，1995，第 540 页。
② 《马克思恩格斯全集》（第 4 卷），人民出版社，1958，第 190 页。
③ 〔德〕马克思：《资本论》（第 3 卷），人民出版社，2018，第 878 页。
④ 《马克思恩格斯选集》（第 3 卷），人民出版社，1995，第 129~130 页。

二　土地管理的实质：土地权利主体确定土地收益归属的活动

土地权利通过地租来表现或实现。对土地进行管理，本质是对土地收益归属的确定过程，是对土地收益的分配管理过程。马克思指出："不论地租的特殊形式是怎样的，它的一切类型有一个共同特点：地租的占有是土地所有权借以实现的经济形式，而地租又是以土地所有权，以某些个人对某些地块的所有权为前提。"① 马克思认为地租是土地权利在经济上的实现，这种实现最终都表现为收益权。

资本主义生产体系中，土地的所有者、占有者和经营者或使用者，都能凭借其所拥有的土地权利，享有分割土地收益的权利，资本主义地租就是这种权利的体现。不管是绝对地租还是级差地租，地租的本质都是：作为农业资本家的租地农场主为了取得土地使用权、经营权，支付给土地所有者的由农业工人创造的超过平均利润的那部分剩余价值，即土地所有者与农业资本家无偿占有了农业工人创造的剩余价值，体现了土地所有者与农业资本家共同剥削农业工人的生产关系。级差地租因土地经营权垄断产生，绝对地租因土地所有权垄断产生，两者都建立在土地稀缺性、私有性等特质上。土地所有者与农业资本家追逐农业剩余价值、确定地租归属的动机引发了土地管理的冲动，也决定了所有土地管理的走向与趋势。

第二节　中国传统代表性土地管理思想

土地是中国小农社会最重要的生产资料，如何高效管理土地以确保统治阶层所代表的土地所有者获得良好的土地收益，始终是历代统治者所关心的核心问题。围绕着土地管理，中国历代学者与统治者形成了非常丰富的思想。

一　孟子："井田"思想

孟子高度认可井田制："方里而井，井九百亩，其中为公田，八家皆

---

① 〔德〕马克思：《资本论》（第3卷），人民出版社，2018，第714页。

私百亩，同养公田，公事毕，然后敢治私事。"

就土地所有权而言，"普天之下，莫非王土"，土地的所有权属于天子。在分封制背景下，统治阶级形成天子、诸侯、卿大夫、士的层级结构。天子把全国土地分成若干整齐的方块，然后在各级奴隶主之间，按照亲疏尊卑的血缘关系，把土地连同土地上的人民层层分封。得到土地的奴隶主获得土地的使用权、收益权，土地不许私自转让或买卖。土地的所有权属于天子。这种土地分配和管理制度即为"井田制"。在井田制下，地租的缴付方式比较特殊，体现为劳役地租。"井"为土地的基本单位，一井土地共九百亩，八家各获得一百亩土地的使用权与收益权，中间为公田，八家先耕种公田，公田所产为地租，体现了土地使用者对土地所有者所有权的经济补偿。

井田制对应分封制，实质上是奴隶制土地王有制，从周王、诸侯、卿大夫到士，各级奴隶主层层占有土地，形成奴隶主土地占有的等级结构，体现了从公天下到家天下的急剧时代转变。

井田制具有如下经济特征：土地王有、任土作贡、分田制禄、公私不分。第一个特征决定了后面的三个特征。

土地王有的财政意义在于，既然土地属于天子，各级奴隶主受封取得土地以后，必须承担各种义务：诸侯对国王要定期朝觐、交纳贡赋、随时奉命出征，捍卫王室，镇守疆土。卿大夫对诸侯、士对卿大夫也是如此。如果不履行义务，将会受到夺爵削地的惩罚："一不朝，则贬其爵；再不朝，则削其地；三不朝，则六师移之。"可见，土地王有制是当时整个奴隶制国家赖以生存的基础。

任土作贡即各地生产什么就贡纳什么，但不许不贡。

分田制禄即在井田制基础上实行的世卿世禄制。分田就是分禄，以分田赐奴作为贵族和各级官吏的俸禄，不再另拨经费。对国家财政来说，是收支合一的办法，俸禄支出不直接反映在财政的账面上。贵族按照身份和职位的不同，分得的土地面积也不一样。各级奴隶主以定期贡赋为义务，在授田的范围内，享受使用土地和奴隶的权利，并可由子孙继承。但如不按时贡纳，天子就有权收回土地和奴隶，另行分配。军赋征发制度也与井田制密切相关。三代实行兵农合一制，军队所需车马兵甲，全部按井田征发，由受田的农民承担，即军费同官俸一样，同出于井田。对奴隶制国家财政来说，它们是支出，同时也是收入，收支合而为一，不表现在财政的账面上。

公私不分指奴隶制国家财政与王室财政不分。三代实行的土地王有制，决定了国王把全国的土地、土地出产及附着在土地上的奴隶平民都看作他的私有财产，也决定了奴隶制国家财政与王室财政不分的特点。

从土地管理的角度看，土地所有权决定了井田制中围绕土地的众多主体彼此的权利与义务，决定了土地收益的分配与走向。

二　董仲舒、师丹：限田思想

1. 董仲舒："限民名田，以澹不足"

限田论集中体现了董仲舒解决贫富不均的思路，董仲舒认为导致贫富分化的原因较多。第一，废除井田制、允许土地自由交易："秦则不然……除井田，民得卖买。富者田连阡陌，贫者亡立锥之地。"第二，国家垄断山泽之利，"又颛川泽之利，管山林之饶"。第三，国家赋役过重，取民太甚："一岁力役，三十倍于古；田租口赋，盐铁之利，二十倍于古。"第四，地主对农民的剥削太过："或耕豪民之田，见税十五。故贫民常衣牛马之衣，而食犬彘之食。"第五，贪官污吏的不法行为："贪暴之吏，刑戮妄加。"

第一个原因涉及董仲舒的田制思想，董仲舒认为废除井田制是导致贫富分化的重要原因，但他又不主张恢复井田制，认为这种制度很难在现实中实现，因而变通地提出限田之说："古井田法虽难卒行，宜少近古，限民名田，以澹不足。"① 即对富者占有的土地进行限制，但如何限制、上限如何，董仲舒对此并未展开阐述，相当于他只是提出了一种依靠土地抑制贫富差距扩大趋势的解决思路而已。

2. 师丹："皆毋过三十顷"

董仲舒之后，西汉末年的师丹也有类似的限田思想。针对严重的贫富差距及由此引发的社会矛盾，他提出了适当限制的主张："古之圣王莫不

---

① （汉）班固：《汉书·食货志》，中华书局，2000，第957页。

设井田，然后治乃可平，孝文皇帝承亡周乱秦兵革之后，……故不为民田及奴婢为限。今累世承平，豪富吏民訾数巨万，而贫弱俞困。盖君子为政，贵因循而重改作，然所以有改者，将以救急也。亦未可详，宜略为限。"更值得肯定的是，比起董仲舒，师丹的限田思想更为具体，在提交汉哀帝的奏疏中，师丹提出："诸侯王、列侯皆名田国中，列侯在长安，公主名田县道，及关内侯、吏民名田皆毋过三十顷。诸侯王奴婢二百人，列侯、公主百人，关内侯、吏民三十人。期尽三年，犯者没入官。"不仅有限田上限，还设置整改期限，是一个较为具体的方案，且在刚提出不久产生了一定的影响，"时田宅奴婢贾为减贱"①，但因遭到豪强贵族反对，最终未能实行。

三　晁错、桑弘羊、曹操、傅玄："屯田"思想

移民屯垦早在秦朝就已出现，经汉朝直至魏晋，发展为成熟的屯田制度。自秦以来，移民屯垦的实现方式从强制转为招募，从行政命令转为经济手段。秦朝移民政策的强制色彩浓郁，移民主体为犯罪的官吏、商人、赘婿等身份低贱者等。

1. 晁错：募民屯垦

晁错主张移民屯垦，但他主张以招募的方式进行，招募对象为罪犯、奴婢、自由民。应募的自由民应"壮有材力"。为激励百姓移民屯垦，国家应提供完善的配套优惠政策，包括：赐予应募自由民官爵并免除其家人的劳役；在移民目的地修筑城堡及军事防御设备，保障移民免受敌人侵袭；为移民挑选水草甘美、土地适应的目的地；每家修建房屋三间，置办生活器皿与生产工具；发冬夏衣直到移民能自给为止；为无配偶的移民买适当的对象进行婚配；设置医师和巫师，管治病和祭祀；打退胡人后，收复的土地、牲畜等物半数归移民。

2. 桑弘羊：屯垦戍边

尽管晁错提出了非常具体的屯垦措施，但这些措施真正落地是在汉武帝时期，由桑弘羊推行落实。桑弘羊之前，西汉已有大规模移民，以民屯

---

① （汉）班固：《汉书·食货志》，中华书局，2000，第960页。

为主，如元朔二年（前127），"募民徙朔方十万口"，元狩四年，"关东贫民徙陇西、北地、西河、上郡、会稽凡七十二万五千口"①。桑弘羊在此基础上继续向玉门关以西移民屯垦，桑弘羊的屯垦以军屯为主，元鼎六年（前111），在武威、酒泉设张掖郡、敦煌郡，在上郡、朔方、西河用守边士卒六十万，大规模进行屯垦。

征和四年（前89），桑弘羊进一步提出轮台屯垦的主张。轮台地理位置特殊，位于塔里木盆地中心，是西方商队必经之地。桑弘羊认为在轮台屯垦的益处颇多："轮台以东捷枝、渠犁皆故国，地广，饶水草，有溉田五千顷以上，处温和，田美，可益通沟渠，种五谷，与中国同时孰。其旁国少锥刀，贵黄金采缯，可以易谷食，宜给足不乏。臣愚以为可遣屯田卒诣故轮台以东，置校尉三人分护，各举图地形，通利沟渠，务使以时益种五谷。张掖、酒泉遣骑假司马为斥候，属校尉，事有便宜，因骑置以闻。田一岁，有积谷，募民壮健有累重敢徙者诣田所，就畜积为本业，益垦溉田，稍筑列亭，连城而西，以威西国，辅乌孙，为便。"② 显然，桑弘羊轮台屯垦是军屯与民屯的结合，他认为在类似轮台这样的核心地带屯垦既可发展边疆经济，节省国家军费支出，又能巩固边防，威慑敌军，掌控对外沟通交流之优势。汉武帝并未采用此主张，不过这一思想在昭宣时期得以落地，并由此大大抑制了匈奴的势力范围。

3. 曹操：屯田复产

曹魏时期，因长期战乱，灾害频发，土地荒芜，人口骤减，据《通典》记载，三国时代的人口只相当于东汉桓帝时的13.6%，曹操在《蒿里行》描述道："铠甲生虮虱，万姓以死亡。白骨露于野，千里无鸡鸣。生民百遗一，念之断人肠。"人口凋敝由此可见一斑，国家财政收入也随之受到很大影响。《三国志》记载："自遭荒乱，率乏粮谷。诸军并起，无终岁之计，饥则寇略，饱则弃余，瓦解流离，无敌自破者不可胜数。……民人相食，州里萧条。"③ 曹操在这种背景下推行屯田，"募民屯田许下，得

① （汉）班固：《汉书·武帝纪》，中华书局，2000。
② （汉）班固：《汉书·西域传》，中华书局，2000。
③ （晋）陈寿：《三国志·魏书·武帝纪》，中华书局，2009。

谷百万斛。于是州郡例置田官，所在积谷"①。

曹操屯田以民屯为主，亦有军屯。推行地区以内地为主，与秦汉时期以边塞为主的做法大为不同。曹操屯田思想的具体内容如下。

第一，让百姓自愿屯田，管理比较宽松。

第二，实行官民分成制度。"兵持官牛者，官得六分，士得四分；自持私牛者，与官中分。"② 即根据所使用的劳动生产要素是公是私来决定分成，如生产要素所有权属于公家，四六分，官六民四；属于私家，五五分成，税率分别为60%和50%。

第三，税收优惠。为鼓励百姓积极参加屯田，曹操实行了减免税收的方法，即一年全免，二年半税，三年全纳。

第四，设置专门的管理机构。中央由大司农主管屯田事宜，地方则设置相当于郡守的典农中郎将或典农校尉和相当于县令的典农都尉两级机构来具体负责屯田工作，且对屯田吏进行考核。

曹操屯田具有规模大、管理细化、听民自愿等特点，初期效果良好。首先，屯田制度的推行将百姓和土地紧密结合起来，调动了百姓的生产积极性，集约化耕种有利于水利工程的兴建，使单位面积产量明显提高，劳动生产率增长明显，解决了军民用粮问题。其次，屯田制度为曹魏统一北方，进而为晋统一中国奠定了雄厚的物质基础。"征伐四方，无运粮之劳，遂兼灭群贼，克平天下。"③ 但在曹魏后期，由于统治者对屯田客户剥削日重，屯户逃亡，生产效率降低，屯田土地日益为官僚大族所侵占，屯田制遂于晋代被取消。

4. 傅玄：重效率、反对过重剥削的屯田思想

傅玄屯田思想的核心内容如下。

第一，提高劳动效率比一味扩大土地面积重要得多。"近魏初课田，不务多其顷亩，但务修其功力，故白田收至十余斛，水田收数十斛。自顷以来，日增田顷亩之课，而田兵益甚，功不能修理。至亩数斛已还，

---

① （晋）陈寿：《三国志·魏书·武帝纪》，中华书局，2009。
② （唐）房玄龄：《晋书·傅玄传》，中华书局，2000，第871页。
③ （晋）陈寿：《三国志·魏书·武帝纪》，中华书局，2009。

或不足以偿种。非与曩时异天地，横遇灾害也。其病正在于务多顷亩而功不修耳。"[1] 他认为魏初的做法非常值得借鉴，不贪求面积，而注重增加更多劳动以提高生产效率，而近来屯田制度却恰恰忽视了这一点，傅玄的这种观点已经反映了其赞同内涵式发展而否定外延式发展的倾向。

第二，反对过重剥削。他赞同过去的分成制度，即根据持有耕牛的所有权归属公家还是私家决定六四分成还是五五分成，认为这种制度运行以来效果颇好，也赢得民心。但"今一朝减持官牛者官得八分，士得二分。持私牛及无牛者官得七分，士得三分。人失其所，必不欢乐"，他认为政府骤然提高分成比例，把原来的六四分改为八二分，五五分改为七三分，参与屯田的百姓所得骤然减少，必然使其心生不满，影响社会稳定与生产效率。因而，他建议回归以往的分成制度，并坚信这种做法一定会使"天下兵作欢然悦乐，爱惜成谷，无有损弃之忧"[2]。尽管傅玄是站在统治者视角分析过重剥削会降低农业减产、进而影响产出与国家财政收入，但他能看到两者的内在关联，这一点也非常难能可贵。

从土地管理的角度而言，以上屯田思想的主张虽各有侧重，但其共性是明显的，即必须拥有这样一个前提：国家或统治者掌控大规模土地的所有权。之后通过让渡经营权、共享收益权等方式进行合作，以达到恢复经济、提高生产效率等目的。

四　王莽："王田"思想

王莽把实行王田制视作解决土地兼并、农业劳动力不足问题的关键所在。他认为一夫一妇授田百亩的制度是实现国富民强的理想土地制度，而自秦朝废除井田制度、破坏"圣制"之后，"兼并起，贪鄙生，强者规田以千数，弱者曾无立锥之居"，土地兼并日益严重，广大农民纷纷丧失土地，丧失土地的农民只能租地，也因此遭受豪强沉重的租税剥削："豪民侵陵，分田劫假"，租税全部转移到佃民身上，以至于"厥名三十，实什税五也"，农民"终年耕芸，所得不足以自存"，引发严重的社会矛盾。除

---

①　（唐）房玄龄：《晋书·傅玄传》，中华书局，2000，第872页。
②　（唐）房玄龄：《晋书·傅玄传》，中华书局，2000，第871页。

去以上经济维度的考量，王莽还从政治维度强调实行王田制的原因："富者犬马余菽粟，骄而为邪；贫者不厌糟糠，穷而为奸。"即贫富分化是导致社会各种问题的根源，从国家治理的角度，也必须正视并解决此问题。

始建国元年（9），王莽提出王田制。具体内容是："今更名天下田曰'王田'……不得卖买。其男口不盈八，而田过一井者，分余田予九族邻里乡党。故无田，今当受田者，如制度。"① 王莽的"王田"思想主要包含以下要点。

第一，土地收归国家所有，称为"王田"，禁止私人买卖土地。

第二，一家男丁不过八口而占土地超过九百亩者，应将超过部分土地按一夫一妇百亩标准分与宗族乡邻。

第三，无地农民，由国家按一夫一妇授田百亩标准授予土地。

王莽的王田制到始建国四年（12）被废止，土地又恢复为自由买卖，王田制的实践宣告失败。

从土地管理的角度而言，王田制失败的最主要原因是在土地私有、土地买卖随着商品经济发展已成定势的背景下，王莽却希望通过政府权力强行改变土地所有状态，废除土地自由买卖，因而遭到各方反对。土地买卖涉及投资、变现问题，不仅大小地主需要，自由农民也需要，一味禁止使得以上主体均感不便，抵抗情绪较强。加之在执行过程中还存在如下问题。首先，制度规定不太明确。"男口不盈八"较为宽泛灵活，大家庭还可通过析产化大为小，拥有大量土地。无地佃农受田问题的解决也非常考验国家对土地的掌控力，而这方面的制度不甚明朗。其次，"抵罪者"太多。"农商失业，食货俱废，民人至涕泣于市道，及坐卖买田宅……自诸侯卿大夫至于庶民，抵罪者不可胜数"②，现实需要遭政府强行压制，导致太多人触犯法律而受到惩罚，引发社会骚动，影响了现实的生产活动。

五　西晋：占田客田思想

太康元年（280）西晋颁行占田课田制度。占田课田思想的产生与制

---

① （汉）班固：《汉书》，中华书局，2000，第3019页。
② （汉）班固：《汉书·王莽传》，中华书局，2000。

度的实施是当时多种因素的综合产物：太多农民在战争中失去土地，渴望
获得土地；屯田制因剥削率不断提高而无以为继，国家财政受到很大冲
击，政府层面也迫切渴望解决土地问题，如此，稳定的财政收入才有保
障，国家政权才能顺畅运转；西晋政权统一，有解决土地问题的政治条
件，政府手中也掌握大量无主荒地和来自曹魏民屯的官公田。

1. 占田课田思想的主要内容

百姓占田课田方面：政府根据年龄，把丁划分为正丁、次丁。男女年
十六以上至六十为丁，年十三至十五、六十一至六十五为次丁。占田方
面，不分正丁、次丁，男子可占田七十亩，女子占田三十亩。课田方面，
丁男课田五十亩，丁女二十亩，次丁男半之，次丁女则不课。占田课田制
度的实质是以差额土地面积不纳税的方法来鼓励百姓积极占田生产。如一
对夫妇，可占田 100 亩，课田亩数是 70 亩，相当于有 30 亩土地免税。课田
土地纳税标准为 50 亩征收 4 斛。此外，对少数民族税额有所照顾："远夷不
课田者输义米，户三斛，远者五斗，极远者输算钱，人二十八文。"①

贵族官员占田课田方面：政府主要根据身份等级、官员品级规定其占
田面积。国王公侯，除京城有一处宅院外，在郊外也可占田。占田标准为
大国田十五顷，次国十顷，小国七顷。一般官吏，从一品到九品，各以官
职品级占田，一品五十顷，二品四十五顷，三品四十顷，依此类推，至九
品占田十顷，每品以五顷为差。官员所占土地可拥有佃户和私属，佃户耕
种官员的土地可以适当减少租税，减少部分归诸侯官员，"凡属诸侯，皆
减租谷亩一斗，计所减以增诸侯；绢，户一匹，以其绢为诸侯秩。又分民
租户二斛以为侯奉"，依法课税部分归国家："其余租及旧调绢二户三匹、
绵三斤，书为公赋，九品相通，皆输入于官，自如旧制。"②

2. 占田课田思想的特点

从土地管理的角度而言，占田课田思想的特点如下。

第一，承认并维护土地私有。政府通过鼓励占田并免去部分土地课田
义务的方式肯定先秦以来的土地私有思想，从法理上对土地私有的正当性

① （唐）房玄龄：《晋书》，中华书局，2000，第 513 页。
② （唐）徐坚等：《初学记》，中华书局，1962，第 658 页。

进行肯定。

第二，体现了公平原则。政府以一户劳动力条件作为分配土地和财政征课的基础，从法理角度而言，符合公平原则。不过，在具体实施过程中，其弊端也较明显，如政府只规定了百姓占田数量的上限，即一对夫妇可占田 100 亩，但对于以什么方式保证百姓占到足够份额的田，法律却没有详细规定。不管有没有占够土地，都必须按照课田 70 亩的税基缴纳租税。对于没有占够土地的百姓而言，纳税负担较重，生活比较困难。

第三，保护国家税源的倾向明显。西晋政权是在门阀士族支持下建立起来的，门阀靠兼并土地、荫庇户口来维系自己的实力，他们要求政府保护他们的既得利益，而政府也要求有稳定的财政收入。双方博弈的结果是政府让渡一部分利益给士族门阀，并以法律的形式来对这部分利益加以保护。这样，国家虽然损失了一部分财政收入，但国家的税源得以稳定，有利于国家财政的充实。实践过程中，国家虽规定了士族地主占田的最高限额，但没有规定超过限额的处置方法，这实际上是默许士族地主的占有现状，不去触动他们的既得利益。

第四，有利于稳定社会秩序。虽然没有彻底解决百姓占田问题，但农民能够依法占有一部分土地，免受兼并流离之苦。国家通过这种方式将百姓固定在土地上，减少了其流动性，既有利于增加国家财政收入，又避免了百姓因为无田可耕而引起社会的动荡。但在具体实施过程中，由于没有详细的还田、新增人口占田或分田的规定，这一制度缺乏持续运行的基础，到东晋就无以为继。

六　北魏孝文帝：均田思想

均田思想产生的背景也是长期战乱导致的国家财政紧张。北方各少数民族之间的混战使得百姓流离失所，劳动力和土地相分离，国家财政受到相当大的冲击。北魏大臣韩麒麟上表强调："今京师民庶，不田者多，游食之口，三分居二"[1]，不劳而食的游食之民越多，给政府造成的财政与管理压力越大。李安世上《均田疏》，也强调均田的重要性。

---

[1]　（北齐）魏收：《魏书》，中华书局，2000，第 900 页。

太和九年（485）十月，在冯太后的支持下，孝文帝下诏实行均田制。

1. 均田思想的核心内容

第一，百姓授田。所涉及的土地分为：露田、麻田、桑田、宅田和菜田。

露田即适合种植谷物的土地，授田对象为所有 15 岁以上的成年男女，包括男女奴隶，甚至丁牛。良田的授田数量以男子 40 亩、妇女 20 亩为标准，但在实践当中，经常加倍授予，以备休耕。如采用二圃制，加授丁男 40 亩、妇女 20 亩；采用三圃制，加授丁男 80 亩，妇女 10 亩，加授之田称为倍田。贫瘠之田以男子 120 亩、妇女 60 亩为标准。按耕牛授予的露田，不分土质好坏，只按照牛的数量计算，凡有 4 头牛以内者，每头牛以 30 亩为限，牛的数量以 4 头为限。

麻田为适合种麻的土地。麻田不仅授予丁男，也授予妇女。一对夫妇可授予麻田 15 亩，其中男 10 亩，女 5 亩。

桑田为适合种植桑树的土地。桑田只授予"初受田者"，授田数量按照一夫 20 亩授予，政府要求接受桑田者种桑 50 棵，枣 5 株，榆 3 根，且"限三年种毕，不毕夺其不毕之地"①，即授田后三年内应完成种树任务，如不能完成则将其没有种树的土地收回。

宅田为建筑民宅的土地，菜田为种植蔬菜的土地。授予对象为"有新居者"，即从老家平城迁到洛阳的鲜卑人。授田标准为新到居民每三口给宅地一亩作房屋之用，奴婢按照五口一亩授予。男女 15 岁以上均应在宅地内每人种菜五分之一亩。

均田制对还田的规定也较为详细。如露田在"老免身没"后还田，奴婢耕牛"随有无以还受"。麻田也需归还，子女无继承权。桑田"皆为世业，终身不还"，受田者的后代拥有土地继承权，还可以买卖。"盈者得卖其盈，不足者得买所不足，不得卖其分，亦不得买过所足。"② 还田时间一般在每年正月举行，不误农事。在年内已授田者"身亡及卖买奴婢、牛者"需等到第二年正月再还授。

---

① （北齐）魏收：《魏书》，中华书局，2000，第 1906 页。
② （北齐）魏收：《魏书》，中华书局，2000，第 1906 页。

此外，政府还考虑到有关受田还田的特殊情况，并一一做了相关规定。如家中均为老小，或残疾为户者，11 岁以上及残疾者各受半夫之田，即露田 20 亩；年逾 70 岁而家中无正式受田的人，不必还田，到老死为止；寡妇守志者受田 20 亩，免去租税；一家人口增多应追加分配土地时，必须选择与其家土地接近者予以分配；有多人应在同期分得土地时，按照先贫后富的原则，使贫者优先分配到较近的土地。

第二，官吏授田。官吏授田比较简单，按照官位的高低授予公田。授田数量为刺史 15 顷、太守 10 顷、治中别驾各 8 顷、县令郡丞 6 顷，授田数量随官位级别变化而变化。这些土地均不得私自出卖，违者按律惩办。

2. 均田思想的特点

从土地管理的角度而言，均田思想具有如下鲜明特点。

第一，土地的权属关系非常明晰。政府将国家掌控的公田授予百姓，土地的所有权归国家，耕种者只拥有土地使用权。

第二，既授田又还田的规定，可在保证政策可持续性的同时，有效缓和阶级矛盾。因有还田之法，北魏可以长久地控制着一部分国有土地并将之用于对小农的分配，且在长期的授受过程中，土地使用者与封建国家在经济上保持了一种经常性的联系，对于推进北魏游牧民族经济关系的封建化、缓和当时的阶级矛盾、促进北方经济的恢复和发展起到了较大的作用。

第三，体现了侧重生产要素合理配置的倾向，看重财政效果。国家授田时将劳动力的强弱与授予土地面积紧密结合，可避免土地浪费、保证单位面积产量、增加国家财政收入、解决无地农民土地问题和封建国家财政问题。

第四，多类型多用途土地划分，有利于引导新经济观念形成。政府授予土地类型众多，且不同的土地有不同的用途，有利于人们产生正确认识土地不同形式及其生产周期的意识。实践过程中，永业世业的意识随着均田制中还田制度的实行而产生，属于自己的固定资产可以合法买卖的意识亦成为共识。均田思想中所蕴含的抑兼并、求均平的意识亦对后世产生巨大影响，历史上的农民起义大多伴随"均田"要求，均田烙印深刻嵌入农民群体的共同诉求之中。

也是因为以上特点，均田制成为中国历史上有重大影响力的一项土地制度，从北魏太和九年（485）开始实行，直至唐建中元年（780），历经北魏、北周、北齐、隋、唐，长达300余年。隋唐时期均田制的授田数虽有变化，但其核心思想一脉相承，即抑制兼并，使农民获得基本生产条件，保证国家的财政收入。当然，均田制不可避免地也存在一些弊端，如给奴婢和耕牛授田的规定有利于大户；实践中存在一些投机取巧行为，有些豪强大户钻国家法令的空子，把良田充当劣田以便实现成倍占有土地的目的；等等。

七　明代朱元璋：卫所屯田思想

明代土地分为两大类：官田与民田。官田按来源划分有宋元时入官的土地、还官田、没官田、断入官田；按用途划分有学田、职田、养廉田、苜蓿地、牲地；按占有对象划分有皇庄、庄田等。民田为百姓自己占有并允许买卖的土地。明洪武二十六年（1393），核实天下土田为8507623顷。明中期以后，土地兼并加剧，田制大坏，到弘治十五年（1502）已减一半有余，只有4288058顷。

明朝开国皇帝朱元璋曾强调："养兵百万，不费朝廷一钱，屯田是也。"[1] 他之所以有底气这样说，是因为明朝有解决军队粮食供给的卫所屯田制度。明代的土地管理主要针对的是屯田，屯田主要有民屯和军屯两种。明朝屯田管理类似前朝，主要以行政、经济等多种方式鼓励屯田。民屯，鼓励地少人多地区的农民移往地多人少的地区垦荒，凡移民屯种，政府提供耕牛、种子，免征三年租税，三年之后亩纳税一斗。军屯，主要以卫所士兵屯耕自给为主。军士屯田以分计，每军一分；每分一般是五十亩，也有百亩、七十亩、三十亩或二十亩不等，依屯地肥瘠、远近的实际情况而定。军屯的耕牛、种子、农具由政府提供。建文四年（1402），重定军屯科则，规定每军士除留正粮十二石食用外，还要交纳余粮十二石，作为本卫所军官俸粮。明朝军屯效果显著，据估计，洪武年间全国军屯田不下六七十万顷，其中大部分是垦荒得来的。军屯解决了国防财政开支问

---

① （清）张廷玉等：《明史》，中华书局，2000，第4430页。

题，也间接地大大减轻了百姓的财政负担。

八　清朝康熙："更名田"思想

清朝的土地分为民田、官田、屯田、营田等多种类型。值得一提的是清朝根据当时的政局，对于原属于明朝藩王的土地与荒地出台了及时的"更名田"管理措施。

康熙八年（1669），清政府下令，把明朝藩王的土地"给与原种之人，改为民户，号为更名地，承为永业"[①]。明朝藩王的土地大约十七八万顷，分布在直隶等八省，有的土地在明末大起义期间归农民所有。康熙实行"更名田"，实际是改革土地关系，承认农民的土地所有权，让农民得到"更名田"和荒地。此举顺应形势，且遵照既定事实，赢得了百姓的欢迎。

第三节　中国传统土地管理思想简析

从奴隶社会至近代以前，中国土地所有制历经土地王有、土地私有、土地国有几种形式，随着土地所有制的变化，相应的土地管理思想与制度也不断变化。

1. 中国传统土地管理思想的发展趋势

从井田思想到"更名田"思想，中国传统土地管理思想呈现越来越多元、越来越注重商品经济元素、越来越弱化国家管制的发展趋势。

国家土地管理能力与多个因素紧密相关，如商品经济的发展、封建土地私有化程度的不断提高、国家财政状况变化等，总体而言，国家土地管理能力与前两者负相关、与后者正相关。奴隶社会，农业剩余形成，阶层分化，土地王有，与之相对应的分封制及井田思想形成。春秋战国至秦汉是封建土地所有制发展的初期阶段。铁器牛耕的普遍使用使得公田不治，井田制瓦解，土地私有制开始形成并发展。封建国家土地所有制、封建地主土地所有制、个体农民土地所有制等各种形式的土地所有制并行发展，

[①]　《清朝通典》，商务印书馆，1935，第 2024 页。

这一时期的土地管理思想也呈现非常多元的特点。魏晋至隋唐为封建土地所有制发展的中期阶段，国家对土地的干预与管理力度较强，占田课田思想、均田思想都产生在这个时期。唐后期至清鸦片战争为封建土地所有制的后期阶段，随着商品经济的发展，土地买卖日益普遍，国家对土地的管理与干预力度减弱，地主土地所有制成为占据支配地位的生产关系。

2. 中国传统土地管理思想的特点

第一，土地管理思想的功能性指向明晰。历代加强或改变土地管理的背景大多是国家财政状况不佳，初衷皆是为了使劳动力与土地充分结合，提高土地的产出效率，解决国家的财政危机，土地管理的致用性特点明显。

第二，注重分类管理、维护阶级统治。封建时期每个朝代的土地都分为官田与民田。拥有土地的群体有功勋贵族、皇亲国戚，也有大、中小地主，自耕农等。面对多元的土地成分与土地所有群体，每个朝代的土地管理思想都倾向分类管理，对不同的土地及其持有者采取不同的管理方法，以维系封建等级秩序并稳定政权。

第三，土地管理思想契合时代背景不断发展的逻辑主线非常清晰。从原始社会的土地公有思想、奴隶社会的土地王有思想，到封建社会并行的土地国有与土地私有思想，每一时期的主流土地管理思想契合所在时期的历史语境，是时代的产物。

❀ **本章关键术语**

井田；限田；屯田；王田；占田客田；均田；更名田

❀ **思考题**

1. 简析孟子的井田思想。

2. 简析曹操的屯田思想。

3. 简析北魏孝文帝的均田思想。

4. 简析中国传统土地管理思想的特点。

第九章
中国传统人口管理思想专题研究

第一节 马克思主义视野下的人口管理

一 人口生产为维系社会再生产的两种生产之一

马克思主义秉承唯物主义观点，认为人类社会延续必须不断进行维系直接生活的生产与再生产，而生产包括"两种生产"：物质资料的生产与人口的生产。恩格斯在《家庭、私有制与国家的起源》第一版序言中明确指出："根据唯物主义观点，历史中的决定性因素，归根结蒂是直接生活的生产和再生产。但是，生产本身又有两种：一方面是生活资料即食物、衣服、住房以及为此所必需的工具的生产；另一方面是人自身的生产，即种的蕃衍。"①"两种生产"相辅相成，不可分割。马克思强调："在第一种生产中，生产者物化，在第二种生产中，生产者创造的物人化。"② 离开生活资料生产，人口生产缺失生产的物质基础，不可能进行；离开人口生产，生活资料生产缺失生产主体，难以为继。

二 人口数量应与生产资料、生活资料保持一定比例

在肯定"两种生产"重要性与必要性的基础上，马克思、恩格斯进一步强调了人口数量与生产资料、生活资料的结合比例。马克思指出："小

① 《马克思恩格斯选集》（第 4 卷），人民出版社，1995，第 2 页。
② 《马克思恩格斯选集》（第 4 卷），人民出版社，1995，第 9 页。

孩子同样知道，要想得到和各种不同的需要量相适应的产品量，就要付出各种不同的和一定数量的社会总劳动量。这种按一定比例分配社会劳动的必要性，决不可能被社会生产的一定形式所取消，而可能改变的只是它的表现形式。"① 人口生产对应可以供给的社会的劳动量，而生产资料的数量与规模应确保这个劳动量得到充分的利用，"生产资料的数量，必须足以吸收劳动量，足以通过这个劳动量转化为产品。如果没有充分的生产资料……劳动就不能得到利用……就没有用处。如果现有生产资料多于可供支配的劳动，生产资料就不能被劳动充分利用，不能转化为产品"②。一旦生产资料数量与劳动量不匹配，必然会产生浪费，要么劳动没有得到充分利用，要么生产资料没有被充分转化为产品。

人既是生产者，又是消费者。生产资料的生产需要劳动人口，而劳动人口通过消费生活资料把自己的生产能力再次生产出来，这意味着人口数量仅仅与生产资料保持一定的比例关系是不够的，还需与社会所能提供的生活资料量也保持适当的比例。马克思在分析社会再生产时就将整个社会的生产分为两大部类：生产生产资料的部类与生产消费资料的部类。这种分类就是将工人与资本家的生活资料的生产与消费纳入整个社会再生产的体系之中，将之视为社会再生产的有机构成。马克思反复强调："谁谈劳动能力，谁就不会撇开维持劳动能力所必需的生活资料"；"劳动能力的生产曾需要一定量的生存资料，它的再生产又不断地需要一定量的生存资料"③。换言之，生活资料是生产劳动能力的物质基础，工人通过不断消费生活资料持续再生产出其劳动力。

恩格斯也非常注重人口数量与生产资料、生活资料的比例关系。恩格斯认为在未来社会，当资本主义制度被消灭，社会主义的改革必须进行，因为"只有通过这种改革来教育群众，才能从道德上限制生殖的本能"④，也只有在共产主义社会里，人们会通过自主决策，在特定时期，以一定的

① 〔德〕马克思、恩格斯：《马克思恩格斯选集》（第4卷），人民出版社，1995，第580页。
② 〔德〕马克思、恩格斯：《马克思恩格斯全集》（第45卷），人民出版社，2003，第34页。
③ 〔德〕马克思、恩格斯：《马克思恩格斯全集》（第44卷），人民出版社，2001，第201~202页。
④ 《马克思恩格斯全集》（第35卷），人民出版社，1971，第146页。

方法、措施，有计划地像对物的生产调整那样，同时也对人的生产进行调整。显然，恩格斯所重视的人为调整比例已涉及对人口的宏观管理。

三　资本主义社会人口过剩的原因及本质

1. 资本主义生产方式导致社会人口过剩

马克思认为社会生产方式决定人口的增长规律，不同的社会生产方式，有不同的人口增长规律和过剩人口增长规律。人口现象从本质上来看属于社会现象，人口的发展变化是以人的生理条件和其他自然条件为基础的社会过程，人口规律是受生产方式制约的社会规律。

马克思反复强调："每一种特殊的、历史的生产方式都有其特殊的、历史地发生作用的人口规律。抽象的人口规律只存在于历史上还没有受过人干涉的动植物界。"①　"社会的条件只能适应一定的人口。另一方面，如果说有一定形式的生产条件的扩展能力所设定的人口限制，随着生产条件而变化，收缩或扩大……那么，人口的绝对增长率，从而过剩人口率和人口率也会随生产条件发生变化。"②　马克思反对离开社会生产条件谈抽象的人口规律，认为特定的社会生产方式决定特定的人口运动、发展及变化，同时，人口增长对社会发展也有促进和延缓的反作用。

资本主义社会的过剩人口是资本主义社会生产条件的必然产物："工人人口本身在生产出资本积累的同时，也以日益扩大的规模生产出使他们自身成为相对过剩人口的手段。这就是资本主义生产方式所特有的人口规律。"③　在资本主义社会，资本对剩余价值永不停息的追求会加速资本积累，随着资本积累，竞争加剧，资本有机构成提高，不变资本所占比例越来越高，可变资本比例越来越低，资本对劳动力的需求越来越少，而劳动力的供给伴随劳动力市场的竞争加剧越来越多，过剩人口出现成为必然。"过剩的工人人口是积累或资本主义基础上的财富发展的必然产物，但是这种过剩人口反过来又成为资本主义积累的杠杆，甚至成为资本主义生产方式存在的一个条件。过剩的工人人口形成一支可供支配的产业后备军，

---

① 《马克思恩格斯全集》（第 44 卷），人民出版社，2001，第 728 页。
② 《马克思恩格斯全集》（第 46 卷下），人民出版社，1980，第 105 页。
③ 〔德〕马克思：《资本论》（第 1 卷），人民出版社，2018，第 727～728 页。

它绝对地从属于资本，就好像它是由资本出钱养大的一样。"① 换言之，资本主义社会生产条件下资本对剩余价值的永无止境的追求促使资本有机构成不断提高，这是资本主义社会人口过剩的根本原因。

2. 资本主义社会人口过剩的本质是人口相对过剩

马克思认为资本主义的人口过剩的本质是相对过剩，即相对于资本对劳动的雇佣来说过剩了。马克思批评马尔萨斯只看到了表面联系，他反对马尔萨斯的两个级数理论，认为其不足以解释人口过剩，他认为，人口数量多少的决定性因素，绝不是马尔萨斯的"外部限制"，而是社会生产条件。在资本主义社会生产条件下，工人是否过剩，取决于资本对劳动力商品的需求。因而，资本主义社会人口过剩的本质是相对过剩。说到底，资本主义社会人口问题的根源是资本主义私有财产制度，要彻底解决人口问题，唯有变革资本主义制度。

第二节　中国传统代表性人口管理思想

自然经济时代，人口是社会经济和政权统治的重要基石，是农业得以正常进行的前提，中国古代有关人口的思想也非常丰富。

一　先秦时期的人口思想

(一)《诗经》："宜尔子孙""绵绵瓜瓞"

《诗经》是体现先秦时期先民智慧与思想的一部诗歌总集，《周南·螽斯》是其中的一首代表性诗作，这首诗集中反映了先民祈求多子多孙的人口思想。

全诗三章，每章四句，具体内容如下："螽斯羽，诜诜兮。宜尔子孙，振振兮。螽斯羽，薨薨兮。宜尔子孙，绳绳兮。螽斯羽，揖揖兮。宜尔子

---

① 〔德〕马克思、恩格斯：《马克思恩格斯文集》（第5卷），人民出版社，2009，第728~729页。

孙，蛰蛰兮。"① 先民对螽斯旺盛的生命力及繁殖能力非常羡慕，并把这种感情体现在民歌之中，赞叹一群群的螽斯震动翅膀、群集低飞、嗡嗡作响的盛况，在先民的眼中，这是人丁兴旺、子孙满堂、家族繁盛、和睦欢畅、世代绵长的象征。先民通过叠词叠句的叠唱形式盛赞螽斯的繁殖力，体现了其追求人口繁盛、多子多孙的美好愿望。

除了《周南·螽斯》，《诗经》表达类似人口思想的诗作还有很多，如《大雅·绵》的"绵绵瓜瓞，民之初生"②，对周朝先祖旺盛的生命力进行礼赞，类似在一根连绵不断的藤上不断结出众多大大小小的瓜，周朝先民通过确保子孙昌盛的方式保证其延绵不绝、生生不息的生命力。

（二）《周礼》："媒氏掌万民之判"

《周礼·地官·媒氏》专门介绍了周朝的婚姻管理制度："媒氏掌万民之判。凡男女自成名以上，皆书年、月、日、名焉。令男三十而娶，女二十而嫁。凡娶判妻入子者，皆书之。中春之月，令会男女，于是时也，奔者不禁。若无故而不用令者，罚之。司男女之无夫家者而会之。凡嫁子娶妻，入币纯帛无过五两。禁迁葬者与嫁殇者，凡男女之阴讼，听之于胜国之社。其附于刑者，归之于士。"从上述记载可见，周朝的婚姻管理制度相当完善，设置专门的官职媒氏管理民众婚姻。有专门的人口登记与婚姻登记制度，规定男子年满三十而娶，女子年满二十而嫁。媒氏应为适婚男女创造条件，帮助其嫁娶。到了适婚年龄而不嫁娶的，政府应对其进行处罚。甚至，对于聘礼，政府也有相应的管理，规定了上限，要求不超过五两。此外，严禁把生前没有夫妻名分的男女葬于一处，严禁对殇死的男女再行嫁娶。违犯者，交给司法官依法处理。

（三）儒家的人口管理思想

1. 孔子："续莫大焉"

儒家非常重视人口的生产与管理。孔子为儒家创始人，曾整理六经并深受其影响，六经之一的《易经》就将"妇三岁不孕""妇孕不育"视为凶卦，可见其对人口繁衍的重视。

---

① 周振甫译注《诗经译注》，中华书局，2002，第8~9页。
② 周振甫译注《诗经译注》，中华书局，2002，第402页。

微观层面，孔子本人非常注重家庭的人丁兴旺："父母生之，续莫大焉"①，认为传宗接代是家庭的大事。宏观层面，他也非常重视人口繁育对国家的重要性，主张以政治教化吸引远人归附："远人不服，则修文德以来之。"② 孔子游历卫国，对卫国人口的繁庶很是羡慕，并由衷感慨道："庶矣哉!"③ 以上皆是孔子重视人口生产的力证。

2. 孟子："不孝有三，无后为大"；"广土众民"

微观家庭伦理层面，孟子认为："不孝有三，无后为大。"④ 何谓三不孝?《十三经注疏》注云："于礼有不孝者三，事谓阿意曲从，陷亲不义，一不孝也；家贫亲老，不为禄仕，二不孝也；不娶无子，绝先祖祀，三不孝也。三者之中，无后为大。"孟子将不娶无子、断绝香火视为最大的不孝，可见其对人口生产的重视。

宏观的人口管理层面，孟子强调："广土众民，君子欲之。"⑤ 他认为尽管为政者、君子的乐趣并不在于扩张国土繁殖人口，但更大的国土、更多的人民仍然是其所希望得到的，这实际上是从另一个维度肯定人口基数对于国家发展的重要性。

（四）勾践："十年生聚"

作为"春秋五霸"之一，越王勾践能够复仇成功并重新崛起与其"十年生聚""十年教训"⑥ 的努力不无关系。败于吴王夫差后，勾践采取卧薪尝胆、发展生产、增殖人口、刻苦操练等措施，终于得报大仇，成为称霸一方的霸主。

在"十年生聚"的众多措施中，人口增殖是勾践非常重视的措施，为此，他专门出台详细的管理措施："令壮者无取老妇，令老者无取壮妻。女子十七不嫁，其父母有罪；丈夫二十不娶，其父母有罪。将免者以告，公令医者守之。生丈夫，二壶酒，一犬；生女子，二壶酒，一豚。生三

---

① （清）阮元校刻《十三经注疏·孝经注疏》，中华书局，2009，第5553页。
② 钱逊解读《论语·季氏将伐颛臾》，国家图书馆出版社，2017。
③ 钱逊解读《论语·子路》，国家图书馆出版社，2017。
④ 金良年译注《孟子译注·离娄上》，上海古籍出版社，2012。
⑤ 金良年译注《孟子译注·尽心上》，上海古籍出版社，2012。
⑥ （战国）左丘明：《左传·哀公元年》，杨伯峻编著，中华书局，1990。

人，公与之母；生二人，公与之饩。"政府不仅限制老年人与年轻人之间的婚嫁以避免影响人口增殖，而且还以法律形式规定年轻人嫁娶年龄的上限，不按规定执行会问罪其父母。此外，政府还会根据生育男子女子及其数量等情况，对生育者予以奖励。

除大力奖励本国民众生育外，勾践还以优待措施吸引外来人口："四方之士来者，必庙礼之。"① 即对于移民来越国的高级人才，越国给予优厚礼遇。越国的这一措施从经济学角度而言非常有效，人口的生育教育成本一般非常高昂，且周期较长，但如采用引进的方式，即可在短时间内解决国家急需的高素质人才匮乏的问题，是非常时期性价比较高的非常之举。

（五）法家的人口管理思想

法家是先秦诸子中非常务实的一个学派，非常难得的一点是，在人口思想方面，法家的代表人物商鞅与韩非皆关注到人口数量与生产资料、生活资料的比例问题。

1. 商鞅：人地相称

商鞅人口思想的主要内容如下。

（1）秦与三晋均存在人地不称问题

商鞅注意到秦与三晋在人地比例方面的巨大差异："今秦之地，方千里者五，而谷土不能处二，田数不满百万，其薮泽、谿谷、名山、大川之财物货宝，又不尽为用，此人不称土也。秦之所与邻者，三晋也；所欲用兵者，韩、魏也。彼土狭而民众，其宅参居而并处；其寡萌贾息民，上无通名，下无田宅，而恃奸务末作以处；人之复阴阳泽水者过半。此其土之不足以生其民也，似有过秦民之不足以实其土也。"② 简而言之，一者土满，一者地满，地广人稀的秦与土狭民众的三晋尽管人地比例相差较大，但在商鞅看来，均是人地不相称的表现。他认为三晋的情况比秦更严重，土地作为最重要的生产资料，却不足以生养民众，相对于土地的供养能力，三晋的人口过剩了。而秦刚好相反，土地丰饶，但人口不足，相对于劳动力的数量，秦的土地利用与开发效率过低。

---

① （战国）左丘明：《国语·越语》，上海古籍出版社，1978。
② 高亨注译《商君书注译·徕民》，清华大学出版社，2011。

（2）以徕民解决秦"人不称土地"问题

商鞅提出徕民之策以解决人地不称问题，主张用经济、政治激励手段吸引三晋等地的百姓入秦，凡是归附之人，免除其三代的徭役赋税，不用参加作战。凡开发耕作秦国岭坡、土山、洼湿土地之人，十年不收赋税。以上政策都要写在于法律中，如此，"足以造作夫百万"①，吸引足够多的百姓，"人不称土地"的问题迎刃而解。

2. 韩非："人民众而货财寡"

韩非人口思想的主要内容如下。

（1）秦国人口增长速度快于生活资料增长速度

韩非对远古与战国时期的人口增长速度和生活资料增长速度进行了比较，认为秦国已出现了两者比例失调的问题："古者……人民少而财有余，故民不争……今人有五子不为多，子又有五子，大父未死而有二十五孙。是以人民众而货财寡，事力劳而供养薄，故民争。"② 韩非对这种现象非常忧虑，认为人口快速增加而财富增长较慢，必然导致人满为患，百姓争夺生活资料，社会秩序紊乱。

韩非基于自己构想的人口模型推算人口数量与生活资料的比例，认识到了"人民"与"货财"保持适当比例的重要性。但他对人满问题的严重性有所夸大，在韩非所处的时代，即使人口出生率很高，受生产力水平、医疗水平、战争、瘟疫等因素的影响，人口的死亡率也很高，最终的人口增长率没有其想象的那么高。

（2）秦国人口结构失衡，生产者少而消费者多

在韩非看来，之所以会出现"民争"现象，除了人口数量增长过快之外，还存在人口结构方面的原因。他把当时社会上的儒家学者、言谈纵横家、游侠带剑者、逃避兵役的人、工商业者等五种人称为五蠹："是故乱国之俗：其学者，则称先王之道以籍仁义，盛容服而饰辩说，以疑当世之法，而贰人主之心。其言古者，为设诈称，借于外力，以成其私，而遗社稷之利。其带剑者，聚徒属，立节操，以显其名，而犯五官之禁。其患御

① 高亨注译《商君书注译》，清华大学出版社，2011，第 128 页。
② 张觉等：《韩非子译注·五蠹》，上海古籍出版社，2012。

者，积于私门，尽货赂，而用重人之谒，退汗马之劳。其商工之民，修治苦窳之器，聚弗靡之财，蓄积待时，而侔农夫之利。此五者，邦之蠹也。"[1] 之所以将这五种人称为社会蛀虫，是因为"儒以文乱法，侠以武犯禁……群侠以私剑养……谈言者务为辨而不周于用"[2]。在韩非看来，这五种人的共性是不劳而食、危害社会、无益于耕战、无助依法治国秩序的建立，因而，明智之君必须清除这五种人，将这些人尽量归于农战之民，改变国家的人口结构，如此，生产者增多，物质资料的生产也必然增加，会大大缓解"民争"之社会恶疾。

（3）"杀女"现象恶化了人口性别比例

韩非分析人的自利本性时提及当时社会上"产男则相贺，产女则杀之"的现象，且一语道出这种现象出现的原因："男子受贺，女子杀之者，虑其后便，计之长利也。"[3] 即使都是父母骨肉，却因性别不同被区别对待，在韩非看来，父母重男轻女的观念与行为与其功利心不无关系。尽管韩非是在论述其人性观点时谈及这一生育行为的，但也清晰地表明其对人为干预性别比例的社会现象的关注，从他对人之自利行为的犀利点评，也不难看出其反对"杀女"现象的人口思想。

（六）墨子

1. 人口与生产资料比例失调

墨子重视人口对于国家的重要性，强调所有王公大人、贤明君主"皆欲国家之富、人民之众"[4]，但是，在现实社会的实际情况是："土地者，所有余也；王民者，所不足也。"[5] 人口与生产资料的比例已然失调。

2. "王民不足"的原因

墨子认为导致人口数量较少的因素众多，不过最重要的因素如下。

第一，横征暴敛。"今天下为政者，其所以寡人之道多，其使民劳，

---

①　张觉等：《韩非子译注·五蠹》，上海古籍出版社，2012，第 539 页。
②　张觉等：《韩非子译注·五蠹》，上海古籍出版社，2012，第 529 页。
③　张觉等：《韩非子译注·六反》，上海古籍出版社，2012。
④　（战国）墨翟：《墨子·尚贤》，（清）毕沅校注，吴旭民校点，上海古籍出版社，2014。
⑤　（战国）墨翟：《墨子·非攻》，（清）毕沅校注，吴旭民校点，上海古籍出版社，2014。

其籍敛厚，民财不足，冻饿死者不可胜数也。"① 政府取民过甚，百姓赖以生存的基本物质资料都无法自给，冻死饿死者无数。

第二，战争。"兴师以攻伐邻国，久者终年，速者数月，男女久不相见，此所以寡人之道也。"② 一方面，对外战争直接使大量人口消减于战场之上；另一方面，战争使夫妻分居两地，间接导致人口减少。

第三，厚葬殉葬。墨子对厚葬久丧习俗进行了猛烈批判，认为居丧期间不吃或者少吃、少穿等多种习俗严重影响人们的身体健康，进而影响生产，且"败男女之交多矣"，还妨碍人口增殖。殉葬更是直接导致大量劳动力被无谓消耗："天子杀殉，众者数百，寡者数十；将军大夫杀殉，众者数十，寡者数人。" 如若统治者"以厚葬久丧者为政"，则"国家必贫，人民必寡，刑政必乱"。③

第四，蓄私。天子、贵族的"一夫多妻"行为使得富贵人家妻妾成群，而许多适婚男子却不能娶妻，导致人口生产受到很大影响。

3. 促进人口增加的措施

墨子意识到保持高的人口增长率是一个巨大的挑战，他强调："孰为难倍？唯人为难倍。"④ 人口的增长不同于物质财富的增长，只要努力生产并厉行节约，物质财富便可以成倍增长，但人口增长却受制于多种因素，显得较为困难。

针对所总结出的原因，墨子提出了促进人口增加的措施，如节用、节葬、非攻、节蓄私等，甚至对于男女结婚年龄也有具体的规定："丈夫年二十，毋敢不处家；女子年十五，毋敢不事人。"⑤ 鼓励早婚早育也成为墨子促进人口倍增的具体建议。

（七）《管子》

1. 人地应相称

《管子》不仅注意到人口数量与土地数量的比例问题，还注意到对土

① （战国）墨翟：《墨子》，（清）毕沅校注，吴旭民校点，上海古籍出版社，2014，第89页。
② （战国）墨翟：《墨子·节用》，（清）毕沅校注，吴旭民校点，上海古籍出版社，2014。
③ （战国）墨翟：《墨子·节葬》，（清）毕沅校注，吴旭民校点，上海古籍出版社，2014。
④ （战国）墨翟：《墨子·节用》，（清）毕沅校注，吴旭民校点，上海古籍出版社，2014。
⑤ （战国）墨翟：《墨子·节用》，（清）毕沅校注，吴旭民校点，上海古籍出版社，2014。

地、人口等生产要素的充分合理使用："地大而不为，命曰土满；人众而不理，命曰人满；兵威而不止，命曰武满。三满而不止，国非其国也。地大而不耕，非其地也；卿贵而不臣，非其卿也；人众而不亲，非其人也。"① 《管子》认为，拥有充足巨量的土地，但却没有耕种，这可被称为"地满"；拥有大量的人口，但却没有很好地治理与充分利用，这可被称为"人满"。不能有效消除"地满""人满"现象，国家就可能无法延续了。从这个意义上来讲，有土地而不耕作，相当于这些土地不是国家的土地；人民众多但不亲附国家，相当于这些人民不是国家的人民。

那么，人口数量与土地数量的合适比例是多少呢？《管子》认为人均三十亩是一个合适的比例："富民有要，食民有率，率三十亩而足于卒岁。"② 人均三十亩可以使人口与土地两种生产要素得到有效结合，不会浪费每一种生产要素，解决"地满""人满"问题，这也是富民的有效途径。

2. 以行政手段激励人口增长

从《入国》的相关记载来看，《管子》认为国家有义务采取有效激励措施刺激人口增长："有三幼者，无妇征；四幼者，尽家无征；五幼又予之葆，受二人之食。"③ 尽管这段话出自《管子》谈及国家社会保障之"慈幼"政府职能时的内容，但却充分体现了《管子》重视人口、积极发展人口的思想。

二　秦汉时期的人口思想

（一）贡禹

1. "取女皆大过度"导致"内多怨女，外多旷夫"

西汉贡禹的人口思想集中体现在《汉书·王贡两龚鲍传》中。贡禹特

---

① （春秋）管仲：《管子·霸言》，（唐）房玄龄注，（明）刘绩补注，刘晓艺校点，上海古籍出版社，2015。
② （春秋）管仲：《管子·禁藏》，（唐）房玄龄注，（明）刘绩补注，刘晓艺校点，上海古籍出版社，2015。
③ （春秋）管仲：《管子》，（唐）房玄龄注，（明）刘绩补注，刘晓艺校点，上海古籍出版社，2015，第365页。

别反感皇室贵族富贵家庭在婚嫁方面僭越礼制，导致适婚男女比例失调。

上书汉元帝时，他指出："古者宫室有制，宫女不过九人……高祖、孝文、孝景皇帝，循古节俭，宫女不过十余……武帝时，又多取好女至数千人，以填后宫。及弃天下，昭帝幼弱，霍光专事，不知礼正……又皆以后宫女置于园陵，大失礼，逆天心，又未必称武帝意也。……故使天下承化，取女皆大过度，诸侯妻妾或至数百人，豪富吏民畜歌者至数十人，是以内多怨女，外多旷夫。"① 贡禹非常看重礼制，他认为古代君主宫女不过九人，汉高祖、汉文帝、汉景帝宫女也只有十余人，但汉武帝时宫女一下增至上千，这严重违背了礼制。加之君主行为的示范性，导致天下富人"取女皆大过度"，一旦富人占有太多的适婚女性，其妻妾成群必然造成来自贫苦人家的"怨女""旷夫"增多，适婚年龄男女的失衡配置也必然造成出生人口的减少。同时，贡禹也对武帝驾崩后霍光将大量宫女安置于陵园的行为加以否定，认为是对人力资源的极大浪费。

因此，他劝谏汉元帝应"深察古道，从其俭者……审察后宫，择其贤者留二十人，余悉归之。及诸陵园女亡子者，宜悉遣。独杜陵宫人数百，诚可哀怜也"②，即希望汉元帝能效仿上古之道，奉行节俭宗旨，审察后宫女子，选择贤德者留下二十人即可，其余女子可遣散让其回归自己家中，各陵园内守节女子中没有子嗣的，也应遣其回家。

2. 口钱过重导致"生子辄杀"，不利于人口增加

在分析人口减少因素时，贡禹注意到口钱过重导致人为杀子现象。他指出："以为古民亡赋算口钱，起武帝征伐四夷，重赋于民，民产子三岁则出口钱，故民重困，至于生子辄杀，甚可悲痛。"③ 为了筹集军费，自武帝开始，政府对孩子自三岁起征收较重的口钱，百姓不堪其重，甚至出现了"生子辄杀"现象。贡禹对这种现象感到非常痛心，他建议汉元帝："宜令儿七岁去齿乃出口钱，年二十乃算。"④ 从七岁开始征收口钱，相当于给了百姓四年的喘息时间，能在一定程度上减轻税负，并缓解由此产生

① （汉）班固：《汉书》，中华书局，2000，第2301~2302页。
② （汉）班固：《汉书》，中华书局，2000，第2302页。
③ （汉）班固：《汉书》，中华书局，2000，第2304页。
④ （汉）班固：《汉书》，中华书局，2000，第2304页。

的杀子现象，有利于人口的增殖。

（二）汉章帝："赐胎养谷""复其夫"的激励人口生育思想

东汉章帝非常重视人口生育，《资治通鉴》记载，元和二年（85）正月初五，章帝诏令："令云：'民有产子者，复勿算三岁。'今诸怀妊者，赐胎养谷人三斛，复其夫勿算一岁。著以为令！"① 根据汉代法律，百姓生育可免收人头税三年，章帝在此基础上增加了对生育行为的奖励，即所有怀孕的妇女，由官府赏赐胎养谷，每人三斛，并免收其丈夫人头税一年。唐以前，斛与石等同，一斛等于十斗，约 120 斤，三斛相当于 360 斤，如以每人每天一斤口粮折算，相当于将近得到一人一年的口粮，加之免收一年 120 钱的人头税，汉章帝的赏赐力度不可谓不大。

汉章帝以行政与经济激励手段鼓励人口生育，体现了那个时期为政者对于人口增殖的重视，毕竟，在小农社会中，人口为税基，人口增殖与国家财政与国家的发展息息相关，而行政与经济激励手段会在一定程度上刺激人口生产。

（三）《太平经》："多人则国富""人之数当与天地相应"

《太平经》又名《太平清领书》，成书于东汉中晚期，170 卷，在道教思想演化过程中有重要地位。《太平经》的人口思想较为丰富，主要观点如下。

1. 人口数量决定国家的贫富

《太平经》强调："理国之道，多人则国富，少人则国贫。"② 即人口数量与国家富强息息相关，人口增殖是国家富强的利好因素，人口不多则国家必贫。而人口数量减少与天地阴阳失衡有关，对于当时有人"今何故其生子少也"③ 的疑惑，《太平经》以"天失阴阳则乱其道，地失阴阳则乱其财，人失阴阳则绝其后，君臣失阴阳则其道不理，五行四时失阴阳则为灾"④ 的主旨，认为人口减少与"太平气""天皇气"没有到来有很大

---

① （宋）司马光：《资治通鉴·汉纪·汉章帝元和二年》，中华书局，2012。
② 杨寄林译注《太平经》，中华书局，2013，第 2474 页。
③ 杨寄林译注《太平经》，中华书局，2013，第 2473 页。
④ 杨寄林译注《太平经》，中华书局，2013，第 2471~2472 页。

的关系，只有在阴阳平衡的条件下施政以时，才能保障人口的增加。

2. 人口结构失衡与贱女杀女陋俗紧密相关

《太平经》不止一处指出贱女杀女现象导致男女比例失衡：

> 今天下失道以来，多贱女子，而反贱杀之，令使女子少于男，故使阴气绝，不与天地法相应。天道法：孤阳无双，致枯，令天不时雨。女者应地，独见贱，天下共贱其真母，共贱害杀地气，令使地气绝也不生，地大怒不悦，灾害益多，使王治不得平。①

> 今天下一家杀一女，天下几亿家哉？或有一家乃杀十数女者，或有姙之未生出，反就伤之者，其气冤结上动天，奈何无道理乎！②

> 夫男者乃承天统，女者承地统。今乃断绝地统，令使不得复相传生，其后多出，灭绝无后世，其罪何重也！③

尽管《太平经》是从贱女杀女会导致地统地气断绝、阴阳失衡的角度批评贱女杀女现象，但从人口生产的角度而言，《太平经》关注到女性与人口增殖的强关联性，还进一步提出应使男女数量保持适当比例的观点："如大多女，则阴气兴；如大多男，则阳气无双无法，亦致凶。何也？人之数当与天地相应。"即《太平经》已意识到人口结构应类似天地法则，保持阴阳中和，这是其人口管理思想的合理之处，非常值得肯定。

三　唐宋时期的人口管理思想

(一) 唐太宗：《令有司劝勉庶人婚聘及时诏》

贞观初年，户不及三百万。针对战乱之后人口锐减的现状，为迅速增加劳动力、恢复和发展社会经济，唐太宗于贞观元年（627）正月发布

---

① 杨寄林译注《太平经》，中华书局，2013，第131页。
② 杨寄林译注《太平经》，中华书局，2013，第139页。
③ 杨寄林译注《太平经》，中华书局，2013，第140页。

《令有司劝勉庶人婚聘及时诏》。诏令："男年二十，女年十五以上，及妻丧达制之后，媚居服纪已除，并须申以媒媾，令其好合……刺史县令以下官人，若能婚姻及时，鳏寡数少，量准户口增多，以进考第。如劝导乖方，失于配偶，准户减少附殿。"①

为了鼓励人口生育，唐太宗把官吏的考核与人口增加联系起来，其对人口生育的重视程度由此可见一斑。诏令要求凡男子满二十岁、女子满十五岁、男女丧失配偶服丧期已满者，均须向官府申请配婚，刺史县令及以下官员都要为其做媒婚娉，让其结婚生子。凡是能帮助适婚男女及时婚配、减少鳏寡、增加户口者，可在政绩考核中被评为优秀，奖励升职。反之，则降职使用。

唐太宗以行政手段激励地方官员增殖人口的措施效果显著，贞观二十三年（649），全国户接近 380 万户。

（二）韩愈：明先王之道以道之，鳏寡孤独废疾者有养也

韩愈，字退之，河南河阳（今河南省孟州市）人。

韩愈较为关注人口结构问题，他认为非生产人口占比过多不利于国计民生。韩愈对古今的人口结构进行了比较分析："古之为民者四，今之为民者六；古之教者处其一，今之教者处其三。农之家一，而食粟之家六；工之家一，而用器之家六；贾之家一，而资焉之家六。奈之何民不穷且盗也！"② 韩愈认为古代的四民仅包括士、农、工、商，但现在却增加了僧与道，增加的二民对整个宏观经济毫无贡献，是非生产人口，但却要消耗原来四民提供的商品或服务，是多余的冗民，会加速百姓的贫困与社会秩序的失衡。

那么又该如何改善这种局面呢？韩愈提出令僧道还俗、增加劳动人口的观点："不塞不流，不止不行。人其人，火其书，庐其居，明先王之道以道之，鳏寡孤独废疾者有养也，其亦庶乎其可也。"③ 即阻止佛老之道的流传，以便儒家原道得以推行。强令僧道还俗、烧掉其书籍、改变寺庙道

---

① （宋）王溥：《唐会要·婚嫁》，中华书局，1955。
② （唐）韩愈：《韩昌黎集》，马其昶校注，上海古籍出版社，1986，第 15 页。
③ （唐）韩愈：《韩昌黎集·原道》，马其昶校注，上海古籍出版社，1986。

观用途使其变为民居，如此，鳏寡孤独废疾者都有人照顾了，做到这些就应该差不多了。

尽管韩愈是从维护儒家道统、排斥佛道的角度谈及人口结构的，但韩愈能从生产与非生产角度理解人口结构与国家治理之间的关系，这一视角也丰富了中国古代的人口思想。

（三）元稹

元稹，字微之、威明。洛阳（今河南省洛阳市）人，鲜卑族。

1. 人口结构失调："十天下之人，九为游食"

元稹的人口管理思想集中体现在《才识兼茂明于体用策一道》中，针对唐朝当时粮食不足的问题，元稹认为人口结构失调是主因。"是以古之不农而食之者，四而已矣：吏有断狱之明则食之，军有临敌之勇则食之，工有便人之巧则食之，商有通物之智则食之。是四者，率皆明者、勇者、巧者、智者之事也，百天下之人，无一二焉。苟不能于此者，不农则不得食，不织则不得衣。人之情，衣食迫于中，则作业兴于外，是以游食者恒寡，而务本者恒多，岂强之哉？彼易图而此难及也。今之是事则不然，吏理无考课之明；卒伍废简稽之实；百货极淫巧之工；列肆尽并兼之贾。加以依浮图者无去华绝俗之真，而有抗役逃刑之宠；假戎服者无超乘挽强之勇，而有横击诟吏之骄。是以十天下之人，九为游食。"这段话比较了古今的非农业人口，古代非农业人口较少，包括官吏、将士、工匠、商贾等，但这些人各以其专业能力为农服务，如官吏断狱为农业生产提供稳定的社会秩序，将士御敌为农业生产提供安全的社会环境，工匠生产出农业所需的生产用具，商贾为农业生产提供流通服务，四类人虽不直接生产，但却因其服务于农业生产的贡献而有资格分享农业生产成果。而唐代的非农业生产人口却大大增加，以至达到"十天下之人，九为游食"的程度，且这些游食之民的质量与古代没有可比性，他们丧失了为农业生产服务的功能，变为不增反损的"劣质人口"。

2. 调整之策：减冗食之徒

为了彻底解决问题，元稹提出"减冗食之徒"的建议。他认为："今陛下诚能明考课之法，减冗食之徒，绝雕虫不急之工，罢商贾并兼之业，洁浮图之行，峻简稽之书，薄农桑之徭，兴耕战之术"，如此，"则游惰之户尽归，而恋本之心固矣。恋本之心固，则富庶之教兴矣，而贞观、开元之盛复矣"。① 元稹建议调整人口结构，通过减少冗食之徒数量的方式增加农业生产人口，减少对农业生产无贡献的单纯的农业产品消耗人口。比起前人，元稹的人口管理思想不仅关注"游食者""务本者"比重，更关注"游食者"质量的判定标准问题，他以能否为农业生产提供服务评判"游食者"质量，看重其社会贡献，这是其人口管理思想的独特之处。

（四）李觏

李觏的人口管理思想集中体现在其《富民策第四》与《富民策第五》之中，具体内容如下。

1. 人口结构失调：冗食之民过多

李觏认为社会上除农、工、商、虞四民外，还存在不劳而食的游民。李觏将工商之民称为"末"，"冗"指"不在四民之列"的人。而冗民又分为四大类：缁黄、奸吏、方术、声妓。李觏认为古代工商之民生产与流通的商品皆是百姓实实在在需要的民用之品，而当今的工商之民却"竞作机巧……竞通珍异"，生产与流通的商品是奢侈品或奇技淫巧用品，皆不切于民用。冗食之民也全部无益于社会生产，缁黄"广占良田利宅，美衣饱食，坐谈空虚，以诳曜愚俗"，奸吏"内满官府，外填街陌，交相赞助，招权为奸，狗偷蚕食，竭人膏血"，方术"迂怪矫妄，猎取财物，人之信之，若司命焉"，声妓"群行类聚，往来自恣，仰给于人"，② 此四类冗民皆是不劳而食之民，而天下耕织之民有限，一夫不耕即意味着有人要挨饿，一女不织即意味着有人要受冻，如若冗民过多，必然导致天下生产的物质资料无法供给天下之民。

2. 解决之道："驱游民而归之"

李觏认为应采取"驱游民而归之"的措施解决以上问题，即"逐末也，冗食也"③，将从事奢侈品生产与流通的工商之民及冗民驱赶至本业。

---

① （唐）元稹：《元稹集·才识兼茂明于体用策一道》，冀勤校注，中华书局，2015。
② （宋）李觏：《李觏集》，中华书局，1981，第138~139页。
③ （宋）李觏：《李觏集》，中华书局，1981，第138页。

关于"逐末",他认为,"欲驱工商,则莫若复朴素而禁巧伪"①,即禁止工商之民从事奢侈品生产与流通,让其复归本业,只生产流通百姓所必需的生产生活用品,如此,在物价回落、利润微薄等因素影响下,这些人不得不回归古代工商之民的做法,以生产流通百姓生活用品为主业。

关于"去冗",他的建议是:"欲驱缁黄,则莫若止度人而禁修寺观……欲驱官府之奸,则莫若申明宪令,慎择守宰……欲驱方术之滥,则莫若立医学以教生徒,制其员数,责以精深,治人不愈,书以为罪。其余妖妄托言祸福,一切禁绝,重以遣募,论之如法……欲驱声伎之贱,则莫若令民家毋得用乐,衣冠之会,勿纳俳戏。"② 李觏建议采用釜底抽薪的办法彻底"去冗",如以禁止度人为僧尼道士、禁止修建寺观的方法对付僧道,以严明律法对付奸吏,以设立医学培育专业人才的方法对付方术,以禁止百姓享受声乐的方法对付声伎,如此一来,"缁黄之多""官府之奸""方术之滥""声伎之贱"的问题全都解决了,农业生产人口回升,农业发展也就顺理成章了。

在四类冗民中,李觏对"缁黄"尤为反感,《富国策第五》中,他用了大量的篇幅论及"缁黄存则其害有十,缁黄去则其利有十",提出"十害十利"说。十害集中在不劳而食、影响婚配、逃避徭役、损耗国用、诱人子弟、占据资源、影响本业、扰乱市价、奢侈浪费、包庇惰猾等。而一旦"去缁黄",则会带来十种好处:"男可使耕,而农夫不辍食矣;女可使蚕,而织妇不辍衣矣,其利一也。男则有室,女则有家,和气以臻,风俗以正,其利二也。户有增口,籍有增丁,繇役乃均,民力不困,其利三也。财无所施,食无所斋,民有羡余,国以充实,其利四也。父保其子,兄保其弟,冠焉带焉,没齿弗去,其利五也。土田之直,有助经费,山泽之富,一归衡虞,其利六也。营缮之劳,悉已禁止,不驱贫民,不夺农时,其利七也。良材密石,亦既亡用,民得筑盖,官得缮完,其利八也。淫巧之工,无所措手,弃末反本,尽缘南亩,其利九也。宫毁寺坏,不佣

---

① (宋)李觏:《李觏集》,中华书局,1981,第139页。
② (宋)李觏:《李觏集·富国策第四》,中华书局,1981。

不役，惰者猾者，靡所逋逃，其利十也。"① 因而，李觏对韩愈谈到的"释老之弊"非常肯定，但他认为韩愈的观点较为激进，对于存在时间较长的影响因素，骤然除之难度较大，所以，李觏坚持其"止度人而禁修寺观者"的观点，认为渐进式方法更为有效。

（五）苏轼：均户口、去奸民

北宋苏轼的人口思想集中体现在《策别》《策问》之中，具体内容如下。

1. 人口区域分布不均问题及均民之术

《安万民三》中，对于"夫中国之地，足以食中国之民有余也，而民常病于不足。何哉"之问题，苏轼认为最关键的原因是："地无变迁，而民有聚散。聚则争于不足之中，而散则弃于有余之外。"② 苏轼认为中国的土地足以养育所有民众，但百姓常感拮据，主要原因是人口的迁徙行为。随着人口的迁徙、百姓的聚散，人口与土地的适宜匹配比例失衡，民用不足现象产生。

苏轼对古今人地比例进行了比较分析，他认为古代类似井田制这样的土地制度可以确保民与地的合理匹配，如此，"民均而地有余……夫地以十倍，而民居其一，故谷常有余，而地力不耗。何者？均之有术也"。井田制废除后，天下之民转徙无常，"惟其所乐，则聚以成市。侧肩蹑踵，以争寻常；挈妻负子，以分升合。虽有丰年，而民无余蓄。一遇水旱，则弱者转于沟壑，而强者聚为盗贼"，土地与百姓数量不变，但百姓生活境况却截然不同，苏轼感慨道："盖亦不得均民之术而已。""民之不均"又会导致农业人口效仿游手浮食之民迁徙，百姓争相聚于地狭人广经济发达之地，引发人口与土地比例的失衡。

该如何解决这一问题呢？苏轼提出了自己的均民之术："为今之计，可使天下之吏仕至某者，皆徙荆、襄、唐、邓、许、汝、陈、蔡之间……民方其困急时……募其乐徙者……皆授其田，贷其耕耘之具，而缓其租，然后可以固其意。"即国家以授田、助贷、缓租等行政措施激励乐于迁徙

---

① （宋）李觏：《李觏集》，中华书局，1981，第141页。
② （宋）苏轼：《苏东坡全集》，上海仿古书店，1936，第152页。

的士大夫与处于困急之境的百姓迁徙至地广人稀的荆、襄等地，使人口与土地数量达到适宜的比例。

2. 人口素质问题及"去奸民"之术

《策别安万民六》中，苏轼提出"去奸民"的观点，主张"宜明敕天下之吏，使以岁时纠察凶民……有子不孝、有弟不悌、好讼而数犯法者，皆诛无赦"，这其实与其在《策别安万民一》《策别安万民二》《策别安万民五》的关注点一致，即人口的品德与质量。其他建议中，"敦教化"要求百姓知信知义："欲民之知信，则莫若务实其言。欲民之知义，则莫若务去其贪"。"劝亲睦"要求百姓父慈子孝、兄弟和睦、妻子相："莫若使其父子亲、兄弟和，妻子相好"。"教战守"希望百姓知安且知危，能逸且能劳："使士大夫尊尚武勇，讲习兵法。庶人之在官者，教以行阵之节。役民之司盗者，授以击刺之术"。①苏轼认为知信义、懂和睦、能战守的人口素质更高，更有利于维系良好的社会治安与秩序，因而，必须减少"奸民"，教化培育良民，如此，王政与国家的长治久安也就可以实现了。

3. "百弊并生"原因："生之者寡，食之者众"的人口职业结构

《策问》篇，苏轼注意到人口的结构问题。谈及人口数量与国家财富之间的关系时，对比古今，苏轼认为两者之间没有必然的联系，反倒是人口职业结构与国富密切相关："国家承平百年，户口之众有过于隋，然以今之法观之，特便于徭役而已，国之贫富何与焉？非徒无益于富，又且以多为患。生之者寡，食之者众，是以公私枵然而百弊并生。"②苏轼注意到，人口增加了，如果从事生产的人口占比较低而消费人口占比较高，仍无益于国富。只有生产者占人口比重高，生活资料才会不断丰富。

（六）叶适

南宋叶适既关注人口数量与国富的关系，也关注人口地区分布不均与国富的关系。

1. "户口昌炽"而"国家贫弱"的问题及原因

叶适认可人口数量与国富存在密切的关系。他认为："为国之要，在

① （宋）苏轼：《苏东坡文集·策别安万民》，孔凡礼点校，中华书局，1986。
② （宋）苏轼：《苏东坡文集·国学秋试策问》，孔凡礼点校，中华书局，1986。

于得民。民多则田垦而税增，役众而兵强。田垦税增，役众兵强，则所为而必从，所欲而必遂。"① 结合商鞅、孙权、诸葛亮采取各种措施增加人口的举措，叶适认为从古至今，人口数量多寡的确关系国家的富强。

南宋实际情况是：尽管"户口昌炽，生齿繁衍，几及全盛之世"，但却"无垦田之利，无增税之入，役不众，兵不强，反有贫弱之实见于外"②，与此前各朝代皆不同。原因何在呢？叶适认为其一是"民虽多而不知所以用之"，其二为"偏聚而不均"。③ 即人口虽多，但不知道如何合理使用；人口分布不均，人地不相称。

2. 解决之策：民多而知用、去狭而就广

针对第一个原因，叶适强调一定要"民多而知用"，要在民多的基础上正确利用民力："有民必使之辟地，辟地则增税，故其居则可以为役，出则可以为兵。"④ 叶适认为这是解决无地之民窘境的必要举措，如此，方能避免其处境的进一步恶化。

针对第二个原因，叶适提出了"去狭而就广"的人口区域调整政策。他观察到人口流动的趋势，发现民众热衷于聚集繁庶之地，导致该地物价飞涨、土地与人口的适宜比例被破坏，"民多而地不足若此"，增加了地方政府的治理难度。而偏远蛮荒之地则鲜有民众聚集，人口与土地同样不匹配。如此一来，人口区域分配不均问题特别突出："且其土地之广者，伏藏狐兔，平野而居虎狼，荒墟林莽，数千里无聚落，奸人亡命之所窟宅，其地气蒸郁而不遂；而其狭者，凿山捍海，摘决遗利，地之生育有限而民之锄耨无穷，至于动伤阴阳，侵败五行，使其地力竭而不应，天气亢而不属，肩摩袂错，愁居戚处，不自聊赖。"地广人稀与地狭人广在叶适看来均不适宜，均是人地比失衡的表现，均会带来资源的浪费，因而，他提出了"分闽、浙以实荆、楚，去狭而就广"的建议，把地狭人广之民迁到地广人稀之地，合理引导人口迁移，如此，土地与劳动力匹配均衡，国家税收增加，国富自然得以保障。

---

① （宋）叶适：《叶适集》，中华书局，1961，第653页。
② （宋）叶适：《叶适集》，中华书局，1961，第653页。
③ （宋）叶适：《叶适集》，中华书局，1961，第653页。
④ （宋）叶适：《叶适集》，中华书局，1961，第654页。

四 元明清时期的人口管理思想

(一) 马端临：“民之多寡不足为国之盛衰”

马端临（约 1254~1323 年），字贵与，江西乐平人，宋末元初著名学者、史学家，著有《文献通考》《大学集注》《多识录》等。

马端临重视人口质量甚于人口数量，他认为人口数量多少不是考察国家盛衰的唯一标准，人口多的国家可能衰亡，人口少的国家可能兴盛，国家兴盛与否取决于人口的质量。

《文献通考·自序》中，马端临介绍《户口》时分析了人口素质与国家盛衰的关系：“古者户口少而皆才智之人，后世生齿繁而多窳惰之辈。钧是人也，古之人，方其为士则道问学，及其为农则力稼穑，及其为兵则善战阵，投之所向，无不如意……民众则其国强，民寡则其国弱，盖当时国之与立者民也。光岳既分，风气日漓，民生其间，才益乏而智益劣。士拘于文墨而授之以介胄则惭；农安于犁锄而问之以刀笔则废。以至九流百工释老之徒，食土之毛者，日以繁夥……于是民之多寡不足为国之盛衰。官既无借于民之材，而徒欲多为之法以征其身，户调口赋，日增月益，上之人厌弃贱薄不倚民为重，而民益穷苦憔悴只以身为累矣。”[①] 马端临高度肯定古代人口的综合素质，认为他们胜任每一个专业领域的工作，学习能力、动手能力、实践能力都非常强，这样的人口越多，国家自然越强，人口越少，国家就弱。而随着时光流转，人口素质全面下滑，“才益乏而智益劣”，人们只能胜任其中一个领域的工作，加之不劳而食者日益增多，人口与国家兴衰之间也无必然的联系了。政府只是把民众视为税源，不倚重民众才力，民众的处境也越来越艰难。

马端临“民之多寡不足为国之盛衰”的人口管理思想有其可取之处，人口质量的确是影响国家发展的重要因素，但马端临没有意识到，随着社会的发展，分工越来越细，术业有专攻成为发展趋势，“全才”转向“专才”成为社会需求，他以是否为“全才”“通才”判定人口素质高低，这一思想也有值得商榷之处。

---

① （元）马端临：《文献通考》，中华书局，1986，第 118 页。

（二）丘濬

丘濬的人口管理观点如下。

1. 人口多寡关乎国家的强弱盛衰

丘濬强调："天下盛衰在庶民，庶民多则国势盛，庶民寡则国势衰，盖国之有民犹仓廪之有粟、府藏之有财也"；"古人有言，观民之多寡，可以知其国之强弱，臣窃以为，非独可以知其强弱，则虽盛衰之故、治乱安危之兆，皆于此乎见之"。[①] 因而，统治者应该重点考虑养民，"为国者莫急于养民"，人君应高度关注天下户口多寡，户口增加，则探究增加的原因并兢兢业业继续维持，加以保养，户口减少，则探究减少的原因并急切地采取行动进行改革。丘濬认为，只有这样，才能保证转危为安、由衰转盛。

2. 土地等生产要素的特点是人口增加的制约因素，并会导致人口与土地比例的失调

《大学衍义补·蕃民之生》中，丘濬数次强调："天地生人止于此数，天之所覆者虽无所不至，而地之所容者，则有限焉。惟气数之不齐而政治之异施，于是乎生民有盛有衰、生齿有多有寡焉。"[②]"夫自天地开辟以来，山川限隔，时世变迁，地势有广狭，风气有厚薄，时运有盛衰，故人之生也不无多寡之异焉。"[③] 土地、气候、山川地势等自然禀赋决定了各个地方的人口多寡，气候宜人、土地肥沃、地势平坦等适宜生存的地方往往是人口聚集之地，而那些气候恶劣、土地贫瘠、地势陡峭起伏不定的地方往往人口稀疏。

人口的这种流动趋势又会导致人地比失调、赋役不均，他观察到："以今日言之，荆湖之地田多而人少，江右之地田少而人多，江右之人大半侨寓于荆、湖，盖江右之地力所出不足以给其人，必资荆湖之粟以为养也；江右之人群于荆湖，既不供江右公家之役，而荆湖之官府亦不得以役之焉，是并失之也。"[④] 人地比失调既造成赋役不均，又造成土地或劳动力

---

① （明）丘濬：《大学衍义补》，上海书店出版社，2012，第132页。
② （明）丘濬：《大学衍义补》，上海书店出版社，2012，第129页。
③ （明）丘濬：《大学衍义补》，上海书店出版社，2012，第131页。
④ （明）丘濬：《大学衍义补·蕃民之生》，上海书店出版社，2012。

资源的浪费，影响最终的产出效率。同时，过高的人地比也会加剧资源的紧缺程度，进而推高物价。《屯营之田》中，丘濬指出："今承平日久，生齿日繁，天下田价比诸国初加数十倍。"① 人口增加而土地资源有限，导致土地价格提高，土地价格提高又会增加百姓生存的成本，进而影响人口的增加。

3. 应采取积极措施增加人口、使人地比保持在适当水平

第一，增加人口应积极"养民"。"养民之政，在乎去其害民者尔……小人用于庙堂而毒害及于黎庶，人君之欲蕃民生者，其尚去谗远色贱货，而一于贵德也哉。"② 即通过去除害民者以养民，为此，人君应务必远离谗言、女色，看轻货物而看重道德，如此，才能有力地促进人口的增加。

第二，根据土地等自然禀赋积极引导民众合理利用资源。"蕃鸟兽以为其衣食之资，毓草木以为其室器之用，别其土壤，教其稼穑。凡若此者，无非以蕃民之生也。"③ 丘濬认为统治者在进行人口管理时，除了通晓百姓的数量，还应了解其生活所在地的地域广狭、百姓居住情况、土地寒暖燥湿等情况，在此基础上，采取针对性措施以增加人口数量。随着生存条件改善，人口增加，国家根基也会得以巩固，天下大治，君主亦可安居其位。

第三，积极以行政措施鼓励人口生育行为。论及汉章帝"怀妊者，赐胎养谷。人三斛。复其夫，勿算一岁"④ 的激励生育措施，丘濬加以肯定，并认为"女子过时不嫁者，有罪，妇人怀妊者有养，婴儿失养者，有给"⑤ 的行政激励及社会保障措施是汉代统治时间较长的重要原因之一，后世统治者完全可以效仿，如法炮制。

第四，以鼓励移民、招募民众屯垦等方式对失调的人地比进行积极干预。《蕃民之生》中，针对民众由田少而人多的江右乔迁在田多而人少的荆湖之地所造成的赋役不均问题，丘濬提出了一个通融之法，即对于这部

---

① （明）丘濬：《大学衍义补·屯营之田》，上海书店出版社，2012。
② （明）丘濬：《大学衍义补》，上海书店出版社，2012，第132页。
③ （明）丘濬：《大学衍义补》，上海书店出版社，2012，第129页。
④ （明）丘濬：《大学衍义补》，上海书店出版社，2012，第130页。
⑤ （明）丘濬：《大学衍义补》，上海书店出版社，2012，第130~131页。

分不愿归乡的江右之民，可根据置产、耕佃、贩易佣作等具体情况，将之分为税户、承佃户、营生户等，定为版册，与当地百姓一样承担赋税，"有产者出财，无产者出力"①，如此，既解决了赋役不均的问题，也承认了既定的迁徙事实，使田多而人少的荆湖之地的人地比趋于均衡："如此通融，两得其用，江右无怨女，荆湖无旷夫，则户口日以增矣。江右有赢田，荆湖无旷野，而田野日以辟矣。是亦蕃民生、宽力役，一视同仁之道也。"②《屯营之田》中，丘濬认可元朝丞相托克托（脱脱）于至正十二年（1352）所提之建议，即招募江南人到京畿近水地耕种，以解决京师粮食供给问题。元朝后期设大司农卿，并从江南召募能种水田及修筑围堰者各一千名，凡能招募农民一百名者授正九品，招募二百名者授正八品，招募三百名者授从七品，所募农夫每名给钞十锭。采取以上措施后，当年大丰收。丘濬认为明代京畿之地可开垦为稻田者甚多，完全可效仿元朝做法，如果"诚能因其所耕，而推及其所未耕，使其皆尽人力、广地利，而又因而为之召募，劝相"③，则会在很大程度上平衡人地比，助力国计民生问题的解决。

（三）洪亮吉：人口过剩思想

洪亮吉，字君直，号北江，江苏阳湖（今常州市武进区）人。乾嘉时代的著名学者，编撰《春秋左氏诂》《三国疆域志》《东晋疆域志》《十六国疆域志》等书，纂修《淳化县志》《泾县志》等十余部方志。

洪亮吉生活在人口剧增的清朝。康熙四十五年（1706）前后，全国人口首次突破 1 亿人，1762 年变为 2 亿人，1790 年又增加 1 亿人，道光十四年（1834）突破 4 亿人。在此背景下，洪亮吉也对人口问题较为重视，其人口思想集中体现在乾隆五十八年（1793）撰写的《意言》一书的《治平篇》《生计篇》。洪亮吉集中讨论了人口数量增长与生活资料增长之间的关系，其人口过剩理论在中国古代人口思想史中占有重要的一席之地。

洪亮吉的人口管理观点如下。

①　（明）丘濬：《大学衍义补》，上海书店出版社，2012，第 131 页。
②　（明）丘濬：《大学衍义补》，上海书店出版社，2012，第 131 页。
③　（明）丘濬：《大学衍义补》，上海书店出版社，2012，第 295 页。

1. 在社会环境稳定、保持"治平"的背景下，人口增长速度远远大于生活资料的增长迅速，导致人口过剩

在《治平篇》中，洪亮吉观察到，在百余年的稳态治理中，户口比三十年前增长 5 倍，比六十年前增长 10 倍，比百年、百数十年前增长 20 倍，人口的增长速度非常惊人。

洪亮吉以一户为例进行推算，假定以一户男子 1 人为出发点，男子娶妻后不过 2 人。2 人有屋 10 间，有田 1 顷，此时生活资料"宽然有余矣"。此男子 1 人生 3 子，全户变为 4 人，加上各自配偶为 8 人，如雇用长工 2 人，全户人数为 10 人。此时，10 人居住在 10 间房中，依靠 1 顷田生存，则"其居仅仅足，食亦仅仅足也"①，生活资料勉强够用。3 子各生 3 孙，加上 3 孙的配偶，第三代增加 18 人，加上祖父两代，家庭总人口为 28 人。即使减去因衰老而死亡的人口，总人口仍有 20 余人。20 余人住在 10 间房中，依靠 1 顷田生存，生活资料"必不敷矣"。在人口增加的过程中，土地房屋等生产资料生活资料要么没有增加，要么增加不过 1 倍，要么增长 3~5 倍则止，而人口却以 10~20 倍的速度增长，人口的增长速度远远大于生活资料的增长速度，如此一来，"田与屋之数常处其不足，而户与口之数常处其有余也"②，有限的土地与房屋无法满足过多人口的需求，人口过剩问题凸显。在《生计篇》中，洪亮吉再次强调人口与生活资料的冲突："为农者十倍于前，而田不加增；为商贾者十倍于前，而货不加增；为士者十倍于前，而佣书授徒之馆不加增。"③ 土地、商品、教学机构等生产生活资料不增加，但农民、商贾、为士者却增加了 10 倍，供不应求的矛盾被放大。

2. 兼并加剧人口过剩问题的严重性

随着土地兼并，兼并之家"一人据百人之屋，一户占百户之田"④，少数人口占据大量的社会生产资料与生活资料，失去土地或拥有土地不足的人家则会因无法得到必需的生活资料而颠沛流离，饥寒交迫，且这种

---

① （清）洪亮吉：《洪北江诗文集》，商务印书馆，1935，第 48 页。
② （清）洪亮吉：《洪北江诗文集》，商务印书馆，1935，第 48~49 页。
③ （清）洪亮吉：《洪北江诗文集》，商务印书馆，1935，第 50 页。
④ （清）洪亮吉：《洪北江诗文集》，商务印书馆，1935，第 49 页。

现象将变得越来越常见，人口与生活生产资料不匹配的问题将会越来越严重。

3. 人口过剩导致民生艰难与社会失序

一旦人口增加过快，而生活资料增加较慢，必然会导致物价飞涨，民生艰难。除了《治平篇》所谈的土地价格上涨，《生计篇》中洪亮吉再次提到物价飞涨现象："闻五十年以前吾祖若父之时，米之以升计者，钱不过六七；布之以丈计者，钱不过三四十……且昔之以升计者，钱又须三四十矣；昔之以丈计者，钱又须一二百矣。所入者愈微，所出者益广。"物价飞涨导致百姓入不敷出，经济拮据，生存环境恶劣，"终岁勤动，毕生皇皇而自好者居然有沟壑之忧"[①]。随着人口增加 10 倍，游手好闲者更是增加了数十倍，一旦"遇有水旱疾疫"，这些游手好闲者只能束手待毙。在艰难的生存环境下，品行不端者为非作歹，以至"攘夺之患"产生，社会秩序受到严重冲击。

4. 存在两种调剂人口过剩的方法："天地调剂之法"与"君相调剂之法"

《治平篇》中，洪亮吉论及两种人口调剂之法，所谓"天地调剂之法"即水旱、瘟疫等天灾，所谓"君相调剂之法"无非是国家劝督生产、移民垦荒、减轻赋税负担、禁止侈靡、抑制兼并、赈济灾民等措施。但洪亮吉对调剂之法的效果不甚乐观，他认为"天地调剂之法"只会使十分之一二的百姓遭遇不幸，"君相调剂之法"亦无法从根本上改变快速增加之人口与缓慢增加之生活资料的矛盾。洪亮吉对此深感忧虑："一人之居以供十人已不足，何况供百人乎？一人之食以供十人已不足，何况供百人乎？此吾所以为治平之民虑也。"[②]

洪亮吉的人口思想出现于 1793 年，五年后马尔萨斯的人口思想出现，两者都聚焦人口过剩问题，但又存在不同。首先，洪亮吉以户为单位计算人口增长的速度，以封建家庭为基本单元，计算时把雇用的长工也计算在内，体现了农民对地主的人身依附关系。而马尔萨斯则以人为计算单位，将物质资料增长速度定性为数学级，人口增长速度定性为几何级。其次，

---

① （清）洪亮吉：《洪北江诗文集》，商务印书馆，1935，第 49~50 页。
② （清）洪亮吉：《洪北江诗文集》，商务印书馆，1935，第 49 页。

洪亮吉在计算人口的迭代增长时，每代增加人数仅凭主观推测，而马尔萨斯则采用了一些统计数字，使其观点得到了一定的数据支持。

（四）包世臣："庶为富基"

包世臣，安徽泾县人，字慎伯，晚号倦翁，清朝学者、书法家。嘉庆二十年（1815）举人，曾担任新喻知县职务。著《安吴四种》一书。

包世臣反对人口过剩观点，坚持认为人口增长有利于国家财富增长，其人口思想集中体现在著作《安吴四种》中，他在不同的篇章反复强调这一点。在《说储上篇前序》中，包世臣指出："天下之土，养天下之民，至给也。"① 在《庚辰杂著二》中，包世臣进一步阐述："天下之土，养天下之民，至给也。人多则生者愈众，庶为富基，岂有反以致贫者哉？"② 包世臣认为，贫困并非人口过多导致的，相反，人是生产者，生产者越多越能创造充足的财富，百姓的生活越富裕，因此，"庶为富基"，人口是财富创造的利好要素，与致贫无关。

此外，在《说储上篇前序》中，包世臣也承认社会中存在"愁叹盈室，冻馁相望"的现象，但他认为这种现象产生的原因是生产不足，解决之道在于发展生产。包世臣把人口视作重要的生产要素，并注重从发展生产的角度解决社会问题，这是其人口管理思想中值得肯定之处。

（五）恽敬："十四民"的人口结构思想

恽敬，字子居，号简堂，江苏阳湖（今属常州）人。清代散文家，"阳湖文派"创始人之一。著《大云山房文稿》。

恽敬在韩愈的"六民"说基础上，把"六民"扩大到"十四民"，他认为除了士、农、工、商、僧、道等"六民"之外，"民"还包括贵者及其家人、富者及其家人、士兵、官府役者、私家佣役者、投机商人（牙侩）、娼妓、优伶（演员）等"八民"。而在这"十四民"中，只有农、工、商三民"为之"，是生活资料的生产者与流通者，其余皆"享之"，不

---

① 刘平、郑大华主编《中国近代思想家文库：包世臣卷》，中国人民大学出版社，2013，第493页。

② 刘平、郑大华主编《中国近代思想家文库：包世臣卷》，中国人民大学出版社，2013，第357页。

创造物质财富而只是单纯享受。如此一来，"天不能养，地不能长，百物不能产，至于不可以为生"[①] 成必然现象。

恽敬从生产还是非生产的角度关注人口结构，重点关注非生产人口占比过高的问题，并通过古今对比认为当时非生产者比重过高、人口结构已不如古代，强调了人口结构变化的动态发展，体现了其较强的现实观察能力。同时，恽敬把农、工、商之外的"九民"都视为不劳而食者，弱化了其所在行业的社会功能与贡献，这是其人口管理思想中值得商榷之处。

（六）谢阶树：安定游民思想

谢阶树，字欣植，又字子玉，号向亭（芗亭），江西省宜黄县人。清代官吏、学者、思想家，著《约书》《沅槎唱和集》等，其人口思想集中体现在《约书·明宗》中。

谢阶树比较关注人口流动现象与游民问题，提出了"安定游民"的主张，具体内容如下。

1. 政府以"官法"限制人民迁徙

第一，限制游民的经济权益。游民"田宅契约满百年，始得占籍"，即游民的田宅契约满百年，方能占籍、得到政府的承认，其经济权益在百年之内无法得到法律的承认和保护。

第二，限制游民的政治权利。游民"寄籍五世始得与有司试"，即游民居住五世之后，方有资格参与科举考试，其政治权利在五世之内被剥夺。

第三，加强对占籍游民的管理。"凡客民虽已占籍，必别其籍，著其所自徙，有司以时稽核"，游民虽已占籍，但政府对其管理尤为严格，经常会进行稽查。商人等游民的来去婚丧事宜须随时向官府报告，按时接受政府的稽查管理。一旦有挑战社会伦常之行为，政府可对之严惩："商贾左右望而罔利，安知族性？……族之散，商民倡之……凡商民，父母在，一岁不归者，服不养之刑，三岁服不孝之刑。父母没，五岁不墓祭者，服忘本之刑。妻子在，三岁不归者，服不慈之刑。若有故，则以告于有司，

---

①　（清）恽敬：《大云山房文稿·三代因革论五》，商务印书馆，1938。

假一岁，犹不归，则夺其产。"从服刑到剥夺家产，谢阶树根据游民行为的悖逆程度给出相应的惩罚意见，限制游民的立场坚定、态度坚决，充分体现了其控制游民的强烈意愿。

2. 宗族用"家法"加强管理控制，防止游民产生

谢阶树出生在一个封建大家族，同族人"环县而居者殆千户"，当地千户以上的大族还有6姓，数百户的"望屋皆是"。他认为人们聚而不迁的原因是"恋其族也"，因此可通过加强宗族管理的方式防止游民产生。他认为"家治"比"官治"的效果更好："则民治于官，先治于家矣，而天下无不可治之民矣。"① 那么，又该如何管理呢？谢阶树提出了修族谱、明次序、定尊卑、强化宗法管教、以财物周济贫苦等措施。

（七）龚自珍：以移民、农宗治理游民思想

龚自珍，字尔玉，又字璱人；更名易简，字伯定；又更名巩祚，号定盦，又号羽琌山民。浙江仁和（今杭州）人，清末思想家、文学家。出身于世代官宦学者家庭。著《定盦文集》《己亥杂诗》。

龚自珍的人口管理思想集中体现在《定盦文集》中，观点如下。

1. 移民

为了缓解游民问题，同时解决边疆被侵扰的隐患，龚自珍于道光九年（1829）提出了移民对策："夫游民旷土，自古禁之。今日者，西北民尚质淳，而土或不殖五谷；东南土皆丰沃，而人或非隶四民。守令所焦虑者，似无暇在此，而所以督责守令，亦不尽在此，是宜深计也。"② 龚自珍观察到，西北多旷土，东南多游民，西北与东南的所谓"过剩"资源可充分结合，他主张在新疆设行省，有计划迁移东南游民到西北垦殖，如此，既解决了移民问题，也解决了边疆问题。

2. 加强宗族管理，阻止游民产生

龚自珍建议以农宗治理游民，即把农民纳入居住地的宗族血缘关系和土地关系网络中，从根本上防范游民的产生。具体观点如下。

第一，根据血缘关系在宗族实行四等划分。四等分别为：大宗（长

---

① （清）谢阶树：《约书·明宗》，宜黄谢氏刻本，清道光二十四年（1844）。
② （清）龚自珍：《定盦文集·对策》，朝华出版社，2017。

子)、小宗 (次子)、群宗 (第三、第四子) 和闲民 (第五及以下子)。小宗和群宗称为余夫。大宗的下一代可再分四个等级,但小宗的长子只能是小宗,次子为群宗,第三子以下为闲民。群宗的长子只能是群宗,其余子为闲民。闲民之子永远为闲民。

第二,根据等级分配土地。龚自珍主张立四等之目以差,反对诸子平分析产制度。他认为,如果实行平分制度,会导致土地轻易被兼并。以百亩之农为例,如果长子与余子不做区分,"则百亩分,数分则不长久,不能以百亩长久,则不智"。他建议大宗继承全部百亩之田,余夫向国家请授二十五亩土地。闲民无田,不得请授,充当大宗、余夫的佃农。大宗百亩之田,无力耕种,需要 5 个佃农;余夫有田 25 亩,需要 1 个佃农助耕。如此,各得其所。接着,龚自珍又算了一笔账,分析了四等之差的农宗体系在人口与土地配比方面的强大功效:"大凡大宗一,小宗若群宗四,为田二百亩,则养天下无田者九人。然而天子有田十万亩,则天下无田亦不饥为盗者,四千有五百人。大县田四十万,则农为天子养民万八千人"①,如此一来,大量闲民被宗族土地所吸附,游民无从产生,社会秩序得以稳定。龚自珍对自己的建议非常自得,"姑试之一州,州蓬跣之子,言必称祖宗,学必世谱牒。宗能收族,族能敬宗,农宗与是州长久",一州的长治久安即可实现,各州皆如是,则天下之主亦可因农宗而受益。②

3. 改屯丁为土著

道光九年 (1829),龚自珍在《御试安边绥远疏》中提出的安边建议也涉及人口政策。针对新疆的边防问题,他建议军事上依靠天山北路,而在天山南路推行 "改屯丁为土著" 的人口政策,为此,土地政策也应配套,应采取 "撤屯田为私田" 的政策,稳定民心,确保能留住人口,巩固边防。

(八) 汪士铎:控制人口思想

汪士铎,字振庵,别字梅村,晚号悔翁,江苏江宁 (南京) 人,一生主要以游幕、授徒为业。与湘军将领曾国藩交往甚密。清末文人、地理学家。著有《汪梅村先生集》《悔翁笔记》《南北史补志》《水经注图》《乙

① (清) 龚自珍:《龚自珍全集》,上海人民出版社,1957,第 206 页。
② (清) 龚自珍:《定盦文集·农宗》,朝华出版社,2017。

丙日记》等。

汪士铎是清末高度关注人口问题并提出系统解决方案的代表性学者，其人口思想集中体现在其 1855～1856 年写成的《乙丙日记》中。赵靖认为汪士铎的人口思想是"中国历史上前所未有的最凶残、最无人性的绝对人口过剩论"。①

汪士铎的人口管理观点如下。

1. 人口增长速度过快

汪士铎以南京和安徽绩溪县为例，分析当时中国人口的增长速度。他观察到安徽人早婚早育的人口生育行为，"徽州人固陋，喜人多婚早，每十五六皆嫁娶，其风也。十六皆抱子"②，结果导致每二十年人口增加一倍。其他地方亦如此："山中人与徽宁俗同，喜丁旺，谓为开旗。"如此一来，如放眼全天下，人口的增长速度非常惊人："天下人丁三十年加一倍，故顺治元年一人者，至今一百二十八人。"汪士铎对这种人口增长速度忧心不已。

2. 人口的增长速度大大超过了社会供给增长速度，导致各种问题

第一，人地比失调，生产、生活资料供给不足。土地是最重要的生产资料，而"人多则穷，地不足养"，土地资源匮乏时，人们就竭尽全力充分利用地力，汪士铎观察到："人多之害，山顶已殖黍稷，江中已有洲田，川中已辟老林，苗洞已开深菁。犹不足养，天地之力穷矣。种殖之法既精，糠秕亦所吝惜。蔬果尽以助食，草木无几子遗，犹不足养，人事之权殚矣。"即使山顶、江中、苗族洞穴等地已被开发殆尽，土地产出仍不能满足人口的需求。即使有了精湛的种植技术、充分利用的庄稼秸秆与米糠、补充食物不足的蔬菜水果，人类生存所需仍得不到保障。汪士铎对这种情况的前景相对悲观："驱人归农，无田可耕，驱人归业，无技须人。皆言人多，安能无益？盖一田不过一农，一店不过数人，今欲以百农治一亩、千人治一店，如何其能？"没有充足的土地资源，即使政府采取驱人归农的政策，也很难取得理想的效果。

---

① 赵靖主编，石世奇副主编《中国经济思想通史续集：中国近代经济思想史》，北京大学出版社，2004，第 84 页。

② （清）汪士铎：《汪悔翁乙丙日记》卷三，明斋丛刻，1935，第 28 页。

第二，引发社会动荡。汪士铎认为人多必然导致动荡："世乱之由：人多。"他把太平天国运动与人口增加过快联系起来，一方面，"地不能增，而人加之二三十倍，故相率为盗以谋食"，生产生活资料有限必然导致争抢劫掠，百姓为了活命而漠视任何伦理约束，纷纷采取非法方式谋食。另一方面，"取才之涂太隘"，国家选拔人才的途径太过狭窄，类似杨秀清、韦昌辉、石达开这样的优秀人才无法为国所用。两方面因素导致太平天国运动的主体（领导者与跟随者）形成。

3. 只有控制人口，才能长治久安

第一，用严刑酷法消减人口。汪士铎认可"乱国用重典"之策，他主张以雷霆手段对付太平天国运动的农民军。他的这一立场与其遭遇不无关系，1853 年太平军占领南京时，汪士铎曾被编入男营，后于年底逃往安徽绩溪，因而对太平天国运动十分仇恨。他认为对犯法之人应处以极刑，并"复族诛之法，推广连坐之条"，以此达到"减其民十之七八，则家给民足，驱之为乱，亦顾恋而不愿矣"之目的。汪士铎的人口思想深刻影响了曾国藩，并为其镇压太平天国提供了理论基础。曾国藩对太平军实行了焦土政策与大屠杀，把沃野千里的鱼米之乡，变成无人耕种的"不耕之乡"，使太平军无取食之地，把人烟稠密的长江下游地区变为无人区，使太平军所经之处，"犹鱼行无水之地"。通过这一消减人口政策，使江苏、浙江、安徽三省人口减少 6800 余万人。

第二，推行"溺女""溺婴"做法。汪士铎认为妇女多是人口增多的重要原因，因此积极提倡"溺女"政策："故治民须欲民富，而欲民富，当首行溺女之赏，长久治安之策，驱溺女之禁，推广溺女之法……须知世上女人多，世乱之由也。"此后，他又把"溺女"推广到"溺婴"："即生子，而形体不端正，相貌不清秀，眉目不佳者皆溺之。"即不管生男生女，相貌不端正的都予以溺毙。

第三，鼓励出家。汪士铎主张政府以法令形式强制每一家必须选择一子或一女出家，并"广女尼寺，立童贞女院，广僧道寺观"，重赏"民之请修为僧尼者"，之所以如此，是因为僧尼众多则不生育者众多，人口自然会减少。

第四，提倡晚婚晚育。汪士铎观察到早婚早育的徽州人体质较弱，

"徽州人……十六皆抱子……然皆经商挑担无一中用者，多则气薄也"，人口质量因而降低。他主张用严刑酷法来约束早婚、早育现象，提高人口素质，严禁男子二十五岁以内、女子二十岁以内嫁娶，后又进一步提高结婚年龄，并加强对违法者的处罚力度："定三十而娶，二十五而嫁，违者斩决。"以"斩决"之法处罚违法者，这一主张充分体现了汪士铎消减人口的坚定立场。

第五，推行严格的计划生育政策。首先，汪士铎主张通过药物降低育龄妇女的生育率，建议政府"广施不生育之方药""施断胎冷药"，以药物人为降低人口出生率。其次，他建议政府加强行政及法律的处罚力度，降低人口增长率。严禁"男子有子而续弦，妇人有子而再嫁"，不允许已结过婚的孤男寡女再婚，除非双方皆没有子女。若违反规则，斩立决。重罚无节制生育者，每一对夫妇"可留一子，多不过二子"，对超指标生育的家庭加倍征收赋税："家有两女者，倍其赋。有三子者，亦倍其赋。"

（九）薛福成：导民生财

薛福成，字叔耘，号庸庵，江苏无锡人。曾为曾国藩的幕僚，后随李鸿章办外交，晚年任清驻英、法、意、比四国公使。清末思想家、外交家。著《庸庵文编》《庸庵笔记》《庸庵海外文编》《出使英法义比四国日记》《浙东筹防录》等。

薛福成的人口思想形成于19世纪晚期，因曾出使英、法、意、比等国，其人口思想体现了国际比较视角的考量。

薛福成人口管理思想的观点如下。

1. 人口质量关乎国家兴衰

薛福成注意到西方列强重视教育，并认为正是这一点决定了其勃兴："西洋各国教民之法，莫盛于今日。凡男女八岁以上不入学堂者，罪其父母。男固无人不学，女亦无人不学，即残疾聋瞽喑哑之人亦无不有学。其贫穷无力及幼孤无父母者，皆有义塾以收教之……近数十年来，学校之盛，以德国为尤著，而诸大国亦无不竞爽……夫观大局之兴废盛衰，必究其所以致此之本原。学校之盛有如今日，此西洋诸国所以勃兴之本原欤？"[1] 西洋各

---

[1] （清）薛福成：《出使英法义比四国日记》，岳麓书社，1985，第291页。

国学堂林立，培养领域涉及各个专业，培养对象覆盖面广，培养过程贯穿始终，培养高度、力度、深度具备。薛福成认为这是西方以德国为代表的各个国家兴盛的主要原因，德国是其中最为重视教育的国家，且对其他各国产生极大影响。这样培养的人才是各个领域的佼佼者，素质很高，就连德国士兵也出自学校，因而战无不胜。因此，薛福成认为教育是西方各国勃兴之本原。

2. 中国人口增速过快，使得生活资料显得相对匮乏

在《出使英法义比四国日记》中，薛福成写道："地球各国人民之数，中国第一，英国第二，俄国第三。中国人数在四万万以外，大约四倍于英，五倍于俄……本朝康熙四十九年，民数二千三百三十一万有奇。乾隆五十七年，民数三万七百四十六万有奇，较之康熙年间已增十三倍之多……道光二十八年，会计天下民数，除台湾未报外，通共四万二千六百七十三万余名口，则较之乾隆年间，又增一万一千九百余万人矣……户口蕃衍，实中国数千年来所未有。然生计之艰，物力之竭，日甚一日。"① 作为全球人口第一大国，中国的人口规模是英国的四倍、俄国的五倍。薛福成回顾了从汉至清的人口变化情况，认为清代的人口增速过快，康熙四十九年只有两千余万人，乾隆五十七年已达三亿多人，增长了13倍之多，道光二十八年又至四亿两千余万人，又增加了一亿一千余万人，这种增速以往从来没有出现过。人口的过快增长必然导致百姓生计艰难，即使地力人力已被开发殆尽，连山坡、水边平地、海中沙田、江中小块陆地等均已被垦辟，百姓也竭尽所能为生计而奔波，但康熙乾隆年间"物产之丰，谋生之易"的盛况再也无法重现。薛福成对导致这一结果的原因非常明了："无他，以昔供一人之衣食，而今供二十人焉，以昔居一人之店舍，而今居二十人焉。"无非是人口增长速度超过生活资料增长速度而已，过多的人口分享有限的物资，谋生自然不易。

3. "导民生财"、向海外移民是解决人口问题的关键所在

第一，"导民生财"。《西洋诸国导民生财说》中，薛福成比较了中国与西方的人地比，认为解决之道重在生财："西洋富而中国贫，以中国患

---

① 　（清）薛福成：《出使英法义比四国日记》，岳麓书社，1985，第 298 页。

人满也。然余考欧洲诸国，通计合算，每十方里（每英方里合中国十方里）居九十四人，中国每十方里居四十八人。是欧洲人满，实倍于中国矣。而其地之膏腴，又多不逮中国。以逊于中国之地，养倍于中国之人，非但不至如中国之民穷财尽，而英、法诸国，多有饶富景象者，何也？为能浚其生财之源也。"① 薛福成考察了欧洲的人地比，认为欧洲的人满之患甚于中国，且其土地资源不如中国丰厚，但却无中国之忧，反倒多富饶，最主要的原因是其有生财之道，重视经济发展。薛福成对西方百姓重视"艺植之法、畜牧之方、农田水利之益"，且"多研矿学，审矿苗，兴矿利"，工业"新奇日著，又能切于民生日用，质良价廉"，商业"为上下所注意，风气既开，经营尽善，五洲万国，无货不流"等生财意识与做法称赞不已，也感慨西方政府"皆设官以经理之，又立法以鼓舞之"，通晓"导民生财之道"②，他认为这是西方即使人满但仍不妨碍其富裕的主要原因。与之相比，中国的矿务、商务、工务，无一振兴，即使不存在人满之患的情况，都要面临贫困考验，更不要说存在严重的人满之患的情况了。

通过中西比较，薛福成认为中国人满之患的主要原因是经济发展滞后于人口增速，唯有发展经济才是解决问题之道。从其阐述中不难看出，他主张发展西方资本主义的矿务、商务与工务，认为中国政府也要效仿西方国家，提供"导民生财"的配套政策，一旦中国的经济得到发展，所谓的"人满"问题自然能得到解决。

第二，向海外移民。《西洋诸国导民生财说》中，在分析西方国家不患人满的原因时，薛福成还提到一个因素，即西人"善寻新地，天涯海角，无阻不通，无荒不垦，其民远适异域，视为乐土者，无岁无之"③，比起安土重迁的中国人，西人的这种做法大大缓解了共同体内部的资源压力，薛福成认为中国应效仿西方国家，引导百姓向海外移民。

海外移民目的地方面，考虑到阿非利加尚且荒蛮、华民愿往者尚寡，

① 马忠文、任青编《中国近代思想家文库：薛福成卷》，中国人民大学出版社，2014，第273页。
② 马忠文、任青编《中国近代思想家文库：薛福成卷》，中国人民大学出版社，2014，第273页。
③ 马忠文、任青编《中国近代思想家文库：薛福成卷》，中国人民大学出版社，2014，第273页。

美国有驱逐华民之举，秘鲁、荷兰、西班牙、澳大利亚等国薄待华民，薛福成认为政府应引导百姓移民墨西哥、巴西等地。

在《出使英法义比四国日记》中，薛福成详细阐述了其观点："方今美洲初辟，地广人稀，招徕远氓，不遗余力，即如墨西哥、巴西两国，疆域之广，合计其建方里数，较中国尚有赢无绌，而其民数尚不能当中国二十分之一。其地多神皋沃壤，气候和平，不异中国。而土旷未垦，勤于招致，且无苛待远人之例，立法颇为公允。诚乘此时与彼诸国妥订条约，许其招纳华民，或佣工，或艺植，或开矿，或经商。设立领事官以保护而约束之，并须与订专条：彼既招我华民，借以开荒，功成之后，当始终优待，毋许如美国设法驱逐。夫有官保护，则遇事理论，驳其苛例，不至为远人所欺；有官约束，则随时教督，阻其不法，不至为远人所憎。华民在此，皆可买田宅，长子孙，或有数世不忘故土，辇运余财输之中国者……救时之要，莫切于此。"① 薛福成主张移民至地广人稀、迫切需要劳力的墨西哥、巴西等美洲地区，这些国家对待华民政策相对友好，土地气候等条件非常适宜发展生产，是理想的移民目的地。但为了防止出现薄待华民等现象，清政府应在这些国家设立领事官，并与之签订保护华民的条约，确保华民始终得到优待。如此一来，既解决了中国人满为患的问题，又为剩余劳动力找到理想的移民目的地，加之不忘故土的华工或将部分财富输回国内，间接促进国内经济的发展，他认为这是"张国势，厚民生，纾内忧，阜财用，广声气"② 一举数得的措施，类似古代王者分土而不分民的做法，相当于在"中国之外，又辟一二中国之地，以居吾民，以养吾民"③，是事半功倍之举。

第三节　中国传统人口管理思想简析

一　中国传统人口管理思想发展趋势

就发展趋势而言，在封建社会前中期大多数时段，中国传统人口管理

---

① （清）薛福成：《出使英法义比四国日记》，岳麓书社，1985，第299～300页。
② （清）薛福成：《出使英法义比四国日记》，岳麓书社，1985，第300页。
③ （清）薛福成：《出使英法义比四国日记》，岳麓书社，1985，第300页。

思想以人口不足、鼓励生育思想为主，后期则出现较多的人口过剩、抑制人口的思想。

先秦时期至元朝，人口不足思想始终占据人口管理思想领域的主阵地，这与小农社会生产力水平较低的现实环境不无关系。小农社会体系中，劳动力是创造财富的主体，与国富民强紧密相关，上至国家下至小民皆十分重视人口的繁衍，而战争、瘟疫、沉重赋税、重男轻女思想、较低的医疗水平等皆会导致人口增长率长期徘徊在较低的水平，因而，改善宏观国家的财政收支状况与提高微观家庭的收入成为统治者与精英学者人口管理思想的价值指向，强调人口不足、主张采取各种措施促进人口增长的人口不足思想成为主流。当然，人口相对过剩思想在这一时期也不乏主张者，但其观点大多指向人口职业分布不均、人口地区分布不均等方面，这与小农社会重农抑商思想根深蒂固、政治经济中心南移、内地安稳边疆生活条件艰苦等因素不无关系。

明清时期，随着高产作物引进、摊丁入亩改革等方面的变化，人口增加大大加快，但生产生活资料的增加赶不上人口的增加，百姓生活困苦、国家财政收入有限、社会秩序动荡等问题叠加出现，认为人口绝对过剩、主张用严刑峻法等措施限制人口的思想出现。

二　中国传统人口管理思想的特点

1. 注重政府调控人口的主体角色与功能

不管是人口不足论还是人口过剩论，不管是主张促进人口增长还是抑制人口增长，历代学者都重视政府的作用，认为政府应通过税收政策、财政支出政策、行政政策等方式影响人口数量与结构。在中央集权制的封建小农经济体系中，对政府主体角色与功能的重视亦是社会存在的产物，毕竟，任何影响现实生产要素的政策都无法离开政府的支持。

2. 人口与土地是否相称是学者们关注的共同点

讨论"土满""人满"的声音始终不绝于耳，盖因土地是中国古代最宝贵的生产资料，这种生产资料又是有限的，始终是限制人口增长与发展的约束条件，是各朝各代的共性问题。

3. 从历史长视角来看，人口不足论的影响大于人口过剩论

前资本主义社会的小农社会背景决定了人口不足论的产生与发展，较长时间段内，恶劣的生存环境使得人口消减压力甚大，人口增长速度相对较慢，人口不足成为经济发展的限制因素，人口不足论因而产生并成为主流思想。人口过剩论产生在人口飞速增长的明清时期，尽管有其产生的客观环境与现实土壤，但这一思想与中国长期以来的多子多福、庶而后富等传统观念相悖，影响力较弱。

✎ 本章关键术语

土满；人满；十四民；导民生财

✎ 思考题

1. 简析贡禹的人口管理思想。

2. 简析李觏的人口管理思想。

3. 简析丘濬的人口管理思想。

4. 比较分析洪亮吉与汪士铎的人口管理思想。

5. 简析谢阶树的人口管理思想。

6. 简析薛福成的人口管理思想。

第十章
中国传统货币管理思想研究专题

第一节 马克思主义视野下的货币管理

一 货币流通规律

货币流通是货币不断地履行其各种职能在买者和卖者之间的运动。马克思认为货币流通是货币职能的表面形式:"货币流通,作为整个生产过程的最表面的……和最抽象的形式,本身是毫无内容的。"①

货币流通规律是货币流通同商品流通相适应的规律,换言之,商品流通决定货币流通,货币流通依附于商品流通。货币流通是依附于商品流通的,只不过在现实经济中,货币是商品流通的媒介,导致人们更多关注货币流通:"商品流通的性质本身造成了相反的外观……虽然货币运动只是商品流通的表现,但看起来商品流通反而只是货币运动的结果。"②

贵金属货币流通的决定因素有三:待流通的商品数量(Q)、商品的价格(P)、同一单位货币的平均流通速度(V)。一定时期流通中所需货币量(G)与流通中待流通的商品数量成正比、与同一单位货币的平均流通速度成反比,用公式表示则是:$G=PQ/V$。在纸币流通条件下,纸币只是价值符号,纸币的发行限于它象征性代表的金(或银)的实际流通的数量。不管纸币发行多少,流通纸币总量必须同它所代表的金属货币流通量

---

① 〔德〕马克思、恩格斯:《马克思恩格斯全集》(第31卷),人民出版社,1998,第194页。
② 〔德〕马克思:《资本论》(第1卷),人民出版社,2018,第137~138页。

相等，即：单位纸币所代表的金属货币量＝流通中所必要的金属货币量／流通中的纸币总额。因此，纸币发行原则是纸币发行量必须限于流通中所需要的金属货币量。一旦纸币发行量超过了流通中所需要的金属货币量，就会引发通货膨胀；反之，则会通货紧缩。在马克思看来，除了纸币，银行券和其他汇票等都只是黄金货币流通手段和支付手段的替代物，其流通规律均服从黄金货币的流通规律。马克思指出："信用货币是直接从货币作为支付手段的职能中产生的"①，因而也必须遵循货币流通规律。

总之，在马克思看来，不管是贵金属，还是纸币、银行券等其他媒介，均有其流通规律，均服务于现实经济中的商品流通。

二　货币管理

1. 货币管理的主体：中央银行

马克思认为中央银行既是国家货币管理机构，又是信用制度枢纽。

一方面，作为国家货币管理机构，中央银行垄断货币发行权，并通过这种权力筹措国家发展所需的资金。在 1850～1853 年撰写的《伦敦笔记》中，马克思指出，英格兰银行虽然是私人创办的银行，但事实上由政府控制，起着国家银行的作用，② 相当于中央银行，是国家的货币管理机构。中央银行通过发行国债与征税在内部积累推动国家机器运转的资金："国债制度和现代税收制度在社会财富向资本的转化中，在对独立劳动者的剥夺和对雇佣工人的压迫中，起了显著的作用。"③ 通过国际信用在外部更大范围内筹集资金："随着国债的产生，国际信用事业出现了。国际信用事业常常隐藏着某个国家原始积累的源泉。例如，由于没落的威尼斯以巨额货币贷给荷兰，威尼斯的劫掠制度的卑鄙行径就成为荷兰资本财富的这种隐蔽的基础。"④

另一方面，中央银行也是"信用制度枢纽"⑤。随着资本主义的发展，

---

① 〔德〕马克思：《资本论》（第1卷），人民出版社，2018，第163页。
② 〔德〕马克思、恩格斯：《马克思恩格斯全集》（第10卷），人民出版社，1998，第781页。
③ 〔德〕马克思、恩格斯：《马克思恩格斯全集》（第42卷），人民出版社，2016，第773页。
④ 〔德〕马克思、恩格斯：《马克思恩格斯全集》（第42卷），人民出版社，2016，第773页。
⑤ 〔德〕马克思：《资本论》（第3卷），人民出版社，2018，第648页。

产业资本成为资本体系中最重要最基本的形式，其他资本受产业资本的支配。"一旦资本主义生产在它的诸多形式上发展起来，成了占统治地位的生产方式，生息资本就会受到产业资本的支配，商业资本就会仅仅成为产业资本本身的一种从流通过程派生的形式。但是，作为独立形式存在的生息资本和商业资本必须先被摧毁并从属于产业资本。"① 即高利贷资本必须被改造为服务于产业资本的生息资本，为此，国家必须发挥其管理职能，对生息资本实施暴力，"强行降低利息率，使生息资本再也不能把条件强加于产业资本。但是，这是一种属于资本主义生产最不发达阶段的形式。产业资本使生息资本从属于自己而使用的真正方式，是创造一种产业资本所特有的形式——信用制度"②。当信用制度真正建立之后，生息资本彻底成为被产业资本支配的资本，适应于产业资本的发展。

2. 货币管理职能及影响

马克思认为国家具备对货币进行管理的能力与职能，国家应积极履行货币管理职能，确保现实经济所需的货币流通量的充足，"为了使实际流通的货币量总是同流通领域的饱和程度相适应，一个国家的现有的金银量必须大于执行铸币职能的金银量。这个条件是靠货币的贮藏形式来实现的。货币贮藏的蓄水池，对于流通中的货币来说，既是排水渠，又是引水渠，因此，流通中的货币永远不会溢出它的流通的渠道"③。

但国家通过中央银行对资本循环进行干预的能力是有限的，马克思指出，英格兰银行"对商业和工业拥有极大的权力，虽然商业和工业的现实运动仍然完全处在它的领域之外，而它对它们的现实运动也是采取被动的态度"④。因为，货币流通有其客观规律，中央银行在履行国家货币管理职能时对现实经济的影响也取决于其是否遵循这种规律。换言之，遵循货币流通规律，对货币的管理会缓解经济危机、促进经济发展；反之，则会放大危机、阻碍经济发展。

---

①　〔德〕马克思、恩格斯：《马克思恩格斯全集》（第35卷），人民出版社，2013，第319页。
②　〔德〕马克思、恩格斯：《马克思恩格斯全集》（第35卷），人民出版社，2013，第319页。
③　〔德〕马克思：《资本论》（第1卷），人民出版社，2018，第157~158页。
④　〔德〕马克思：《资本论》（第3卷），人民出版社，2018，第686页。

第二节　中国传统代表性货币管理思想

中国是世界上最早使用货币的国家之一，使用货币的历史长达五千年之久。司马迁的《史记·平准书》记载："农工商交易之路通，而龟贝金钱刀布之币兴焉。所从来久远，自高辛之前尚矣，靡得而记云。"[①] 班固的《汉书·食货志》也有记载："金刀龟贝，所以分财布利通有无者也……兴自神农之世。"[②] 伴随这种进程，各个时期也形成了丰富货币管理思想。

一　先秦时期代表性货币管理思想

随着社会分工与商品交换的发展，原始社会末期出现了最早的诸如贝、五谷、牛、羊等实物货币，流通较广的古代实物货币为"贝"。因可供利用的天然贝数目有限，后出现诸如石贝、骨贝、陶贝、铜贝等仿制贝。

春秋战国时期，铜铸币广泛流通。这一时期流通的主要货币有四种：布币、刀币、环钱和蚁鼻钱。布币由农耕工具演变而来，主要流通于中原地区的农耕地带，基本形状如铲，有原始布、空首布、平首布等。刀币起源于渔猎地区和手工业地区，是由实用的刀演化而来，基本形状如大刀。环钱主要流通于纺织业发达地区，形似纺轮，圆形、中心有孔，孔有圆形和方形。蚁鼻钱专指楚国的铜贝，又称为"鬼脸钱"。春秋战国时代的货币已形成分等级的货币单位，但货币并存，没有统一的货币铸造制度。随着货币的广泛使用与流通，与之相关的各种货币理论随之产生。代表性货币管理思想如下。

（一）单旗：子母相权

公元前524年周景王将铸大钱，单旗对此加以反对，他阐述其理由的一段话成为中国经济思想史上最早的货币思想："古者天灾降戾，于是乎量资币，权轻重，以振救民。民患轻，则为作重币以行之，于是乎有母权

[①] （汉）司马迁：《史记》，岳麓书社，1988，第237页。
[②] （汉）班固：《汉书》，中华书局，2000，第943页。

子而行，民皆得焉。若不堪重，则多作轻币而行之，亦不废重，于是乎有子权母而行，大小利之。今王废轻而作重，民失其资，能无匮乎？"

显然，单旗对货币产生的自然过程认识不清，有主观唯心主义倾向，将之理解为先王救灾的结果。但单旗对货币流通的认知相对理性，他意识到货币最主要的职能是流通手段，既然是流通手段，就一定要以便民为要义，因此，发行货币时货币的轻重大小皆应有利于商品流通，如轻币小额货币发行过多，则多发行重币大额货币，此谓"母权子而行"，如重币大额货币发行过多，则多发行轻币小额货币，此谓"子权母而行"。不管是多发行重币还是多发行轻币，发行的主体都是政府机构，因此，尽管单旗谈论的是基于货币流通职能的重币轻币的适当发行比例，但真实的指向却是国家应正确履行其货币管理职能。

（二）《管子》："人君铸钱立币、敛万物应之以币"

相比先秦其他学派，《管子》更注重国家在货币发行、流通等方面的管理职能，其货币管理思想具体观点如下。

1. 国君应掌控货币的铸造发行权

《管子·国蓄》记载："人君铸钱立币，民庶之通施也。"[1] 强调国君掌控货币的铸造权与发行权，普通百姓只拥有使用这些货币的权利。《管子》认为货币发行的主体是国家，由国君掌握，国民有义务无理由接受国家发行的货币，并以此为流通媒介。而要控制货币发行，国家就必须垄断铸造货币的原料，《管子·山至数》的"君有山，山有金，以立币"[2] 强调的就是这一点。

此外，在发行货币时，国君应注意构建合理的货币体系，设置合理的货币种类与货币单位。《管子·揆度》谈及此体系："故先王度用其重而因之，珠玉为上币，黄金为中币，刀币为下币。先王高下中币，利制下上之用。"[3] 当

① （春秋）管仲：《管子》，（唐）房玄龄注，（明）刘绩补注，刘晓艺校点，上海古籍出版社，2015，第425页。

② （春秋）管仲：《管子》，（唐）房玄龄注，（明）刘绩补注，刘晓艺校点，上海古籍出版社，2015，第436页。

③ （春秋）管仲：《管子》，（唐）房玄龄注，（明）刘绩补注，刘晓艺校点，上海古籍出版社，2015，第448页。

时发行的货币有三种：以珠玉为主的上币，主要用于对外贸易；以黄金为中币，主要用于大额贸易；以刀币为下币，主要用于日常普通交易。国君重点掌控中币，中币与上币、下币可兑换，国君通过调节黄金价格影响上币与下币的使用，方便各种类型贸易的开展。

2. 国君应按照货币流通规律进行合理的货币管理

《管子》认为国君一旦正确履行货币管理职能，就可在治理国家方面事半功倍。《山至数》《国蓄》等篇反复陈述了这一点："人君操谷币金衡而天下可定也。此守天下之数也。"[①]"五谷食米，民之司命也。黄金刀币，民之通施也。故善者执其通施，以御其司命，故民力可得而尽也。"[②]《管子》认为粮食与货币对于老百姓而言都非常重要，国君可通过货币调控粮食价格，进而掌控整个经济状况。但能否掌控，取决于调控主体是不是"善者"，即是不是洞悉货币流通规律、善于运用这种规律的明君。

那么，何谓货币流通规律呢？国君又该如何正确运用这种规律呢？《管子》观察到："币重而万物轻，币轻而万物重。"[③] 既然货币与万物价格呈现一个此消彼长的规律，国君即可充分利用这种规律、通过掌控货币流通量进行物价调控，《管子》在不同的篇章反复阐述这种调控机制：

> 国币之九在上，一在下，币重而万物轻。敛万物应之以币，币在下，万物皆在上，万物重十倍。[④]

> 夫物多则贱，寡则贵，散则轻，聚则重。人君知其然，故视国之

---

① （春秋）管仲：《管子》，（唐）房玄龄注，（明）刘绩补注，刘晓艺校点，上海古籍出版社，2015，第440页。

② （春秋）管仲：《管子》，（唐）房玄龄注，（明）刘绩补注，刘晓艺校点，上海古籍出版社，2015，第424页。

③ （春秋）管仲：《管子·山至数》，（唐）房玄龄注，（明）刘绩补注，刘晓艺校点，上海古籍出版社，2015。

④ （春秋）管仲：《管子·山国轨》，（唐）房玄龄注，（明）刘绩补注，刘晓艺校点，上海古籍出版社，2015。

美不足而御其财物。谷贱则以币予食，布帛贱则以币予衣。视物之轻重而御之以准，故贵贱可调而君得其利。①

岁丰，五谷登，五谷大轻，谷贾去上岁之分，以币据之，谷为君，币为下。国币尽在下，币轻，谷重上分。上岁之二分在下，下岁之二分在上，则二岁者四分在上，则国谷之一分在下，谷三倍重。邦布之籍，终岁十钱。人家受食，十亩加十，是一家十户也。出于国谷策而藏于币者也。以国币之分复布百姓，四减国谷，三在上，一在下。复策也。②

国君掌控货币的发行权，可通过货币敛散之术改变市场上货币的流通量，进而影响物价。当国家回笼十分之九的货币，市场上只有十分之一的货币流通时，"币重万物轻"成必然之势。当国家以货币购买万物，相当于向市场投放海量的货币，此时万物掌握在国家手中，市场上充斥着大量货币，"币轻万物重"成必然之势。谷物、布帛便宜之际，正是货币的购买力强劲之时，此时，国君以重币买轻物，一方面平准万物，另一方面增加国家之商品储备。当国家购买太多商品、市场上商品因匮乏而价格上扬时，货币的购买力较弱，万物相对昂贵，此时国家可抛售手中万物，一方面平准万物，另一方面获取大利，弥补国家财政之不足。相较于向百姓强行征收赋税，《管子》认为这种做法在增加国家财政收入方面要有效得多，而且可反复使用，循环不已，对经济进行合理的宏观调控。

当然，国君这种强大调控能力的实现有一个前提，即确保国家有强大的与其国力相称的货币规模："万乘之国，不可以无万金之蓄饰；千乘之国，不可以无千金之蓄饰；百乘之国，不可以无百金之蓄饰。"③ 如此，方能在调控过程中游刃有余。

---

① （春秋）管仲：《管子·国蓄》，（唐）房玄龄注，（明）刘绩补注，刘晓艺校点，上海古籍出版社，2015。

② （春秋）管仲：《管子·山至数》，（唐）房玄龄注，（明）刘绩补注，刘晓艺校点，上海古籍出版社，2015。

③ （春秋）管仲：《管子·山权数》，（唐）房玄龄注，（明）刘绩补注，刘晓艺校点，上海古籍出版社，2015。

（三）　商鞅："国好生金于竟内，则金、粟两死"

商鞅是法家思想的典型代表者，在粮食与黄金之间，即在使用价值与价值之间，商鞅选择了前者："金生而粟死，粟生而金死……金一两生于竟内，粟十二石死于竟外；粟十二石生于竟内，金一两死于竟外。国好生金于竟内，则金、粟两死，仓、府两虚，国弱；国好生粟于竟内，则金粟两生，仓府两实，国强。"[①]

从货币管理的角度而言，在国与国的商品贸易中，商鞅倾向于鼓励黄金自由流通，只要能把更实用的粮食留在境内即可。显然，商鞅更重视货币的流通手段与支付职能，将之视为帮助国家贮存更多粮食、在国与国竞争中处于不败之地的工具。

二　秦汉至隋唐时期的货币管理思想

秦汉到隋唐时期，中央集权制建立并一步步得以强化，地缘代替血缘、郡县制代替分封制、军功制代替世卿世禄制，商品经济快速发展，货币使用与流通规模越来越大，货币管理强度也一步步加大。

公元前221年，秦始皇统一中国，推行了一系列巩固封建中央集权的措施，统一货币就是其中之一。春秋战国时期形状不一的各种货币被废除，全国使用统一的货币。货币分黄金和铜钱两种，黄金为上币，以镒为单位，铜钱为下币，币面铸有"半两"二字，表明每枚重量为半两，史称"半两钱"。秦始皇统一货币的举措既巩固了中央集权政治，促进了封建国家的统一，又有利于各地物资交流和贸易的发展，促进经济的繁荣。就货币演化的角度而言，此举以法令形式规定货币形式与单位，在中国货币史上具有重要意义。半两钱以重量为名称，是中国量名钱的开端，对以后历代钱币的形式亦产生深远影响。

西汉初期采取休养生息、无为而治的治国策略，铜钱也由民间自铸，劣质钱币大量流通，增加了百姓的交易成本，货币体系十分混乱。西汉中期，元狩五年（前118），汉武帝进行币制改革，废"半两"，铸造五铢钱，每枚重5铢，钱面铸"五铢"二字。"铢"是古代一种重量单位，一

---

① 高亨注译《商君书注译·去强》，清华大学出版社，2011。

两的二十四分之一为一铢。元鼎四年（前113），汉武帝继续对钱币制度进行整顿：统一铸币权，五铢钱由中央政府的上林三官负责铸造，禁止各郡国铸钱，此前郡国所铸之钱一律销毁，并将铜材运交上林三官；全国统一使用上林三官铸造的五铢钱，非三官钱不许使用。五铢钱因大小轻重适宜，制作精美，深受欢迎，其后各朝累铸，历经三国、两晋、南北朝、隋朝直到唐初，使用长达700余年，是中国历史上最长寿的货币。汉武帝的钱币改革创造了一个适合社会经济发展的新的钱币体制，确立了中央政府的货币铸造权和发行权，禁止私铸，有利于货币的统一和币值稳定、经济发展和政权的巩固、人民生产生活的安定，是继秦始皇统一货币后中国货币史上又一里程碑事件。

王莽的币制改革也是中国货币史上的代表性事件。公元8年，王莽代汉建新。从居摄二年（7）到天凤元年（14），王莽8年间改了四次币制：居摄二年第一次改变币制，新增三种钱币和五铢钱并行；始建国元年（9）第二次改变币制，取消五铢钱和契刀错刀，专用大小泉；始建国二年（10）第三次改变币制，实行宝货制（可概括为5物6名28品。5物即金、银、铜、龟、贝。6名即金货、银货、龟货、布货、泉货、贝货。28品即金货1品；银货2品；龟货4品；布货5品；泉货6品；贝货5品）；天凤元年（14）第四次改革币制：废除宝货制，改成货泉和货布。王莽币制改革的目的是稳定物价、保障百姓生活。但币制改革造成了社会的混乱，加速了新朝的灭亡。

唐高祖钱币改革再次改变中国货币体系。武德四年（621），唐高祖废五铢钱，铸通宝钱。通宝钱仿五铢钱，每枚重2铢4絫，直径8分，10枚重1两，成色以铜为主，掺以锡和白镴，钱面铸"开元通宝"4字，钱文用隶书，由欧阳询题写。唐高祖的钱币改革再次肯定铜钱外圆内方的形状，规定了钱币的大小、成色，成为唐以后历代封建王朝铸造钱币的标准；使钱币名称同钱币重量完全分离，中国历史上沿用数百年的铢两货币被废除，铢两体系转变为十进位制年号宝文体系，中国钱币进入了年号钱阶段。

在以上背景下，秦汉至隋唐时期的货币管理思想也非常丰富，代表性思想如下。

（一）贾谊：垄断货币铸造权论

针对西汉初期允许私自铸币导致的一系列乱象，贾谊提出以"三害""七福"为主要内容的反对私自铸造货币、国家垄断货币铸造权论。

1. 私铸产生"三害"

贾谊认为允许私自铸币会产生三种危害。第一，破坏法禁。因私自铸币获利颇丰，民逐厚利者甚众，不惜以铸造劣质货币等方式以身试法，贾谊认为这相当于驱民犯法。第二，使币制更加混乱。劣币大量流通大大增加百姓交易成本，违背便民初衷。第三，妨碍农业生产。由于铸钱获利丰厚，故弃农铸钱者甚多，使得农业生产力流失。

2. 国家回收货币铸造权会产生"七福"

贾谊强调，一旦中央回收货币铸造权，会产生七种好处。第一，黥罪不积。以身试法者减少，因此导致的黥罪处罚自然也减少。第二，伪钱不番，民不相疑。百姓交易不用再甄别货币，降低了交易成本。第三，采铜铸作者返于耕田。弃农铸钱者回归农业，有利于农业发展。第四，上挟铜积以御轻重，钱轻则以术敛之，重则以术散之，货物必平。第五，以作兵器，以假贵臣，多少有制，用别贵贱。第六，以临万货，以调盈虚，以收奇羡，则官富实而末民困。第七，制吾弃财，以与匈奴逐争其民，则敌必怀。前"三福"是针对"三害"而言的，后"四福"则涉及国家的轻重权术，贾谊认为收回货币铸造权后，国家可以通过手中掌握的资源平准万货、强化国防及驾驭实力、调控资源、对抗外敌。

3. 国家应通过控制原材料掌控货币铸造权

贾谊坚决反对私铸，认为国家应牢牢掌控货币的铸造发行权。不过，贾谊不赞成以行政法制力量进行禁止，而是主张采用更事半功倍的方法，即政府垄断铸造货币的原材料，如此，民间得不到原材料，铸币自然无从着手，这种釜底抽薪的经济手段在贾谊看来是国家收回货币铸造权、打击私铸、整顿私铸引发的一系列乱象的理想措施。

（二）桑弘羊："币由上，则下不疑也"

桑弘羊意识到货币在商品流通中的重要性："交币通施，民事不及，物有所并也。"① 如此重要之物，自然不能放任自流。

一旦国家采取放任态度，就会导致大的混乱与无序："故山泽无征则君臣同利，刀币无禁则奸贞并行。夫臣富则相侈，下专利则相倾也。"② 一旦真钱与假钱同时流通，大臣们互相炫耀奢侈，豪强们互相倾轧，社会秩序就会面临严重的挑战。桑弘羊以文帝为例来说明放铸的危害，文帝时期允许百姓铸钱，结果使得吴王邓通富甲天下，"吴、邓钱布天下"，且形成地方势力，"山东奸猾咸聚吴国，秦、雍、汉、蜀因邓氏"③，对中央政府形成隐形威胁。熟悉西汉历史的人都清楚，西汉初期爆发了以吴王为首的七王之乱，这实为西汉弱干强枝之中央地方关系问题的集中反映，桑弘羊以吴王为案例，其否定纵民私铸的用意非常明显。

基于以上分析，桑弘羊认为："禁御之法立而奸伪息，奸伪息则民不期于妄得，而各务其职，不反本何为？故统一，则民不二也；币由上，则下不疑也。"④ 桑弘羊明确主张铸币权应掌握在国家手中，他认为，唯有如此，才能消除伪钱，降低百姓的交易成本，这亦是便民之举。

（三）贡禹：罢货币论

贡禹认为货币是一切罪恶的根源："是以奸邪不可禁，其原皆起于钱也。"因而他主张废除货币。

1. 铸造五铢钱导致了系列恶果

第一，妨碍农业生产。"古者不以金钱为币，专意于农，故一夫不耕，必有受其饥者……故民弃本逐末，耕者不能半"，贡禹注重农业生产，认为只要一人不生产，就会导致整个社会的粮食供给有不足之患，有人要因此挨饿。而西汉为了铸币，每年需动用 10 万人以上，如果按照中等生产率的农民一人可生产供七人食用的粮食，10 万人不种田，则意味着有 70 万人受饥。

第二，破坏生态。铸币需要原材料，而毁林采矿等行为必然会破坏环境，引发生态灾难："凿地数百丈，销阴气之精，地臧空虚，不能含气出

---

① （汉）桓宽：《盐铁论》，上海人民出版社，1974，第9页。
② （汉）桓宽：《盐铁论》，上海人民出版社，1974，第10页。
③ （汉）桓宽：《盐铁论》，上海人民出版社，1974，第10页。
④ （汉）桓宽：《盐铁论》，上海人民出版社，1974，第10页。

云，斩伐林木亡有时禁，水旱之灾未必不繇此也。"

第三，提高犯罪率。"自五铢钱起已来七十余年，民坐盗铸钱被刑者众"，铸币获利丰富，盗铸者众多，由此触犯法律受到惩处者也众多。

第四，扩大贫富分化，加剧社会矛盾。"富人积钱满室，犹亡厌足。民心动摇，商贾求利，东南西北各用智巧，好衣美食，岁有十二之利，而不出租税。农夫父子暴露中野，不避寒暑，捽中杷土，手足胼胝，已奉谷租，又出稿税，乡部私求，不可胜供。"货币助力富人追逐财富、扩大积累，而穷人却把辛苦劳动所得以租税的方式上缴，本人所获无几，贫富分化越来越严重。这种情况又会加剧社会矛盾，"贫民……穷则起为盗贼"，不利于整个社会的生产。

2. 废除货币

贡禹指出："宜罢采珠玉金银铸钱之官，亡复以为币，市井勿得贩卖，除其租铢之律，租税禄赐皆以布帛及谷。使百姓壹归于农。"[①] 贡禹没有认识到商品经济发展的客观规律，认为废除货币、禁止市场买卖、租税禄赐以布帛、粮食为交换媒介就能解决以上问题，显然没有理解货币的本质。货币只是充当一般等价物的特殊商品，贫富分化等社会问题的源头也并非货币，以废除货币来解决问题无异于缘木求鱼。

（四）荀悦：行钱论

荀悦主张恢复五铢钱，提出了行钱论，其货币管理思想集中体现在《申鉴·时事》之中。

荀悦是在曹操当政后征求整理币制意见时提出自己观点的。当时的货币流通非常混乱，东汉少帝昭宁元年（189），董卓领兵入洛阳，废少帝，立献帝。次年，销熔五铢钱、铜人、铜马等，大量铸造质量低劣的小钱，导致货币体系混乱不堪，严重影响了商品交易，谷价飞涨，有的地方甚至实行物物交换。

在此背景下，荀悦提出恢复五铢钱的主张。他认为五铢钱被废是社会秩序大乱时的暂时现象，五铢钱作为货币本身无问题，"五铢之制宜矣"，其被废是董卓所为，如今"海内既平，行之而已"，最好的做法是恢复使

---

① （汉）班固：《汉书·王贡两龚鲍传》，中华书局，2000，第2304～2305页。

用已久且品质优良的五铢钱。况且，从货币流通手段职能而言，五铢钱"贸迁有无，周而通之"，是百姓日常生活进行商品交换不可或缺之物，因而，荀悦在《申鉴·时事》中强调："钱实便于事用，民乐行之，禁之难。"他主张顺应百姓现实需求，恢复五铢钱的流通。

关于货币流通量，荀悦也提出了非常理性的观点："若钱既通而不周于用，然后官铸而补之。"如流通货币无法满足百姓日常交易所需，则让铸币官铸造更多货币，补充不足部分。显然，荀悦已意识到货币流通量应与现实经济的发展需求相适应，有其科学之处。为了更有效地保障货币的流通量，荀悦反对积贮货币，他主张充分发挥货币的流通手段职能："通市其可也。"[1] 积贮货币意味着一部分货币退出流通，市场上的流通货币减少，货币不足现象就会凸显。基于马克思的货币职能思想，荀悦此处更重视货币的流通手段职能，而非贮藏手段职能。

（五）鲁褒：钱神论

鲁褒，西晋文学家，字元道，西晋南阳（今属河南）人。鲁褒的货币思想集中体现在其《钱神论》一文之中。《晋书·鲁褒传》记载："元康之后，纲纪大坏。褒伤时之贪鄙，乃隐姓名，而著《钱神论》以刺之。"[2] 对于当时普遍存在"货币拜物教"现象，鲁褒在《钱神论》中进行了辛辣的讽刺。

在《钱神论》中，鲁褒假借司空公子和綦毋先生的对话，并主要以司空公子之口集中探讨了货币的产生、形状、特性、功能与影响，描述了人们不遗余力追逐货币、趋之若鹜的各种丑态："京邑衣冠，疲劳讲肆，厌闻清谈，对之睡寐，见我家兄，莫不惊视……洛中朱衣，当途之士，爱我家兄，皆无已已。执我之手，抱我终始，不计优劣，不论年纪，宾客辐辏，门常如市。"[3]

在批评"货币拜物教"的过程中，鲁褒也提出众多与货币管理相关的思想，具体观点如下。

---

① 唐宇辰、徐湘霖译注《申鉴　中论》，中华书局，2020，第67~68页。
② （唐）房玄龄等：《晋书》，中华书局，2000，第1626页。
③ （唐）房玄龄等：《晋书》，中华书局，2000，第1627页。

1. 货币发行权由黄帝、尧、舜等"上智先觉"所掌控

黄帝、尧、舜时期，教民农桑，以币帛为本。在货币起源方面，鲁褒也陷入主观唯心说，认为货币是处于权力中心的统治阶层主动根据经济发展进行变通的结果，掘山铸币，创造货币。货币外圆内方的外形设计灵感也来自这些"上智先觉"者对自然的俯视仰观，来自他们对自然的悉心体悟。

2. 货币有其产生的历史与材质要求

《钱神论》结尾，鲁褒以"黄铜中方"之口说道："仆自西方庚辛，分王诸国，处处皆有，长沙越嶲，仆之所守。黄金为父，白银为母，铅为长男，锡为适妇。伊我初生，周末时也，景王尹世，大铸兹也。"鲁褒以钱神自述的形式描写强调货币产自西方，在各处流通，周景王时大量铸造。材质包括黄金、白银、铅、锡等，这些材料本身稀有而有价值，是铸造货币这种一般等价物的天然材料。

3. 货币流通手段职能与价值尺度职能体现在社会经济生活的方方面面，影响甚广

一方面，货币处于流动不息的状态，渗透于百姓日常的各个领域："钱之为体，有乾有坤。内则其方，外则其圆。其积如山，其流如川。动静有时，行藏有节。市井便易，不患耗折。难朽象寿，不匮象道。故能长久，为世神宝……钱之为言泉也，百姓日用，其源不匮。无远不往，无深不至……无翼而飞，无足而走。"[1]百姓的任何日常活动都离不开货币，这使得货币的流动性非常强劲，如同河流一样运动不息。当然，货币偶尔也会发挥其贮藏手段职能，退出流通，这使得货币的运动呈现动静有节的特点，静则"积如山"，动则"流如川"，但总体特征是类似泉水流动不息。

另一方面，货币在社会经济之中功能强大，可交易到任何商品。鲁褒罗列了货币在各种生活场景的交换价值及功能。第一，金钱使人拥有社会地位："失之则贫弱，得之则富强……钱多者处前，钱少者居后。处前者为君长，在后者为臣仆。君长者丰衍而有余，臣仆者穷竭而不足……何必

---

① （晋）鲁褒：《钱神论》，（清）严可均编《全上古三代秦汉三国六朝文》，中华书局，1958，第2106b～20107a页。

读书，然后富贵……官尊名显，皆钱所致"①，拥有金钱者成为社会阶层分化中的富者，生活优渥无忧，学而优则仕的规则在金钱面前瓦解，金钱可以交易到官位声名。第二，金钱使人轻易解决一切困扰与难题："钱之所在，危可使安，死可使活；钱之所去，贵可使贱，生可使杀。是故忿诤辩讼，非钱不胜；孤弱幽滞，非钱不拔；怨仇嫌恨，非钱不解；令问笑谈，非钱不发……死生无命，富贵在钱。何以明之？钱能转祸为福，因败为成。危者得安，死者得生。性命长短，相禄贵贱，皆在乎钱，天何与焉？天有所短，钱有所长。四时行焉，百物生焉，钱不如天；达穷开塞，振贫济乏，天不如钱……夫钱，穷者能使通达，富者能使温暖，贫者能使勇悍。故曰：君无财，则士不来；君无赏，则士不往。谚曰：'官无中人，不如归田'。虽有中人，而无家兄，何异无足而欲行，无翼而欲翔？"② 在鲁褒眼中，金钱使人转危为安、转祸为福、转贫为富，甚至使死者得生，差遣鬼魂，无所不能。

（六）孔琳之：反废钱论

孔琳之，字彦琳，会稽郡山阴县（今浙江绍兴）人，晋代名士。

桓玄主政时，针对当时朝廷有关废钱币、转用布帛谷物的建议，孔琳之持反对态度，其关于货币管理思想的主要观点如下。

1. 货币发行权由历代君主所掌控，君主为方便百姓交易专门铸造货币

孔琳之认为："《洪范》八政，以货次食，岂不以交易之所资，为用之至要者乎。若使不以交易，百姓用力于为钱，则是妨其为生之业，禁之可也。今农自务谷，工自务器，四民各肆其业，何尝致勤于钱。故圣王制无用之货，以通有用之财……此钱所以嗣功龟贝，历代不废者也。"③ 孔琳之的货币起源思想明显侧重主观唯心主义，把货币的产生归为"圣王"主观为之，这一观点也体现了其对货币铸造发行权归属的认知。孔琳之认为，"圣王"掌握货币的铸造发行权，从治国治民角度而言，在八大政事之中，

① （晋）鲁褒：《钱神论》，（清）严可均编《全上古三代秦汉三国六朝文》，中华书局，1958，第 2107a 页。

② （晋）鲁褒：《钱神论》，（清）严可均编《全上古三代秦汉三国六朝文》，中华书局，1958，第 2107a 页。

③ （梁）沈约：《宋书》，中华书局，2000，第 1028 页。

"货"仅次于"食"，百姓日常交易须臾不可离开货币，如果不让百姓以金银进行交易，百姓将致力于铸币，这将妨碍本业，因此，君主禁止百姓自行铸币是正确的。百姓各安其业，无人铸币，圣王铸币满足百姓交易之所需，这是为政者的职责。显然，孔琳之是从国家治理的角度看待货币铸造与发行的，但他没有意识到货币本身也具有价值，将之视为"无用之货"，是典型的名目主义观点。不过，从"以通有用之财"的论述来看，孔琳之关注到货币的流通手段职能，把货币看作百姓日常交易不可或缺的媒介。

2. 比起布帛，钱币有充当交易媒介的天然优势

在孔琳之看来，以布帛为币，弊端丛生："谷帛为宝，本充衣食，今分以为货，则致损甚多。又劳毁于商贩之手，耗弃于割截之用，此之为敝。"① 布帛本是生活用品，充当货币则要根据交易大小随时割截，损耗严重，加之其材质本身属于易耗品，频繁流转于商贩之手，损毁也严重，从东汉末至魏初以布帛为币的历史也充分证明了这种弊病："魏明帝时，钱废谷用，三十年矣。以不便于民，乃举朝大议。精才达治之士，莫不以为宜复用钱，民无异情，朝无异论。"② 而使用钱币，则"既无毁败之费，又省运置之苦"③，钱币有其计量单位，无须割截，且体积小便于携带，省却了运置成本。从实际使用效果而言："且据今用钱之处不为贫，用谷之处不为富"④，认为钱币影响民生经济的观点根本站不住。因此，比较而言，钱币是比布帛更优的流通媒介。

3. 在百姓的日常交易中，钱币的价值尺度与流通手段职能得到充分发挥，功能强大

孔琳之强调："今括囊天下之谷，以周天下之食，或仓庾充衍，或粮靡斗储，以相资通，则贫者仰富，致之以道，实假于钱"，社会经济生活的方法面面皆离不开钱币这一媒介，骤然断之，钱币变为弃物，则"百姓顿亡其财……有钱无粮之民，皆坐而饥困"⑤，产生巨大的负面社会影响，

---

① （梁）沈约：《宋书》，中华书局，2000，第 1028 页。
② （梁）沈约：《宋书》，中华书局，2000，第 1029 页。
③ （梁）沈约：《宋书》，中华书局，2000，第 1028 页。
④ （梁）沈约：《宋书》，中华书局，2000，第 1029 页。
⑤ （梁）沈约：《宋书·谢瞻孔琳之列传》，中华书局，2000，第 1029 页。

非常不利于国家治理。

(七) 刘秩：垄断铸币权论

刘秩，字祚卿，彭城（今江苏徐州）人，唐朝政治家、思想家，是史学家刘知几第四子，在玄宗、肃宗时历任左监门卫录事参军、尚书右丞、国子祭酒等职，其有关货币管理思想的观点如下。

1. 国家应掌握货币的铸造发行权，不应放铸

刘秩的货币管理思想体现在其对张九龄建议放铸的反对之中。时任中书侍郎的张九龄奏请不禁铸钱，玄宗让百官详议，时任左监门卫录事参军的刘秩坚决反对。

首先，刘秩指出："夫钱之兴，其来尚矣，将以平轻重而权本末。齐桓得其术而国以霸，周景失其道而人用弊。考诸载籍，国之兴衰，实系于是。"① 刘秩以历史真实案例论证货币的重要性，认为货币关系国家兴衰，君主使用得当即可称霸天下。

接着，刘秩陈述了反对放铸的五条理由。

第一，国家可用货币御民。用《管子·轻重》货币理论说明国家必须掌握铸币权。"古者以珠玉为上币，黄金为中币，刀布为下币。管仲曰：'夫三币，握之则非有补于暖也，舍之则非有损于饱也。先王以守财物，以御人事，而平天下也。'是以命之曰衡。衡者，使物一高一下，不得有常。故与之在君，夺之在君，贫之在君，富之在君。是以人戴君如日月，亲君如父母，用此术也，是为人主之权。今之钱，古之下币也。陛下若舍之任人，则上无以御下，下无以事上，其不可一也。"② 利用人们对货币的追逐心态，掌握货币发行权的君主可凭此御民，形成与之、夺之、贫之、富之集于一身的驾驭力，让百姓产生对君主的敬畏与爱戴，此为君主必须掌握的御民之术。

第二，国家可利用货币调节物价。"夫物贱则伤农，钱轻则伤贾。故善为国者，观物之贵贱，钱之轻重。夫物重则钱轻，钱轻由乎钱多，多则作法收之使少；少则重，重则作法布之使轻。轻重之本，必由乎是，奈何

---

① （后晋）刘昫等：《旧唐书》，中华书局，1975，第2097页。
② （后晋）刘昫等：《旧唐书》，中华书局，1975，第2097页。

而假于人？其不可二也。"①

君主根据市场上物价高低对货币进行敛散，或投放，或回笼，要做到这一点，国家必须掌握货币发行权，不可假手他人。

第三，放铸诱人犯罪。"夫铸钱不杂以铅铁则无利，杂以铅铁则恶，恶不重禁之，不足以惩息。且方今塞其私铸之路，人犹冒死以犯之，况启其源而欲人之从令乎！是设陷阱而诱之入，其不可三也。"② 私人铸钱以谋利为主，为此不惜铸造恶钱，但也因此触犯法律，故而放铸相当于诱人犯罪，非治国治民良策。

第四，放铸影响农业生产。"夫许人铸钱，无利则人不铸，有利则人去南亩者众。去南亩者众，则草不垦；草不垦，又邻于寒馁，其不可四也。"③ 铸币获利远大于耕作，国家如放任私人铸币，必然导致弃耕铸币者众多，不利于农业生产。

第五，放铸会加剧贫富矛盾。"夫人富溢则不可以赏劝，贫馁则不可以威禁，法令不行，人之不理，皆由贫富之不齐也。若许其铸钱，则贫者必不能为。臣恐贫者弥贫而服役于富室，富室乘之而益恣。昔汉文之时，吴濞，诸侯也，富埒天子；邓通，大夫也，财侔王者。此皆铸钱之所致也。必欲许其私铸，是与人利权而舍其柄，其不可五也。"④ 刘秩以吴濞、邓通为例，说明允许私铸会导致社会等级受到猛烈冲击，进而使社会失序，不利于国家治理。

2. 国家应根据市场变化，及时调整货币发行量

（1）钱重物轻的主要原因

第一，人口增加而货币发行量没有随之增加。"夫钱重者，犹人日滋于前，而炉不加于旧。"唐玄宗时期，人口剧增，开元二十年（732）有786万余户，是唐高宗永徽三年（652）380万户的2倍有余，人口增加，对商品的需求增加，经济中流通的货币量也应随之增加，但官府用来铸钱的炉子并未增多，因而使得钱币日重。

---

①　（后晋）刘昫等：《旧唐书》，中华书局，1975，第 2098 页。
②　（后晋）刘昫等：《旧唐书》，中华书局，1975，第 2098 页。
③　（后晋）刘昫等：《旧唐书》，中华书局，1975，第 2098 页。
④　（后晋）刘昫等：《旧唐书》，中华书局，1975，第 2098 页。

第二，盗铸者的破坏行为。"又公钱重，与铜之价颇等，故盗铸者破重钱以为轻钱"①，刘秩认为钱的轻重与禁令的严宽有关，铸币的原材料为铜，而铜的价格太高，铜贵又与采用者众多高度相关。

（2）解决问题的针对性措施

第一，国家应根据人口数量、经济发展情况调整货币发行量，市场要求增加货币的发行量，则适时增加，缓解"钱重"问题。

第二，控制原材料，打击盗铸。"陛下何不禁于人？禁于人，则铜无所用，铜益贱，则钱之用给矣。夫铜不布下，则盗铸者无因而铸，则公钱不破，人不犯死刑，钱又日增，末复利矣。是一举而四美兼也。"② 刘秩从铸币的原材料入手分析钱重的原因，并提出应以严厉行政措施加强对原材料的管控。

三　宋代至清代的货币管理思想

宋代至清代，中央集权制进一步加强。宋朝工商业规模空前发展，工商业税收占国家财政收入比重超过以往任何朝代。明清时期，大型商帮纷纷涌现。工商业的发展意味着货币需求进一步旺盛，货币管理的重要性也日益凸显。

宋代是中国货币史上最重要的时期之一，世界上最早的纸币在北宋四川地区出现，随后产生对纸币进行管理的称提之术。纸币产生在宋朝并非偶然，是客观环境的产物。宋朝货币制度特点有三：第一，货币以钱为主，除铜钱外，还有铁钱，二者并行；第二，货币流通的区域性，有的地方专用铜钱，有的地方专用铁钱，有的地方二者兼用；第三，流通混乱，铜铁钱各分大小，铜铁钱之间、大小钱之间作价不一，致使流通无序。宋代货币制度的以上特点特别不适应工商业的发展。宋代商业发达，要求有大量轻便的货币，铜铁钱皆笨重不便，特别不利于大额贸易，极大地阻碍了地区间商品交易的发展，工商业的发展使轻便货币供给的呼声越来越高。宋真宗时期（998～1022 年），成都 16 家商号联合发行名曰"交子"

---

① （后晋）刘昫等：《旧唐书》，中华书局，1975，第 2098 页。
② （后晋）刘昫等：《旧唐书·食货志上》，中华书局，1975，第 2098 页。

的纸券，代替金属钱币流通，持券人可以在京川两地的有关商号中兑取金属钱币，此即世界上最早的纸币。这种交子是私人发行的，被称为"私交子"，发行交子的富商称为"交子铺"或"交子户"。由于私交子的信用度较低，常因兑现问题引发诉讼。仁宗天圣元年（1023），政府禁止私人发行交子，并在四川设置益州交子务负责交子的发行事宜，次年开始发行交子，史称"官交子"。官交子的发行三年为一界，界满收回旧交子，发行新交子，每界确定最高发行限额，用铁钱作为发行准备。南宋时，交子发行由户部掌管，发行可在全国流通的"交子"、"关子"和"会子"。南宋初年，还发行过一种代替白银流通的银会子，以钱为单位，面额分为一钱和半钱两种，每年换发一次，这是中国历史上最早的银本位制纸币，但只限于部分地区使用，没有在全国流通。宋朝时期"交子""会子"之所以能够大规模由政府发行，还离不开以下两个因素。第一，宋朝造纸业和印刷业的发达，为纸币的产生提供了物质基础和技术保障。第二，宋王朝军费开支庞大，财政非常困难，需要依靠发行纸币弥补财政开支，这也促进了纸币的进一步发展。

元朝在全国范围内推行以纸币为唯一法币的货币制度，这是中国古代货币史上纸币管理制度最完善的时期。至元十三年（1276），元世祖对币制进行改革，收兑江南当时流通的关子、会子等南宋纸币，禁用铜钱，中统钞由木版印刷改为铜版印刷，统一在全国使用纸币。后期，因政府滥发纸币，引起物价上涨，通货膨胀严重，加剧了社会矛盾，这也是元朝末年农民起义的原因之一。

明朝货币的流通体制大体经历了一个从铜钱到纸钞，再到银、钱、钞并行，最后到银两制为主体的演变过程。明中期以后白银货币地位逐渐确立。白银在宋代已具有货币的各项职能，明中叶以后，随着商品经济的发展，白银的流通更加广泛。1436年政府解除银禁，相当于在法律上准许用银，白银的流通公开化，白银取得了价值尺度和流通手段两种基本职能，成了正式通货。英宗正统元年（1436），户部将江南租赋改征白银、布帛，白银货币地位合法化。神宗万历九年（1581），张居正推行"一条鞭法"，规定各州县服役，一律用银折纳，白银的货币地位进一步巩固。嘉靖年间（1522~1566 年），政府规定了白银与钱的比价，规定大数用银、小数用钱，白银取得法定通货的地位。明朝银锭多为元宝型，又称"马蹄银"或"宝银"。大元宝 50 两一锭，中小银锭重量不等。纸币制度方面，洪武八年（1375），明政府设立钞局发行大明宝钞，由户部印制，地方不得印制，币面只印洪武年号，最大面额为 1 贯，这是明朝统治中国 200 多年时间里发行的唯一钞票。但因为大明宝钞不设发行准备，又不分界发行，因此推行不久就开始贬值。

清朝的统治以 1840 年鸦片战争为界，此前为封建地主经济的后期，此后因西方资本主义列强的侵略，步入半封建半殖民地时期。随着西方列强给中国输入鸦片，大量白银外流，中国由贸易顺差变为贸易逆差，出现银荒现象，学者们围绕如何解决这一问题展开讨论，产生了非常丰厚的货币思想。

在以上背景下，宋朝至清朝也产生了如下代表性货币管理思想。

（一）沈括：多措并举、应对钱荒论

宋神宗时期发生"钱荒"，针对"公私钱币皆虚，钱之所以耗者，其咎安在？"[1] 这一问题，沈括详细分析了"钱荒"问题的成因及对策，产生了较为系统的货币管理思想。

沈括认为，应对钱荒，国家应采取有的放矢的针对性货币管理措施，针对产生此问题的八个因素，不可救者无视之，可救者救之，无足为虑者积极应对之。

其中，"不可救者"有两个因素："今天下生齿岁蕃，公私之用日蔓，以日蔓之费，奉岁蕃之民，钱币不足，此无足怪；又水火沦败、刌缺者莫知其几何，此不可救者二也。"[2] 即人口增殖和公私收支日繁、水火之灾和货币的自然磨损，这两者均会导致对货币的需求不断增加，在货币供给量不变的情况下，钱荒出现。沈括认为这两个因素不可避免，政府对此无能为力。

对于其他六个因素，沈括在分析的基础上——给出详细的货币管理建议。沈括提出的具体措施如下。

---

[1]　（宋）李焘：《续资治通鉴长编》，中华书局，2004，第 6928 页。
[2]　（宋）李焘：《续资治通鉴长编》，中华书局，2004，第 6928 页。

1. 恢复铜禁，打击销钱为器行为

沈括认为引发钱荒但可挽救的因素有五个，第一个因素即开放铜禁导致销钱为器行为泛滥。"铜禁既开，销钱以为器者利至于十倍……臣以谓铜不禁，钱且尽，不独耗而已。"[①] 由于销钱铸器获利丰厚，百姓纷纷效仿，导致钱币不足。针对这一因素，沈括认为国家可采取恢复铜禁措施加以应对。

2. 恢复盐钞信用

盐钞信用不足、百姓弃钞留钱是"可救者"的第二个因素："今钞法数易，民不坚信，不得已而售（买）钞者，朝得则夕贸之，故钞不留而钱益不出。"[②] 因钞法不断变化，钞价不稳，百姓不愿保存盐钞，即使得到也会马上流通出去，宁愿把钞换成钱币来储存，这也导致流通中的钱币越来越少。对此，沈括认为可采取增加盐钞信用等的方式加以应对："使民不疑于钞，则钞可以为币，而钱不待益而自轻矣。"[③] 当盐钞信用恢复，百姓贮藏的铜钱会再次回到流通领域，钱荒问题自然会得以缓解，钱重的问题也得以解决。

3. 丰富货币种类，扩大金银使用范围

流通货币专赖于钱、种类太过单一是"可救者"的第三个因素："古为币之物，金、银、珠、玉、龟、贝皆是也，而不专赖于钱。今通贵于天下者金银，独以为器而不为币。"[④] 古时货币种类繁多，金银珠玉等皆为通货，而现在只以钱为货币，因此对铜币的需求量增加。针对这一因素，沈括建议："今若使应输钱者输金，高其估而受之，至其出也亦如之，则为币之路益广，而钱之利稍分矣。"[⑤] 即国家应有意识地在财政支出方面扩大金银作为货币使用的范围，如此可分散铜币的需求压力，减少对铜币的需求。

4. 投放政府存钱于流通领域，提高货币流通速度

钱被官府贮藏、铜币流通受阻是"可救者"的第四个因素："钱利于

---

① （宋）李焘：《续资治通鉴长编》，中华书局，2004，第 6928 页。
② （宋）李焘：《续资治通鉴长编》，中华书局，2004，第 6928 页。
③ （宋）李焘：《续资治通鉴长编》，中华书局，2004，第 6928 页。
④ （宋）李焘：《续资治通鉴长编》，中华书局，2004，第 6928 ~ 6929 页。
⑤ （宋）李焘：《续资治通鉴长编》，中华书局，2004，第 6929 页。

流借。十室之邑，有钱十万而聚于一人之家，虽百岁，故十万也。贸而迁之，使人飨十万之利，遍于十室，则利百万矣。迁而不已，钱不可胜计。"① 沈括认为货币重在流动，忌于停滞聚集，十万钱聚于一家，即使过了一百年仍是十万，但一旦流动，流经十家，相当于流通中的钱币有百万之巨。如此流动不已，则钱不可胜数，何来钱荒之忧？因此，沈括建议："今至小之邑，常平之蓄不减万缗，使流转于天下，何患钱之不多也。"② 即政府应当将存钱投入流通，增加钱币的实际流通量，使钱币处于流动状态，加快钱币的流通速度。

5. 禁止民间私自贸易，防止铜钱外泄

铜钱外泄是"可救者"的第五个因素："四夷皆仰中国之铜币，负阑出塞外者不赀。议者欲榷河北之盐，盐重则外盐日至，而中国之钱日北。京师百官之饔饩，他日取牛羊于私市者，惟以百货易之。近岁……一切募民入饩牵于京师，虽革刍牧之劳，而牛羊之来于外国，皆私易以中国之实钱。如此之比，泄中国之钱于北者，岁不知其几何。"③ 沈括观察到，食盐专卖导致盐价高涨，吸引外盐输入，导致铜钱外流。此外，民间私自与外国的牛羊贸易也是铜钱外流的主要原因。铜钱外流，导致国内铜钱不足，引发钱荒。沈括建议："作法以驱之，私易如此者，首当禁也。"④ 即政府应禁止百姓私自贸易，防止铜钱随着与外国的贸易外泄不止。

6. 以钞券代替铜钱充当岁送之钱，听任洮岷地区用铁钱同羌人交易

除了以上因素，沈括认为还存在一个"无足为患"的因素："河、湟之间……无虑岁数十万缗，而洮、岷间治铁为币者，又四十万缗……异时粟斗百钱，今则四五倍矣，此钱多之为祸也……今莫若泄之羌中，听其私易，贯率征钱数十……中都岁送之钱，但以券钞当之，不徒省山运之劳，而外之所泄，无过岷山之铁耳。"⑤

沈括注意到，京城每年给西北地区运去铜钱几十万贯，导致中原地区

① （宋）李焘：《续资治通鉴长编》，中华书局，2004，第 6929 页。
② （宋）李焘：《续资治通鉴长编》，中华书局，2004，第 6929 页。
③ （宋）李焘：《续资治通鉴长编》，中华书局，2004，第 6929 页。
④ （宋）李焘：《续资治通鉴长编》，中华书局，2004，第 6929 页。
⑤ （宋）李焘：《续资治通鉴长编》，中华书局，2004，第 6929 页。

铜钱减少。而洮州（今甘肃临潭）等地每年又铸钱 40 万缗，钱币过多，地区间货币分布不均。针对这种情况，沈括建议实施因地制宜措施，岁送之钱以钞券代替铜钱，听任钱多的洮州等地用铁钱同羌人交易，避免过多铜钱流出，从而增加市场上铜币的流通数量。

沈括的货币管理思想是宋朝时期成熟货币思想的典型代表，特别是其货币流通速度提高等于增加货币发行量的观点是世界上最早的货币流通速度论，他已意识到货币流通速度和货币流通需求量成反比，比英国约翰·洛克提出西方最早的货币流通速度理论早了 600 余年。

（二）周行己：加强货币管理、控制物价论

周行己的货币管理思想见其徽宗大观年间的《上皇帝书》①，他强调国家应加强货币的发行管理，缓解通货膨胀现象。具体观点如下。

1. 不再发行不足值的大钱，有偿收回当十钱，再改为当三，流通天下

宋徽宗时期，国家发行不足值货币，周行己认为，这一做法危害极大。

首先，发行不足值大钱会导致通货膨胀、铸币贬值，进而影响国家财政。发行不足值大钱会引发民间跟风盗铸，致使物价上涨，而且物价上涨的程度，比货币增发的程度更高、速度更快："自行当十以来，国之铸者一，民之铸者十，钱之利一倍，物之贵两倍，是国家操一分之柄，失十分之利。以一倍之利，当两倍之物。又况夹锡未有一分之利，而物已三倍之贵。是以比岁以来，物价愈重，而国用愈屈。"即自从政府铸造不足值的当十乾元重宝，政府铸一枚，民间私铸就会增加十枚。且民间私铸之风一旦盛行，就很难制止："自行法以来，官铸几何，私铸几何矣。官铸虽罢，私铸不已也。"如此一来，流通中的货币大大超过商品流通所需，物价不断上涨，国家从铸币贬值中得到一倍好处，但却要在物价上涨中支付多出两倍的货币，得不偿失，且物价越高，国家的损失越大。加之政府还铸造夹锡钱，进一步导致物价上涨。物价越高，对国家财政的冲击就越大。此外，考虑到国家采购等成本，物重钱轻会进一步增加财政压力："物出于民，钱出于官，天下租税常十之四，而籴常十之六，与夫供奉之物，器用

①　（宋）周行己：《浮沚集·上皇帝书》，中国书店，2018。

之具，凡所欲得者，必以钱贸易而后可。"即商品来自百姓的生产，货币来自政府的铸造，而国家所需的粮食只有十分之四来自租税，尚有十分之六需要到市场上购买，除了粮食，其他大量物品也需到市场采购，这样一来："出于民者常重，出于官者常经，则国用其能不屈乎？"国家财用必然会因为物重钱轻而不足。

其次，发行不足值大钱会使人民财产遭受重大损失。庆历年间（1041~1048年），东南地区钱法屡变，致使百姓财产不断缩水："自十而为五，民之所有十去其半矣。自五而为三，民之所有十去其七矣。"整顿货币变为名副其实的财产掠夺，百姓财产随着所谓的整顿不断流失。后政府又发行小钞，但在交易过程中又存在辨别真伪的成本问题，政府又不承诺兑换钱币，因此，"东南之民，不肯以当三易钞，而尽销为黄钱"。百姓在财产不断损失的过程中丧失了对政府的信任，对于统治者而言，这种损失也无法估量。

基于以上分析，周行己认为国家应终止发行不足值大钱的货币政策。国家之所以能提高铸币的名义价值，把当三强行规定为当十，不过是基于国家权力而已，但这种政策不可能真正解决问题，在流通过程中，货币会退回原来的价值，即所谓的"当十必至于当三，然后可平"。因此，国家的正确做法应该是顺应这种规律，使当十回归当三。但周行己反对采用强硬的国家行政手段，而是主张采用出卖官诰、度牒、紫衣、师号、现钱公据等较为柔和的方式收回市场上流通的当十钱，之后再"改为当三，通于天下"。如此一来，一举数得：一是"国家无所费，而坐收数百万缗之用"；二是"公私无所损而物价可平"；三是"盗铸不作，而刑禁可息"，国家无成本地解决了困扰国家与百姓的经济问题，确保了物价的平稳，盗铸以及因此引发的刑罚等社会问题也随之解决。

2. 分路流通铁钱、夹锡钱及铜钱

周行己的这一主张源于其对货币的认知，他认为钱虚物实："盖钱以无用为用，物以有用为用，而物为实而钱为虚也。"即货币本身无价值，是无用之物，但对于治国者来说，掌握无用之用至关重要："夫钱本无用而物为之用，钱本无重轻而物为之重轻。此圣智之术，国之利柄也。"货币的无用之用在于其能权物之轻重："故钱与物本无重轻。始以小钱等之，物既定矣，而更以大钱，则大钱轻而物重矣。始以铜钱等之，物既定矣，而更以铁钱，则铁钱轻而物重矣。物非加重，本以小钱、铜钱为等，而大钱、铁钱轻于其所等故也。何则？小钱以一为一，而大钱以三为十故也。"周行己显然已注意到货币的价值尺度职能，他认为钱与物本无所谓轻重，但当商品价值既定，用不同的货币衡量商品价值时出现了商品货币不断的轻重变化，根本原因在于大钱小钱、铜钱铁钱表示商品的价值尺度不同，此即"本无轻重，而相形乃为轻重"。

基于以上认知，周行己认为只要三种货币分路流通，各种货币在各自区域内体现货币的价值尺度职能，商品货币之间的轻重相对稳定，货币流通与商品交易活动就会趋于正常。因此，他建议在河北、陕西、河东等三路流通铁钱、夹锡钱，在其他地区流通铜钱。如此，前文所述的铸币贬值对政府与百姓造成的伤害即可避免，还不用担心铜钱"流于二夷""夷人盗铸"等问题。不过，周行己没有进一步详细讨论同时流通铁钱、夹锡钱可能会导致的轻重变化问题，但这一主张来自其虚实论、轻重论，体现了他基于钱币价值尺度理解之上的实践思考。

3. 发行纸币，促进河北、陕西和河东三路与其他地区的贸易流通

考虑到区域间商品贸易问题，周行己主张在河北、陕西和河东三路发行不兑现的交钞，在三路以外可兑换铜钱，如此，"可信于人，可行于天下"，解决了区域间的货币流通与商品贸易问题。周行己认为不需十足准备金，准备金为发行量的三分之二即可："盖必有水火之失，盗贼之虞，往来之积，常居其一。是以岁出交子公据，常以二分之实，可为三分之用。"如此，通过发行纸币，国家"常有三一之利"，既顺利解决商品流通问题，又帮助国家节省了成本，周行己的这一观点是中国最早的关于兑现纸币不需要十足准备金的管理思想。周行己的纸币发行思想受四川地区流通的交子之启发，有其现实实践依据，但他没有考虑河北、陕西、河东三路内三种货币流通的轻重相形问题、不兑换纸币可能引发的货币超发问题、三路货币的外溢问题等。

（三）宋朝政府的纸币管理思想：称提之术

1. 重视纸币币值稳定性管理，将之纳入官吏考核体系

自北宋出现交子，且随着私交子发展至官交子，两宋政府越来越重视

对纸币的管理，尤其重视保持纸币币值的稳定。《宋史·食货志下》记载："昔高宗因论四川交子，最善沈该称提之说，谓官中常有钱百万缗，如交子减价，官用钱买之，方得无弊。"① "称提"即像提秤称物一样求其平衡，在纸币流通方面，当纸币贬值时，政府用常备的现金购买贬值的"交子""会子"，以保持其币值的稳定，这种纸币管理措施即为"称提之术"。

政府这种重视态度在其对官吏的考核体系中得到进一步体现，宋政府将能否善于"称提"，能否保持"交子""会子"币值的稳定作为奖惩地方官员的重要指标："嘉定二年，以三界会子数多，称提无策，会十一界除已收换，尚有一千三百六十余万贯……泉州守臣宋均，南剑州守臣赵崇亢、陈宓皆以称提失职，责降有差。"② 在政府看来，纸币币值稳定关乎市场物价、商品贸易流通、财政税收、社会秩序、百姓生计等一系列治国要素，维持纸币币值稳定是地方官吏的重要职能。

2. 构建完善的纸币管理制度，确保纸币币值稳定

为了确保纸币币值稳定，宋朝产生了中国历史上最早的纸币管理制度。具体内容如下。

一是规定纸币的最高发行额。如四川官交子的限额为每届一百二十五万六千三百二十四缗，会子的最高限额是一千万贯。

二是规定纸币发行期限，分届发行。官交子发行以三年为一届，到期以新换旧，收回旧交子，发行新交子，并规定交子、会子的面额种类及其流通范围。

三是设立发行准备金。官交子每届发行必须准备"本钱"三十六万缗，约为发行额的百分之二十八。这个百分比根据以往私交子经验而设，较为合理。

四是采取多种措施稳定纸币币值。官府设置一定的货币基金，随时用来买进贬值的纸币，以保持"交子""会子"的币值稳定。届满会子贬值时，政府用出卖盐引、茶引、度牒、官诰等市场通行的专卖凭证、有价证券等回笼会子，稳定纸币币值，使其购买力保持在稳定状态。

---

① （元）脱脱等：《宋史》，中华书局，2000，第 2958 页。
② （元）脱脱等：《宋史》，中华书局，2000，第 2956 页。

（四）元朝政府的纸币管理思想

元朝初年已经构建了比较完整的纸币管理制度，元政府的纸币管理思想呈现以下特点。

一是重视制度因素，以严格的制度确保纸币在全国的流通。为保证纸币的顺利流通，元政府推行一系列配套制度：以纸币为法定货币，严禁金、银、铜钱的流通和使用；严禁伪造纸币，伪造者死，告发者重赏；严禁私自买卖金银，违者治罪，告发者赏；严禁阻碍和刁难百姓换钞，违者定罪；不断提高纸币的印制质量，初期中统钞用棉质纸印制，边缘饰以锈金，后改为桑皮纸，早期用木牌印刷，至元十三年（1276）改为铜板印刷；保障纸币的长时间流通，中统钞发行后收回旧币，不限年月通用。

二是确保纸币的兑换与币值稳定。中统丝钞以丝为本，丝钞二两，值银一两。中统宝钞以银为本。为维持纸币币值，政府在各路设立平准行用库，以金银为准备金，平准钞法，维持钞值，纸币可随时到平准库兑换金银。收到的课银，全部存入库中，平准物价，根据银的数量发行纸币，如此保证银本不亏，纸币不虚。

三是强调便民原则。各时期纸币均分为不同面额，方便百姓使用。中统宝钞分为十文、二十文、三十文、五十文、一百文、二百文、三百文、五百文、一贯（一千文）、二贯十种。宝钞一贯等于丝钞一两，二贯等于白银一两，十五贯等于赤金一两。至元十二年（1275），为方便百姓零星交易，发行小额"厘钞"，有二文、三文、五文三种，后废二文、三文纸币，以五文为起点。此外，百姓缴纳赋税可以用钞，可随时用旧钞换新钞，用破钞换好钞。

元朝纸币因上述因素在初期流通顺畅，币值稳定，便于百姓使用，但后期出现纸币发行种类繁多、印制过多、兑换不力等问题，使得钞法大坏。元朝共发行五种通行全国的纸币，分别是：中统丝钞，也叫"通行交钞"，中统元年（1260）七月发行；中统元宝交钞，简称"中统宝钞"或"中统钞"，中统元年十月发行；至元通行宝钞，简称"至元钞"，至元二十四年（1287）发行；至大银钞，又称"至元宝钞"，武宗至大二年（1309）九月发行；至正交钞，又称"至正中统交钞"，至正十年（1350）

十一月发行。每次发行新币，均涉及与以前钞币的权重问题。以至元钞为例，至元钞票面有五文、十文、二十文、三十文、五十文、一百文、二百文、五百文、一贯、二贯。其一贯合中统钞五贯，二贯当白银一两，赤金一钱。与中统钞相比，至元钞较重，加之其小钞发行量较少，百姓获取小钞不易，贸易不便，民间以物易物现象出现。元朝后期，纸币发行量超过市场流通需要量，导致物重钱轻，货币实际购买力越来越弱，百姓以物易物现象更加突出："舟车装运，轴轳相接，交料之散满人间者，无处无之⋯⋯京师料钞十锭，易斗粟不可得。既而所在郡县，皆以物货相贸易，公私所积之钞，遂俱不行。"① 纸币制度随之崩溃。

（五）丘濬："操钱之权在上""三币之法"

丘濬非常重视货币的发行与流通，其货币管理思想主要观点如下。

1. 国家应垄断货币的发行权，打击盗铸，使"操钱之权在上"

（1）国家垄断货币发行权关乎政权稳定与国家大利

丘濬认为"钱币乃利权所在"，一旦任由民间铸造，必然出现因争利行为而产生的动乱，西汉吴王刘濞铸钱而后谋乱即是最好的说明。他强调："钱之为利，贱可使贵，贫可使富。蚩蚩之民，孰不厌贫贱而贪富贵者，顾无由致之耳。所以致之者，钱也。操钱之权在上而下无由得之，是以甘守其分耳，苟放其权而使下人得以操之，则凡厌贱而欲贵、厌贫而欲富者皆趋之矣，非独起劫夺之端，而实致祸乱之渊丛也。"② 丘濬结合钱对民生的重要性与人性趋利避害的特点，认为不能将货币的发行权下放，否则必然导致争夺不止、纷乱不断。

《大学衍义补·铜楮之币下》中，丘濬再次强调国家垄断货币发行权的意义："上之人苟以利天下为心，必操切之使不至于旁落，上焉者不至为刘濞以灭家，下焉者不至为邓通以亡身，则利权常在上，得其赢余以减田租、省力役，又由是以赈贫穷、惠鳏寡，使天下之人养生丧死皆无憾，是则人君操利之权资以行义，使天下之人不罹其害而获其利也。"③ 丘濬将

---

① （明）宋濂等：《元史》，中华书局，2000，第1647页。

② （明）丘濬：《大学衍义补·铜楮之币上》，上海书店出版社，2012，第235页。

③ （明）丘濬：《大学衍义补》，上海书店出版社，2012，第238页。

垄断货币发行权与身居上位者应秉承的"利天下为心"之定位结合起来，认为坚持货币发行权是利民利天下之正举，为君者义不容辞，必须确保"利权常在上"。

（2）应采取有力措施打击冲击国家货币垄断权的盗铸现象

针对"世道降而巧伪滋……凡市肆流行而通使者皆盗铸之伪物耳"的状况，丘濬提出了自己的解决之策："为今之计，莫若拘盗铸之徒以为工，收新造之钱以为铜……别为一种新钱，以新天下之耳目，通天下之物货，革天下之宿弊，利天下之人民。"① 即采用借力使力的方式打击盗铸，政府派人寻访盗铸所在地，拘捕盗铸者，但不对之进行惩罚，而是对其加强管理，并利用其盗铸场所、工具、人力、原材料等，另外铸造新钱，并通行天下。丘濬认为这是成本较低而收效甚好的一种方法，把不利因素转为有利因素，在降低危害的同时实现了便民的目的。

2. 实施三币之法，铸造良币，保证货币正常流通

（1）效仿古时三币之法，以银为上币，钞为中币，钱为下币

丘濬认为三代以前人君流通珠玉、黄金、刀布等三币，并得以平天下之食货。因此，他认为可效仿古时三币同时流通的做法，发行上、中、下三种货币，以银为上币，钞、钱分别为中币与下币，上币权中、下二币之用。政府制定钞、钱和银的兑换率，以银来稳定钞和钱的兑换比价，一分银兑十文钱，一贯钞兑千文钱。并主张"既定此制之后，钱多则出钞以收钱，钞多则出钱以收钞。银之用非十两以上禁不许以交易"②，即银用于十两以上的大额支付，钱、钞则广泛用于流通，当市场上流通的钱、钞数量过多时，及时采取措施回收，维持币值的稳定。对于诸如布帛等其他种类的货币，丘濬不予认可。他坚决反对汉元帝时贡禹废除珠玉金银铸钱之官、采用布帛及谷的建议，认为"布帛以为衣，米谷以为食，乃人生急用之物，不可一日亡焉者也"，以布帛米谷为流通手段，影响百姓生活必需品的供给，且"布帛不免于寸裂，米谷不免于粒弃"，③ 其材质皆非流通媒介之良选，在实践中会面临诸多挑战，实施属实不易。

① （明）丘濬：《大学衍义补·铜楮之币上》，上海书店出版社，2012，第236页。
② （明）丘濬：《大学衍义补》，上海书店出版社，2012，第243页。
③ （明）丘濬：《大学衍义补》，上海书店出版社，2012，第235页。

（2）不发行纸币

丘濬对于纸币一直持否定态度，是一位标准的金属主义者。丘濬认为商品买卖与交换必须坚持等价交换原则，这一原则也适用于物与币："必物与币两相当值而无轻重悬绝之偏，然后可以久行而无弊"①，而纸币"所费之直不过三五钱，而以售人千钱之物。呜呼，世间之物虽生于天地，然皆必资以人力而后能成其用，其体有大小精粗，其功力有浅深，其价有多少，直而至于千钱，其体非大则精，必非一日之功所成也，乃以方尺之楮直三五钱者而售之，可不可乎？下之人有以计取人如是者，上之人不能禁之，固已失上之职矣，况上之人自为之哉？"②生产纸币所费功力甚少，但却能交换远超其"值"的商品，丘濬认为这种交换不符合等价交换原则，不合理不公平，民间有人私自使用纸币，在位者如不能禁止都已算失职，何况自己生产并流通纸币呢？如果强行流通，百姓即使因起初不了解、后畏惧君威而不得已使用，随着流通时间的延续，也必会导致君失民心，乱亡之祸随之而至。

可见，丘濬的三币之法是对古时货币流通经验与明朝货币流通现状的综合考虑，他虽是金属主义者，但又无法改变明朝纸币流通的现实，因而采取了折中之法。

（3）铸造良币

丘濬注重货币的铸造质量，对于南宋孔颛主张铸钱应"不惜铜、不爱工"的见解，丘濬极为赞赏，认为孔颛是自古论钱法者之中的佼佼者，其强调的"不惜铜、不爱工"正是"万世铸钱不易之良法也"，如若国家在铸币时真的做到这一点，使制造之币"体质厚而肉好适均，制作工而轮郭周正，造一钱费一钱"，就会使私铸盗铸现象消失，"本多而工费"③的铸币使盗铸无利可图，违背人逐利之本性，即使驱赶着这些人去铸币也必然无人为之，如此一来，冒着违法风险盗铸的现象必然不复存在。

（六）王夫之："钱一出于上""其唯重以精乎"

王夫之的货币思想主要体现于《读通鉴论》与《宋论》之中，聚焦点

---

① （明）丘濬：《大学衍义补·铜楮之币上》，上海书店出版社，2012，第236页。
② （明）丘濬：《大学衍义补·铜楮之币上》，上海书店出版社，2012，第243页。
③ （明）丘濬：《大学衍义补》，上海书店出版社，2012，第236～237页。

也落在货币的铸造发行与流通方面，具体观点如下。

1. 国家应垄断货币铸造权

王夫之不认可汉文帝的自由铸钱政策："文帝除盗铸钱令，使民得自铸，固自以为利民也。夫能铸者之非贫民，贫民之不能铸，明矣。"① 王夫之认识到，铸钱需要一定的资本，只有富人才有可能以此得利，如此，必然导致"奸富者益以富，朴贫者益以贫"，加剧贫富分化，只是使一小部分富民得利，背离文帝使民得利的初衷。此外，铸钱的富人还可用掌控的财富驱使贫民，导致"驱人听豪右之役"的局面，这与"利者，公之在下而制之在上"的原则相悖，"制之于豪强"② 的局面对于君主而言绝非利好因素。因而，王夫之认为政府应垄断货币铸造权，使"钱一出于上"，这样一来，"财听命于上之发敛，与万物互相通以出入，而有国者终享其利"③，货币发行权既关乎国家对民众的掌控力，还关乎国家利益。

2. 发行良币，打击恶钱，反对用银，否定纸币流通

（1）发行良币

王夫之认为金玉珠宝"因天地自然之质"而被人们接受，"先王取之以权万物之聚散"，即用于流通的货币应该自身有价值。在王夫之看来，铸造货币的原材料铜属于贱金属："铜者，天地之产繁有，而人习贱之者也。自人制之范以为钱，遂与金玉珠宝争贵。"与金玉珠宝因自身价值而在经济生活中具有重要性相比，铜币的特殊地位是人为因素导致的，因而，在铸造货币时一定要注重质量："其唯重以精乎，则天物不替而人功不偷，犹可以久其利于天下"④，只有铸造精良的货币才能长时间流通。

（2）打击恶钱

对于流通之恶钱，王夫之持打击态度，他赞同唐朝宋璟发 10 万石粟收流通恶钱的做法，认为"恶钱不行则国钱重，国钱重则鼓铸日兴，奸民不足逞而利权归一，行之十年，其利百倍十万粟之资"⑤，回收恶钱看起来短

---

① （明）王夫之：《读通鉴论》，舒士彦点校，中华书局，2013，第 29 页。
② （明）王夫之：《读通鉴论》，舒士彦点校，中华书局，2013，第 29 页。
③ （明）王夫之：《读通鉴论》，舒士彦点校，中华书局，2013，第 31 页。
④ （明）王夫之：《读通鉴论》，舒士彦点校，中华书局，2013，第 30 页。
⑤ （明）王夫之：《读通鉴论》，舒士彦点校，中华书局，2013，第 637 页。

期内国家利益有所损失，但从长期来看，净化了货币流通市场，打击了铸造恶钱之奸民，使利权归于政府，所获已远超所出。

（3）反对用银

王夫之认为"银之为物也……尊之以为钱、布、粟、帛之母，而持其轻重之权，盖出于一时之制，上下竞奔走以趋之，殆于愚天下之人而蛊之也"①，即银本身无所谓尊贵，但却被人为地提高到权衡万物之轻重的货币地位，这一做法实为愚民之举，天下百姓皆受蛊惑。他判断："自银之用流行于天下，役粟帛而操钱之重轻也，天下之害不可讫矣。"②

王夫之认为用银之害体现在以下几方面。

第一，加剧百姓贫馁。政府垄断白银开采，并以之作为流通媒介，百姓只有卖掉生产的粮食布帛才能得到白银，如此一来，财富"聚于上，民日贫馁而不自知"，且随着白银的流通，"其物愈多，而天下愈贫"。③

第二，扰乱社会秩序。首先，用银必然涉及开采银矿，政府不管采取严禁还是放任态度，皆会导致严重后果。严禁民采，则"刑杀日繁"，放任不管，则"贪惰之民皆舍其穑事，以徼幸于诡获"，且开采银矿需要大量人力，一旦游民聚集于山谷，则"争杀兴而乱必起"。④ 其次，有利污吏、盗贼等开展不法行为。比起其他形式的货币，银材质较轻又有价值，方便携带，"吏之贪墨者，暮夜之投，归装之载，珠宝非易致之物，则银其最便也"，除了贪官污吏，盗贼也可充分利用银的以上特点，"十余人而可挟万金以去"。王夫之将以上非法活动皆归结于银的使用："银之流行，污吏箕敛、大盗昼攫之尤利也，为毒于天下，岂不烈哉！"⑤

在以上论述基础上，王夫之总结道："奸者逞，愿者削，召攘夺而弃本务，饥不可食，寒不可衣，而走死天下者，唯银也。"⑥ 并提出了禁开银矿、降低银的货币地位等建议。

---

① （明）王夫之：《读通鉴论》，舒士彦点校，中华书局，2013，第583页。
② （明）王夫之：《读通鉴论》，舒士彦点校，中华书局，2013，第583页。
③ （明）王夫之：《读通鉴论》，舒士彦点校，中华书局，2013，第583页。
④ （明）王夫之：《读通鉴论》，舒士彦点校，中华书局，2013，第583页。
⑤ （明）王夫之：《读通鉴论》，舒士彦点校，中华书局，2013，第583页。
⑥ （明）王夫之：《读通鉴论》，舒士彦点校，中华书局，2013，第584页。

（4）否定纸币流通

尽管反对用银，但相较于纸币，王夫之对于金银及以铜铅为原料所铸造之钱币更为肯定，他认为后者是劳动产品，本身有价值，且"其得之也难，而用之也不弊；输之也轻，而藏之也不腐"，有着适用于流通的天然优势。纸币则不然，"有楮有墨，皆可造矣，造之皆可成矣；用之数，则速裂矣；藏之久，则改制矣。以方尺之纸，被以钱布之名，轻重唯其所命而无等，则官以之愚商，商以之愚民，交相愚于无实之虑名，而导天下以作伪。"简而言之，王夫之认为纸币本身无价值，制作简单，不耐用，且不方便贮藏，使用纸币是愚商愚民之举，不管是被称作交子、会子还是钞，其实质都是纸。统治者以纸"笼百物以府利于上，或废或性，或兑或改，千金之贵，一旦而均于粪土，以颠倒愚民于术中"①，是不仁之举，宋仁宗设置交子务并发行官交子更是大弊政，他对纸币的流通持坚定的否定态度。由此可见，王夫之也是典型的金属主义者。

（七）王鎏：行钞足君富国论

王鎏，字子兼、亮生，江苏吴县人。王鎏的货币思想集中体现在其1828年所著《钱币刍言》一书中，他对此书评价甚高，强调"思之十年而后立说，考之十年而后成书，又讨论十年益以自信无疑"②。《钱币刍言》包括《钱钞议》《私拟钱钞条目》《先正名言》《友朋赠答》四部分。王鎏肯定纸币发行，是中国传统社会名目主义货币论的典型代表人物。

王鎏的货币管理思想集中体现在其行钞论上，具体观点如下。

1. 国家掌握货币发行权

（1）掌握货币发行权是足君之本

王鎏之所以坚持国家掌握货币发行权，是基于其"足君尤先"的财政观点。王鎏认为"君足"比"民足"更为重要："三代以上军民相通，但有足民之事，更无足君之事。必民足而后君足，犹子孙富而父母未有贫焉。此有子所言，而天下可共知也。三代以下，军民相隔，既有足君之

---

① （明）王夫之：《宋论·仁宗》，中华书局，1964。

② （清）王鎏：《钱币刍言·与陈扶雅孝廉论钞币第一书》，马陵合校注，东华大学出版社，2010。

事，又有足民之事，且必君足而后民足，犹父母富而子孙亦免于贫焉。此昔人所未及言，而天下或未知也。"①

那么，如何"足君"呢？王鎏认为掌握货币发行权是足君之本："欲足君，莫如操钱币之权。苟不能操钱币之权，则欲减赋而绌于用，欲开垦而无其资，何以劝民之重农务稼哉？故足君尤先。"②

（2）货币控制权丧失的五大因素及破解之策

王鎏认为导致货币控制权丧失的因素有五："然而往往不能操其权者，何也？盖自毁钱为器，起于工匠，而利权一失矣。外洋钱币，行于中国，而利权再失矣。银价低昂，操于商贾，而利权三失矣。铅钱私铸，窃于奸民，而利权四失矣。钱票会券，出于富户，而利权五失矣。"③ 即工匠毁钱为器、外币流通中国、商贾操纵银价、奸民私铸铅钱、富户使用票券是冲击国家货币发行权的五大因素。

对此，唯一的解决之道即行钞以收银，完全掌握钱币之权："今欲操钱币之权，必也行钞以收银，使银贱不为币，行钞以收铜，使铜多，而广铸钱，则国用常足，而民财同阜矣。"④

（3）掌控货币发行权的社会影响力

王鎏高度肯定国家掌控货币发行权的社会影响力："国家之行钞，与富家之出钱票亦异。国家有权势以行之，而富家无权势……百姓信国家之行钞，必万倍于信富家之钱票矣。"⑤ 他认为百姓对于国家以权势发行之货币的信任度较高，这是国家发行之钞币能在民间顺畅流通的关键所在。

但是，王鎏不明白钞币发行权与钞币价值之间的关系，他认为："钞文书明定数……钞直有一定，商贾不得低昂之"⑥；"行钞则价有一定，虽

---

① （清）王鎏：《钱币刍言·钱钞议一》，马陵合校注，东华大学出版社，2010。
② （清）王鎏：《钱币刍言》，马陵合校注，东华大学出版社，2010，第6页。
③ （清）王鎏：《钱币刍言》，马陵合校注，东华大学出版社，2010，第6页。
④ （清）王鎏：《钱币刍言·钱钞议一》，马陵合校注，东华大学出版社，2010。
⑤ （清）王鎏：《钱币刍言·与包慎伯明府论钞币书》，马陵合校注，东华大学出版社，2010。
⑥ （清）王鎏：《钱币刍言·钱钞议一》，马陵合校注，东华大学出版社，2010。

书生、农夫、黄童、白叟、妇人、女子皆可按文而辨，无所用其欺矣"①。显然，王鎏不了解纸币有其流通规律，国家可以规定纸币的票面价格，但纸币的实际购买力取决于纸币发行流通数量、现实经济实际需要的货币数量等因素的影响，国家权力无法保证纸币不贬值。王鎏将纸币等同于金属货币，认为国家可以任意赋予纸币以名义价值，国家权力可以保证纸币按照名义价值流通，否认纸币流通有引起物价上涨的可能性。也正因为局限于这种认知，王鎏还认为纸币有贮藏手段职能："富家因银为币而藏银，今银不为币，富家不藏银而藏钞矣。此自然之理也，藏钞以待用耳。"② 甚至主张以黄金制作匣子以藏钞，避免毁于火灾。

2. 大量发行不兑现纸币，富国足民

（1）不限制纸币发行数量

王鎏认为纸币是最理想的货币，因为金银数量有限，而纸币取之不尽："凡以他物为币皆有尽，惟钞无尽，造百万即百万，造千万即千万，是操不涸之财源。"③ 因而大量发行纸币是解决国家财政问题的重要手段，行钞可保证国家财富"取之不尽"，源源不断，永不枯竭。从以上论述来看，王鎏主张不限制纸币的发行数量，只要国家需要，就可以开动印钞机器以解决财政问题。

那么，纸币发行数量多少合适？什么时候适宜停止造钞？王鎏认为："造钞约已足天下之用，则当停止。"④"造钞之数，当使足以尽易天下百姓之银而止，未可悬拟。若论国用，则当如《王制》'以三十年之通制国用'，使国家常有三十年之蓄可也。"⑤ 即纸币的发行完全根据国家需要确定发行数量，以足够"天下之用"为标准，根据王鎏"使国家独操货币之权，而一切实利皆予之百姓"⑥ 的论述来看，他的够用既指向富国，也指

① （清）王鎏：《钱币刍言·拟富国富民第一策》，马陵合校注，东华大学出版社，2010。
② （清）王鎏：《钱币刍言·与包慎伯明府论钞币书》，马陵合校注，东华大学出版社，2010。
③ （清）王鎏：《钱币刍言·钱钞议一》，马陵合校注，东华大学出版社，2010。
④ （清）王鎏：《钱币刍言·私拟钱钞条目》，马陵合校注，东华大学出版社，2010。
⑤ （清）王鎏：《钱币刍言·与包慎伯明府论钞币书》，马陵合校注，东华大学出版社，2010。
⑥ （清）王鎏：《钱币刍言·钱钞议九》，马陵合校注，东华大学出版社，2010。

向足民。

（2）不考虑发行纸币的准备金

王鎏认为："宋皮公弼言交子之法，必积钱为本，此名言也。然今之时势，又与宋异。百姓家有亿万之银，国家造钞以易之，民间所有之银，即国家用钞之本，又岂必先积银也哉？"[1] 他相当于否定了纸币兑现的必要性。

（3）以纸币为对外贸易工具，行钞抵制鸦片贸易

王鎏认为行钞可打击外商贸易积极性："今若使外洋之人无所取利，惟有行钞耳。行钞则民间之银皆以易钞，外洋虽载烟来，易我钞去，而不为彼国所用，则彼将不禁而自止。"[2] 行钞之后，外商不再如同以往那样得到白银，而是以实物形态的鸦片交易到中国纸币，而中国纸币不在其他国家流通，不为其所用，必将使外商望而止步。

此外，纸币发行的数量优势亦可强化抵制效果："外洋欲市中国之货，必先以银易钞。彼之银有尽，而吾之钞无穷，则外洋之银且入于中国，而中国之钞且行于外洋矣，岂虑银之入外洋哉？"[3] 王鎏认为，中国可任意发行无穷之纸币，而外商的白银数量有限，以无穷对有限，根本不用担心中国白银外流。外商如欲购买中国商品，反倒会以银易钞，如此一来，反而会使大量外国白银流入中国。

3. 加强纸币管理，行钞收银，收敛有术，保证纸币稳定的购买力

王鎏提出了非常具体的纸币发行管理方法，大体内容如下：发行七等钞币，票面额从一贯到千贯，由钱庄代为发行；铸当百大钱、当十大钱、当一小钱，方便一贯以下的小额贸易，大钱由钱庄代为投入流通，用钞收民间铜器以铸钱，禁止民间设立铜铺及进行铜器买卖；钞与铜钱均需保证制作精良，以防伪造；钱庄以钞收兑白银，以九折缴纳政府，钱庄得利一分；百姓以银易钞，一年内加利十分之一，二年内加利二十分之一，二年以后平兑，百姓在钱庄以钱易钞或以钞易钱，钱庄可抽取百分之一的手续

① （清）王鎏：《钱币刍言·钱钞议五》，马陵合校注，东华大学出版社，2010。
② （清）王鎏：《钱币刍言》，马陵合校注，东华大学出版社，2010，第57页。
③ （清）王鎏：《钱币刍言·与包慎伯明府论钞币书》，马陵合校注，东华大学出版社，2010。

费；百姓以钞缴纳赋税，每贯作一千一百文，一贯以下用现钱缴纳；发钞由京师开始，再推行各省，每地推行钞法 5 年或 10 年后禁止使用银币，商人可用半价向政府买银，制造器物饰品等出售，民间如有藏银，亦按照半价出卖；行钞之初官俸加一倍，本俸用银，加俸用钞，钞法通行后全部用钞；外国贡使购买中国货物，须用银易钞，再购买货物，对外贸易采用物物交换方式。以上纸币管理思想非常具体，但核心思想很明确，即通过加强纸币的发行及流通管理，强化纸币的货币地位，弱化银的货币地位。

对于那些担心纸币购买力因纸币发行过多而下降的声音，王鎏认为只要收敛有术，完全不必为此忧虑："田赋皆令纳钞，此即收之之妙用，胜于孝宗之以金银买钞矣。"[①]"收敛有术，流转于上下而无穷，奚至于多而轻哉？"[②]

第三节　中国传统货币管理思想简析

中国是世界上最早使用货币的国家之一，使用货币的历史长达五千年之久。中国古代货币在形成和发展的过程中，先后经历了六次重大的演变：由自然货币向人工货币的演变；由杂乱形状向规范形状的演变；由地方铸币向中央铸币的演变；由文书重量向通宝、元宝的演变；由金属货币向纸币的演变；由手工铸币向机制纸币的演变。伴随中国传统商品经济的发展及货币的演变，中国古代学者、管理者对货币的认知也不断变化，其货币思想也呈现反映时代变化的阶段性特点。

一　中国货币管理思想的演变趋势

总体而言，中国传统货币管理思想的内容随着商品经济的发展而发展，体现不断丰富、不断深化的趋势。

先秦时期，随着春秋战国商品经济的发展，货币管理思想已涉及货币起源、货币职能、货币流通速度、货币管理等诸多领域，单旗的"子母相

---

① （清）王鎏：《钱币刍言·先正名言》，马陵合校注，东华大学出版社，2010。
② （清）王鎏：《钱币刍言·钱钞议五》，马陵合校注，东华大学出版社，2010。

权"，墨子的"刀籴相为价"，范蠡的"无息币"，《管子》的"人君铸钱立币""敛万物应之以币"等思想涌现，体现了古代管理者对货币多维度的初步认知。

秦代至隋唐时期，随着中央集权制的建立与发展，货币管理思想进一步丰富与深化，更加侧重货币发行权、货币发行与社会治理效果等宏观货币管理内容，贾谊与刘秩的垄断货币权论、贡禹的罢货币论、荀悦的行钱论、孔琳之的反废钱论都体现了这种趋势。同时，与"货币拜物教"相关的货币思想也出现了，如鲁褒的钱神论，货币思想呈现向多元、深层讨论发展的趋势。

宋代至清代，中央集权进一步加强，大型商帮、纸币、钱庄等随着商品经济的快速发展纷纷出现，货币管理思想在这一时期亦不断丰富与深化。首先，强调国家应绝对掌控货币铸造权的声音越发强势，同时，关注货币铸造质量的思想也在加强，丘濬的"操钱之权在上"、"不惜铜、不爱工"铸币的思想即是代表。其次，与纸币管理相关的思想出现并不断发展，宋朝的"称提之术"及相关实践充分体现了这一时期货币思想的新发展及现实影响，王鎏行钞足君的名目主义货币论也是典型的纸币管理思想。

二 中国传统货币管理思想的特点

1. 就功能定位而言，大多数中国传统货币管理思想强调国家货币管理职能履行的目的是富君富民、维持社会秩序、便民而非惘利等

学者们强调中央政府在货币管理方面具有毋庸置疑的货币管理职能，中央政府应履行诸如确保流通货币充足、发行良币、打击劣币等职能，但论及这种做法的必要性时，又无不指向巩固统治、利国利民等内容。如《管子》认为货币流通量的充足关乎"天下可定也"[1]，商鞅"金生而粟死"的对外贸易货币管理思想将货币管理与"国强""国弱"[2] 联系起来，刘秩认为放铸将影响社会生产与秩序，王夫之认为铸造优质货币可"利于天下"[3]，等

---

① （春秋）管仲：《管子·山至数》，（唐）房玄龄注，（明）刘绩补注，刘晓艺校点，上海古籍出版社，2015。
② 高亨注译《商君书注译·去强》，清华大学出版社，2011。
③ （明）王夫之：《读通鉴论》，舒士彦点校，中华书局，2013，第30页。

等。以上思想皆是对中国传统货币管理思想的脚注，充分说明了其功能指向。

2. 就内容而言，中国传统货币管理思想更聚焦货币发行权、货币管理措施等领域

货币发行权方面，各个时期的学者高度关注货币管理主体的归属，强调中央政府应把控货币的发行权。货币发行权归属始终是中国传统货币管理思想的核心议题，自秦代以来，除西汉初期允许民间铸币，其他时期，货币管理主体为中央政府、货币发行权应由中央政府掌控的观点一直是中国传统货币管理思想的主流。

货币管理措施方面，学者们围绕货币发行数量、质量、回收、流通区域等内容进行了非常充分的讨论，相关货币管理思想积淀丰富。基于现实的细致观察，学者们已察觉商品数量、商品价格、货币流通速度与流通货币有着密切的关系，提出了很多行之有效的货币管理措施，体现了其对货币管理的朴素理性认知。

◈ **本章关键术语**

子母相权；钱神论；称提之术

◈ **思考题**

1. 简析贾谊的货币管理思想。
2. 简析刘秩的货币管理思想。
3. 简析沈括的货币管理思想。
4. 简析周行己的货币管理思想。
5. 简析王鎏的货币管理思想。

图书在版编目（CIP）数据

中国古代经济思想史专题研究 / 赵麦茹著 . --北京：
社会科学文献出版社，2025.4. --ISBN 978-7-5228
-5285-0

Ⅰ . F092.2

中国国家版本馆 CIP 数据核字第 2025B65X05 号

中国古代经济思想史专题研究

著　　者／赵麦茹

出 版 人／冀祥德
组稿编辑／任文武
责任编辑／李　淼
责任印制／岳　阳

出　　版／社会科学文献出版社·生态文明分社（010）59367143
　　　　　地址：北京市北三环中路甲 29 号院华龙大厦　邮编：100029
　　　　　网址：www. ssap. com. cn
发　　行／社会科学文献出版社（010）59367028
印　　装／三河市尚艺印装有限公司

规　　格／开　本：787mm×1092mm　1/16
　　　　　印　张：23.25　字　数：370 千字
版　　次／2025 年 4 月第 1 版　2025 年 4 月第 1 次印刷
书　　号／ISBN 978-7-5228-5285-0
定　　价／98.00 元

读者服务电话：4008918866